Gewagte Denkwege

Zu diesem Buch

Was ist der Geist, die Seele, das Bewußtsein? Können Computer je so etwas wie ein Bewußtsein haben? Ist Mitgefühl erlernbar? Wann entsteht im menschlichen Embryo Bewußtsein? Über diese und andere Fragen diskutierten auf einem ersten Treffen in Dharamsala/Indien der Dalai Lama und eine Gruppe prominenter westlicher Wissenschaftler – Neurologen, Experimentalpsychologen, Experten für Fragen der künstlichen Intelligenz und Philosophen. Dieser außergewöhnliche Gedankenaustausch dokumentiert, wie ungemein fruchtbar der Beitrag des Buddhismus für das westliche Denken und die Wissenschaft ist.

Jeremy W. Hayward, promovierte an der Abteilung Nuklearphysik der Cambridge University. Er arbeitet und lehrt über den Themenkreis Buddhismus und westliches Denken.
Francisco J. Varela, Studium der Biologie und Promotion an der Harvard University. Er ist zusammen mit Humberto Maturana Autor des vielgelesenen Buches »Der Baum der Erkenntnis«.

Gewagte Denkwege

Wissenschaftler im Gespräch mit dem Dalai Lama

Herausgegeben von
Jeremy W. Hayward und Francisco J. Varela

Aus dem Amerikanischen von
Jochen Eggert

Piper München Zürich

Deutsche Erstausgabe
1. Auflage Dezember 1996
2. Auflage Januar 1998
© 1992 Jeremy W. Hayward und Francisco J. Varela
Titel der amerikanischen Originalausgabe:
»Gentle Bridges«, Shambhala Publications, Inc.,
Boston, London 1992
© der deutschsprachigen Ausgabe:
1996 Piper Verlag GmbH, München
Umschlag: Büro Hamburg
Simone Leitenberger, Susanne Schmitt, Andrea Lühr
Umschlagfoto: Nick Danziger/Focus
Gesamtherstellung: Clausen & Bosse, Leck
Printed in Germany   ISBN 3-492-22115-7

Inhalt

Vorwort

Im Oktober 1987 reiste eine kleine Gruppe von Wissenschaftlern nach Nordindien zu einer Zusammenkunft mit dem geistlichen und weltlichen Oberhaupt des tibetischen Volks, Seiner Heiligkeit, dem Dalai Lama. Alle diese Wissenschaftler befaßten sich auf ihren jeweiligen Gebieten mit Forschungen oder Überlegungen zu Fragen der modernen wissenschaftlichen Haltung gegenüber Geist und Leben. Die meisten von ihnen interessierten sich außerdem für den Buddhismus. Sechs Tage lang trafen sich die Wissenschaftler vormittags und nachmittags mit Seiner Heiligkeit im Wohnraum seiner Residenz. Anwesend waren außerdem zwei tibetische Gelehrte, zwei Übersetzer und einige Beobachter. Es wurde ein beispiellos tiefgreifender, reichhaltiger und freundschaftlicher Austausch zwischen hervorragenden Vertretern zweier großer Welttraditionen: der Wissenschaft im Westen und des Buddhismus im Osten. Wie sich dann zeigte, war es die erste einer ganzen Reihe von Konferenzen zum Thema »Geist und Leben«, die zwischen Seiner Heiligkeit und westlichen Wissenschaftlern stattfinden sollten. Dieses Buch ist die bearbeitete Niederschrift jener ersten Serie von Gesprächen.

Seine Heiligkeit der Dalai Lama nahm an diesen Zusammenkünften in der Begleitung zweier tibetischer Gelehrter teil: Geshe Yeshi Thabkhe, Professor für buddhistische Studien am Central Institute of Higher Tibetan Studies in Sarnath, Indien, und Geshe Palden Drakpa, Tibet House, New Delhi, Indien. Der tibetische Titel »Geshe« entspricht ungefähr dem westlichen Doktortitel. Die teilnehmenden Wissenschaftler waren Newcomb Greenleaf, Ph. D., Professor für Computerwissenschaft an der Columbia University; Jeremy W. Hayward, Ph. D., Professor am Naropa Institute in Boulder, Colorado; Robert B. Livingston, M. D., Professor für Neurowissenschaften an der University of California in San Diego; Luigi Luisi, Ph. D., Professor für Chemie an der Eidgenössischen Technischen Hochschule in Zürich; Eleanor Rosch, Ph. D., Professor für Kognitionspsychologie an der University of California in Berkeley; und Francisco J. Varela, Ph. D., Professor für Kognitionswissenschaft und Epistemologie an der Ecole Polytechnique und dem Institut für Neurowissenschaft in Paris.

Als die Chinesen 1959 in Tibet einmarschierten, führte Seine Heiligkeit Tausende von Tibetern in die Sicherheit des indischen Exils, wo er seither der tibetischen Exilregierung in Dharmsala vorsteht. Auf zahlreichen Reisen hat er Europa und Nordamerika besucht und ist überall auf der Welt als großer spiritueller Lehrer und unermüdlicher Arbeiter für den Frieden bekannt. 1989 erhielt er den Friedensnobelpreis. Sein Leben lang hat Seine Heiligkeit sich für die Wissenschaft interessiert; wenn er nicht Mönch wäre, so sagt er selbst, wäre er gern Ingenieur geworden. Und über sein persönliches Interesse hinaus ist er unter den Buddhisten zum wichtigsten Fürsprecher für einen echten Dialog mit den Wissenschaftlern geworden.

Wie kam es zu dieser Begegnung? Dr. Varela war Seiner Heiligkeit bei öffentlichen Veranstaltungen in Europa schon mehrmals begegnet und mußte immer wieder enttäuscht erkennen, daß ein fruchtbarer Dialog in diesem Rahmen offenbar nicht möglich war, da Seine Heiligkeit zu sehr von der Öffentlichkeit beansprucht wurde und seine Zeit sehr knapp bemessen war. Als der Dalai Lama sich 1986 in Paris aufhielt, lud er Dr. Varela abermals zu einem Gespräch. Diesmal hatten sie über eine Stunde Zeit, und Seine Heiligkeit befragte Dr. Varela ausgiebig über die Neurowissenschaften. Gegen Ende der Stunde machten die Begleiter Seine Heiligkeit eindringlich darauf aufmerksam, daß es Zeit sei für den Empfang in der Nationalversammlung. Zum Abschied sagte er zu Dr. Varela: »Wir müssen das vertiefen, aber ich kann mir dafür nicht genügend

Zeit nehmen, wenn ich im Westen bin. Wenn Sie einmal nach Dharmsala kommen können, werde ich mir eine Woche Zeit nehmen. Und bringen Sie mit, wen Sie wollen.« Etwa um die gleiche Zeit wurde auch noch jemand anderer aktiv, der Geschäftsmann und Schüler Seiner Heiligkeit Adam Engle, dem das lebhafte Interesse seines Lehrers an der Wissenschaft aufgefallen war; er überlegte, wie man eine Zusammenkunft mit Wissenschaftlern organisieren könnte. Er und Varela trafen sich, und so wurde die Idee zur ersten Konferenz über »Geist und Leben« geboren. Die Finanzierung wurde durch einen Zuschuß von Herrn Branco Weiss aus Zürich und Spenden der Adam Engle Associates gesichert. Um die Organisation der Konferenz kümmerte sich neben Engle und Varela auch Michael Sautman, M. A., aus Berkeley, Kalifornien.

Die Residenz des Dalai Lama liegt einige Meilen außerhalb von Dharmsala hoch oben an einem recht steilen Hang bei der von tibetischen Flüchtlingen bewohnten Ortschaft Mcleod Ganj. Die Gruppe der Wissenschaftler war in einem Gästehaus etwa eine halbe Meile unterhalb der Residenz untergebracht. Jeden Morgen saßen wir zum Frühstück auf der Veranda, von wo aus man über das ganze Tal sieht, um dann in Geländewagen zur Residenz hinaufzufahren. Am Eingang mußten wir uns jedesmal einer sehr höflichen Sicherheitskontrolle unterziehen. Dann betraten wir den Wohnraum. Zur verabredeten Zeit, um neun Uhr, trat Seine Heiligkeit ein, und wir vertieften uns sofort in eine angeregte Diskussion. Nach dem Vormittagstreffen fuhren oder gingen wir den Berg hinunter, um schnell zu Mittag zu essen und gleich wieder zu den Nachmittagsgesprächen aufzubrechen. Morgens war es immer recht frisch und kühl, aber den Tag über wärmte uns die klare Herbstsonne. Von der Residenz des Dalai Lama aus sahen wir die strahlend weißen, schneebedeckten Himalayaberge. Abends verfolgten wir auf unserer Veranda den Sonnenuntergang und sahen weit unten im Tal die Lichter des geschäftigen Dharmsala aufblitzen.

Bei den Zusammenkünften ging es, das war von vornherein

die Absicht gewesen, sehr zwanglos zu. Es wurden Ton- und Videoaufzeichnungen gemacht, und es bestand der Plan, dieses Material in irgendeiner Weise der Öffentlichkeit zugänglich zu machen. Doch zunächst und vor allem, darin waren wir uns einig, ging es uns um echte Gespräche mit dem Dalai Lama, Gespräche über Dinge, die für beide Seiten von Interesse waren. Zusammenkünfte von Wissenschaftlern und religiösen Leitfiguren laufen so häufig eher als Darbietungen ab, bei denen das Publikum zwar mit vorbereiteten Reden beeindruckt wird, aber nur wenig echter Dialog stattfindet. Eben das wollten wir vermeiden. Die Voraussetzungen dafür waren gegeben: Wir hatten reichlich Zeit, jeder von uns hatte Sinn für einen achtungsvollen Austausch zwischen den Kulturen, und die unmittelbare Beteiligung der Öffentlichkeit war ausgeschlossen. Sehr wichtig war darüber hinaus die Hilfe zweier ausgezeichneter Übersetzer, eines Tibeters und eines Westlers: Thubten Jinpa vom Ganden Shartse College in Mundgod, Indien; und B. Alan Wallace, spiritueller Leiter der Dharma Friendship Foundation in Seattle, Washington. Immer wieder traten während der Diskussionen lange Pausen ein, in denen die Übersetzer sich berieten und nach englischen und tibetischen Äquivalenten forschten. Das war eine entscheidend wichtige Vorkehrung gegen zahlreiche Mißverständnisse. Gleichwohl blieb das Übersetzen meist eine Hilfsfunktion, da der Dalai Lama sich meist direkt auf englisch mit uns unterhielt und sich nur gelegentlich übersetzen ließ, was wir sagten.

Jeden Morgen gab einer der Wissenschaftler eine allgemeine Einführung in sein oder ihr Spezialgebiet. Diese Darstellungen waren als Information für Nichtwissenschaftler wie Seine Heiligkeit und seine tibetischen Begleiter gedacht. Hier sollten wesentliche Züge der jeweiligen Disziplin in leicht verständlicher und für den Dialog anregender Form vorgestellt werden. Der Nachmittag war der Diskussion oder der Darstellung verwandter buddhistischer Themen durch den Dalai Lama vorbehalten. Die Wissenschaftler waren so ausgewählt worden, daß sie das Spektrum der sogenannten Kognitionswissenschaften abdeckten; darunter versteht man eine Zusammenschau der Gebiete Neurowissenschaft, Experimentalpsychologie, künstliche Intelligenz und Philosophie des Geistes. Die Abfolge der einführenden Darstellungen war so angelegt, daß sie auch Laien den Zugang zu diesem interdisziplinären Gebiet erleichterte.

Von Tag zu Tag wurde die Atmosphäre entspannter und verstanden wir einander immer besser, und die Dialoge und Debatten nahmen immer größere Teile der Vormittage und Nachmittage ein. So wohltuend waren diese Herzlichkeit und Freundlichkeit und Zwanglosigkeit, daß es fast ständig etwas zu lachen gab. Trotzdem hatte das Ganze immer auch etwas sehr Zugespitztes, und alle Beteiligten waren voller Aufmerksamkeit und Präsenz bei der Sache. Das war ein ideales Umfeld für intellektuelles Sondieren und vertieftes Verständnis.

Am letzten Vormittag sprachen beide Seiten ihren Dank für diesen echten und substantiellen Austausch aus. Insbesondere die Wissenschaftler wußten dem Dalai Lama herzlichen Dank dafür, daß er so viel von seiner außerordentlich knapp bemessenen Zeit zur Verfügung gestellt hatte. Sehr beeindruckt haben uns auch seine Auffassungsgabe für diese Gebiete und die Unerschrockenheit seines forschenden Geistes.

In diesem Buch haben wir, so gut das innerhalb der durch die schriftliche Darstellung vorgegebenen Struktur möglich ist, den Geist dieser Zusammenkünfte zu erhalten versucht. Die Gespräche selbst sprangen natürlich manchmal zwischen verschiedenen Themen hin und her oder kamen nach Tagen auf ein Thema zurück, das zuvor einmal angeschnitten worden war. In der hier wiedergegebenen Form der Gespräche haben wir die Themen, die uns während dieser sechs Tage begleiteten, miteinander zu verflechten versucht. Wer sich in den Wissenschaften oder im Buddhismus gut auskennt, wird sehen, daß die Dialoge nicht unbedingt jederzeit sehr profund oder gar bahnbrechend waren, aber allenthalben vielversprechende Keime und Ansätze enthalten. Besonders interessant, so scheint uns, ist an diesen Gesprächen die Art der Fragen, die gestellt wurden, die Auseinandersetzung mit den Schwierigkeiten des Vokabulars und des Rahmens sowie die Tatsache, daß sich gewisse sensible Bereiche herauskristallisierten. Zum erstenmal ist hier das Gelände der Begegnung dieser beiden Traditionen kartographiert worden.

Es war nicht der erste Dialog zwischen Wissenschaft und Buddhismus, und es hat inzwischen weitere Dialoge dieser Art gegeben. Wir hoffen, daß diese Gespräche ein Modell für weitere Begegnungen dieser Art sein können, in welchem Rahmen und welcher Gegend der Welt auch immer. Den hier wiedergegebenen Zusammenkünften folgte 1989 ein zweitägiges Treffen, »Geist und Leben II«, in Los Angeles, das Dr. Robert B. Livingston koordinierte. Diesmal kamen vier nordamerikanische Neurowissenschaftler mit dem Dalai Lama zusammen. »Geist und Leben III«, wiederum eine Woche lang, fand im November 1990 in Dharmsala statt. Diesmal waren die Themenschwerpunkte Emotionen und Heilung. An dem Treffen nahmen sechs Teilnehmer aus Europa und Nordamerika teil, und es wurde von Dr. Daniel Goleman koordiniert. Ein viertes Treffen, 1992, behandelte die Themen Schlaf, Traum und Sterben – wir können also mit Freude vermelden, daß der Dialog weitergeht.

Eröffnungsworte

DALAI LAMA: Ich heiße Sie willkommen. Ich bin voll dankbarer Anerkennung für die Bemühungen der Organisatoren dieser Zusammenkunft und der Teilnehmer. Schon lange interessiert mich die Beziehung zwischen östlicher Philosophie – damit meine ich insbesondere den Buddhismus – und westlicher Wissenschaft. Mein Hauptanliegen als Mensch besteht darin, stets die Bedeutung des Mitfühlens und der Güte hervorzuheben, damit eine bessere, glücklichere Gesellschaft entstehen kann, die eine lichtere Zukunft hat.

Ich glaube, daß dieses tiefe menschliche Empfinden der entscheidende Faktor für positive Entwicklungen ist. Und was dieses positive menschliche Empfinden angeht, hat der Buddhismus einiges zu bieten, was die weitere Entwicklung betrifft. Doch wenn er einen Ansatz finden soll, dann nur durch Schulung des Geistes und nicht durch Transplantation oder Injektion. Die Ergebnisse solch einer Schulung sind Züge wie Mitgefühl oder Güte und Bewußtheit. Aber wenn man sie entwickeln möchte, kommt es darauf an, mehr über den Geist und das Bewußtsein in Erfahrung zu bringen.

Die Wissenschaft und Technik der westlichen Zivilisation sind von ungeheurem Nutzen für die Gesellschaft. Doch die hochentwickelte Technik bringt auch vermehrt Ängste und Befürchtungen mit sich. Ich habe immer den Eindruck, daß geistige und materielle Entwicklung im Gleichgewicht sein müssen, wenn sie gemeinsam eine humanere Welt hervorbringen sollen. Wenn uns die humanen Werte verlorengehen und Menschen nur noch Teile einer Maschinerie sind, kann es keine Freiheit von Schmerz und Lust geben. Aber ohne Freiheit von

Schmerz und Lust läßt sich kaum die Grenze zwischen recht und schlecht ziehen. Zur Thematik von Schmerz und Lust gehört unweigerlich die Frage des Fühlens, des Geistes und des Bewußtseins.

Es kommt also sehr darauf an, daß westliche Wissenschaft und materielle Entwicklung mit östlicher Geistesentwicklung zusammenwirken. Bei manchen entsteht hier der Eindruck, diese beiden Dinge seien sehr verschieden, ja unvereinbar. Das jedoch hat sich in den letzten Jahren geändert. Manche Wissenschaftler des Westens sind bei ihrer Forschungsarbeit auf sehr sensible Bereiche, sehr tiefe Fragen gestoßen, zum Beispiel: Was ist der Geist, was ist »Ich«, was ist ein Mensch? Eine eher philosophische Ausrichtung entwickelt sich hier, ein neuer Trend. Wenn wirklich etwas für die Zukunft der Menschheit getan werden soll, ist es äußerst wichtig, daß es zwischen den Experten auf diesen Gebieten zu einem Dialog kommt. Ich hoffe, daß wir mit diesem Treffen hier einen Anfang machen können, daß ein neues Interesse davon ausgehen wird, daß die Menschen auch anderswo und auf anderen Gebieten hellhörig werden und es zu weiteren Forschungen kommt.

Unser wichtigstes Anliegen ist das Wohl der Menschheit in der Zukunft. Die zweite Ebene ist dann das Forschen selbst. Als Buddhist halte ich es für sehr wichtig, die neuesten wissenschaftlichen Erkenntnisse über den Geist, die Beziehung zwischen Geist und Körper und so weiter zu kennen. Ich wüßte beispielsweise gern, was die Wissenschaft zu der Frage sagt, ob es so etwas wie Geist oder Bewußtsein als etwas Eigenständiges gibt. In mancher Hinsicht besteht eine enge Beziehung zwischen Körper und Geist, doch ganz am Grund, wenn man zur eigentlichen Natur des Geistes vordringt, stellt man fest, daß er ein unabhängiger, wohlunterschiedener Faktor ist. Durch diese Zusammenkunft möchte ich die Buddhisten im allgemeinen und im besonderen die tibetischen Buddhisten verschiedener Zentren der Gelehrsamkeit mit der westlichen Auffassung vom Geist, von der Beziehung zwischen Geist und Körper und ähnlichem bekannt machen.

Im Buddhismus, insbesondere im Mahâyâna-Buddhismus einschließlich des Tantrayâna, gibt es zahlreiche Lehraussagen und Methoden, die den Geist und die Geist-Körper-Beziehung zum Gegenstand haben.* In den höchsten Tantra-Lehren geht es um Energie einer ganz besonderen Art. Es gibt dort Techniken der Kontrolle körperlicher Parameter wie der Temperatur, und es gibt sogar heute noch Menschen, die durch solche Praktiken zu außergewöhnlichen Erfahrungen kommen. Es gibt westliche Wissenschaftler, die sich mit solchen Dingen befassen, und sie finden bereits Hilfen in der östlichen Auffassung vom Geist und seiner Beziehung etwa zum Nervensystem. Wenn man hier die Kräfte vereint, wird das für die Forscher auf diesem Gebiet vielleicht nutzbringend sein. Aus all diesen Gründen denke ich, daß unser Zusammenkommen vielleicht förderlich sein kann.

Den alten Freunden, die unser Treffen vorbereitet und organisiert haben, möchte ich meinen tiefen Dank aussprechen. Es soll hier ganz zwanglos zugehen, mir war das schon immer lieber so. Jeder soll hier ungehindert seine individuelle Natur zum Ausdruck bringen können, und darauf kommt es an, nicht wahr? Sie mögen hier Unbequemlichkeiten haben, weil der gewohnte Komfort fehlt, aber das Wetter ist sehr schön. Mag hier auch manche Einrichtung fehlen – die Schneeberge sind wunderbar und bieten die »Einrichtung« eines herrlichen Land-

---

* Der tibetische Buddhismus und andere buddhistische Schulen unterteilen den Buddhismus in zwei Haupttraditionen, das Hînayâna (Sanskrit, wörtl. »kleines Fahrzeug«), das heute hauptsächlich durch die Theravâda-Schulen Südostasiens und Sri Lankas vertreten ist; und das Mahâyâna (Sanskrit, wörtl. »großes Fahrzeug«), vertreten durch den tibetischen, chinesischen und japanischen Buddhismus. Nach mahayanistischer Auffassung ist das Hînayâna im Mahâyâna einbegriffen. Für die Tibeter gibt es außerdem noch eine höhere Ebene des Mahâyâna, für die verschiedene Bezeichnungen gebräuchlich sind: Tantra (Tantrayâna), Mantrayâna oder Vajrayâna. Die höchste Ebene, sagt man, subsumiert das niedere Mahâyâna und das Hînayâna.

schaftsbildes. Noch vor ein paar Tagen hat es geschneit, jetzt herrscht strahlender Sonnenschein, und ich hoffe, diese Witterung bleibt Ihnen erhalten.

FRANCICO J. VARELA: Danke, Eure Heiligkeit. Für uns alle hier, wie Sie schon sagten, ist diese Gelegenheit zu einem echten Dialog zwischen der meditativen Tradition des Buddhismus und der westlichen Wissenschaft von allergrößter Wichtigkeit, und zwar nicht nur im Hinblick auf unser persönliches wissenschaftliches Interesse, sondern vor allem im Hinblick auf die Zukunft der Welt. Manche von uns sind schon mit buddhistischer Praxis in Berührung gekommen, und das führt unweigerlich zu gewissen Fragen, von denen einige, wie ich hoffe, in den kommenden Tagen ausgelotet werden können. Ich denke nicht, daß wir in diesen Gesprächen irgend etwas abschließend klären werden, aber ich erhoffe mir, daß wir für beide Traditionen vielleicht Maßstäbe für den achtungsvollen, behutsamen Austausch finden können, Anhaltspunkte für den Bau leichter und doch tragfähiger Brücken.

Ich möchte jetzt einen kurzen Abriß des Programms geben, damit wir ungefähr wissen, was wir vorhaben.

Eure Heiligkeit, es ist uns bewußt, daß Ihre Begegnungen mit der Wissenschaft überwiegend auf dem Gebiet der Naturwissenschaften stattgefunden haben. Ich meinerseits bin davon überzeugt, daß nicht die Naturwissenschaften die natürliche Brücke zwischen Buddhismus und Wissenschaft darstellen, sondern die Wissenschaftszweige, die sich mit Geist und Leben selbst beschäftigen, also grob gesagt das, was wir heute als Kognitionswissenschaften und Biowissenschaften oder Wissenschaften vom Leben bezeichnen. Deshalb haben wir dieses Programm nicht »Wissenschaft und Buddhismus«, sondern »Geist und Leben« genannt.

Bei früheren Gesprächen, die Sie mit Wissenschaftlern geführt haben, scheint mir nicht ganz klar geworden zu sein, was Wissenschaft eigentlich als Betätigung ist. Was *tut* ein Wissenschaftler? Offenbar ist es wichtig, ein Grundverständnis dessen zu haben, was in der Wissenschaft vorgeht. Deshalb haben wir einen Abschnitt vorgesehen, in dem die Wissenschaft als menschliches Betätigungsfeld erörtert werden soll. Was ist wissenschaftliches Arbeiten, und was ist Wissenschaft unter dem Gesichtspunkt ihrer Theorien und deren Validierung? Wie prüft und untermauert die Wissenschaft ihre eigenen Theorien?

Danach, um zu den handfesteren Dingen überzugehen, wird zunächst die Neurowissenschaft (Neurobiologie und wissenschaftliche Erforschung des Gehirns) vorgestellt. Da die Neurowissenschaft ein riesiges Gebiet ist und wir unmöglich alles darstellen können, haben wir fürs erste zwei Schwerpunkte ausgewählt: die Grundprinzipien des Nervensystems und die Mechanismen, nach denen es das Verhalten steuert. Das nächste Gebiet ist die Kognitionspsychologie, die eine direkte Erforschung des Verhaltens anstrebt und der deshalb in den Kognitionswissenschaften eine Rolle zufällt, durch die sie in gewissem Sinne der buddhistischen Theorie des Geistes sehr nahe steht.

Einen sehr interessanten Aspekt der westlichen Auffassung vom Geist treffen wir in den modernen Theorien an, die mit der künstlichen Intelligenz in Zusammenhang stehen. Ich meine folgenden Gedanken: Wenn man weiß, wie der Geist funktioniert, sollte man in der Lage sein, ihn nachzubauen. Das ist ein sehr bedeutsamer Teil der heutigen abendländischen Auffassung vom richtigen Vorgehen beim Erklären dessen, was Geist ist.

Sodann erschien es uns wichtig, einen Abriß der Entwicklung des Gehirns von der Befruchtung bis zur Geburt zu geben. Das ermöglicht uns manchen Einblick in die Entwicklung des komplexen menschlichen Gehirns aus der allen Nervensystemen gemeinsamen Grundstruktur. Zuletzt werden wir eine Darstellung der Evolution zu geben versuchen. Die Evolution gehört eigentlich nicht zum unmittelbaren Gegenstandsbereich der Kognitionswissenschaften, in denen es mehr um Neurowissenschaft, Kognitionspsychologie, künstliche Intelligenz und

Linguistik geht. Wir fanden es aber wichtig, hier auch über Evolution zu sprechen, denn ohne Kenntnis der westlichen Anschauung vom Entstehen des Lebendigen wird man die westliche Sicht seiner Lebensäußerungen nur mit großer Mühe verstehen können.

Wir haben verabredet, daß wir bei den morgendlichen Einführungen gewissermaßen als klassische Wissenschaftler sprechen werden; das heißt, wir werden unser jeweiliges Gebiet in der absoluten Standardform präsentieren. Was mich selbst angeht – aber ich weiß, daß es auch für andere gilt –, so bin ich ein ziemlich ketzerischer Neurowissenschaftler. In vielerlei Hinsicht stimmen meine Anschauungen nicht mit denen meiner Kollegen überein. Dennoch, vormittags werden wir ganz durchschnittliche Wissenschaftler zu sein versuchen, um Ihnen, Eure Heiligkeit, ein wirklich repräsentatives Bild zu geben – auch wenn sich jeder von uns wohl ein bißchen seltsam dabei vorkommen wird. In den Nachmittagsgesprächen dagegen werden wir das sagen, was wir selbst im Sinn haben. Ich bin sehr froh über Ihre Einladung, uns in diesem so zwanglosen Rahmen mit Ihnen auszutauschen.

Methodik und Validierungsverfahren der Wissenschaft

Jeremy W. Hayward

Die Suche nach objektiver Wirklichkeit

Ich glaube, die wenigen Menschen, die nicht nur eine wissenschaftliche Ausbildung genossen, sondern sich auch mit dem Buddhismus auseinandergesetzt haben, finden, daß Buddhismus und Wissenschaft in ihren Anschauungen und Forschungsmethoden vieles miteinander gemein haben. In der buddhistischen wie in der wissenschaftlichen Tradition kommt man nicht durch blinden Glauben zu irgend etwas, sondern betrachtet die Dinge in der Absicht, persönliche Voreingenommenheit zu überwinden. Deshalb ist dieser Dialog zwischen der Wissenschaft – oder den Wissenschaften – und dem Buddhismus eine großartige Gelegenheit, die Ansichten der modernen Zivilisation und die große Tradition des Buddhismus einander gegenüberzustellen. Dr. Varela hat mich gebeten, zur Eröffnung unserer Zusammenkunft die wissenschaftliche Betrachtungsweise und Methode zu umreißen und unser im Wandel begriffenes Verständnis von wissenschaftlicher Tätigkeit darzustellen.

Was ist dieses Tun, das wir Wissenschaft nennen? Ich möchte hier unter anderem aufzeigen, daß die Auffassung von diesem Tun eine Entwicklung durchgemacht hat. Wenn wir über Wissenschaft sprechen, haben wir im Hinterkopf häufig die Vorstellung, daß es da eine einheitliche Anschauung gibt, *eine* Wissenschaft; daß alle Wissenschaftler sich dieser Anschauung anschließen; daß die verschiedenen Gebiete der Wissenschaft – Physik, Chemie, Biologie, Psychologie, Astronomie, Anthropologie, Soziologie und so weiter – von denselben

Grundannahmen ausgehen und daher kompatibel, wenn nicht austauschbar oder aufeinander zurückführbar sind.

In meiner Darstellung möchte ich zeigen, daß diese Annahme – die am Ende des vorigen Jahrhunderts ihre größte Kraft entfaltete und so gut wie keinen Widerspruch fand – inzwischen und vor allem während der letzten fünfundzwanzig Jahre zum Ziel eingehender und kaum noch widerlegbarer Kritik geworden ist.

Eine der wichtigsten Aktivitäten der »Naturphilosophen« oder Wissenschaftler in den letzten dreihundert Jahren ist die Suche nach objektiver Erkenntnis. Objektive Erkenntnis ist wahre Erkenntnis und als solche in keiner Weise vom Subjekt, vom Geist des Erkennenden oder von der Gemeinschaft der Erkennenden abhängig. Wenn es objektive oder wahre Erkenntnis geben soll, muß etwas dasein, worauf diese Erkenntnis zutrifft. Das heißt, es muß eine objektive Wirklichkeit geben: eine Wirklichkeit oder Welt, die unabhängig ist vom Geist derer, die sie erkennen. Und diese objektive Welt ist sowohl in ihrem Sein als auch in ihren vielen einzelnen Zügen unabhängig vom Geist der Erkennenden. Wir werden sehen, wie dieser Glaube an eine objektive Welt als Grundlage wissenschaftlicher Gewißheit jetzt zu bröckeln beginnt.

Wenn es eine objektive, vom menschlichen Denken unabhängige Welt gibt, sollte man erwarten, daß auch das Wissen über diese Welt einheitlichen Charakter hat. Dieses einheitliche System des Wissens müßte am Ende alle unabhängig gewonnenen Einzelbeobachtungen zu einer Beschreibung zusammenfassen können, die mit einem einzigen Satz von Annahmen, Begriffen und Methoden auskommt: Das wäre eine einheitliche Wissenschaft. Das Ideal der einheitlichen Wissenschaft wurde vor etwa fünfzig Jahren ausgerufen, und heute setzt sich die Ansicht durch, daß auch dieser Ansatz ein Fehlschlag war – nicht allein wegen der ungeheuren praktischen Schwierigkeiten, die er mit sich bringt, sondern vor allem aufgrund prinzipieller Erwägungen.

Die Theorie wissenschaftlicher Theorien ist ein heiß umstrittenes Thema, und eine Klärung ist hier keineswegs von irgendeiner isolierten Betrachtungsweise zu erwarten. Wir können uns nicht mehr nach einer einheitlichen Wissenschaft mit einem einzigen Satz von Annahmen und Begriffen zur Erklärung aller Beobachtungen umsehen. Im Gegenteil, unter der Überschrift »Wissenschaft« finden sich viele verschiedene Betätigungen mit ihren je eigenen Grundannahmen und Begriffen zusammen. Die Gebiete dieser verschiedenen Wissenschaften können so weit voneinander entfernt sein, daß sie sich nicht einmal überschneiden. Und wo sich die Gebiete überschneiden, kann es sein, daß die betreffenden Wissenschaften zu ganz unterschiedlichen, wenn nicht gegensätzlichen Deutungen ein und derselben Beobachtung kommen.

Unter denjenigen, die den Gedanken der einheitlichen Wissenschaft für überholt halten, herrscht in gewissem Umfang Einmütigkeit darüber, daß die Theoriebildung sehr stark durch menschliche Aktivität und Kommunikation innerhalb bestimmter Gemeinschaften von Wissenschaftlern bedingt ist. Deshalb tritt jetzt die intersubjektive Validierung von Theorien an die Stelle der früheren Suche nach objektiver Wirklichkeit. Die Frage der Beziehung dieser Theorien zu einer von ihnen unabhängigen Welt bleibt dabei offen.

Die Anfänge im Mittelalter

Werfen wir zuerst einen kurzen historischen Blick auf die Ursprünge der modernen Wissenschaft. Die Zeit vom vierten bis zum zehnten Jahrhundert war von einem ziemlich negativen Weltbild beherrscht. Man spricht hier häufig vom finsteren Mittelalter, aber ich glaube, damit werden wir der Sache nicht ganz gerecht. Die großen Zivilisationen Griechenlands und Roms, so jedenfalls werden sie heute gesehen, waren untergegangen. Die Kontinuität des Wissens wurde vor allem durch die christlichen Klöster gesichert. Nach der christlichen Anschauung jener Zeit ist diese Welt ein Abgrund des Unheils, aber es gibt eine parallele und ganz andere Welt, zu der wir hinstreben – das Himmelreich.

Die nach dieser finsteren Zeit beginnende Öffnung, der große Aufschwung im Frühmittelalter, verdankt sich zu einem großen Teil der Wiederentdeckung griechischer Texte, insbesondere der Aristotelischen Schriften. Die Aristoteles-Lektüre führte unter anderem dazu, daß man die Natur anders zu sehen begann, nämlich als einen Bereich von ganz eigener Wirklichkeit mit eigenen Abläufen und eigenen Regeln, die man erkennen konnte, wenn man Sinne und Verstand bedachtsam einsetzte. Eine Dualität wurde postuliert zwischen dem Himmelreich, das durch Glauben, Offenbarung und deduktives Denken zu erkennen war, und dem Irdischen, das man durch die Sinne und das induktive Denken erkennen konnte.

Über einige Jahrhunderte hin entspann sich eine Debatte darüber, ob sich die christlichen Lehren mit diesem erstaunlichen neuen Weltbild vereinbaren ließen, das den griechischen Texten entsprang. Im dreizehnten Jahrhundert gelang es Thomas von Aquin, die Sicht der Griechen, vor allem des Aristoteles, mit der des Christentums in Einklang zu bringen. Es entstand eine Kosmologie, nach der die Erde sich im Zentrum befindet und von neun Sphären umgeben ist, in denen sich die Planeten bewegen. Die äußere Sphäre, die zehnte, war der Aufenthaltsort Gottes und unbewegt. Die acht Sphären jenseits des Mondes wurden als relativ vollkommen angesehen, da die Sterne sich in vollkommenen Kreisbahnen bewegten und die Planeten in fast vollkommenen Kreisbahnen. Unterhalb der Mondsphäre, im irdischen Bereich, war alles instabil und unruhig, also weniger vollkommen. Hier besteht die Materie aus den vier Elementen in verschiedenen Zusammensetzungen. Der natürliche Ort der Erde ist das Zentrum des Universums, da Erde das schwerste Element ist. Danach kommt Wasser, dann Luft und schließlich Feuer. Doch in der unvollkommenen Erdenwelt befinden sich die Elemente nicht an ihrem natürlichen Ort, streben aber ständig dorthin zurück. Das ist hier der Grund für alle Unruhe, alle nichtzirkuläre Bewegung, und deshalb fällt ein Stein zu Boden und strebt das Feuer auf.

Die Schönheit dieses so klug zurechtgelegten Systems lag darin, daß alles der Menschheit Bekannte darin untergebracht werden konnte. Das stoffliche und das geistige Universum waren deckungsgleich. Die neun Sphären, in denen die Planeten sich bewegten, waren auch die Sphären, durch welche die menschliche Seele zu Gott hinstrebt.

Damit waren die Schriften des Aristoteles und die Kirchenlehre miteinander in Einklang gebracht. Die Griechen selbst freilich waren große Naturbeobachter gewesen, während die Europäer dieser Zeit sich auf das geschriebene Wort als Quelle der Erkenntnis beriefen. Und zwar so sehr, daß sogar Pflanzenzeichnungen in medizinischen Texten nicht nach der Natur angefertigt wurden, sondern nach antiken Vorlagen.

Der Zusammenbruch der mittelalterlichen Weltanschauung

Schon zu der Zeit, als Thomas von Aquin seine Synthese präsentierte, begannen andere Gelehrte Widersprüche in Aristoteles' Lehren zu entdecken – Widersprüche, die schließlich zum Zusammenbruch des gesamten mittelalterlichen Glaubenssystems etwa drei Jahrhunderte später führten. Galilei argumentierte im sechzehnten Jahrhundert, um zu entscheiden, ob Aristoteles recht habe oder nicht, solle man lieber die Dinge selbst betrachten, statt sich auf die Autorität der Texte zu berufen. So hatte Aristoteles beispielsweise angenommen, daß Gegenstände je nach ihrem Gewicht verschieden schnell fallen. Galilei verfiel nun auf den Gedanken zu experimentieren, um zu sehen, ob das wirklich so ist. Er schuf also künstliche Situationen, indem er etwa Kugeln unterschiedlichen Gewichts ein Brett hinunterrollen ließ. Wenn ein Stück Blei schneller fällt als ein Stück Holz, dachte er, dann müssen sie wohl auch verschieden schnell ein Brett hinunterrollen. Tatsächlich stellte er jedoch fest, daß sie in der gleichen Zeit hinunterrollten. Das widersprach der von Aristoteles gemachten Aussage, daß schwere Gegenstände schneller fallen, weil sie den Ort des Erd-Elements im Zentrum des Universums erreichen wollen.

Galilei erfuhr auch, daß jemand zum erstenmal optische Linsen hergestellt hatte; jetzt konnte er selbst den Himmel betrachten und feststellen, ob die Sphären wirklich vollkommen sind. Er baute ein Fernrohr, richtete es auf den Mond und sah, daß er Höcker hatte. Er betrachtete auch den Jupiter und fand Monde, die ihre Position wechselten – wieder eine Irregularität im Muster der Himmelsbewegungen. Manche Leute weigerten sich, durch seine Maschine zu blicken; es sei nicht nötig, da sie schließlich *wüßten*, daß der Mond vollkommen sei. Andere blickten hindurch und sahen die Höcker, meinten dann aber, der Mond erscheine zwar unvollkommen, müsse aber wohl von einer unsichtbaren vollkommenen Sphäre umgeben sein. Galilei jedoch glaubte an seine Beobachtungen, und das war für die aristotelische Sichtweise (und daher auch für die Ansichten Thomas von Aquins und der Kirche) eine Katastrophe, denn Mond und Jupiter gehörten schließlich zum Himmelreich und mußten einfach vollkommen sein.

Aber was hatte Galilei eigentlich getan? Erstens: Er schaute hin und sah, statt einfach den Texten zu glauben. Zweitens: Er vereinfachte die Dinge so, daß man sie tatsächlich in Augenschein nehmen konnte. Das ist das Wesen des Experimentierens. Drittens: Er schuf eine Sprache, in diesem Fall die Mathematik, in der er präzise auszudrücken vermochte, was er sah.

Newtons Erfolg

1642, im Todesjahr Galileis, wurde Isaac Newton geboren. Newton zeigte zweifelsfrei und exakt auf, wie die Planeten sich um die Sonne bewegen. Außerdem zeigte er, daß die Erde sich nach denselben Gesetzen bewegt wie die Himmelskörper und daß die Bewegungsgesetze in der mathematischen Sprache formuliert werden mußten. Aus Aristoteles' Welt waren Gott und die Seele nicht wegzudenken, aber in Newtons Welt spielten sie keine Rolle mehr. Die Planeten konnten sich von selbst und ganz mechanisch bewegen, ohne daß der Schöpfer in irgendeiner Weise eingreifen mußte.

Newton und seine Nachfolger hatten ein Programm, nämlich alle Phänomene nach eben dem Prinzip zu erklären, das bei der Bewegung der Planeten so erfolgreich gewesen war: ein paar grundlegende Bewegungsgesetze und zur Beschreibung die Sprache der Mathematik. Anfangs wurde versucht, alle Phänomene anhand der Bewegung kleiner Materieteilchen zu erklären, die denselben Bewegungsgesetzen unterlagen, wie Newton sie bei Planeten und Steinen ermittelt hatte. Das Wirken eines Schöpfers hatte in diesen Gesetzen keinen Platz mehr.

Gegen Ende des neunzehnten Jahrhunderts, also zwei Jahrhunderte nach Newton, herrschte die verbreitete Gewißheit, daß das von Galilei und Newton initiierte Programm ein voller Erfolg war. Auf dem Gebiet der Physik hatte man ungeheuer viel mit Newtons Ansatz erklären können. Außerdem schienen Arbeiten auf dem Gebiet der Chemie – dort wurde erforscht, wie die verschiedenen Elemente miteinander reagieren – den Schluß zuzulassen, daß die Theorie, alles beruhe auf dem atomaren Geschehen, zutraf. Der wissenschaftliche Ansatz genoß nahezu grenzenloses Vertrauen, da so viel von seinem Programm verwirklicht worden war – zumindest auf dem Gebiet der Physik und Chemie, wo es um Dinge ging, denen man kein Leben zuschrieb. Auch die aus dem achtzehnten Jahrhundert stammende Erkenntnis, daß alle Lebewesen aus Zellen bestehen, spiegelt das Bemühen, sogar die Biologie auf eine Art Atomtheorie zu gründen: Auch das biologische Geschehen beruht auf dem, was auf der Ebene der kleinsten Einheiten eines Organismus abläuft. Dann kam das neunzehnte Jahrhundert mit Charles Darwins Evolutionstheorie, die besagte, daß sich die höher entwickelten Lebewesen über gewaltige Zeiträume hin aus einfacheren Formen entwickelt haben, und zwar auf ganz mechanische oder selbsttätige Weise. Für Newtons Nachfolger sind alle Naturprozesse rein mechanisch – keine Intelligenz ist da, kein Bewußtsein, das sie leitet oder antreibt.

Wissenschaftliche Gewißheit

Zu Beginn des zwanzigsten Jahrhunderts war die Wissenschaft aufgrund des mit ihr einhergehenden Gefühls der Gewißheit zum vorherrschenden Glaubenssystem des Abendlands geworden. In den zweihundert Jahren von Newtons Zeit bis zur Jahrhundertwende setzte sich dieses Glaubenssystem im Verlauf einer langen Debatte – hier der christliche Standpunkt, für den Gott der Schöpfer war, dort der sogenannte wissenschaftliche Ansatz, der Gott immer weniger Spielraum ließ – allmählich durch. Als Newton gezeigt hatte, daß die Planeten sich ganz allein auf ihren Bahnen halten und bewegen, hatte man für Gott keine Verwendung mehr. Und als Darwin erklärte, daß die verschiedenen Arten von Organismen sich ganz mechanisch entwickeln, konnte das doch nur heißen, daß man sogar für die Entstehung des Menschen keinen Gott mehr brauchte. So begann ein erbitterter Disput zwischen Vertretern des christlichen Standpunkts und denen des Evolutionsgedankens – ein Disput, der immer noch anhält. Aber am Ende des neunzehnten Jahrhunderts hatte sich die Ansicht durchgesetzt – und es ist heute noch die Ansicht zumindest der breiten Masse –, daß die Wissenschaft das einzig wahre Glaubenssystem ist. Auch die meisten Wissenschaftler neigen diesem eher naiven Glauben zu und fragen nicht viel, was sie da eigentlich treiben.

Lassen Sie mich versuchen, diese Gewißheit, daß die Wissenschaft tatsächlich die Wahrheit über die reale Welt herausfinden kann, noch etwas plastischer darzustellen. Sprechen wir zunächst vom sogenannten Reduktionismus. Der Reduktionismus geht davon aus, daß die objektive Welt grundsätzlich aus Raum, Zeit und Materieteilchen – und sonst nichts – besteht. Physik ist die Erforschung des Verhaltens dieser Materieteilchen, und die Chemie, stark vereinfachend gesagt, erforscht die Verknüpfung solcher Teilchen zu größeren Teilchen. Fragen wir nun, wie diese größeren Teilchen sich zusammenfügen, um lebendige Teilchen zu bilden, dann ist das Biologie, und wenn wir schließlich wissen wollen, wie diese lebendigen Teilchen so komplex werden, daß sie empfindungsfähig zu sein scheinen, dann haben wir Physiologie und Neurophysiologie. Zuletzt kommt die Psychologie, die erforscht, wie komplexere lebendige Gebilde sich so verhalten können, daß sie Intelligenz zu besitzen scheinen. Ich bin in dieser Darstellung aufsteigend vorgegangen, also von der Physik oder den allerkleinsten Teilchen bis schließlich zu intelligenten Lebewesen. Reduktionismus besteht nun in dem Glauben, daß man das auch umkehren kann. Intelligent erscheinende Phänomene sollten durch lebendig erscheinende Phänomene zu erklären sein; diese wiederum sollten durch komplexe Teilchen, durch Moleküle, zu erklären sein und diese schließlich durch die Gesetze der allem zugrunde liegenden kleinsten Einheiten. Kurzum, alles ist letztlich physikalisch zu erklären.

Ein weiterer Glaubensartikel des wissenschaftlichen Weltbilds um die Jahrhundertwende war die Objektivität, das heißt der Gedanke, daß die Ergebnisse der wissenschaftlichen Arbeit nicht von einzelnen Beobachtern oder Gruppen von Beobachtern abhängen. Dem liegt die Annahme zugrunde, daß es eine unabhängig von *allen* Beobachtern existierende Welt mit ihrer eigenen Struktur gibt. Diese Struktur kann erkannt werden, indem man sie betrachtet, aber sie existiert unabhängig vom Betrachter. Erkennbar ist sie aber, weil sie gewissen Gesetzen unterliegt, und da sie Gesetzen unterliegt, kann sie experimentell erkundet werden. Durch die experimentelle Methode kann der Beobachter den objektiven Aufbau der Welt erkennen. Das also tut die Wissenschaft nach der Auffassung, die am Ende des neunzehnten Jahrhunderts vorherrschte. Auch heute noch sehen es die allermeisten Menschen so – sicherlich neunundneunzig Prozent der Laien, aber auch achtzig bis neunzig Prozent der tätigen Wissenschaftler. Das ist sehr wichtig, denn wir im Westen sehen es als Garantie dafür, daß es eine reale Welt jenseits aller vorgefaßten Meinungen und Überzeugungen gibt. Durch die Wissenschaft, so der Glaube eines Wissenschaftlers, können wir alles Wunschdenken umgehen und sehen, wie die Dinge unabhängig von meinen Wünschen oder denen irgendeines anderen wirklich sind.

Betrachten wir schließlich noch den Determinismus als einen weiteren Aspekt des wissenschaftlichen Weltbilds. Da alles, was wir erfahren, auch unser eigenes Leben, letztlich auf Bewegungen von Teilchen beruht und diese Teilchen festen, unveränderlichen Gesetzen folgen, könnten wir den Zustand des Universums zu jedem beliebigen künftigen Zeitpunkt vorausberechnen, wenn uns der gegenwärtige Zustand sämtlicher Teilchen im Universum bekannt wäre. Wenn alle Phänomene nach denselben Prinzipien zu erklären sind, dann heißt das, daß alle Phänomene prädeterminiert sind. Menschliches Denken und Streben hat in diesen Gesetzen genausowenig Platz wie das Handeln eines Schöpfers.

In den zwanziger Jahren unseres Jahrhunderts bekam die klassische Newtonsche Betrachtungsweise ernsthafte Risse. Relativitätstheorie und Quantenmechanik machten nicht nur ihre Prinzipien, sondern auch die Möglichkeit der reinen objektiven Wahrnehmung fragwürdig. Es stellten sich Zweifel ein, ob die wissenschaftliche Methode wirklich Gewißheit über eine objektive Welt schaffen kann. Wenn man allerdings die Existenz einer realen objektiven Welt anzweifelt, dann hat man in der westlichen Tradition nur eine Alternative: den Subjektivismus. Alles liegt dann einzig und allein beim einzelnen Subjekt. Wir nehmen einfach das wahr, was wir selbst ersinnen, und die Welt ist nichts weiter als das, was wir uns in unseren Köpfen zurechtlegen. Mit dem Subjektivismus sind wir aber wieder beim Wunschdenken. Weshalb haben wir nichts weiter als diese beiden Alternativen der extremen Subjektivität oder extremen Objektivität? Weil der Glaube an die Dualität von Geist und Materie, Subjekt und Objekt, tief im abendländischen Denken verwurzelt ist.

Die Wissenschaft war nach der Anschauung des neunzehnten Jahrhunderts die Große Methode, alles Wunschdenken zu überwinden und herauszufinden, wie die Welt wirklich ist. Viele konnten sich nicht lösen vom Glauben an eine objektive Welt. Als daher in den zwanziger Jahren die Zweifel immer häufiger wurden, mußten die Wissenschaftler sich etwas Neues ausdenken, um die Fundamente der Wissenschaft wieder tragfähig zu machen. In den dreißiger Jahren wurde ein ganz neuer Ansatz erarbeitet, und dieser Ansatz ist zum Credo der wissenschaftlichen Hauptströmung geworden. Dieses Theoriegebäude der heutigen Wissenschaft trägt den Namen logischer Empirismus.

Der logische Empirismus

Die Methode, nach der wir, wie unterstellt wird, die Natur der objektiven Welt aufdecken, ist die wissenschaftliche Methode. Sie wird am Anfang jedes wissenschaftlichen Lehrbuchs dargestellt, ganz gleich, ob es darin um Physik, Chemie und Biologie oder sogar um Psychologie geht. Diese Methode hat vier Schritte. Zuerst schauen wir hin, wir sammeln Daten und Informationen. Danach stellen wir eine Theorie auf, welche die Daten erklärt. Diese Theorie bringt die Daten auf eine einfache und möglichst eine einzige Formel. Drittens sagen wir anhand der Theorie voraus, welche weiteren Beobachtungen noch möglich sein sollten. Und viertens machen wir uns auf die Suche nach diesen vorhergesagten Beobachtungen. Das sind die vier Stufen der wissenschaftlichen Methode. In den Lehrbüchern heißt es, daß das Programm der Newton-Schule durch diese Methode umgesetzt werden konnte. Wir finden in ihr die Grundideen des logischen Empirismus wieder.

Betrachten wir nun die beiden Teile des Begriffs »logischer Empirismus« – logisch und Empirismus. Die Aussagenlogik befaßt sich damit, wie aus mehreren wahren Aussagen durch Kombination eine weitere wahre Aussage gemacht werden kann. Sie ist ein System, das aus Axiomen und Regeln besteht. Axiome sind Aussagen, von denen man aus anderen Bereichen als der Logik weiß, daß sie zutreffen. Außerdem gibt es mechanische Regeln, die Gesetze der logischen Operationen, nach denen man durch Kombination von Axiomen neue Aussagen entwickeln kann. Das sind die Grundelemente der Aussagenlogik. Eine solche Systematik ist der buddhistischen Tradition, die ebenfalls über eine hochentwickelte Aussagenlogik verfügt, sehr vertraut.

Kommen wir zur Verwendung dieses Systems in der Wissenschaft. Die Axiome bezieht man aus Beobachtungen, aus Experimenten. Sie stammen folglich aus der ersten Stufe der wissenschaftlichen Methode: Wir schauen hin, wir gewinnen Fakten, Daten. Das ist die empirische Seite des logischen Empirismus. Im nächsten Schritt müssen wir unsere Beobachtungen in eine Sprache bringen, mit der die logische Maschinerie, die Mathematik, operieren kann. Eigentlich haben unsere ursprünglichen Aussagen, die Axiome, zwei Schichten: die Beobachtungen und unsere unmittelbaren Aussagen darüber. Daraus machen wir Theorie-Aussagen, welche die begrifflich formulierten Beobachtungen mit den Gesetzen der Theorie in Einklang bringen. Dazu ein Beispiel: Wir blicken in den Nachthimmel und sehen kleine Lichter, und uns fällt auf, daß manche dieser Lichter mit der Zeit ihre Position ändern. Die Beschreibung der Bahnen dieser Lichter ist reine Beobachtungs-Aussage; wenn wir sagen, daß jedes dieser Lichter ein Objekt ist, ein Planet mit bestimmter Masse und bestimmter Entfernung von der Erde, dann ist das eine Theorie-Aussage. Und daß sie sich gemäß den Newtonschen Gesetzen um die Sonne bewegen, ist die Theorie selbst. Schon hier spürt man etwas Zirkuläres an dem Zusammenhang zwischen Theorie und Beobachtung – und darauf werden wir gleich zurückkommen, wenn es um die Einwände gegen den logischen Empirismus geht.

Als nächstes haben wir diese Theorie-Aussagen nach den mechanischen Regeln der Logik und mit Hilfe der Gleichungen unserer Theorie so zu verarbeiten, daß neue Theorie-Aussagen dabei herauskommen. Das führt zum dritten Schritt der wissenschaftlichen Methode: Aus der neuen Theorie-Aussage können Voraussagen über neue Beobachtungen abgeleitet werden. Der Wahrheitsgehalt dieser Voraussagen wird dann mittels geeigneter Testverfahren überprüft – Schritt vier der wissenschaftlichen Methode. Wieder ein Beispiel: Manche Beobachtungen der Planetenbahnen (erster Schritt der wissenschaftlichen Methode) zeigten, daß sie nicht ganz den Verlauf hatten, den die Newtonschen Gesetze forderten (zweiter Schritt); genauere Berechnungen führten zu der Voraussage (dritter Schritt), daß man in einer bestimmten Himmelsregion und zu einer bestimmten Zeit einen weiteren Planeten entdecken werde. Tatsächlich wurde dieser Planet 1846 entdeckt (vierter Schritt); man nannte ihn Neptun.

So wird die Aussagenlogik zum Verarbeitungsmechanismus der Wissenschaft, wobei die Beobachtungen den Input darstellen. Man beschickt den Apparat mit einer Beobachtungsaussage, dreht den Logik-Hebel so, wie es die Theorie nahelegt, und heraus kommt eine neue Aussage. Dann macht man weitere Beobachtungen zur Überprüfung dieser neuen Aussage, und wenn sie sich bestätigt, ist Ihre Theorie richtig.

Soweit dieser Abriß der Theorie des logischen Empirismus. Auf diese Weise hat man sich in den dreißiger Jahren und bis heute davon überzeugt, daß die Wissenschaft solide Fundamente hat. Viele glauben immer noch, daß der logische Empirismus die Grundlage des wissenschaftlichen Geschehens sei. Und da er funktioniert – weil wir den vierten Schritt haben, mit dem wir unsere Voraussage testen und zum Ergebnis »ja« kommen können –, können wir zurückschließen und unsere Theorie als korrekt, das heißt mit der objektiven Wirklichkeit übereinstimmend, erkennen.

Mir ist es wichtig, die Prinzipien des logischen Empirismus und seine Bedeutung zu vermitteln, denn im weiteren möchte ich jetzt darstellen, wie er in den letzten dreißig bis vierzig Jahren zum Gegenstand wachsender Kritik wurde. Das sind gewichtige Kritikpunkte, und trotzdem bleiben sie unter Wissenschaftsphilosophen bis heute umstritten. Es gibt heute längst nicht mehr überall dieses Gefühl, die Grundlagen der Wissenschaft seien eine ein für allemal geklärte Sache und kein Problem mehr. Diese Gewißheit, wie gesagt, herrschte bis etwa 1900. Dann wurden die Fundamente erschüttert, aber zwischen 1930 und 1960 entstand auf der Grundlage des logischen Empirismus eine neue Gewißheit. Diese etwas zweifelhafte Gewißheit besteht in manchen Kreisen nach wie vor. Viele Wissenschaftler werden ziemlich böse, wenn man sie fragt: »Ist nicht an den Grundlagen der Wissenschaft schon einiges problematisch?« Doch immerhin gibt es jetzt eine Debatte zwischen Menschen, die über Wissenschaft als Tätigkeit nachdenken. Anfang der siebziger Jahre fand eine Konferenz über die Struktur wissenschaftlicher Theorien statt. Im Konferenzbericht* können wir die folgende Aussage eines der Organisatoren, Frederick Suppe, nachlesen: »In der Philosophie der Wissenschaft haben wir also heute diese Situation: Die positivistische Analyse wissenschaftlicher Erkenntnisse auf der Grundlage der überkommenen Anschauung [logischer Empirismus] ist verworfen oder zumindest als höchst suspekt erkannt worden, doch keines der vorgeschlagenen alternativen Analyseverfahren wird allgemein akzeptiert. Seit über fünfzig Jahren müht sich die Philosophie der Wissenschaft um ein philosophisches Verständnis wissenschaftlicher Theorien – und sie müht sich heute noch.«

Probleme des logischen Empirismus

Jetzt möchte ich über die Widerlegung des logischen Empirismus sprechen. Wir haben uns hier mit zwei Möglichkeiten der Widerlegung zu befassen: von innen und von außen. Schon in den dreißiger Jahren stieß man bei dem Bemühen, den logi-

---

* Siehe Frederick Suppe: *The Structure of Scientific Theories*, Champaign, Ill. (University of Illinois Press) 1974.

schen Empirismus hieb- und stichfest zu machen, auf Probleme. Diese Probleme sind nach wie vor ungelöst. Nach fünfzig Jahren geben sogar die logischen Empiristen selbst zu, daß sie die Probleme noch nicht gelöst haben.

Wenn wir danach fragen, ob der logische Empirismus als Theorie der wissenschaftlichen Methode überhaupt taugt, können wir so vorgehen, daß wir die experimentelle Methode auf den logischen Empirismus selbst anwenden. Hier haben wir eine Theorie der wissenschaftlichen Methode, und wir möchten diese Theorie gern dadurch überprüfen, daß wir uns in verschiedenen Wissenschaften umschauen, um zu sehen, ob sie wirklich nach diesem Prinzip betrieben werden. Wenn wir uns daraufhin etwa die Atomphysik oder die Evolutionsbiologie oder die Kognitionspsychologie ansehen und fragen, ob sie die Form haben, die sie dem logischen Empirismus zufolge haben sollten, dann werden wir fast überall sehen, daß dem nicht so ist. Der logische Empirismus als philosophische Basis der Wissenschaft mag ganz nett sein, aber in der Realität werden die Wissenschaften einfach nicht so betrieben. Kurzum, als Theorie der wissenschaftlichen Methode fällt der logische Empirismus glatt durch, wenn man sein Verfahren auf ihn selbst anwendet.

Ein weiteres inneres Problem des logischen Empirismus hängt mit dem Gedanken der Bestätigung zusammen, Schritt vier der wissenschaftlichen Methode. Aus dem dritten Schritt haben wir eine Voraussage gewonnen, und die wollen wir jetzt bestätigen. Wenn wir durch Beobachtung erweisen können, daß die Voraussage richtig ist, dürfen wir unsere Theorie als gut deklarieren. Aber wie machen wir das? Beobachtungen können nie eine absolute Bestätigung sein. Das liegt in gewissem Sinne auf der Hand, aber wir tun uns schwer, es zu akzeptieren, und das gilt auch für Wissenschaftler. Angenommen, ich möchte herausfinden, ob alle Schwäne weiß sind. Ich sehe einen, und er ist weiß. Gut. Ich sehe wieder einen, und er ist wieder weiß. Sehr gut. Ich sehe eine Million Schwäne, und sie sind alle weiß. Wunderbar. Beweist das, daß alle Schwäne weiß sind? Keineswegs. Wie es der Teufel will, ist Schwan Nummer Einemillioneins grün! Die Theorie der Bestätigung durch Beobachtung hat also einen schweren prinzipiellen Mangel.

Hier entsteht die Notwendigkeit, eine Theorie der Falsifikation zu entwickeln, und das ist der erste Schritt zum Untergang des logischen Empirismus. Ich kann die Aussage, daß alle Schwäne weiß sind, mit Gewißheit falsifizieren, wenn ich nur einen einzigen grünen Schwan finde. Wenn also die Verifikation von Theorien durch Beobachtung prinzipiell nicht möglich ist, können wir dann vielleicht wenigstens ein stichhaltiges Falsifikationsverfahren entwickeln? Aber was haben wir dann? Wir haben diese sogenannte objektive Welt. Was sagt sie uns? Sie sagt uns immer nur, wann wir uns irren; sie sagt uns nie, jedenfalls nicht definitiv, wann wir recht haben. Wir kommen nicht umhin (und das liegt in gewissem Sinne immer noch innerhalb des logischen Empirismus, wie er heute neu durchdacht wird), uns Theorien als mehr oder weniger *wahrscheinlich* zu denken. Wir können nicht sagen, daß eine Theorie oder Beobachtung mit *Gewißheit* sagt, wie die Welt ist. Wir können nur sagen: So und so ist die Welt wahrscheinlich. Dann brauchen wir eine Theorie, nach der wir den Wahrscheinlichkeitsgrad einer Theorie so weit wie möglich steigern können. So weit kommen wir mit dem logischen Empirismus. Die meisten Wissenschaftler werden wohl mit der Idee der Falsifikation vertraut sein und das Gefühl haben, daß die Wissenschaft einer Beschreibung der objektiven Wirklichkeit immer näher kommt – aber diese Beschreibung kann nie ganz gewiß und endgültig sein. Das ist die innere Problematik des logischen Empirismus.

Daneben gibt es äußere Gründe, die Zweifel aufkommen lassen. Die Kognitionspsychologen stellen nämlich die Idee der reinen, das heißt objektiven Beobachtung in Frage. Schon in den fünfziger Jahren fanden die Experimentalpsychologen Hinweise darauf, daß Wahrnehmung in gewisser Weise ein aktiver Prozeß ist: Auge und Gehirn machen nicht einfach Fotos von dem, was da draußen ist, sondern beeinflussen selbst das, was da draußen zu sein scheint. Das ist ein schwerer Schlag für den ersten und vierten Schritt der wissenschaftlichen Methode,

Abbildung 1

also die Beobachtungsstadien. Können wir wirklich reine Daten gewinnen, die von unseren Wünschen und Theorien frei sind? Das ist der Brennpunkt des äußeren Zweifels am logischen Empirismus, und dieser Zweifel hat viele Facetten. Zum Beispiel die, daß in unsere Beobachtungen stets Aspekte der bereits vorhandenen Theorien einfließen. Der Merksatz lautet: »Beobachtung ist theoriebefrachtet.« Weiterhin fließt durch die Begriffe, mit denen wir unsere Beobachtung beschreiben, eine weitere theoretische und subjektive Färbung in unsere angeblich objektiven Beobachtungen ein. Selbstverständlich ist die Bedeutung von Theoriebegriffen theoriebefrachtet, aber das gilt eben auch für rein deskriptiv gemeinte Begriffe. Eine dritte Facette dieser Beteiligung subjektiver Faktoren besteht darin, daß meine Theorie bestimmt, was ich überhaupt als Faktum gelten lasse.

Schauen wir uns diese drei äußeren Einwände etwas näher an. Eine klassische Veranschaulichung für Theorieeinflüsse auf das, was wir sehen, ist dieses bekannte Bild, auf dem wir je nach Betrachtungsweise eine alte oder eine junge Frau erkennen. Diese Doppeldeutigkeit der Wahrnehmung gilt als entscheidender Hinweis darauf, daß beim Wahrnehmen mehr geschieht als bloßes Sehen. Wie wollen wir entscheiden, welche Deutung korrekt ist? Wir könnten hier natürlich sagen: »Na ja, eigentlich ist das ja ein schwarzer Klecks auf weißem Papier.« Schwarze Striche auf Papier sind eine grundlegendere Wirklichkeit als alte Frau oder junge Frau. Aber wie war das noch bei Galilei? Als die Kollegen durch sein Fernrohr blickten, mochten sie in den Jupitermonden nichts anderes als durch das Instrument bedingte Verzerrungen erkennen. Oder ein Beispiel aus neuerer Zeit: Als Michelson und Morley 1887 die Geschwindigkeit des Lichts in verschiedenen Richtungen maßen, weigerte man sich einfach, ihre Beobachtung zu akzeptieren, weil sie der damals für sicher gehaltenen Theorie widersprach, daß es einen Äther gibt, der dem Licht als Ausbreitungsmedium dient. Es blieb dem Genie Albert Einsteins vorbehalten zu fragen, was denn aus der Anerkennung dieser Beobachtung folgen würde. Und es folgte unter anderem daraus, daß man fortan nicht mehr an einen Äther glauben konnte.

Der zweite Aspekt des von außen kommenden Zweifels betrifft die Bedeutung der Begriffe, die wir in unseren Theorien verwenden. Was zum Beispiel meinen wir mit »Elektron«? Gegen Ende des vorigen Jahrhunderts, als die Elektronen entdeckt wurden, hielt man sie für kleine Teilchen. »Elektron« war ein Teilchen einer bestimmten Art mit einer bestimmten elektrischen Ladung. Dann kam die Quantenmechanik daher und sagte, man könne das Elektron nicht einfach als ein Teilchen betrachten. Es sei viel komplizierter. Es könne auch als Welle auftreten. Die Bedeutung des Begriffs »Elektron« änderte sich völlig – und das heißt, daß die Bedeutung von unseren Theorien abhängt. Immer wenn eine wissenschaftliche Theorie sich ändert oder neue Beobachtungen gemacht werden, muß sich der Begriffsinhalt so ändern, daß er auch die neuen Einsichten erfaßt. Aber wenn das so ist, haben wir gar keine wissenschaftliche Methode, weil die Begriffe, in die wir unsere Hypothesen kleiden, im Verlauf unserer Arbeit immer wieder Bedeutungsänderungen erfahren. Alles Beobachtete fließt in unseren neuen Begriff »Elektron« ein. Wenn der logische Empirismus funktionieren soll, müssen wir uns auf eine endgültige Definition des Elektrons einigen. Wir müssen sagen: So sieht unsere Theorie des Elektrons aus, und jetzt werden wir experimentieren. Tatsächlich verschiebt die Bedeutung des Begriffs sich jedoch ständig, da die Experimente selbst die Theorien abwandeln, die dem Begriff seine Bedeutung geben. Das dreht sich im Kreis. Deshalb sagt man, daß die Bedeutung der Begriffe *theorieabhängig* ist und nicht eine objektive Wirklichkeit widerspiegelt.

Zum dritten Aspekt des äußeren Zweifels habe ich bereits gesagt, daß Beobachtungen, die herrschenden Theorien widersprechen, gern einfach übersehen werden; auf der anderen Seite werden auch »Fakten« kreiert, in denen man eine Bestätigung herrschender Theorien sehen kann.

FRANCISCO J. VARELA: Ich will einmal an einem Beispiel aus unserer Zeit darstellen, inwiefern das, was als Faktum gelten darf, theorieabhängig ist. 1984 war die amerikanische Genetikerin Barbara McClintock Nobelpreisträgerin. Sie erhielt den Preis, weil ihre Theorie, daß Gene innerhalb einer Zelle von Ort zu Ort springen können, schließlich doch akzeptiert worden war. Zuvor waren diese springenden Gene dreißig Jahre lang völlig undenkbar gewesen; in Biologie und Genetik sperrte man sich erbittert dagegen. Während dieser Zeit hatte Dr. McClintock ihre Resultate veröffentlicht, aber niemand in der Genetik wollte sie als Fakten akzeptieren. So etwas konnte es einfach nicht geben, obwohl ihre Befunde eindeutig waren, reine Beobachtung im klassischen Sinne. Dreißig Jahre dauerte es, bis die Biologen endlich sagten: »Ja, es ist so.«

HAYWARD: Die Theorieabhängigkeit der Fakten ist für Wissenschaftler sehr schwer zu akzeptieren, denn die heutige Grundüberzeugung besteht gerade darin, daß wir, die Wissenschaftler, für alles offen sind. Wir schauen einfach, wir inspizieren die Welt, und so kommen wir zu unseren Theorien. Aber wenn man die Geschichte befragt, stellt man fest, daß die Fakten, wie Franciscos Beispiel zeigt und viele andere Beispiele zeigen, nicht ganz so simpel sind. Noch ein Beispiel: Newton sagte in Anlehnung an seine Teilchenidee, daß Licht auch aus Teilchen besteht. Andere stellten zu dieser Zeit zwar Experimente an, die eine Deutung des Lichts als Wellenphänomen sinnvoller erscheinen ließen, aber diese Experimente ließ man über hundert Jahre lang nicht gelten. Es hieß, da sei gewiß ein Fehler unterlaufen, denn Licht könne unmöglich Wellencharakter haben. Das gleiche also wie mit Galileis Fernrohr, wo die Leute auch einfach nicht glaubten, was sie sahen. Es werden also immer nur ausgewählte Fakten akzeptiert und längst nicht alle.

Man hat dieses selektive Akzeptieren von Fakten mit der Art der Ausbildung erklärt, die ein Wissenschaftler erhält. Für die Laufbahn eines Physikers, Biologen oder Arztes braucht man eine bestimmte Ausbildung. Während dieser Ausbildung lernt man bestimmte Dinge zu sehen. Man macht sie sich sozusagen zu eigen, und nur wer diese Ausbildung erhält, kann solche Dinge sehen. Das gibt uns weiteren Aufschluß darüber, was Wissenschaftler tun. Man muß dieses Tun im Zusammenhang des Glaubenssystems sehen, in dem sie aufgewachsen sind und auf das sie abgerichtet wurden. Das ist die sogenannte Weltbild-Kritik am logischen Empirismus, die Wissenschaft als menschliches Tun einer Gruppe von Menschen zuordnet und auch die Art der Ausbildung berücksichtigt, die diese Gruppe erhält. Als neuer Gesichtspunkt kam hier hinzu, daß Wissenschaft ein menschliches Tun ist und die Theorieabhängigkeit der Beobachtungen von einer Gemeinschaft von Wissenschaftlern geprägt ist: Wissenschaftler bilden Erbfolgelinien, und vererbt werden hier Anweisungen darüber, wie man zu sehen hat und was man zu sehen hat.

Bis hierher haben wir hauptsächlich betrachtet, wie das Glaubenssystem einzelner sich auf ihr Sehen und Beobachten auswirkt. Sie sehen die Welt nicht einfach so, wie sie ist, sondern durch die Brille ihres Glaubenssystems. Jetzt möchte ich noch etwas näher auf die Rolle von Grundannahmen eingehen. Besonders hervorheben möchte ich die Arbeit von Thomas S. Kuhn, einem Wissenschaftler und Historiker, der ein wichti-

ges Buch mit dem Titel *The Structure of Scientific Revolutions*[*]
geschrieben hat. Für das klassische Wissenschaftsverständnis,
aber auch für den logischen Empirismus, so Kuhn, ist Wissenschaft ein Fortschreiten, mit dem man sich der Wahrheit immer
weiter annähert. Auf jedem Gebiet – Physik, Biologie, Chemie,
Astronomie, Neurowissenschaft – sieht man die Dinge mit der
Zeit immer mehr so, wie sie sind. Immer wenn es in der wissenschaftlichen Hauptströmung einen Umschwung gab, zum Beispiel die Ablösung des Newtonismus durch die Relativität, war
es ein Fortschritt. Man sagt, das Relativitätsdenken schließe den
Newtonismus ein, gehe jedoch über ihn hinaus. Nein, sagt Kuhn
hier, so läuft das ganz und gar nicht. Newton etwa hat durch seine
Arbeit ein allgemein gültiges Weltbild geschaffen; andere haben seine Ideen zwar jahrhundertelang verfeinert und weiter-
entwickelt, doch das geschah alles im Rahmen eben dieses Weltbilds. Und während man das Newtonsche Weltbild ausarbeitete
und sah, daß es funktionierte, stieß man gelegentlich auf Beobachtungen, die sich gegen die Einordnung in dieses Weltbild
sperrten. Zunächst einmal landen solche sperrigen Beobachtungen für gewöhnlich in der Ablage. Man bezeichnet sie als
Anomalien, als unannehmbar – wie die springenden Gene Barbara McClintocks. Der Newtonismus ließ sich auch lange Zeit
nicht von solchen nicht einzuordnenden Beobachtungen beir-
ren. Aber sie brachten das vorherrschende Weltbild oder Glaubenssystem mit der Zeit doch unter Druck, und unter den Wissenschaftlern bauten sich Spannungen auf. Trotzdem halten
Wissenschaftler unter solchen Umständen an ihrem Weltbild
fest, bis der von den unannehmbaren Beobachtungen ausgeübte
Druck zu groß wird und das ganze System zusammenbricht – wie
es schließlich mit großen Teilen des Newtonismus geschah. Jetzt
muß ein ganz neues Weltbild an die Stelle des alten treten. Kuhn
sagt also, daß man Wissenschaft nicht als ein stetiges Fortschrei-

---

[*] Chicago (University of Chicago Press) 1962; deutsche Ausgabe: *Die
Struktur wissenschaftlicher Revolutionen*, Frankfurt/M. (Suhrkamp)
1967.

ten betrachten kann; sie ist vielmehr eine Folge von grundlegenden Änderungen der Weltanschauung. Und eigentlich können wir nicht einmal behaupten, das gegenwärtige Weltbild sei besser als irgendein früheres.

Es gibt viele Weltbilder. Vielleicht kann man sogar sagen, daß jeder Wissenschaftszweig – Physik, Biologie, Neurowissenschaft – sein eigenes Weltbild hat. Das heute gebräuchliche Wort für solch ein Weltmodell lautet *Paradigma*. Jede Wissenschaft hat ihr eigenes Paradigma, anhand dessen sie sich klarmacht, was sie eigentlich beobachtet. So könnte beispielsweise das, was Biologen als grundlegende Wirklichkeit ansehen, an einem verborgenen Paradigma orientiert sein, das sich von dem der Physiker unterscheidet. Die Paradigmen-Idee war bei Kuhn ein Bestandteil seiner Theorie wissenschaftlicher Revolutionen, aber sie ist auch für die Kritik des logischen Empirismus von Bedeutung. Diese Anschauung vom Wandel der Wissenschaft wird keineswegs in allen Teilen akzeptiert. Außerdem hat Kuhn dieser Anschauung anfangs eine ziemlich extreme Formulierung gegeben. Dennoch findet seine Sicht der Dinge heute weitgehende Zustimmung bei denen, die über die Grundlagen der Wissenschaft nachdenken.

Vom Paradigmengedanken ausgehend, führte Kuhn außerdem den Begriff der *Disziplinmatrix* ein; damit ist gemeint, daß jede wissenschaftliche Gemeinschaft, sagen wir die der Physiker oder der Psychologen, auf bestimmte Modelle und Wertvorstellungen eingeschworen ist. Dieses gemeinschaftliche Verpflichtungsgefühl ist die Basis der Kommunikation und einer relativen Einhelligkeit des Urteils innerhalb dieser Gemeinschaft.

Nehmen wir an, eine Gruppe von Studenten entscheide sich im zweiten Hochschuljahr für die Physikerlaufbahn. Sie belegen physikalische Kurse und eignen sich allmählich die Sprache der Physik an. Diese Art des Lernens ist vielen von uns vertraut. Zuerst hört man neue Begriffe, die man nicht versteht, aber man hält sich offen und arbeitet mit ihnen. Man widmet sich den Tätigkeiten und löst die Aufgaben, an denen die Anschauungen und Methoden der jeweiligen Disziplin exemplarisch deutlich werden. Man löst Probleme über Probleme und hat immer noch dieses unbehagliche Gefühl: »Ich verstehe eigentlich nicht recht, was ich hier tue, aber ich tue es halt.« Aber eines Tages empfindet man plötzlich: »Ah! Jetzt begreife ich, worum es hier geht.« An dem Punkt kann man sagen: »Ich bin jetzt ein Physiker, weil die Sprache ein Teil meiner selbst geworden ist.« Ein Physiker wurde man dadurch, daß man Hunderte von Aufgaben löste, bis man plötzlich verstand. Für einen Biologen oder Medizinstudenten, einen Astronomen oder Psychologen ist dieser Weg im Prinzip der gleiche. Vielleicht braucht man zehn Jahre, aber dann *ist* man plötzlich ein Biologe oder Psychologe.

Es existiert die extreme Anschauung, daß es angesichts all dieser subjektiven Elemente keinerlei Grund gibt zu sagen, daß die Wissenschaft objektives Wissen über eine objektive Wirklichkeit hervorbringt. Das gegenteilige Extrem war, wie wir gesehen haben, die klassische Auffassung. Kuhn und andere machten sich eine zwischen diesen beiden Extremen liegende Anschauung zu eigen, nach der wir nicht von einer einzigen objektiven Wirklichkeit sprechen können und es daher ganz in Ordnung ist, wenn es über ein und dasselbe Phänomen mehrere nicht miteinander zu vereinbarende Theorien gibt. Eine Gruppe von Wissenschaftlern gibt sich damit zufrieden, ein Phänomen innerhalb ihrer eigenen Disziplinmatrix erklären zu können. Eine zweite Gruppe von Wissenschaftlern mit einer anderen Disziplinmatrix kann dasselbe Phänomen nach einer anderen Theorie erklären. Im Grunde ist auch wirklich nicht einzusehen, weshalb Theorien kompatibel sein müssen. Manche meinen sogar, es sei gut, viele inkompatible Theorien zu haben, da Fakten ohnehin theoriebefrachtet sind. Mehr Theorien bedeutet dann vielleicht, daß wir mehr Fakten zulassen. Zwei Theorien können inkompatibel und trotzdem gleich gut sein. Ins Extrem getrieben, führt dieser Ansatz zu der Aussage, daß es keine objektive Wirklichkeit gibt oder daß es sinnlos ist, von einer objektiven Wirklichkeit zu sprechen.

Die Idee der Disziplinmatrix ist ein Hinweis auf die Rolle, die stillschweigende und vielleicht ganz versteckte Grundannahmen bei wissenschaftlichen Entdeckungen spielen; doch darüber hinaus erfaßt sie auch den weltanschaulichen Hintergrund, nach dem eine Gesellschaft definiert, was es heißt, Mensch zu sein. Dieser Hintergrund läßt sich nicht explizit machen, er ist begrifflich nicht gänzlich zu erfassen, da er als Hintergrund überall und in allem ist. Wollte man ihn analysieren, so müßte man Teile herauslösen und würde damit seinen Hintergrundcharakter aus dem Blick verlieren. Etliche Autoren haben auf diesen Hintergrund von Kommunikation, Weltanschauungen und Praktiken hingewiesen, der so entscheidend für die Gestaltung der Wissenschaft ist. Der Physiker David Bohm etwa sagt, Wissenschaft sei kommunikatives Handeln innerhalb einer ungebrochenen und in ihrer qualitativen und quantitativen Tiefe und Komplexheit grenzenlosen Ganzheit. Das kommunikative Handeln einer Gruppe von Wissenschaftlern macht das abstrakte Bild irgendeines begrenzten, das heißt aus der ungebrochenen Ganzheit herausgelösten Bereichs sichtbar. Alles, was an Gesetzen und Theorien über diesen Bereich formuliert wird, ist zwangsläufig relativ, gültig nur innerhalb dieses Bereichs und außerhalb möglicherweise falsch. Die Arbeit der Wissenschaftler besteht darin, den Geltungsbereich einer Theorie bis an seine Grenzen auszuweiten. Wird diese Grenze erreicht, so ist die Theorie damit falsifiziert, und man muß eine ganz neue Theorie finden für das, was jenseits der Grenze liegt. Da der nahtlose Hintergrund von unendlicher Tiefe ist, kann keine Theorie je als absolut betrachtet werden.

Fragen der Methode
Ein Gespräch

Buddhistische Erkenntnislehre und der logische Empirismus

FRANCISCO J. VARELA: Einer der interessanten Züge des logischen Empirismus besteht für mich darin, daß er ein Mißtrauen gegenüber dem gesunden Menschenverstand als gerechtfertigt erscheinen läßt. Anders gesagt: Als die Newtonsche Welt einzubrechen begann, war das zugleich das Scheitern des gesunden Menschenverstands. Raum war nicht mehr, was er zu sein schien; Zeit war nicht mehr, was sie zu sein schien. Die Wissenschaft, hieß es jetzt, geht weiter, als der gesunde Menschenverstand reicht. Die Antworten waren jetzt nicht mehr einfach, sondern komplex. So kam in der Wissenschaft der Gedanke auf, daß man dem gesunden Menschenverstand nicht trauen kann. Aber dem Apparat der Mathematik und Logik, der so komplex ist, dem kann man vertrauen. Die Wissenschaft mußte ganz neu definiert und formuliert werden, sie mußte präzise Mechanismen zur Grundlage haben und durfte nicht mehr vom gesunden Menschenverstand abhängig sein. Deshalb gehen die Ergebnisse der Wissenschaft dem gesunden Menschenverstand so häufig gegen den Strich. Aber gerade darauf sind die Wissenschaftler stolz. Sie sagen: Wir haben eine klare und saubere Methode, und deshalb können wir zu Ergebnissen kommen, die mit der Wirklichkeit übereinstimmen.

JEREMY W. HAYWARD: Das sehe ich auch so, Francisco, aber was Sie gesunden Menschenverstand nennen, ist ein Glaubenssystem, das aus zweihundert Jahren Wissenschaft hervorging. Im zehnten Jahrhundert war »leerer Raum« nicht gesunder Menschenverstand und »absolute Zeit« auch nicht. Gesunder Menschenverstand meint also in dem, was Sie sagen, die Wissenschaft des neunzehnten Jahrhunderts.

VARELA: Absolut richtig, aber ich habe hier gerade den Wissenschaftler gegeben! [lacht] In Texten des logischen Empirismus stößt man oft auf den Ausdruck »die Grundlagen freilegen«. Er besagt: wegräumen, was offenbar nur das Gesumm gewöhnlicher Ideen ist, die dem Anspruch echter Wissenschaftlichkeit nicht standhalten. Daher in der Mathematik, in der Physik, in der Biologie dieses Suchen nach Grundlagen.

ELEANOR ROSCH: Wie die Kritik an der klassischen Sicht, die Jeremy dargestellt hat, auch aussehen mag, sie steht jedenfalls am Anfang praktisch aller wissenschaftlichen Lehrbücher. Das wird den Studenten beigebracht, wenn sie ihren ersten Wissenschaftskurs belegen – über Physik, Psychologie, Geist, Biologie, was auch immer.

HAYWARD: Ja, mit der wissenschaftlichen Methode, mit dem logischen Empirismus, fängt jedes Lehrbuch an. Das ist alles, was ein Student an Philosophie mitbekommt, und dann führt man ihn in die Wissenschaft ein, in die »Fakten«.

DALAI LAMA: Was die Disziplinmatrix angeht, also die Art der Ausbildung, durch die man zum Mitglied einer Gemeinschaft von Wissenschaftlern wird: Ist das eine Bewußtseinskonditionierung aufgrund einer bestimmten Meinung oder Theorie, durch die man sich schließlich eine bestimmte Sichtweise zu eigen macht? Wenn Sie sich in der buddhistischen Schulung beispielsweise der Mâdhyamika-Lehre* zu-

---

* Mâdhyamika ist eine Schule buddhistischer Philosophie, die besonders hervorhebt, daß kein Wesen oder Ding vermöge einer in ihm selbst liegenden Essenz oder Natur existiert. Deshalb ist es »leer« oder ohne immanentes Sein. Diese »Leerheit«, auf Sanskrit *Shûnyatâ*, ist ein zentraler Begriff des Mahâjâna-Buddhismus. Die Mâdhyamika-Schule hat etliche Zweige oder Unter-Schulen. Die wichtigsten sind die *Rang tong* (tib., wörtl. »selbstleer«), die wiederum in die Prâsangika- und Svatantrika-Schule untergliedert ist, und die *Shen tong*

wenden, hören Sie als erstes, daß die Dinge ohne in ihnen selbst liegendes, ohne immanentes Sein sind. Sie hören es, und es sagt Ihnen wenig, aber dann hören Sie es wieder – es gibt kein wahres Sein, kein immanentes Sein, kein innewohnendes Sein –, und nach einiger Zeit steht Ihnen lebhaft vor Augen, was das bedeutet. Dann sagen Sie: »Ah! Jetzt weiß ich, was das bedeutet.« Der Geist ist also konditioniert worden, und dann entsteht eine neue Sicht, ein neues Verständnis.

Es sind hier zwei Fälle möglich. Im ersten Fall, wie eben erklärt, verstehen Sie den Ausdruck »nicht-immanentes Sein« oder »nicht-innewohnendes Sein« nicht beim ersten Mal, aber später kommen Sie dahinter. Sie hören ihn viele Male, und allmählich wird er Ihnen vertraut, so daß Sie ihn vielleicht irgendwann verstehen. Sobald Sie den Ausdruck hören, wissen Sie, was er bedeutet; das ist eigentlich überzeugender, der Wirklichkeit näher. Im zweiten Fall ist der Ausdruck ihnen gleich lebhaft gegenwärtig, er sagt Ihnen etwas, aber nicht das, was der Wirklichkeit entspricht. Weil Sie sofort eine zu enge Gefühlsbeziehung zu diesem Ausdruck haben, sehen Sie ihn auf eine Weise, die nicht der Wirklichkeit entspricht.

Die Konditionierung kann also beide Richtungen nehmen. Sie kann Sie tiefer in die Wirklichkeit einführen oder geradewegs von ihr wegführen und im Grunde Ihre Wahrnehmung verstellen. Welcher dieser beiden Fälle, allgemein gesagt, ist mit der »Disziplinmatrix« angesprochen?

HAYWARD: Einer extremen Anschauung zufolge gibt es keine objektive äußere Wirklichkeit. Was wir lernen, formt ganz einfach unser Sehen, und daraus ergeben sich unsere Überzeugungen. Für Kuhn gibt es immer noch eine gewisse objektive Wirklichkeit, und die Disziplinmatrix wirkt sich nur auf die Färbung unserer Brille aus. Wir können die Wirklichkeit nie so sehen, wie sie ist; wir sehen sie immer durch die biologische oder physikalische Brille gefärbt. Es ist immer noch

---

(»ander-leer«). Die Prâsangika-Position wird vom Gelugpa-Orden vertreten, dessen Oberhaupt Seine Heiligkeit der Dalai Lama ist.

etwas an Wirklichkeit da, aber sie ist bis zu einem gewissen Grade vom Betrachter abhängig. Und dann gibt es nach wie vor die Wissenschaftler mit der klassischen Auffassung, die sagen, daß es eine Wirklichkeit gibt und wir sie sehen. Also, wir haben diese Seite, und wir haben die andere Seite, die sagt, daß wir heute nicht mehr von Wirklichkeit sprechen können, und dazwischen sind die Leute, die sagen, es gibt zwar eine Wirklichkeit, aber wir können sie nie wirklich erkennen.

VARELA: Aber es herrscht doch immer noch ziemlich durchgängig der Glaube, daß es ein Fortschreiten in Richtung Wirklichkeit gibt, also liegt in der Disziplinmatrix keiner der beiden Fälle vor, von denen Seine Heiligkeit sprach. Es gibt hier nicht, wie beispielsweise in der Mâdhyamika, ein unmittelbares Innesein dessen, was vollkommen wahr zu sein scheint; es ist aber auch keine Sache bloßer Meinung wie etwa in Fällen, wo man irgendeine Ideologie aufschnappt und sich zu eigen macht. Ein gemäßigter Kuhnianer würde sagen, daß man sich in der Disziplinmatrix ein Weltbild aneignet, das zwar nicht ganz wahr, aber doch besser als alles andere ist, weil es einen in kleinen Schritten an die Wahrheit heranführt. Man empfindet hier, daß ständige Verbesserung stattfindet – und deshalb ist ja ein Wissenschaftler lieber ein Wissenschaftler als irgend etwas anderes.

ROSCH: Kuhn selbst würde bestreiten, daß der Übergang von einem Paradigma zum nächsten einen Fortschritt darstellt. Es hat eher etwas von verschiedenfarbigen Brillen.

HAYWARD: Selbst unter denen, die Kuhn zustimmen, gibt es viele, die nach wie vor an Fortschritt glauben. Das Spektrum der Möglichkeiten ist sehr breit. Aber der durchschnittliche Wissenschaftler, denke ich, würde Seine Heiligkeit fragen: Woher wissen Sie, daß die Mâdhyamika-Sicht der Leere mehr der Wirklichkeit entspricht als die Auffassung, daß die Materie die Wirklichkeit ist oder daß Geist eigentlich Gehirntätigkeit ist? Aus dieser Perspektive gesehen haben wir mit dem Untergang des logischen Empirismus leider auch für immer die Möglichkeit verloren, eine objektive Wirklichkeit zu erkennen. Von jetzt an, würde ich als Wissenschaftler sagen, werden wir mit irgendeiner Form des Kuhnismus weitermachen müssen.

DALAI LAMA: Mich würde außerdem noch interessieren, ob man innerhalb eines Gebiets, beispielsweise der Physik, feststellen kann, daß sich in verschiedenen Ländern – Deutschland, Vereinigte Staaten und so weiter – verschiedene Anschauungen herausbilden. Vielleicht gibt es auch charakteristische Besonderheiten bei Wissenschaftlern aus kommunistischen Ländern, etwa Rußland. Die Chinesen haben ihre ganz eigene lange Tradition. Gibt es also nationale Unterschiede oder nicht?

HAYWARD: Ja, Einflüsse gibt es auf allen Ebenen, und Kuhn macht darauf aufmerksam, daß solche Einflüsse vom sozialen Aufbau einer Gruppe von Wissenschaftlern ausgehen. Die Gesichtspunkte, unter denen sie sich zusammenfinden und – aufgrund von Veröffentlichungen in Fachzeitschriften, aufgrund von Konferenzen, aufgrund ihrer Zugehörigkeit zu bestimmten Berufsverbänden – als Gruppe definieren, stellt eine sich selbst bestätigende Gruppeninteraktion dar. Innerhalb dieses Rahmens wird festgelegt, was als Faktum zu akzeptieren ist und was nicht. Auf allen Gebieten, sei es Quantenphysik oder Evolutionsbiologie, haben solche Gruppen auch einen internationalen Aspekt. Die Fachzeitschriften finden internationale Verbreitung, und es gibt internationale Konferenzen. Ein Fachgebiet, eine Disziplin, geht also über nationale Grenzen hinaus. Gleichzeitig wird aber durch die in einem bestimmten Land herrschende gesellschaftliche Ideologie mitbestimmt, welche Fakten als akzeptabel zu betrachten sind. Da ist etwa der berühmte Fall des russischen Biologen Trofim D. Lyssenko, der eine Zeitlang die beherrschende Gestalt der russischen Landwirtschaft war. Er entwarf eine dialektisch-materialistische Vererbungslehre, deren theoretischer Eckpfeiler ein im Westen längst verworfener Gedanke war: der Gedanke nämlich, daß erworbene (und nicht nur genetisch fixierte) Merkmale vererbt werden können. Und da er hierin der herrschenden Ideologie folgte, schloß sich die gesamte russische Evolutionsbiologie ihm an – bis hinein in die fünfziger Jahre, die Zeit, in der er das Institut für Gentechnik der sowjetischen Akademie der Wissenschaften leitete.

VARELA: Ich möchte aber dem Eindruck vorbeugen, daß so etwas nur in einer stalinistischen Gesellschaft vorkommen kann. Dergleichen passiert ständig und überall. Hier ein sehr schönes Beispiel aus den Vereinigten Staaten: Die Autoren dieser Studie wählten Artikel aus, die in »guten« Wissenschaftsjournalen (also in solchen, in denen die von der wissenschaftlichen Gemeinschaft akzeptierten Fakten wiederzufinden sind) erschienen waren; sie änderten nur die Autorennamen und Entstehungsorte der Artikel. Jetzt stammten diese Arbeiten nicht mehr aus Stanford oder Harvard oder ähnlich angesehenen Forschungsstätten, sondern aus Chile oder Tibet – aus Gegenden also, denen man im allgemeinen nicht soviel wissenschaftliche Zuverlässigkeit zutraut. Die Artikel wurden wieder an dieselben Zeitschriften eingesandt. Ergebnis: Von hundert eingesandten Artikeln kamen achtzig zurück mit Bemerkungen wie, das sei nicht gute Wissenschaft, die Methode sei schlecht, die Interpretation sei schlecht. Und wie gesagt, es handelte sich um Artikel, die von eben diesen Zeitschriften bereits veröffentlicht worden waren! Fakten werden mit anderen Worten als unzuverlässig eingestuft, wenn sie aus Gegenden stammen, denen man nicht allzu viel wissenschaftliche Genauigkeit zutraut. Hier geht es nicht um Lyssenko oder Stalin, nicht um ein Extrem. Das Phänomen ist viel subtiler und verbreiteter, als man vielleicht denkt. Es ist Teil dieses gesamten sozialen Kontexts, von dem Jeremy gesprochen hat. Wissenschaft ist in eine soziologische Matrix eingebunden, und die Frage, weshalb eine Theorie akzeptiert wird und Daten als gut oder schlecht eingestuft werden, ist nicht unabhängig von dieser soziologischen Matrix zu beantworten. Das ist sehr wichtig und für viele Wissenschaftler, die so etwas gar nicht gerne hören, höchst beunruhigend.

ROBERT B. LIVINGSTON: Ich kann hier noch ein Beispiel aus der Neurophysiologie anführen, das den Unterschied des russischen und des europäisch-amerikanischen Ansatzes deutlich macht. Die Russen haben sehr viel mehr Sinn für die sozialen Implikationen wissenschaftlicher Arbeit. David H. Hubel und Torsten N. Wiesel beispielsweise erhielten 1981 den Nobelpreis für die Entdeckung, daß spezifische Neuronen über Netzhaut und Großhirnrinde Informationen über die Lokalisation und Feldgröße dessen, was sie aktiviert, erhalten. In der [früheren] Sowjetunion wurden diese Experimente wiederholt, aber unter anderen Bedingungen als bei den Experimenten von Hubel und Wiesel in Harvard. Es waren im Prinzip die gleichen Experimente, ebenfalls an Katzen und Affen durchgeführt, aber diesmal mit gedämpftem statt mit vollem Licht oder mit einer Konditionierung auf das gegebene Signal, so daß man einen Vergleich zur unkonditionierten Signalgebung hatte. Man stellte fest, daß sich die Landkarte der untersuchten Einheiten in Abhängigkeit von den Lichtverhältnissen und der gegebenen oder nicht gegebenen Konditionierung änderte. So wurden sechs oder sieben verschiedene Variablen durchgespielt, und man gewann ein weitaus dynamischeres und plastischeres Bild der gesamten Physiologie, als man allein auf der Basis der Befunde von Hubel und Wiesel hätte gewinnen können. Es erwies sich als sehr schwierig, diese Ergebnisse im Westen zu publizieren. Für die wissenschaftlichen Kanäle spielen die soziokulturellen Bedingungen also durchaus eine Rolle.

DALAI LAMA: Waren die Experimente der Russen rein wissenschaftlich gesehen wertvoll?

LIVINGSTON: Allerdings.

VARELA: Aber man hat sich das gar nicht erst angehört. Es war ein gutes Experiment, das gute Daten erbrachte, aber keiner wollte das hören.

ROSCH: Das trifft zweifellos alles zu, und ich könnte aus meinem eigenen Gebiet weitere Beispiele hinzufügen; aber wenn man bei einer Konferenz mit russischen und chinesischen Wissenschaftlern zusammenkommt, kann es durchaus eine

Menge Kommunikation geben. Wie analysiert und diskutiert wird und die Tatsache, daß man die Logik weitgehend respektiert und empirische, experimentelle Forschung zu schätzen weiß – all das zeigt, daß Wissenschaftler, woher sie auch kommen mögen, viel miteinander gemein haben. Man fühlt sich keineswegs so, als würde man mit Marsmenschen oder Steinen reden. Es gibt, trotz sehr realer kultureller Differenzen, so etwas wie eine internationale Gemeinschaft der Wissenschaftler.

LIVINGSTON: Man könnte sagen, daß die Kommunikation unter Wissenschaftlern besser ist als in anderen Bereichen.

VARELA: Das ist ein wichtiger Gesichtspunkt, denn für Leute wie mich, die nicht aus den Vereinigten Staaten oder Europa, sondern eher aus den Randzonen der wissenschaftlichen Welt kommen – wenngleich ich die meiste Zeit in den Vereinigten Staaten und Europa arbeite –, ist sehr deutlich, daß die sogenannte internationale Wissenschaft ein ganz bestimmter wissenschaftlicher Stil ist. Ich will damit nicht sagen, daß das System keine unterschiedlichen Stimmen zuläßt, aber wenn der heutige Normalbürger von echter Wissenschaft spricht, dann meint er im Prinzip die europäisch-amerikanische Wissenschaft.

NEWCOMB GREENLEAF: Da könnten wir die chinesische Wissenschaft der Akupunktur als gutes Beispiel anführen. Im Westen ist man immer noch ziemlich ratlos angesichts der Tatsache, daß die Akupunktur offenbar tatsächlich wirkt. Wie kann so etwas wirken? Wir mögen das nicht. Die meisten westlichen Wissenschaftler würden die ganze Sache am liebsten ignorieren und bei dem Gedanken bleiben, daß es in nichtwestlichen Kulturen eigentlich nie irgendwelche wirklich bedeutenden Einsichten gegeben hat. Was die Wissenschaft angeht, betrachten sie alles, was nicht dem abendländischen Kulturkreis angehört, ganz gern als irgendwie primitiv.

LIVINGSTON: Weiterhin haben wir, was die Akupunktur angeht, zwei verschiedene Theorien, die sich zwar auf die gleichen Phänomene beziehen, aber ganz verschiedene Ansatzpunkte haben. Wenn Sie zum Beispiel die westliche Praxis der Prokain-Injektion zum Lösen von Krämpfen und Verspannungen mit den Meridianen der Akupunktur vergleichen, werden Sie sehen, daß viele Injektionspunkte und Akupunkturpunkte zusammenfallen. Völlig verschieden sind aber die Ansichten darüber, was bei Massage, Hitzeanwendung oder Akupunktur einerseits und Prokain-Injektion andererseits passiert. Aber beide Deutungen tragen den Phänomenen Rechnung.

DALAI LAMA: Darauf wollte ich hinaus. Nationalität ist kein besonders grundlegendes Problem; Unterschiede entstehen unbewußt aufgrund einer Vielfalt von Einflüssen aus dem Umfeld. Man ist sehr aufrichtig bemüht, die Wahrheit darzulegen, aber aufgrund irgendwelcher Faktoren ist man unbewußt konditioniert, und so kommt man zu einer anderen Deutung. Das war meine Frage, und ich habe eine gute Antwort von Ihnen bekommen! [lacht]

Ich bin der Auffassung, daß der Buddhismus im allgemeinen und der Mahâyâna-Buddhismus im besonderen dem wissenschaftlichen Ansatz nahesteht. Denken Sie etwa daran, daß der Buddha selbst unterschiedliche Belehrungen gab, je nachdem, ob es öffentlich geschah oder nicht. Nach durchgängiger Mahâyâna-Auffassung hat es drei große Drehungen des Rades gegeben, wie die drei Lehrzyklen des Buddha traditionell genannt werden. Die Lehren, die er während dieser drei großen Drehungen des Rades vortrug, widersprechen sich buchstäblich – manches ist wirklich nicht miteinander vereinbar. Wenn sie aber alle, in ihrer ganzen Widersprüchlichkeit, wirklich die Worte des Buddha waren, wie wollen wir dann entscheiden, welche wahr sind und welche nicht? Wollten wir uns dabei auf Zitate aus den Schriften stützen, dann muß auch dahinter etwas stehen, was die Gültigkeit verbürgt. Deshalb muß letztlich der Verstand, die Logik, die Autorität sein, die hier entscheidet. In manchen Sûtras, um ein Beispiel anzuführen, sagt der Buddha, daß die Dinge ein in ihnen selbst liegendes Sein haben, während es in anderen heißt, sie besäßen kein immanentes Sein. Was jetzt? Hier kann man sich nicht mehr weiter auf die Schriften berufen, sondern muß den Verstand walten lassen. Deshalb teilten die Mahâyâna-Buddhisten die Worte des Buddha in zwei Kategorien ein: die endgültigen und die erklärungsbedürftigen, die wörtlich zu nehmenden und die nicht wörtlich zu nehmenden.

Was ich hier gerade gesagt habe, steht unter der Prämisse, daß alle Lehren des Buddha – Mahâyâna und Hînayâna – authentisches Buddha-Wort sind, vom Buddha selbst im Laufe seines Lebens dargelegt.* Aber es gibt hier noch einen anderen Standpunkt, demzufolge nur die sehr praktisch, klar und einfach angelegten Hînayâna-Sûtras als echtes Buddha-Wort, als die ursprüngliche Lehre des Buddha gelten dürfen. Nach dieser Auffassung geht die spätere buddhistische Lehre nicht mehr auf den Buddha selbst zurück und wurde komplizierter und unklarer – aber ich bin mir nicht sicher, ob das so ist. Jedenfalls beruht diese zweite Auffassung auf historischen Tatsachen, denn historisch gesehen sind die Hînayâna-Lehren das, was der Buddha öffentlich lehrte. Nach der Hînayâna-Auffassung haben wir also davon auszugehen, daß der Buddha nur das Tripitaka darlegte, den »Dreikorb« genannten Kanon, wie er von der Hînayâna-Tradition anerkannt wird. Wenn man die Schriften dieser Sammlung analysiert, wird man vielleicht auf Stellen stoßen, die einem widersprüchlich oder unklar und somit zweifelhaft erscheinen. Um derartiges zu bereinigen, wurden weitere Zusätze gemacht. So wuchs die Lehre im Lauf der Geschichte: Man behob die Mängel und Schwachstellen, die sich in der Analyse zeigten.

Für beide Standpunkte, Hînayâna wie Mahâyâna, sind verstandesmäßige Erforschung und Analyse von großer Bedeutung – das ist also die buddhistische Grundhaltung. Was Sie durch eigenes Forschen herausfinden, das akzeptieren Sie. Und wenn Ihre eigene Einsicht den Worten des Buddha zu widersprechen scheint, dann macht das nichts. Und weil das so

---

* Siehe Fußnote S. 17.

ist, scheint mir, daß es zwischen der buddhistischen Haltung und der des Wissenschaftlers manche Übereinstimmung gibt. Sei offen und forsche, und wenn du etwas findest und es selbst bestätigen kannst, dann akzeptiere es. Was Sie auch denken mögen – daß alle Lehren des Mahâyâna und Hînayâna vom Buddha selbst dargelegt wurden oder daß die später Geborenen immer mehr hinzugefügt haben –, in beiden Fällen kommt es auf Ihr eigenes Analysieren und Forschen an und nicht auf dogmatisches, auf bloßen Glauben an den Buddha gestütztes Festhalten an irgend etwas.

Jetzt zu einem anderen Thema: Im Buddhismus werden die Phänomene drei Kategorien zugeordnet, und zwar unter dem Gesichtspunkt, wie gewöhnliche Wesen zu den Dingen in Beziehung stehen und sie wahrnehmen. Wichtig ist hier der Hinweis, daß der Ausdruck »Phänomen«, wenn wir ihn auf den Buddhismus anwenden, *alles* Existierende meint. In der ersten Kategorie finden wir die Phänomene, die unmittelbar den Sinnen zugänglich sind und direkt sinnlich wahrgenommen werden können – die offensichtlichen Dinge. In die zweite Kategorie fallen verborgene Phänomene, die von gewöhnlichen Wesen nicht direkt, sondern nur aufgrund gewisser logischer Prozesse wahrgenommen werden können. Sie kommen ihnen nur durch Schlußfolgerungen auf die Spur. Aufgrund bestimmter Überlegungen können Sie auf ihr Vorhandensein schließen. Phänomene der ersten Art bedürfen keiner Überlegung, bei denen des zweiten Typs sind Überlegungen notwendig.*

Was nun die zweite Kategorie, die »etwas verborgenen Phänomene«, angeht, so können Sie diese zwar im Augenblick nur durch Schlußfolgern verstehen, aber Ihr Schlußfolgern setzt voraus, daß Sie die fragliche Sache früher einmal unmittelbar erfahren haben. Jetzt im Moment finden Sie vielleicht nur durch den Verstand einen Zugang dazu, aber Ihr Schlußfolgern beruht auf direkter Erfahrung und muß auch wieder in direkte

---

* Auf die dritte Kategorie, »äußerst verborgene Phänomene«, kommt Seine Heiligkeit ganz am Schluß dieses Kapitels zu sprechen.

Erfahrung einmünden. Um etwas nicht Offensichtliches zu verstehen, brauchen Sie Beispiele, die Ihnen etwas direkt Wahrnehmbares vorlegen. Gehen wir beispielsweise davon aus, daß Sie diesen Schreibstift hier als vergänglich erkennen; Sie brauchen dazu Überlegung, und Sie brauchen ein Beispiel. Die Schlußfolgerung, die Sie zur Vergänglichkeit dieses Stifts führt, ist einfach Schlußfolgerung, rein gedanklicher Art; aber sie beruht letztlich auf der Erfahrung des direkten Sehens dieses Stifts.

GESHE PALDEN DRAKPA: Weshalb muß das Schlußfolgern schließlich zur direkten Erfahrung führen? Nun, wenn es das nicht täte, dann bliebe fraglich, ob es den Gegenstand wirklich berührt, wirklich wahrgenommen hat oder nicht. Wenn Sie zum Beispiel Rauch auf einem Berg sehen, können Sie daraus schließen, daß da ein Feuer sein muß; aber wenn Sie hingehen und das Feuer nicht direkt wahrnehmen können, dann war Ihr Gedanke lediglich eine Mutmaßung. Er führt Sie nicht zur unmittelbaren Erfahrung.

Im Hinblick auf Ihre Darstellung des logischen Empirismus möchte ich gern noch den Punkt erörtern, daß man eine Aussage wie »Alle Schwäne sind weiß« nur falsifizieren kann, daß sie nicht zu beweisen ist. Nach der buddhistischen Logik kann man auch positive Aussagen beweisen. Nehmen wir etwa die Aussage: »Wo Rauch ist, da ist auch Feuer«. Sie können jetzt negativ beweisen, daß da kein Rauch zu finden sein kann, wo kein Feuer ist; aber Sie können auch positiv beweisen, daß dort, wo Rauch ist, auch Feuer ist. Um das zu beweisen, müssen Sie nicht unbedingt alles gesehen haben, was je an Feuer und Rauch zu sehen war oder noch zu sehen sein wird.

Die Logik der Existenz

DALAI LAMA: Um das verstehen zu können, muß man zunächst einmal mit den Grundlagen buddhistischer Logik vertraut sein. Wir sprechen beispielsweise von *Durchdringung*.

Das ist ein schwieriger Begriff. Dieser Befund, daß wo immer Rauch ist, auch ein Feuer sein muß, wird Durchdringung genannt. Diese Beziehung ist überall gegeben und in diesem Sinne durchdringend. Um die Durchdringung zu beweisen, brauchen Sie drei Elemente. Zunächst einmal sollte das Vorhandensein von Rauch nur aus dem Vorhandensein von Feuer folgen: Wo kein Feuer ist, sollte auch niemals Rauch sein. Das ergibt die Bedingung für das Nichtvorhandensein von Rauch: Wo kein Feuer ist, kann auch kein Rauch sein. Das Vorhandensein und Nichtvorhandensein von Feuer schließen sich gegenseitig aus, sie bilden eine Dichotomie. Es gibt nun verschiedene Arten dieser gegenseitigen Ausschließung. Dieses Buch und dieser Stift zum Beispiel schließen einander in dem Sinne aus, daß es nichts gibt, was Stift und Buch zugleich ist. Beim Vorhandensein und Nichtvorhandensein von Feuer ist das Verhältnis ein anderes; es ist entschiedener, nämlich diametraler Gegensatz. Feuer ist entweder vorhanden oder nicht vorhanden. Das ist eine tiefere Art der Ausschließung, und das Vorhandensein oder Nichtvorhandensein von Rauch durchdringt oder durchzieht diese Ausschließung.

VARELA: Das klingt sehr vernünftig und scheint den Rahmen dessen, was logische Empiristen sagen würden, noch nicht zu sprengen. Aber ich sehe noch nicht, wie man damit dem Gegenargument entgehen will, nämlich inwiefern der Umstand, daß man schon hundert Feuer, aber noch kein Feuer ohne Rauch und keinen Rauch ohne Feuer gesehen hat, das bereits beweist, daß man nicht morgen so etwas sehen wird. Genau diese Frage macht den Wissenschaftlern ja soviel Kummer. Lassen Sie es mich an einem realen Beispiel aus der Wissenschaft erklären. Ungefähr dreißig Jahre lang galt in der Biologie unumstritten, daß die Feinstruktur eines Proteins durch die DNS* vorgegeben ist. Man ging davon aus, daß dieser Prozeß nur in einer Richtung abläuft, daß also niemals ein Protein

---

* DNS (Desoxyribonukleinsäure) und RNS (Ribonukleinsäure) sind die beiden chemischen Substanzen, die für die genetische Weitergabe

Einflüsse auf die DNS ausübt. Dieser einseitige Informationsfluß wurde als das zentrale Dogma der Molekularbiologie bezeichnet. Mit welcher Begründung? Mit der Begründung, daß man Abertausende von Beobachtungen zu diesem Thema gemacht hatte und nicht eine einzige Ausnahme vorgekommen war. Man fühlte sich also ganz sicher bei der Behauptung, daß in der DNS das Protein präformiert ist und niemals anders herum. Dann fand eines Tages jemand heraus, daß dem nicht so ist. Es gibt Fälle, in denen vom Protein ein Einfluß auf die DNS ausgeht. Das ist ein sehr schönes Beispiel für einen Scheinbeweis. Seit dem Niedergang des logischen Empirismus haben sich die Wissenschaftler angewöhnt, nicht mehr zu behaupten, daß etwas bewiesen sei, sondern nur noch zu sagen, es treffe einstweilen offenbar zu. Nichts läßt sich auf der Basis von »Es ist immer so gewesen« wirklich beweisen. Mir scheint, daß auch die buddhistische Logik an diesem Argument nicht vorbeikommt.

DALAI LAMA: Die buddhistische Grundhaltung, glaube ich, besteht darin, daß wir zwischen existierenden und nicht existierenden Dingen unterscheiden müssen. Ob etwas existiert oder nicht, entscheiden wir danach, ob gesicherte Erkenntnis dahinterstehen oder nicht. Ist etwas von gesicherter Erkenntnis getragen, dann existiert es; ist das nicht der Fall, dann existiert es nicht. Mit gesicherter Erkenntnis ist Bewußtsein gemeint. Bewußtsein definiere ich als ein Wahr-Nehmen des Gegenstands, das hinsichtlich dieses Gegenstands keinem Irrtum unterliegt; das heißt, der Gegenstand ist wirklich so, wie das Bewußtsein ihn wahrnimmt. Wenn wir so zwischen Existenz und Nichtexistenz unterscheiden, entgehen wir der Gefahr, etwas für existent zu halten, was vielleicht einfach von unseren Vorstellungen heraufbeschworen wurde. Deshalb denke ich als Buddhist, daß von Wissenschaftlern auf der Basis der wissenschaftlichen Methode gemachte Entdeckungen – wissenschaft-

---

von Merkmalen und für die Eiweißsynthese eine bedeutende Rolle spielen.

lich erwiesene Fakten – der buddhistischen Denkweise eher dienen, als ihr zu schaden.

Der Buddha sah alle Phänomene unter diesen vier Gesichtspunkten: Leiden, Ursprung des Leidens, Beendigung und Methode. Diese Einteilung gilt insbesondere für empfindende Wesen. Innerhalb dieser Gliederung werden Sie zwei Arten von Ursachen und Wirkungen antreffen, wünschenswerte und nicht wünschenswerte.* Außerdem hatte der Weg, den er lehrte, die Ursache-Wirkung-Beziehung zwischen den Phänomenen zur Grundlage. Art und Inhalt seines Lehrens waren nicht einfach nur eine Sache seines persönlichen Gutdünkens, sondern ergaben sich auf natürliche Weise aus dem Sosein und den Wechselwirkungen der Dinge. Wenn man andere Resultate möchte, muß man bei den Ursachen ansetzen. Sie sehen daran auch, daß der Buddhismus nicht ausschließlich auf den Geist ausgerichtet ist, sondern auch die Übereinstimmung mit den Realitäten der Welt sucht. Er ist also nicht einfach subjektiv, sondern wir finden hier auch etwas Objektives. Man mag sich heftig nach Leidensfreiheit sehnen –»Ach, könnte ich doch nur vom Leiden frei sein!«–, aber diese Sehnsucht allein befreit uns noch nicht vom Leiden. Jeder muß selbst die tatsächlichen Ursachen seines Leidens aufspüren und sie bereinigen. Das Wünschen allein kann das Gewünschte nicht herbeiführen. Das ist die buddhistische Grundhaltung.

Wenn man im Buddhismus also von der Wahrheit des Leidens spricht, betrifft das sowohl die Außenwelt, wie die Lebewesen sie erfahren, als auch die Bewohner dieser Welt – beide

---

* Diese Gliederung entspricht der buddhistischen Grundlehre von den Vier Edlen Wahrheiten: 1. Alles Dasein ist leidvoll; 2. die Ursache des Leidens ist das Begehren oder Habenwollen; 3. das Aufhören des Leidens ist möglich; 4. der vom Buddha gelehrte Pfad der Meditation und des intellektuellen Verstehens führt zum Aufhören des Leidens. Die beiden Arten von Ursachen und Wirkungen sind: 1. Das Leiden und seine Ursache; 2. das Aufhören des Leidens und seine Ursache (Methode und Pfad des Buddhismus).

Seiten unterliegen der Wahrheit des Leidens. Wenn wir die ganz orthodoxe Darstellung dieser Welt betrachten, wie sie im Abhidharma* zu finden ist, dann haben Sie eine flache Erde mit dem Berg Meru in der Mitte, ein Weltbild, das manches mit dem von Dr. Hayward geschilderten mittelalterlichen Sphärenmodell gemein hat. Aber Sie finden in den buddhistischen Lehren kein einheitliches Bild von der Natur des Universums und der Welt. Sie finden vielmehr unterschiedliche Darstellungen. Manche beschreiben die Welt, von alters her Jambudvîpa genannt, als dreieckig, andere als rund. Manche sagen, es gebe eine Ober- und eine Unterseite. Also auch innerhalb des Buddhismus haben Sie nicht eine einheitliche dogmatische Front, sondern aufgrund der verschiedenen Darstellungsweisen ein bißchen mehr Flexibilität und Deutungsspielraum.

Wenn man heute in einem Raumschiff aufsteigt und zur Erde zurückblickt, sieht man etwas sehr Schönes, eine fast vollkommene blaue Kugel – schöner sogar als der Mond. Dann haben Sie einerseits eine direkte Erfahrung oder Wahrnehmung unserer Erde als rund und andererseits die orthodoxe Sicht des Abhidharma, nach der die Erde flach ist. Nun besagt aber die Grundeinstellung des Buddhismus, daß man nicht an Anschauungen festhalten soll, die logische Unstimmigkeiten aufweisen. Das darf nicht sein. Noch schlimmer ist jedoch das Festhalten an einer Meinung, die der unmittelbaren Erfahrung widerspricht. Und die unmittelbare Erfahrung besteht in unserem Fall darin, daß die Welt augenscheinlich rund und nicht flach ist. Es liegt vollkommen auf der Linie des Buddhismus, das Weltbild des Abhidharma zu verwerfen, da es mit der direkten Erfahrung der Welt als rund nicht zu vereinbaren ist.

---

* Der Abhidharma ist der dritte Teil der als Tripitaka oder Dreikorb bezeichneten buddhistischen Schriften. Dieser dritte Teil stellt ein Kompendium buddhistischer Psychologie und Philosophie dar. Im Laufe der Jahrhunderte ist eine umfangreiche Kommentarliteratur zum Abhidharma entstanden, und viele Schulen des buddhistischen Denkens sind aus dieser Kommentierungstätigkeit hervorgegangen.

Was nun die vorhin erwähnten Vier Edlen Wahrheiten angeht, so ist das Bild der flachen Erde mit dem Berg Meru in der Mitte eigentlich ein recht peripheres Element der ersten Wahrheit, der Wahrheit vom Leiden. Von wirklich entscheidender Bedeutung sind in dieser viergliedrigen Lehre die letzten beiden Wahrheiten, die Wahrheit vom Aufhören und die Wahrheit vom Weg zum Aufhören. Das sind die Themen, denen wir uns ganz vorrangig zuwenden müssen, und dann sehen wir, daß es gerade zu diesen Themen sehr viele Lehraussagen des Buddha gibt. Manche dieser Lehren dürfen nicht wörtlich genommen werden, andere sind genau so gemeint, wie sie ausgesprochen wurden. Wenn Sie sich die vielen Lehraussagen des Buddha ansehen, werden Sie merken, daß es vom Abhidharma-System über die Sautrântika-Schule und so weiter bis hin zur Mâdhyamika* viele verschiedene Auffassungen davon gab, was die Wahrheit vom Aufhören besagt. Dann stoßen Sie auf die subtileren Dinge, auf die Frage etwa, was *Shûnyatâ* oder »Leerheit« ist. Was bedeutet das? Und was ist der Pfad? Das sind die entscheidenden Dinge, und die ganze Sache mit der flachen Erde und dem Berg Meru in der Mitte kommt mir dagegen ziemlich nebensächlich vor. An dem Teil kann man ohne weiteres etwas ändern, nicht? Ich trage mich sogar mit dem Gedanken, in naher Zukunft einmal ein paar sehr konservative und orthodoxe buddhistische Gelehrte, die sozusagen ein paar Jahrhunderte im Rückstand sind, zusammenzurufen, um ihnen darzulegen, welche Haltung ein buddhistischer Gelehrter meiner Meinung nach heute zu diesen Dingen einnehmen sollte, die mit der Erfahrung nicht vereinbar sind.

---

* Die philosophischen Schulen des Buddhismus kamen zu unterschiedlichen Deutungen der Vier Edlen Wahrheiten.

Wahrnehmungstäuschung

HAYWARD: Eure Heiligkeit, diese Darstellung scheint mir einiges mit der Sicht der logischen Empiristen gemein zu haben, da man hier wie dort davon ausgeht, daß man seinen eigenen Augen trauen kann.

DALAI LAMA: Ja. Und hier muß man sich auch mit der Frage möglicher Täuschung befassen. Kann man der eigenen Erfahrung wirklich trauen? Es gibt bestimmte Ursachen für Einbildungen und Täuschungen, und die buddhistischen Schriften sprechen von zeitweiligen und grundlegenden Ursachen der Täuschung. Es gibt also zwei Arten von Täuschung: die eine ist durch die Umstände bedingt oder eben vorübergehend, die andere von grundsätzlicherer Art. Zum Beispiel wirken sich verschiedenfarbige Brillengläser oder bestimmte Krankheiten auf Ihr Sehvermögen aus – das ist etwas Vorübergehendes. Die Ursachen zeitweiliger Täuschung liegen im Gegenstand, in den Sinnesorganen und in dem Bewußtsein, das die Wahrnehmung unmittelbar aufnimmt. Wenn jemand zum Beispiel plötzlich sehr wütend wird, sieht er buchstäblich Rot, er unterliegt einer Täuschung. Der Grund für die Täuschung liegt in dem unmittelbar mit seinem Eindruck verbundenen Bewußtsein, das ganz unter dem Einfluß seiner Wut steht. Oder wenn Sie körperlich erschöpft sind, kann sich auch das auf Ihr Sehvermögen auswirken. Sie sehen die Menschen anders als sonst. Auch das ist eine Täuschung, die von den Augenblicksbedingungen des Erkennens und Wahrnehmens erzeugt wird.

Dann gibt es tiefer reichende, mehr im Wesen verankerte Formen der Täuschung, Täuschungen der Art, die wir bereits angesprochen haben, als von der Prägung durch die Gesellschaft die Rede war. Buddhisten nehmen die Suche nach der Wahrheit oder Wirklichkeit sehr wichtig, aber sie sagen auch, daß wir uns auf unsere Wahrnehmung der Wirklichkeit nicht so ganz und gar verlassen können. Die Dinge sind nicht unbedingt wirklich so, wie sie uns erscheinen. Da die Wirklichkeit uns anders erscheint, als sie tatsächlich ist, können wir sie nicht direkt erkennen. Zur Annäherung an die Wirklichkeit bleibt uns am Ende nur ein logischer Prozeß. Deshalb unterscheiden wir verschiedene Kategorien von Phänomenen. Wir müssen die Fehler, die in unseren Wahrnehmungen liegen, bereinigen, aber das heißt natürlich nicht, daß wir beispielsweise schlecht hören und eine Operation brauchen. Die Fehler liegen vielmehr in unserem Geist, das Bewußtsein selbst nimmt die Wirklichkeit falsch wahr – und da müssen wir ansetzen.

Ein Hauptgegenstand buddhistischer Erkenntnislehre ist die Frage, wie das Kontinuum des Erkennens sich in der Ausrichtung des Erkenntnisvermögens auf einen bestimmten Gegenstand entfaltet. Sagen wir, Sie konzentrieren sich auf etwas, was nicht offen zutage liegt, sondern verborgen ist. Hier müssen Sie auf die Logik zurückgreifen. Das Kontinuum des Erkennens kann mit einer falschen Anschauung beginnen. Sie verkennen den fraglichen Gegenstand. Sie haben ihn falsch aufgefaßt. Von da aus gelangen Sie im selben Kontinuum des Gewahrseins vielleicht zu unrealistischem Zweifel. »Unrealistisch« meint, wenn wir das Elektron als Beispiel nehmen, daß Sie das fragliche Ding erkannt zu haben meinen und dann sagen, es könnte ein Elektron sein, ist aber vermutlich etwas anderes (wobei wir hier davon ausgehen, daß es tatsächlich ein Elektron *ist*). Da haben Sie also einen unrealistischen Zweifel. Sie schwanken noch, aber Ihre Bewegung geht eher von der Wirklichkeit weg als zu ihr hin. Dann forschen Sie weiter und kommen vielleicht zu einem Zweifel, der mehr im Gleichgewicht ist. Dieses Ding könnte ein Elektron sein oder auch nicht; man weiß es wirklich nicht. Sie neigen weder dieser noch jener Auffassung zu – die Chancen stehen fünfzig-fünfzig. Und da Sie dann weiterforschen, kommen Sie vielleicht im selben Kontinuum des Gewahrseins schließlich zu einem realistischen Zweifel: »Ich bin mir nicht ganz sicher, aber es kommt mir wahrscheinlich vor, daß das hier ein Elektron ist.« Sie forschen noch weiter und kommen vielleicht zu der Überzeugung, daß es ein Elektron ist. Was Ihnen jetzt noch fehlt, ist etwas, das Ihre Überzeugung zweifelsfrei bestätigt oder verifiziert. Sie haben eine Überzeugung, Sie sind sich Ihrer Sache sicher, und Ihre Überzeugung ist sogar realistisch. Aber Sie haben immer noch keine gesicherte Erkenntnis, keine Verifikation – es fehlt der objektive Beweis. Immer noch im selben Bewußtseinskontinuum forschen Sie weiter und finden schließlich schlüssige Beweise für Ihre Überzeugung. Sie haben die Überzeugung noch, aber außerdem haben Sie jetzt noch eine gesicherte oder verifizierende Erkenntnis, die den Charakter einer Schlußfolgerung hat. Sie haben etwas gefunden, was mit Sicherheit auf das Vorhandensein eines Elektrons schließen läßt. Das ist mehr und besser als Ihre bloße Überzeugung, auch wenn es vielleicht das gleiche zu sein scheint. Nachdem Sie nun zu dieser aus einer Schlußfolgerung gewonnenen Gewißheit gelangt sind, forschen Sie noch weiter und kommen schließlich zur Wahrnehmung. Mit »Wahrnehmung« meinen wir hier ein nichtgedankliches zweifelsfreies Wahrnehmen. Dieser ganze Prozeß erfordert Zeit; er vollzieht sich in Schritten.

Im Zusammenhang dieses Prozesses, der von einer falschen Anschauung schließlich zu einer zweifelsfreien Wahrnehmung gelangt, sprechen wir von verschiedenen Ursachen der Täuschung und unterscheiden eher zufällige von solchen, die essentieller Natur sind. Während wir uns an die Schlußfolgerung herantasten, verwenden wir verschiedene logische Werkzeuge wie das Erschließen von Konsequenzen, dann Syllogismen und schließlich die abschließende gedankliche Durchdringung, die zum Endergebnis führt. Das sind die drei Hauptwerkzeuge einer logischen Untersuchung oder Analyse. Wir haben hier eine Art Standardverfahren, nach dem wir, von einer falschen Anschauung ausgehend, am Ende eine gesicherte Wahrnehmung vorweisen können.

Anwendung der Logik auf Fragen der Existenz

Die philosophischen Schulen innerhalb des Mahâyâna wenden nun diese logischen Werkzeuge an. Wir können im Mahâyâna zwei Hauptrichtungen des Denkens unterscheiden, die Yogâchâra-Schule, die zu dem Schluß gelangt, daß es in Wirklichkeit keine objektive Welt da draußen gibt; und die Prâsangika-Mâdhyamika-Schule, für die zwar eine objektive Welt vorhanden ist, aber nicht im kartesianischen Sinne einer vom Bewußtsein völlig unabhängigen Welt.

B. ALAN WALLACE: (Dolmetscher): Für die Prâsangika-Mâdhyamika gibt es objektive Gegebenheiten, aber nicht in der Weise, wie es in dem von Newton und Descartes geprägten Weltbild gefordert wird. Wenn man einen Gegenstand untersucht, der da draußen zu sein scheint, wenn man wirklich sein Wesen erkunden möchte und fragt, was er seiner eigenen Natur nach ist, dann findet man, so die Prâsangika-Sicht, da draußen nichts objektiv Gegebenes. Es erweist sich als in der Analyse unauffindbar. Die Prâsangikas sagen dann, auch wenn es in der Analyse nicht auffindbar sei, existiere es doch in einem konventionellen Sinne aufgrund von sprachlicher und/oder begrifflicher Benennung und Zuschreibung.

DALAI LAMA: Wir müssen hier zweierlei unterscheiden, nämlich ob etwas *existiert* oder *aus seiner eigenen Natur* existiert. Wenn Sie fragen, ob dieser Stift hier eine Natur hat, müssen Sie mit ja antworten. Er besitzt Kennzeichen, die ihn als Stift ausweisen, und diese Kennzeichen sind seine Natur. Wenn Sie aber fragen, ob er aus seiner eigenen Natur existiert, dann ist das etwas ganz anderes. Das würde nämlich bedeuten, daß er unabhängig von Begleitumständen und mitwirkenden Faktoren existiert.

Es gibt hier vielleicht eine Beziehung zu dem, worüber Jeremy Hayward gesprochen hat. Wenn man wirklich sehr intensiv den Dingen nachspürt, die wir postulieren, seien es Elektronen oder sonst etwas, dann wird in der Tat fraglich, ob sie dieses ganz und gar objektive Sein haben, unabhängig vom Bewußtsein. Aber was dann? Wenn Sie ganz genau forschen und dann feststellen, daß sie diesem Kriterium nicht so recht genügen, was schließen Sie dann daraus? Wollen Sie folgern, daß es keine objektive Welt gibt? Also, hier könnte ein geeignetes Feld des Dialogs mit der Prâsangika-Schule liegen, denn auch sie betreibt die Analyse scheinbar objektiv gegebener Phänomene und stellt fest, daß sie in der Analyse nicht aufzufinden sind. Daraus schließt diese Schule aber nicht, daß es keine objektive Welt gibt; sie sagt vielmehr, daß es eine objektive Welt gibt, weil die Dinge schon dadurch existieren, daß sie benannt werden – aber sie besitzen außer dieser auf Übereinkunft gegründeten Existenz kein eigenes Sein als objektive Gegebenheiten. Wir haben hier also eine Schule des Buddhismus, die sagt: Ja, es gibt eine objektive Welt, ja, es gibt eine subjektive Welt, einen subjektiven Geist. Und sie sagt sogar, daß beide von gleichem Gewicht sind. Sie vertritt also weder den materialistischen Standpunkt, noch sagt sie, daß alles Geist sei. Geist *und* Materie existieren; sie haben beide ein auf Übereinkunft beruhendes, begrifflich umschriebenes Sein.

Neben der Prâsangika-Sicht der auf Übereinkunft beruhenden Existenz einer Außenwelt oder objektiver Gegebenheiten gibt es im Mahâyâna noch die Auffassung der Yogâchâra-Schule, und auch hier wird sehr ernsthaft geforscht und analysiert: Haben diese Phänomene, die objektiv zu existieren scheinen, wirklich objektive Existenz? Auch die Yogâchârins sagen, daß objektive Existenz in der Analyse nicht aufzufinden ist, aber sie kommen dann zu einer anderen Schlußfolgerung. Und die lautet, daß die Dinge zwar objektiv da draußen vorhanden zu sein scheinen, sie aber einer Analyse nicht zugänglich sind, so daß sie letztlich vollkommen geistiger Natur sind. Doch dann stellt sich gleich ein weiteres Problem. Sobald man nämlich sagt, daß die Dinge, die da draußen objektiv gegeben zu sein scheinen, geistiger Natur sind, muß man fragen: Kann es sein, daß der Geist, der diese Dinge erkennt, sich irrt? Gibt es also ein der Wirklichkeit entsprechendes, ein realistisches Erkennen im Unterschied zu einem unrealistischen Erkennen?

Ein Yogâchârin wird das bejahen müssen. Aber wie will er das Realistische vom Unrealistischen unterscheiden, wenn ohnehin alles Geist ist? Da liegt das Problem.

Bisher habe ich mich im Bereich des Sûtrayâna, also der philosophischen Schulen innerhalb des Sûtrayâna aufgehalten.* Gehen wir jetzt zum Tantra über. Im Tantra gibt es vier Arten von Autorität, die als echt anerkannt werden: die Schriften selbst, die kommentierenden Texte, ein authentischer Lehrer und die eigene Erfahrung. Die ursprünglichen Schriften, die Tantras, sind authentisch. Und da sie authentisch sind, können sie Anlaß zu authentischer kommentierender Literatur sein. Wo diese authentischen Schriften und Kommentare als verbürgte Autorität gelten, wird es authentische Lehrer geben. Und wenn man einem authentischen Lehrer begegnet, kann man schließlich selbst zu authentischer Erfahrung kommen. Dieser Zusammenhang sichert die Authentizität.

Wie sieht das nun für Sie selbst aus, wenn Sie feststellen wollen, wie es damit steht? Sie haben zunächst einmal diese Sequenz, die, wie Ihnen gesagt wird, Authentizität verbürgt. Aber wenn es für Sie selbst darum geht, diese Authentizität zu bestätigen oder zu verifizieren, dann fangen Sie damit nicht bei den Schriften an, um dann zu den Kommentaren zu kommen, und so weiter. Es geht genau anders herum. In Ihrer Beziehung zu einem authentischen Lehrer kommen Sie zu eigenen Erfahrungen, die sich gleichsam selbst als authentisch erweisen, so daß Sie an ihrer Authentizität nicht zweifeln. Sie erleben Ihre eigene Erfahrung, die Sie bei der Meditation machen, als vollkommen echt, und von da aus schließen Sie zurück auf die

---

* Aus der Sicht des tibetischen Buddhismus bilden das Hînayâna und das niedere Mahâyâna zusammen das Sûtrayâna oder »Sûtra-Fahrzeug«, weil sie sich auf die Grundschriften des Buddhismus, die Sûtras, berufen. Für das höhere Mahâyâna gibt es verschiedene Bezeichnungen, nämlich Tantra, Tantrayâna, Mantrayâna oder Vajrayâna. Der höchste Teil der Lehre, so sagt man, beruht auf einer anderen Klasse von Schriften, den Tantras.

Echtheit des Lehrers, dessen Führung Sie sich anvertraut haben. Auch dieser Schluß ist eine ganz subjektive Sache, und er führt im nächsten Schritt zum Schluß auf die Echtheit der Kommentare, auf die Ihr Lehrer sich beruft. Zuletzt schließen Sie von da aus auf die Echtheit dessen, worauf die Kommentare beruhen, der Tantras also. Ihre Gewißheit kommt mithin letzten Endes aus Ihrer eigenen Erfahrung.

HAYWARD: Eure Heiligkeit, ich erkenne in Ihrer Darstellung zwei Punkte, die einen Bezug zur Frage der wissenschaftlichen Methode haben. Da ist zunächst Ihre Gegenüberstellung der Yogâchâra- und der Prâsangika-Sicht. Nach Prâsangika-Auffassung finden wir durch Analyse kein in den Dingen selbst liegendes Sein, sagen aber, daß eine objektive Welt aufgrund von sprachlichen Zuschreibungen existiert. Meine Frage dazu: Kommt diese sprachliche Zuschreibung nicht aus dem Geist? Oder woher kommt sie?

DALAI LAMA: Wenn Sie sagen, daß die Dinge sprachlich »hergestellt« sind, dann heißt das nicht, daß alles wahr ist, was Ihnen gerade so in den Sinn kommt. Wenn Sie diesen Stift hier in meiner Hand sehen und dann einfach behaupten, er sei ein Mensch, dann ist das noch lange nicht so, nur weil Sie es sagen oder denken. Wenn das so wäre, wenn alles, was Sie so denken, wahr wäre, dann gäbe es keinen Unterschied zwischen Erkenntnis und Scheinerkenntnis. Davon müssen wir ausgehen. Wenn wir sagen, daß die Phänomene sprachlich oder begrifflich festgelegt sind, was für Kriterien haben wir dann, nach denen wir der Existenz von etwas sicher sein können?

Es gibt drei Kriterien. Das erste besteht in der Forderung nach Übereinstimmung mit der allgemeinen Erfahrung. Das heißt aber nicht, daß etwas schon dadurch wahr ist, daß alle es glauben; es kommt vor, daß sehr viele etwas glauben, was nicht stimmt, wir haben das oft genug erlebt. Das zweite Kriterium besagt, daß Sie ein Ding nicht für existent erklären können, wenn eine allgemeingültige, gesicherte Erkenntnis dagegen spricht. Das dritte Kriterium bezieht sich auf tiefere Gegenstände wie etwa die Existenz der *Prakriti*; dieses Sanskritwort bezeichnet eine Ursubstanz, die nach Auffassung etwa der Sâmkhya-Schule* ein letztes, in ihr selbst liegendes Sein besitzt. So etwas ist nicht gerade allgemeines Gedankengut, also was tun wir in solch einem Fall? Der Durchschnittsmensch stellt im allgemeinen keine Fragen wie: »Hast du in letzter Zeit eine Prakriti gesehen?« Dergleichen wird von der allgemeinen Erfahrung gar nicht berührt, also weder bestätigt noch verneint. Das dritte Kriterium sagt also: Etwas wie Prakriti kann nicht postuliert werden, wenn letztgültige Analyse oder Erforschung dagegen sprechen. Wenn man Prakriti mit äußerster Durchdringungskraft des Geistes erforscht und analysiert und feststellt, daß sie nicht existiert, dann genügt sie diesem dritten Kriterium nicht. Das sind die drei Kriterien, die im Prâsangika-System angewendet werden, um gesicherte Aussagen über die Existenz von etwas zu machen.

Wir sagen also nicht, daß etwas aufgrund von begrifflicher Zuschreibung existiert, nur weil wir begriffliche Zuschreibung so sehr mögen. Vielmehr, wenn wir ein Phänomen betrachten, diesen Stift zum Beispiel, dann fragen wir zunächst, ob es von sich aus existiert, das heißt unabhängig davon, ob es erkannt wird oder nicht. Dabei werden wir feststellen, daß der Stift nicht von sich aus existiert. Wenn Sie den Stift untersuchen, dann betrachten Sie seine Gestalt und Farbe, Sie nehmen ihn auseinander und sehen sich die Einzelteile an – aber Sie stoßen dabei auf nichts, was im eigentlichen Sinne der Stift ist. Diese Methode führt einfach nicht zum Stift an sich. Sie kommen also zu dem Schluß, daß es hier keinen Stift an sich gibt, aber dann können Sie nicht einfach sagen, es gebe keinen Stift. Wenn Sie ihn in die Hand nehmen und etwas schreiben, dann leistet er etwas, das Schaden oder Nutzen stiften kann. Und was Ihnen schaden oder nützen kann, werden Sie kaum einfach als nicht-existent abschreiben wollen. Doch damit sitzen Sie jetzt in der Zwickmühle. Einerseits können Sie nicht sagen, der Stift exi-

_____

* Die Sâmkhya-Schule ist eine der sechs orthodoxen philosophischen Schulen des Hinduismus.

stiere nicht, andererseits haben Sie ihn untersucht und keinen Stift an sich gefunden. *Wie* also existiert er? Er existiert vermöge der Kraft begrifflicher Zuschreibung. Nicht daß Ihnen diese Idee so besonders zusagte, aber was bleibt Ihnen sonst?

Verifikation der meditativen Erfahrung

VARELA: Wenn ich jetzt den naiven westlichen Wissenschaftler spielten wollte, würde ich sagen: »Also, dann können wir ja die Logik so benutzen, daß wir über etliche Stufen immer mehr Gewißheit finden, bis wir schließlich vollkommen überzeugt sind.« Ein anderer westlicher Wissenschaftler mit etwas mehr Augenmaß würde sagen: »Nichts da, das haben wir ja schon zweihundert Jahre lang versucht.« Wir haben sehr gute Gründe, nicht mehr einfach an unsere Überzeugungen zu glauben. Unsere Überzeugungen sind einfach unsere Überzeugungen. An unzähligen Beispielen haben wir gesehen, wie selbst der klarste, tadellos logische Gedankengang einen zu etwas führen kann, was sich morgen doch wieder ändert. Das mit der unmittelbaren Erfahrung – oder wie wir das nennen wollen, was wir immer an Kugelschreibern und Tischen exemplifizieren – ist gut und schön; aber Newton wurde eben davon irregeführt. Die Wissenschaft sagt heute, daß der Raum eben nicht dreidimensional ist, nicht? Wir wissen heute, daß die Erde nicht stillsteht; sie bewegt sich, auch wenn ich das nicht sehe. Das ist nicht meine Erfahrung. Warum glaube ich das?

Jetzt möchte ich diese Frage auf Entdeckungen anwenden, die man beim Meditieren macht. Nach meinem sehr begrenzten Verständnis des Buddhismus verschafft Meditation einen Zugang zu einer anderen Art von Erfahrung, und so kann man sich selbst von der Gültigkeit der Aussagen überzeugen, die der Buddhismus macht. Interessant finde ich daran, daß der Prozeß der Validierung hier offenbar nicht gar so anders abläuft als in der Wissenschaft. Also ist er wohl auch mit den gleichen Problemen behaftet. Wenn der Buddhist sagt: »Wir sind absolut sicher, daß...«, dann kommen ganz ähnliche Fragen, wie wenn ein Wissenschaftler sagt: »Wir sind ganz sicher, daß...«. Hier ist die gleiche Kritik möglich, was letzte Gültigkeit und dergleichen angeht.

Was der Buddhismus sagt, hat sich in meiner eigenen Erfahrung soweit als ganz richtig erwiesen – eben deshalb interessiere ich mich für ihn und finde ihn wohlbegründet. Aber ich finde den Buddhismus offenbar aus denselben Gründen wohlbegründet, wie ich in der Wissenschaft dies und das wohlbegründet finde. Ich gehe nach derselben Logik vor: Beobachten, Validieren, mir anhören, was andere Leute sagen, mich durch eigene Erfahrung überzeugen und so weiter.

HAYWARD: Der wissenschaftliche Prozeß fängt immer mit einer Beobachtung an und endet mit einer Beobachtung. Wissenschaftler würden diese Beobachtung als direkte Wahrnehmung bezeichnen – nach dem Verständnis, das sie von direkter Wahrnehmung haben. Jedenfalls untermauern wir unsere Schlußfolgerungen am Ende durch eine weitere direkte Wahrnehmung. Auch das ist dem sehr ähnlich, was Eure Heiligkeit als den buddhistischen Ansatz beschrieben hat: daß er mit einer direkten Wahrnehmung, die zugleich gesicherte Erkenntnis ist, anfangen und enden muß, vor allem enden. Im letzten Teil meiner Darstellung einer alternativen wissenschaftlichen Betrachtungsweise hatte ich nun gesagt, daß den Wissenschaftlern inzwischen Zweifel kommen, ob es überhaupt eine nicht durch vorgefaßte Begriffe geprägte Wahrnehmung geben kann. Ich würde also dem Buddhisten die Frage stellen: Nach welcher Methode versichern Sie sich der Gültigkeit einer direkten Wahrnehmung, und ist damit auch schon schlüssig bewiesen, daß sie vollkommen frei von Einflüssen durch vorgefaßte Begriffe ist?

DALAI LAMA: Hier müssen wir vor allem sehen, daß Sie in der westlichen Wissenschaft, wenn Sie von direkter Erfahrung sprechen, offenbar immer *sinnliche* Erfahrung meinen, während der sinnliche Aspekt der Erfahrung im Buddhismus eigentlich eine untergeordnete Rolle spielt. Wenn Sie also die-

ses Kontinuum von der falschen Anschauung zur Wahrnehmung durchlaufen, geht es nicht darum, daß Sie am Ende bei
einer sinnlichen Wahrnehmung ankommen. Ganz und gar
nicht. Das Ziel ist vielmehr eine geistige Wahrnehmung oder
noch besser eine kontemplative Wahrnehmung, denn das ist die
yogische Wahrnehmungsweise. Das ist, wenn ich es mit dem
vergleiche, wovon Sie sprechen, nämlich gewöhnliche visuelle
Wahrnehmung, eine vollkommen andere Art der Erfahrung.

Nach der Prâsangika-Darstellung gibt es drei Arten direkter
Wahrnehmung. Die Yogâchârins nennen vier Arten direkter
Wahrnehmung: sensorische, geistige und yogische Wahrnehmung und als viertes Apperzeption oder Selbsterkenntnis. Bei
den Yogâchârins kommt die Apperzeption deshalb hinzu, weil
sie den geistigen Phänomenen, anders als die Prâsangikas, ein
eigenes inhärentes Sein zuschreiben.* Die Prâsangikas weisen
also die Apperzeption zurück und lassen nur drei Arten der
direkten Wahrnehmung gelten: sinnliche, geistige und yogische.

Sensorische Wahrnehmung erkennt man ohne weiteres. Über
direkte geistige Wahrnehmung gibt es viele verschiedene Anschauungen, sogar unter tibetischen Gelehrten. Nach Auffassung der Mâdhyamika-Prâsangikas ist alle subjektive Erfahrung
– wie etwa das Bewußtsein des Biologen von irgendeiner Wahrnehmung – direkte geistige Wahrnehmung. Es gibt noch andere
Arten von Bewußtsein; im Buddhismus haben wir die Präkogni-
tion oder das gesteigerte Bewußtsein. All das ist ebenfalls direkte geistige Wahrnehmung. Die yogische Wahrnehmung ist
nicht so einfach zu beschreiben; lassen wir es hier bei der Anmerkung bewenden, daß sie eine eigene Kategorie darstellt.

HAYWARD: Wie wird die Gültigkeit yogischer Wahrnehmung gesichert?

DALAI LAMA: [lacht] Das ist ziemlich kompliziert! Gei-

---

* Die Yogâchâra-Idee der Apperzeption oder des selbsterkennenden
Gewahrseins wird im Kapitel »Wahrnehmung und Bewußtsein« erörtert.

stige Wahrnehmung meint Erfahrungsweisen wie etwa Gefühle – Gefühle wie Glück oder Angst.

Es gibt zwei Arten direkter geistiger Wahrnehmung, yogischer Wahrnehmung, die nicht von Anfang an da sind, sondern sich erst durch die Meditation einstellen. Da beide Arten also etwas Neues darstellen, brauchen Sie Anhaltspunkte für ihre Gültigkeit. Dieser Anhaltspunkt muß eine unmittelbare Wahrnehmung sein, und deshalb sagen die Buddhisten, daß Sie Ihre Zweifel erst dann überwinden können, wenn Sie das Wesen der Phänomene direkt wahrnehmen, oder anders gesagt, wenn Sie auf den Pfad des Sehens gelangen.* Wenn Sie so weit sind, daß Sie zum Pfad des Sehens kommen, ist Ihnen die höchste Wahrheit, Shûnyatâ oder Leerheit, unmittelbar gegenwärtig. Das ist Ihr Kriterium oder Gesichtspunkt; von dorther erweist sich alle andere Erfahrung als gültig oder ungültig. Das ist wirklich ein großer Schritt. Solange nicht die Mehrheit der Bevölkerung diesen Schritt getan hat, sind alle diese Zweifel nicht zu überwinden.

HAYWARD: Nehmen wir an, jemand habe viele Jahre meditiert und sagt nun, er sei in der unmittelbaren Wahrnehmung der höchsten Wahrheit. Er selbst ist dessen gewiß. Macht er sich nicht etwas vor? Woher weiß ich, daß er sich nicht hinters Licht führt? Und woher weiß er selbst es?

DALAI LAMA: In der buddhistischen Literatur ist von gewissen Zeichen die Rede, nach denen Sie abschätzen können, ob Sie diese Stufe erreicht haben. Es gibt zwei Hauptgruppen von Zeichen, äußere und innere. Nach den äußeren Zeichen können andere den Stand Ihrer Entwicklung beurteilen. Verläßlicher sind jedoch die inneren Zeichen. Und hier, glaube ich, liegt der große Unterschied zur Wissenschaft. Im Dharma

---

* Der Buddhismus kennt verschiedene Arten, die Stufen der spirituellen Entwicklung darzustellen; eine besteht darin, den Pfad zur Erleuchtung in fünf Abschnitte einzuteilen: den Pfad des Ansammelns, der Anwendung, des Sehens, der Meditation und des Nicht-mehr-Lernens.

[der buddhistischen Lehre] ist es zunächst einmal so, daß jemand, der in dieser Erfahrung ist, das auch weiß. Sie vertrauen sich der Führung eines solchen Menschen an, aber dabei liegt es ganz bei Ihnen selbst, gemäß Ihren eigenen Erfahrungen und Gedankengängen zu forschen und zu analysieren. Das ist in der Wissenschaft anders: Hier erkennen Sie keinerlei Autoritäten an, sondern verlassen sich bei dem Thema Ihrer Forschungen ausschließlich auf Ihr eigenes Urteil.

In diesem Zusammenhang sprechen wir von drei Kategorien von Phänomenen: offen zutage liegende, verborgene und höchst verborgene Phänomene. Phänomene der letzten Art sind durch Verstandestätigkeit allein auf keine Art und Weise zu verifizieren. Um sich der Existenz dieser Phänomene zu versichern und ihre Gültigkeit zu erweisen, muß man sich auf bestimmte Autoritäten, auf verläßliche Quellen stützen.

Auch im alltäglichen Leben bedienen wir uns dieser drei Verifikationsarten. Wir nehmen die offen zutage liegenden Dinge unmittelbar wahr. Andere Dinge erfassen wir aufgrund von Schlußfolgerungen; wir sehen bestimmte Zeichen und leiten aus ihnen die zu erwartenden Konsequenzen ab. Auch höchst verborgene Phänomene begegnen uns im alltäglichen Leben. So weiß ich zum Beispiel, daß die Erde eine blaue Kugel ist, obwohl ich sie selbst nie so gesehen habe und auch nicht durch Schlußfolgerungen auf ihre tatsächliche Gestalt gekommen bin. Dennoch weiß ich, daß sie rund ist, weil ich mich auf die Worte anderer verlasse, die sie gesehen und Fotos von ihr gemacht haben. Zunächst einmal machen Sie sich durch Überlegungen klar, daß diese andere Person zuverlässige Aussagen macht. Im genannten Fall könnte die Überlegung darin bestehen, daß dieser Mensch keinen Grund hat, Lügen zu erzählen und gefälschte Fotos vorzuweisen. Danach wissen Sie, daß die Erde rund ist, auch wenn Sie sie nicht mit eigenen Augen gesehen haben. Das ist eine Folgerung aufgrund von Vertrauen, eine andere Art des Schlußfolgerns. Der ganze Schluß basiert auf dem Glauben an jemanden, aber dieser Glaube hat gewisse Überlegungen als Hintergrund, in diesem Fall Gedanken, die

Sie von der Zuverlässigkeit des Informanten überzeugen. Das ist informierter und nicht blinder Glaube.

Vielleicht kommen Sie einmal in die Lage, etwas erfassen oder darstellen zu müssen, zu dem Sie mit dem Denken, mit dem Verstand, einfach keinen Zugang finden. Sie mögen sich noch so sehr mühen, die Dinge zu analysieren, zu sehen, zu fühlen, es geht nicht. Also müssen Sie sich an jemanden wenden, der diese Erfahrung schon gemacht hat und keinen Grund hat zu lügen. Aber Sie müssen sich auch selbst davon überzeugen, daß in den Aussagen dieser Person keine logischen Brüche sind.

VARELA: Sie sagten, daß es auch äußere Zeichen der yogischen Wahrnehmung gibt. Kann man vielleicht ein paar von denen einmal näher betrachten?

DALAI LAMA: Das ist nicht ganz einfach, aber es gibt eine Möglichkeit. Wenn Sie einem Menschen begegnen, der nicht leicht zu reizen ist, nicht zu Übellaunigkeit neigt, keine Gefühlsschwankungen zeigt in Situationen, wo man normalerweise erwartet, daß jemand sich an etwas klammert oder ärgerlich wird – wenn Sie so etwas sehen, können Sie annehmen, daß dieser Mensch eine gewisse Verwirklichung erreicht hat. Ob er aber wirklich die Leere realisiert hat, ob er in der Shûnyatâ-Erfahrung lebt – das zu entscheiden bleibt immer sehr schwierig.

Wahrnehmung und Gehirn
Francisco J. Varela

Meine Aufgabe besteht darin, eine Vorstellung davon zu geben, was das Gehirn ist. Bei meinen Vorüberlegungen habe ich beschlossen, all das wegzulassen, was mir nebensächlich erscheint, und mich auf einige wesentliche Dinge zu beschränken. Zum Einstieg möchte ich zunächst auf ein paar Dinge eingehen, die wenig mit dem Gehirn zu tun zu haben scheinen, denke aber, daß wir Einsichten gewinnen werden, die uns dann bei der Betrachtung des Gehirns zustatten kommen.

Nervensystem und Bewegungsfähigkeit

Wenn wir über das Gehirn sprechen, ist damit immer auch etwas impliziert, das man *Verhalten* nennen könnte – etwas, was ein Tier oder irgendein empfindendes Wesen tut. Zunächst möchte ich zeigen, daß in der Geschichte des Lebens etwas sehr Interessantes passiert an der Stelle, wo empfindungsfähige Wesen die Fähigkeit der *Bewegung* erlangen: Es besteht eine sehr grundlegende Verbindung zwischen dem Nervensystem und der Bewegungsfähigkeit. Denken Sie etwa an die Kleinstlebewesen, die wir Amöben nennen. Wir haben einige von ihnen in unseren Därmen, und diese Amöben können sich bewegen. Sie strecken ihre fingerähnlichen Ausstülpungen aus. Die Amöbe in Abbildung 2 ist eben dabei, eine kleinere Zelle einzufangen und sich einzuverleiben. Da haben Sie Bewegung, und niemand findet etwas dabei, diese Bewegung als Beutejagd- und Freßverhalten zu bezeichnen – obwohl wir hier nur eine einzige Zelle haben und sie etwas sehr Einfaches tut.

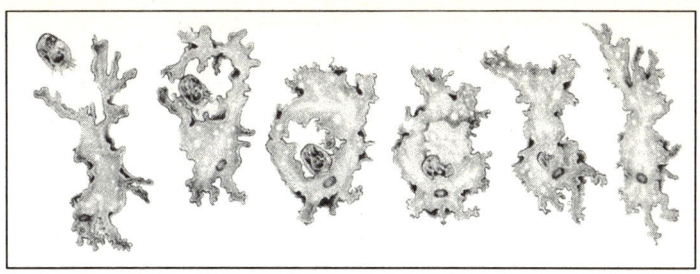

Abbildung 2   Freßverhalten einer Amöbe: Sie fängt einen anderen einzelligen Organismus und nimmt ihn in sich auf.

Worauf ich hinaus will, ist dies: In dem Augenblick, wo wir Bewegung sehen, setzt sich eine natürliche Neigung durch, diese Bewegung als eine Form des Verhaltens aufzufassen. Gehen wir einmal der Frage der Bewegung oder Aktion nach. Was geht bei dieser Beutejagd vor sich? Die Biologen sagen, daß Moleküle der Zelloberfläche das Vorhandensein der Beute spüren oder empfinden. Die Empfindung löst Veränderungen innerhalb der Zelle aus, die dann ihre fingerähnlichen Fortsätze vorschiebt.

DALAI LAMA: Also, wenn die Amöbe Beute spürt, stülpt sie diese fingerähnlichen Dinger vor und packt sie. Gibt es auch das Gegenteil, daß sie also Gefahr spürt und ihre Fortsätze einzieht?

VARELA: Ja, das gibt es auch. In beiden Fällen können wir zwei Grundelemente ausmachen. Das eine ist das *sensorische* Element, eine empfindungsfähige Oberfläche; das andere ist eine *motorische* Oberfläche oder Effektor-Oberfläche. Motorische Oberfläche ist alles, was eine Bewegung auslösen kann, in diesem Fall das Zellinnere, von dem das Vorschieben der Fortsätze ausgeht. Wir sprechen hier von einer motorischen Oberfläche oder motorischen Komponente. »Motorisch« meint aber nicht etwas Mechanisches, sondern alles, was einen sichtbaren Effekt erzeugt. Diese beiden Elemente sind sehr wichtig: Sobald wir ein Verhalten sehen (hier das Fangver-halten), können wir annehmen, daß da etwas ist, was empfin-det, und etwas, das eine Bewegung auslöst. Diese beiden Dinge stehen miteinander in Verbindung, in unserem Beispiel des-halb, weil sie in derselben Zelle sind.

Nehmen wir noch ein weiteres Beispiel. Es gibt winzige ein-zellige Lebewesen mit einem beweglichen Schwanz, einer soge-nannten Geißel; man braucht ein Mikroskop, um sie zu sehen. Solch ein Lebewesen besitzt einen haarähnlichen Fortsatz, und es schwimmt, indem es diese Geißel bewegt. Interessant ist nun, daß sich dieser Haarfortsatz verbiegt, wenn das Tierchen an ein Hindernis kommt, so daß die Zelle ihre Richtung ändern und dem Hindernis ausweichen kann. Was man da sieht, läßt alles in allem den Schluß zu, daß dieser kleine Organismus das Anrempeln an Hindernisse zu vermeiden weiß. Auch hier ha-ben Sie wieder etwas, das empfindet, denn das Verbiegen der Geißel weist darauf hin, daß Umwelteinflüsse aufgenommen wurden. Das löst eine Veränderung in der Zelle aus, und sie schwimmt in eine andere Richtung.

An diesen beiden Einzeller-Beispielen erkennen wir die bei-den mit Bewegung zusammenhängenden Grundphänomene, die Sie in allem Lebendigen antreffen. Wo Sie Verhalten oder Bewegung erkennen, da läßt sich eine sensorische und eine mo-torische Seite ausmachen, und das ist die Geschichte des Ner-vensystems, nicht mehr und nicht weniger.

DALAI LAMA: Nehmen wir als ein anderes Beispiel eine Pflanze mit ihrem Wurzelsystem. Wenn in der Nähe ein Nähr-stoffangebot ist, sagen wir Dünger, ist es dann nicht so, daß die Wurzeln sich in diese Richtung vorschieben? Zählt das auch als Bewegung? Ist es dieselbe Art von Bewegung oder nicht?

VARELA: Ja, das ist dieselbe Art von Bewegung. Die Le-bensstrategie einer Pflanze besteht in ihrer Ortsfestigkeit. Sie bewegt ihre Wurzeln ein bißchen, aber das ist schon so gut wie alles. Deshalb haben Pflanzen kein Nervensystem. Tiere ande-rerseits haben eine Lebensweise gewählt, zu der auch ständige Ortsveränderungen gehören. Und hier finden wir ein Nervensystem, wie es für das Verhalten der Nahrungssuche, für Begegnungen mit anderen Tieren und so weiter ständig benötigt wird. Aber Sie haben völlig recht, daß die Wurzelbewegung der Pflanze von der gleichen Art ist wie im Einzeller-Beispiel, nämlich Bewegung durch Membrandehnung.

Neuronen – Kommunikatoren zwischen weit voneinander entfernten Zellen

DALAI LAMA: Die Pflanzen spüren, daß da etwas Nahrhaftes ist, und wachsen in diese Richtung.

B. ALAN WALLACE (Dolmetscher): Mir scheint, daß hier eine Frage impliziert ist, nämlich: Wenn die Wurzeln in Richtung der Nährstoffe wachsen, würden Sie dann wirklich sagen, daß die Wurzeln das Vorhandensein von Nahrung irgendwie spüren?

VARELA: Das ist unter Biologen eine heiß umstrittene Frage. Die vorherrschende Meinung, kann ich vielleicht sagen, besteht darin, daß wohl irgendein sensorisches Phänomen hier mitspielt, irgendein Unterscheidungsmechanismus auf der zellulären Ebene. Deshalb finden die Biologen nichts dabei, die Bewegungen einer Amöbe als primitive Form des Verhaltens aufzufassen. Ähnliches würden sie auch im Fall der Pflanzenwurzel sagen. Aber wenn Sie sich den höherentwickelten Tieren zuwenden, wird dieses primitive Verhalten viel interessanter. Hier tritt nämlich erstmals ein Nervensystem in Erscheinung.

Lassen Sie es mich am Beispiel eines immer noch sehr einfachen Tieres erklären. Wir gehen hier von einzelligen Lebewesen zu einem aus mehreren Tausend Zellen bestehenden Organismus über. Eine Hydra ist ein sehr kleiner, aber mit dem bloßen Auge sichtbarer Wasserpolyp, der bei uns im Westen meist in stehenden Gewässern vorkommt. Ich nehme als Beispiel eine Hydra-Art, die »freilebend« genannt wird, weil das Tier frei im Wasser schwebt und dabei verschiedene Verhaltens-

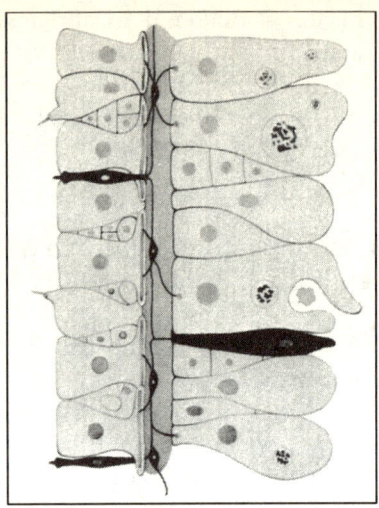

Abbildung 3   Schematische Darstellung der Zellenvielfalt im Gewebe der Hydra; Neuronen hervorgehoben.

weisen zeigt. Vorbeischwimmende kleinere Organismen beispielsweise fängt sie mit ihren Tentakeln ein, um sie zu verzehren. Wenn man sie berührt, zieht sie sich zusammen und versucht wegzukommen. Sehen wir uns einmal an, wie dieses Tier aufgebaut ist.

Wir sehen hier einen Abschnitt des Hydra-Körpers im Querschnitt. Zunächst einmal möchte ich Sie darauf aufmerksam machen, daß dieses Tier eigentlich ganz einfach aus zwei Zellschichten besteht. Außen eine Zellreihe, innen eine Zellreihe, das ist schon die ganze Hydra.

Außen und innen finden Sie aber verschiedene *Arten* von Zellen mit allerlei Spezialeinrichtungen, die empfinden, wahrnehmen und Bewegung erzeugen können. Manche Zellen haben beispielsweise kleine Nadelfortsätze. Berührt man sie, dann spüren sie es; sie sind also Sinneszellen. Innen gibt es dagegen Muskeln, die sich kontrahieren und entspannen können.

Das Tier bewegt seine Tentakeln mit diesen kontraktilen Fasern oder Muskeln.

Wir haben also wieder eine sensorische und eine motorische Komponente. Die Biologen haben nun eine interessante Entdeckung gemacht, nämlich daß bei diesen Tieren – zum erstenmal in der Entwicklungsgeschichte des Lebens – etwas *zwischen* den sensorischen und motorischen Zellen wächst. Dazwischen (in der Abbildung schwarz hervorgehoben) liegen sehr lange Zellen, die man als Nervenzellen oder *Neuronen* bezeichnet. »Neuron« ist ein Begriff, der für unsere gesamte Erörterung des Gehirns von großer Bedeutung sein wird. Neuronen sind die Klasse von Zellen, aus denen jedes Gehirn besteht. Dieses Tier hat ein sehr einfaches Gehirn, nämlich einfach ein Netzwerk solcher Neuronen, das zwischen Muskeln und Sinneszellen eingeschaltet ist. Sie sind über das ganze Tier verteilt. Neuronen verbinden weit voneinander entfernte Dinge und stellen Beziehungen zwischen ihnen her. Ein Neuron ist eine besondere Zelle: Sie kann sich wie eine Amöbe strecken und so Kontakte zwischen ganz verschiedenen Stellen knüpfen.

DALAI LAMA: Die Amöbe hat kein Gehirn?

VARELA: Die Amöbe hat kein Gehirn, weil sie keine Neuronen besitzt; sie hat aber sensomotorische Wechselwirkungen, Verhalten. Aber bei einer Hydra mit ihren vielen, vielen Zellen, wie sollte da eine Sinneszelle am einen Ende wissen, was eine andere am anderen Ende gerade spürt? Wenn sich die Muskeln dieses Arms kontrahieren, wie sollen die Zellen an irgendeiner anderen Stelle davon wissen? Genau da kommen die Neuronen ins Spiel.

In der Hydra hat die Geschichte des Nervensystems ihren Anfang: sensorische Zellen, motorische Zellen und dazwischen ein Geflecht von Schaltzellen. Durch dieses Neuronengeflecht werden Dinge möglich, die es zuvor nicht geben konnte. Es gibt ein Empfinden durch die Tentakeln, auf das die Basis mit Bewegungen reagiert, so daß die Hydra sogar eine Beute verfolgen kann. Wenn Sie dieses Verhalten beobachten, fragen Sie sich: Wie ist das möglich? Die Biologen antworten gern, daß es möglich ist, weil Kontakte zwischen auch weit voneinander entfernten empfindenden und bewegenden Teilen des Körpers bestehen.

Lassen Sie mich hier anmerken, daß die Wissenschaft noch bis 1910 kaum etwas über die Beschaffenheit des Gehirns gewußt hat. Die eigentliche Neurowissenschaft im heutigen Verständnis begann erst um 1900. Das ist also ein relativ junges Gebiet, gerade mal ein paar Jahrzehnte alt.

Im zweiten Teil meiner Darstellung möchte ich nun zu ein paar allgemein akzeptierten Grundzügen unseres Wissens über Neuronen und Gehirn kommen. Zunächst, was sind Neuronen? Wie funktionieren sie?

Was sind Neuronen?

Neuronen stehen gern mit vielen anderen Neuronen in Verbindung, jedes einzelne im Normalfall mit mehreren tausend anderen. In Abbildung 4 sehen Sie, daß ein Neuron viele Verzweigungen hat; mit jedem dieser Zweige stellt es Kontaktpunkte zu anderen Neuronen her. Wenn ich ein Neuron wäre, würde ich etwa zehntausend andere Neuronen berühren und selbst ebenfalls von etwa zehntausend anderen Neuronen berührt werden. Ein Neuron ist also eine hochinteraktive, eine »gesellige« Zelle. Das ist sehr wichtig, denn durch diese allseitige Verbundenheit setzt das Nervensystem alle sensorischen und motorischen Oberflächen zueinander in Beziehung.

DALAI LAMA: Wenn wir zur Pflanzenwurzel und zur Amöbe zurückgehen, dann haben wir offenbar bei beiden sowohl sensorische als auch motorische Phänomene. Weshalb sind Neuronen so wichtig, wenn Pflanze und Amöbe das gleiche anscheinend auch ohne Neuronen zustandebringen? Worin liegt das entscheidend Neue? In beiden Fällen ist das sensorische Element gegeben; worin liegt also der Unterschied zwischen einer durch Neuronen vermittelten sensorischen Bot-

82

schaft und einer anderen, die ohne Vermittlung ihren Adressaten findet?

VARELA: Der Unterschied besteht darin, daß Sensoren an verschiedenen Enden einer Pflanze nicht voneinander wissen können, was sie gerade empfinden – weil keine Neuronen vorhanden sind. Eben darum geht es: Neuronen leisten das, weil sie so lang sind. Nehmen Sie zum Beispiel Ihre Residenz hier und unten das Guest House, in dem wir wohnen: Wenn wir kein Telefon hätten, gäbe es keine Kommunikation. Aber sobald wir ein Telefon installieren, stellt sich ein neues Phänomen ein. Wir können etwas verabreden oder miteinander tun. Wenn da Muskeln oder Effektoren und außerdem Sensoren sind, und sie wissen nicht, wie sie zusammenkommen und gemeinsam etwas tun können, dann kann nur sehr wenig geschehen. Deshalb bewegen Pflanzen sich nicht von der Stelle. Sie bleiben einfach, wo sie sind.

DALAI LAMA: Die Bewegungen des Wurzelsystems einer Pflanze geschehen also einfach nur da, und andere Teile der Pflanze erfahren nichts davon.

VARELA: Oder nur auf sehr diffuse Art. Wenn die Pflanze ein Nervensystem oder Gehirn hätte, dann gäbe es ein Neuron, das von der Wurzelspitze bis in den äußersten Wipfel reicht und spüren könnte, wieviel Sonnenlicht einfällt. So spüre ich ein Jucken am Kopf, und das kann mit dem in Verbindung gebracht werden, was mein Fuß tut. Diese sensomotorische Wechselwirkung erlaubt uns die Entfaltung unseres gesamten Verhaltensspektrums. Das ist der zentrale Punkt, die grundlegende Logik des Nervensystems.

Das Neuron in Abbildung 4 ist aufgeschnitten dargestellt, damit man auch das Innere sehen kann, und Sie erkennen die fingerähnlichen Kontaktorgane, die von anderen Neuronen kommen, die sogenannten Synapsen. Durch sie laufen Einflüsse von einem Neuron zum anderen. Einer der großen Fortschritte der Neurobiologie in den letzten vierzig Jahren besteht darin, daß wir jetzt ziemlich viel darüber wissen, wie ein Neuron ein anderes beeinflußt. Bevor wir dazu kommen,

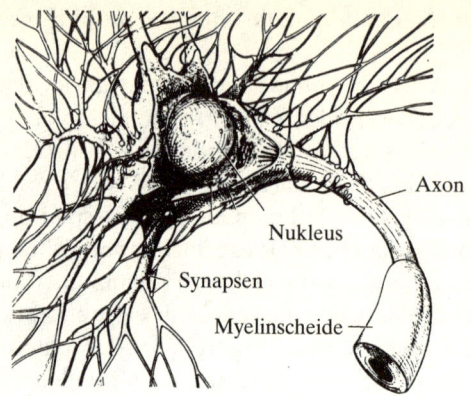

Axon

Nukleus

Synapsen

Myelinscheide

Abbildung 4   Das Neuron mit seinen vielen Synapsen-Kontakt-punkten, die funktionelle Grundeinheit des Nervensystems.

möchte ich noch darauf hinweisen, daß Neuronen in vielen verschiedenen Formen vorkommen und sehr unterschiedliche Neuronen miteinander in Verbindung stehen können. Aber in der Grundstruktur sind sie immer gleich: ein Empfängerende, ein langes Zwischenstück und ein äußeres Ende.

Unsere kleine Hydra besitzt mehr sensorische und motorische Zellen als Neuronen. Beim Menschen dagegen kommen auf jedes sensorische Neuron hunderttausend Interneuronen, das heißt Neuronen, die entlang des Weges von einem sensorischen Ende zu einem motorischen Ende liegen. Das ist eine gewaltige Zunahme, aber der Prozeß läuft auch hier nach dem gleichen Muster ab. Das Gehirn der Tiere hat im Laufe seiner Evolution massenhaft Interneuronen ausgebildet. Wenn Sie ein menschliches Gehirn sehen, dann sagen Sie: Du lieber Himmel, wo fängt man an, um dieses Durcheinander aufzudröseln? Der Zugang besteht darin, daß man diesem Grundmuster nachspürt. Unsere Augen beispielsweise stellen eine sensorische Oberfläche dar. Die Augen haben nach innen hin Verbindungen zu verschiedenen Stellen des Gehirns. Was auch immer dort mit einer von der Netzhaut aufgenommenen Botschaft passiert, läuft schließlich auf irgendeine Form der Bewegung hinaus. Ich sehe etwas und wende den Kopf. Die Kopfbewegung auf einen sensorischen Eindruck hin bezeichnet man als sensomotorische Wechselwirkung. Eine Empfindung, also etwas, was meine sensorische Oberfläche erreicht, erzeugt eine durch Muskeltätigkeit herbeigeführte Bewegung. Wir Menschen geben es zwar nicht gern zu, aber wir haben doch vieles mit unserer kleinen Schwester Hydra gemein. Wir scheinen nach derselben Logik zu funktionieren.

Kommunikation zwischen Neuronen

Wenn ein Neuron ein anderes berührt, kommunizieren sie auf vielerlei Weise. Am bekanntesten ist die Kommunikation durch einen elektrischen Impuls, der sich wie durch ein Kabel fortsetzt; wenn er die an einem anderen Neuron anliegende Synapse erreicht, wird er in ein chemisches Signal umgewandelt und kann so zum nächsten Neuron gelangen. An solch einem Neuron liegen aber viele Synapsen an, und es empfängt deren Signale alle gleichzeitig. Auf der Grundlage all dieser Signale fällt die Zelle eine Entscheidung: Sie sendet einen Impuls aus oder nicht. Es hat etwas von einer Konsens-Entscheidung.

DALAI LAMA: Wenn wir also sagen, daß eine Zelle oder Zellgruppe eine Entscheidung fällt, woher kommt dann letztlich die Entscheidung? Ist es Mehrheitsbeschluß oder so?

VARELA: Das ist eine der schwierigsten Fragen der gesamten Neurowissenschaft. Die Entscheidung wird im Zellkörper oder Soma des Neurons gefällt, und wir wissen, daß sie nicht einfach auf der Basis von ja, ja, nein, nein gefällt wird – also nicht als mechanische Kompilation der von anderen Neuronen kommenden Impulse –, denn es kommt auch darauf an, aus welcher Entfernung der Impuls kommt, wie gut er übermittelt wird und welche Gewichtung er erfährt. Die Entscheidung hängt von einer Vielzahl von Einflüssen ab. Und die endgültige Entscheidung ist alles andere als einfach; ein Neurowissenschaftler kann nie voraussagen, was in einem bestimmten Fall passieren wird. In sehr einfachen Fällen läßt sich manches absehen, aber meist ist es so, daß die Neuronen bei der Verarbeitung aller Synapsensignale sehr komplexe räumliche und zeitliche Vergleichsoperationen durchführen müssen. Das ist ein Prozeß, der aus lauter Unwägbarkeiten besteht.

Wenn Sie mit Neurowissenschaftlern sprechen, müssen Sie wissen, daß ein Großteil ihrer Laborarbeit darin besteht, solche elektrischen Impulse zu messen. Sie haben Sonden, mit denen sie Ströme an einem einzigen Neuron oder einer kleinen Gruppe von Neuronen messen können. In Abbildung 5 sehen wir ein typisches Experiment dieser Art. Der Affe wird darauf abgerichtet, auf ein Signal hin einen Hebel zu drücken. Die Wissenschaftler haben winzige Sonden in sein Gehirn eingeführt, welche die elektrischen Impulse einer sehr kleinen Gruppe von Neuronen aufnehmen. Hier ist es so, daß ein Neuron im motorischen Kortex eine Muskelkontraktion auslöst, wenn es angeregt wird. Jeder der kleinen senkrechten Striche in der Grafik oben rechts zeigt an, daß solch ein Impuls durch den Nerv weitergeleitet wurde. Wann der Affe die Hand entspannt hält und wann er den Hebel betätigt, ist im oberen wie im unteren Teil der Grafik zu erkennen. Interessanterweise ist es hier so, daß das Neuron besonders aktiv ist, wenn die Hand entspannt gehalten wird, aber seine Entladungen mehr oder weniger einstellt, wenn der Hebel betätigt wird. Es ist eine Entsprechung zwischen dem äußeren Verhalten des Affen und dem elektrischen Verhalten des Neurons zu erkennen. Man kann natürlich auch die Aktivitäten vieler anderer in diesen Zusammenhang eingebundener Neuronen messen. Dergleichen also unternehmen die Neurowissenschaftler, um Aktivitätsmuster aufzuspüren, die bestimmten Verhaltensweisen entsprechen, in diesem Fall der Arm-und-Hand-Bewegung.

Noch ein Beispiel, aber diesmal vom anderen Ende, näm-

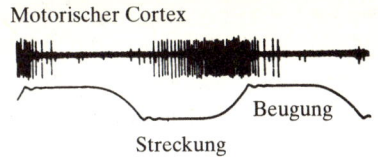

Motorischer Cortex

Beugung

Streckung

Abbildung 5   Die Armbewegungen des Affen lassen sich anhand der gleichzeitig aufgezeichneten Entladungsrate (Spitzen im Diagramm) eines Neurons im motorischen Cortex des Gehirns verfolgen.

lich dem der Empfindung und Wahrnehmung. Der Begriff »Wahrnehmung«, wie er im Wortschatz der Neurowissenschaft auftritt, impliziert weder irgendeine Form des Bewußtseins noch einen inneren Beobachter. Es sagt nur, daß irgendeine Unterscheidung stattgefunden hat. Normalerweise sprechen wir von Wahrnehmung nur beim Menschen. Aber neurowissenschaftlich gesehen kann beispielsweise ein Frosch seine visuelle Umwelt wahrnehmen. Eines der klassischen Experimente zum Verständnis von Sinnesphänomenen wie etwa dem Sehen (im Unterschied zu motorischen Phänomenen wie im Beispiel des Affen) wurde vor vielen Jahren an der Netzhaut eines Frosches angestellt. Stellen Sie sich also vor, daß die Meßsonde jetzt in einem Froschgehirn steckt und wir dem Tier verschiedene visuelle Reize präsentieren. Als Reiz gilt einem Neurowissenschaftler alles, womit man ein Neuron zu einer Reaktion bewegen kann. Wenn ich also ein Neuron abtaste und einen visuellen Reiz gebe, sagen wir mit einem bewegten Stock, und das Neuron tut daraufhin nichts, dann sagen wir, daß es sich um einen ungeeigneten Reiz handelte. Er bewirkt keine Entladung des Neurons. An der Netzhaut ihres Frosches stellten die Wissenschaftler nun fest, daß man mit einem kleinen Punkt, einem großen Punkt oder einem bewegten Rand Reaktionen auslösen konnte. Und dann stellten sie fest, daß bestimmte Neuronen nicht auf alles reagierten, sondern ausschließlich auf kleine, dunkle bewegte Dinge. Daraus schlossen sie, daß dieses Neuron ein »Fliegendetektor« ist.

DALAI LAMA: Dieses Neuron wird also nur zu bestimmten Gelegenheiten aktiv? Es reagiert auf diesen besonderen Reiz und nicht auf andere?

VARELA: Ja, und das machte die Wissenschaftler sehr froh. Sie konnten sagen: Dieser Frosch hier fängt gern Fliegen mit der Zunge, und da Fliegen kleine dunkle Punkte sind, die sich bewegen, muß dieses Neuron ein Fliegendetektor sein.

DALAI LAMA: Das ist so, als würde das Auge selbst schon irgendeine Entscheidung treffen, bevor die Information vom Gehirn wahrgenommen wird.

Neuronen-Schaltkreise

VARELA: So ist es, auch wenn nicht das ganze Gehirn beteiligt ist, sondern nur ein untergeordneter Schaltkreis. Ein neuronaler Unterschaltkreis kann die Funktion eines Fliegendetektors erfüllen. Dieser Gedankengang hat in der Neurowissenschaft großen Einfluß gewonnen: Um Verhaltensweisen wie die Fliegenerkennung erklären zu können, muß man nach den entsprechenden Schaltkreisen im Gehirn suchen. (Mit »Schaltkreis« meine ich hier ein Netzwerk mehrerer Neuronen, die auf spezifische Weise miteinander verknüpft sind.) Die große Überraschung bei diesem Experiment bestand darin, daß man sogar auf der Netzhaut diese kleinen Schaltkreise findet, die interessante Dinge wie Fliegenerkennung leisten. Und ähnliches ist natürlich überall im Gehirn der Fall. Auch bei unserem Beispiel mit dem Affen können wir sagen, daß das Neuron etwas ähnliches tut. Es »weiß«, wie es den Muskel dazu anregt, sich zu kontrahieren oder zu entspannen. Es fällt die Entscheidung, welche der beiden Verhaltensweisen angemessen ist – ganz so, wie das Frosch-Neuron je nach Art des präsentierten Reizes entscheidet, ob es einen Impuls gibt oder nicht.

Die Neurowissenschaft behauptet, Phänomene dieser Art erklären oder zumindest potentiell erklären zu können. Dazu gehören Bewegung, Wahrnehmung, Lernen, Gedächtnis, Entscheidungsfindung und so weiter. Was also die Neurowissenschaft heute bis zu einem gewissen Grad tatsächlich leistet, sind Erklärungen einfacher Verhaltensweisen anhand von Neuronenschaltkreisen. Bei anderen Phänomenen wissen wir noch wenig Genaues und reden uns nur stundenlang die Köpfe heiß. Wie läuft etwa das Planungsverhalten ab? Eine sehr umstrittene Frage, zu der fast jeder seine ganz eigene Anschauung hat. Aber bei manchen anderen Dingen gibt es viel mehr Übereinstimmung. Was beispielsweise das Sehvermögen angeht, herrscht einiges Einvernehmen darüber, wie Farben, Bewegungen oder Ränder unterschieden werden.

Abschließend möchte ich auf eine Verfahrensweise der Neurowissenschaft eingehen, die sehr typisch ist für das, was man in Lehrbüchern liest oder bei neurowissenschaftlichen Kongressen hört. Ich meine die Darstellung des Gehirns und seiner Funktionen durch Kästen (siehe Abb. 10, S. 137), die für bestimmte Schaltkreise stehen – das Gehirn als Aggregat kleiner Kästen, die spezifische Dinge tun. Solch ein Kasten könnte etwa für ein motorisches Programm stehen, das heißt für ein neuronales Aktivitätsmuster, das ein motorisches Verhalten wie zum Beispiel das Gehen steuert. Auf das Wort »Programm« werden wir noch zurückkommen, wenn wir über künstliche Intelligenz sprechen. Es ist eigentlich der Computerwelt entlehnt. Damit ein Computer auf die gewünschte Weise arbeiten kann, schreibt man ein Programm. Es besteht aus Instruktionen, die zusammengenommen das Ausführen einer Funktion bewirken. Ein Computerprogramm erlaubt Ihnen numerische Kalkulationen oder das Kompilieren von Datenindices. Die Neurowissenschaftler übernahmen also diese Programmidee aus dem Computerbereich und sagten, im Gehirn geschehe ungefähr das gleiche. Nervenschaltkreise verhalten sich so, als wären sie programmgesteuert. Ein Neuron kann eine Fliege erkennen, weil das im Rahmen eines Programms geschieht. Neuronen wissen, was sie – unter Berücksichtigung anderer Neuronen – zu tun haben. Ein motorisches Programm ist also ein Bündel von Nervenaktivitäten, die zusammen eine Funktion wie etwa das Gehen steuern. Jede motorische Verhaltensweise braucht ein ganz eigenes Programm. Die Neurowissenschaft sieht ihre Aufgabe darin zu fragen, wie dieses Programm, damit es nicht irgendeine Abstraktion bleibt, als tatsächliche Neuronenaktivität aussieht.

DALAI LAMA: Wenn man das ganze Gehirn herausoperiert oder ausschaltet, gibt es dann überhaupt noch Reste von Interaktion, sei es auch primitive Interaktion, zwischen der sensorischen und der motorischen Seite?

VARELA: Sehr primitiv. Man kann wohl mit einiger Sicherheit sagen, daß die motorischen Zellen, die Muskeln, und den Sensoren voneinander isoliert wären, wenn man das ganze Gehirn entfernt.

DALAI LAMA: Wenn das so ist, weshalb sind dann in beiden Richtungen Pfeile zwischen den Kästen, die das Gehirn repräsentieren?

VARELA: Ah, das ist wichtig. Alles in allem wären die sensorischen und motorischen Schaltkreise ohne das Gehirn völlig voneinander getrennt. Aber auf einer sehr niederen Ebene gibt es doch Interaktionen zwischen ihnen. Denken Sie etwa an den berühmten Kniescheibenreflex. Wenn ich mir auf eine bestimmte Stelle am Knie klopfe, dann zuckt das Bein, wie Sie wissen. Ein Muskel streckt sich plötzlich, und es zuckt. Der Muskel hat selbst sensorische Rezeptoren, und wenn er sich bewegt, wirkt sich das unmittelbar auf diese Sensoren aus. Was auf der motorischen Seite passiert, zeigt direkte Wirkungen auf der sensorischen Seite. Und anders herum. Was auf der sensorischen Seite passiert, kann auf einer sehr niederen Ebene direkt auf das motorische Geschehen einwirken. Aber wenn wir uns in der Welt bewegen und zu schaffen machen, benutzen wir nicht ausschließlich diesen Reflex; er spielt sogar nur eine kleine Nebenrolle. Meist handelt es sich, wie Neurowissenschaftler sagen würden, um hierarchisch gegliederte Vorgänge, bei denen ein übergeordnetes motorisches Programm sich um die sensomotorischen Korrelationen kümmert. Denken Sie etwa an die Strukturen der staatlichen Verwaltung. Eine Regierung hat Behörden, zu denen der Bürger gehen kann. Wenn jemand beispielsweise einen Paß haben möchte, geht er zur Meldebehörde und stellt einen Antrag. Dieses Amt entspricht dem sensorischen Ende, und da sitzen Bedienstete, die den Antrag entgegennehmen. Dann tritt, ähnlich den Muskeln, die bürokratische Maschinerie in Aktion, tut das Ihre und wirft schließlich den Paß aus. Das wäre eine sensomotorische Interaktion auf niederer Ebene. Oben drüber aber sitzt der gesamte Regierungsapparat, der die Richtlinien liefert. Und in diesen von oben kommenden Anweisungen kann beispielsweise festgelegt sein, wer einen Paß bekommen darf und wer nicht.

Lassen Sie mich noch einmal die Hauptgesichtspunkte nennen, die ich hier darzustellen versucht habe. Der erste besteht darin, daß die gesamte Geschichte des Gehirns mit einer simplen grundlegenden Sache zu tun hat, nämlich mit sensomotorischer Korrelation im Hinblick auf Bewegung. Keine Bewegung, kein Nervensystem. Keine sensomotorische Korrelation, kein Gehirn. Kein Gehirn, kein Schmerz. [Gelächter] Gehirn entsteht also aus sensomotorischer Korrelation. Und alle Gehirne – Hydra, Katze, Fliege, Mensch – sind grundsätzlich das gleiche. Zweitens: Das Neuron ist die Funktionseinheit, aus der Gehirne aufgebaut sind, denn sensomotorische Korrelation wird durch Neuronen geschaffen, die sich in dem Neuronengeflecht, das unser Gehirn bildet, zu Schaltkreisen zusammenfinden. Und drittens: Diese Schaltkreise sind die Basis des Verhaltens, weil sie Programme wie das der Fliegenerkennung oder der Muskelbewegung ausführen können.

Die beiden Grundannahmen
der Neurowissenschaft

Schließen möchte ich mit dem, was ich für die beiden Grundannahmen oder Grundüberzeugungen der Neurowissenschaft
halte. Die erste besagt, daß die Schaltkreise und Programme
des Gehirns zusammen der Sitz oder Ursprung aller mentalen oder kognitiven Phänomene sind. Gedächtnis, Planung, Wünsche, Emotionen, Bewegung, Wahrnehmung – alles
beruht letztlich auf Schaltkreisen und Programmen. Je komplexer das Verhalten, desto größer der zugehörige Schaltkreis
– bis hin zum gesamten Gehirn. Die zweite Überzeugung besteht darin, daß die für jede einzelne Verhaltensweise verant-
wortlichen Schaltkreise und Programme gut funktionieren,
weil sie gute Repräsentationen der Welt sind, in der das betreffende Lebewesen lebt. Wir finden es zum Beispiel sehr
angemessen, daß ein fliegenfressender Frosch auf seiner Netzhaut einen kleinen Schaltkreis hat, der Fliegen identifiziert.
Was sollte er denn mit einem Pferdedetektor? Aber Fliegen
fressen, das tut ihm sehr gut, also sind dieser Schaltkreis und
das Programm eine sehr angemessene Repräsentation seiner
Welt. Sie sind den Umständen angepaßt; sie entnehmen der
Welt die richtigen Informationen. Für gute Anpassung zeugt
beispielsweise auch, daß man Emotionen hat, denn hätte man
keine Emotionen, wäre man auch nicht motiviert, aktiv zu
werden, um etwa Gefahren abzuwenden oder sich zu vermehren.

Diese beiden Gedanken – daß von außen kommende Information im Gehirn repräsentiert wird und die Programme des
Gehirns anpassungsfähig sind – bilden die Grundlage der gegenwärtig in der Neurowissenschaft vorherrschenden Meinung. Das ist wirklich ganz wichtig, denn dies sind die prägen-
den Annahmen.

Die Neurowissenschaftler mögen lang und breit und kontro-
vers diskutieren, welcher Schaltkreis und welches Programm
was tut, aber sie sind sich darüber einig, daß diese Schaltkreise

und Programme auf der Basis der von außen kommenden Information arbeiten und das Gehirn dann ein äußeres Verhalten produziert, das den Umständen entspricht und sich ihnen anpaßt.

Empfindende Wesen
Ein Gespräch

Was ist Anpassung?

DALAI LAMA: Ist es so, daß Emotion oder Verlangen da sein müssen, damit es überhaupt Anpassung geben kann?

FRANCISCO J. VARELA: Ich bin froh, daß Sie diesen Punkt ansprechen, denn für westliche Biologen und andere Wissenschaftler ist das Wort »Anpassung« durchaus nicht eindeutig. Einerseits bezieht es sich auf das, was ich tue, während ich lebe. Ich habe zum Beispiel Hunger und passe mich dem an, indem ich esse. Meist jedoch ist mit Anpassung in wissenschaftlichen Zusammenhängen der Evolutionsprozeß angesprochen, der über das Individuum hinausgeht. Die Neurowissenschaftler sagen, unser Gehirn habe sich über Abertausende von Jahren entwickelt und sei aufgrund einer evolutionären Logik so geworden, wie es jetzt ist. Neurowissenschaftler legen sehr viel Wert auf die Feststellung, daß die Schaltkreise und Programme sich gerade so gebildet haben und gerade so funktionieren, weil sie die Auslese durch die Evolution überstanden haben – weil sie anpassungsfähig waren und sind. Tiere, die nicht das rechte Programm zur Nahrungsbeschaffung auszubilden vermochten, sind ausgestorben, während andere, denen das gelang, überlebten – und drum sind sie noch da. Wir müssen also klar sehen, daß das Wort »Anpassung« für westliche Wissenschaftler untrennbar mit der Evolutionsgeschichte zusammenhängt und mit der Idee, daß Evolution eine progressive Anpassung an immer wieder neue Information aus der Umwelt darstellt.

DALAI LAMA: Vielleicht können wir die Bedeutung des Wortes »Anpassung« im Zusammenhang mit der Evolution einmal zurückstellen und uns ganz auf ein empfindendes Wesen konzentrieren. Nehmen wir an, dieses empfindende Wesen sei von seiner Instinktanlage her ein Pflanzenfresser, ein Vegetarier, und werde durch Konditionierung oder Training zum Fleischverzehr erzogen. Wir haben hier also einen Programmwechsel, und meine Frage lautet: Finden auch entsprechende Veränderungen bei den Neuronen statt, etwa so, daß in der Pflanzenfresserphase nur bestimmte Neuronen auf bestimmte Reize, vegetabile Reize, reagieren und jetzt andere Neuronen ins Spiel kommen, die auf Fleisch ansprechen?

VARELA: Ja, Eure Heiligkeit, da legen Sie den Finger auf einen sehr zentralen Punkt, den ich in meinem Überblick nicht angesprochen habe, nämlich diesen: Ich habe bisher nur von Programmen einer Art gesprochen, die Biologen als angeboren bezeichnen würden. Ein Beispiel ist das Fliegenfangprogramm unseres Frosches. Solch ein Programm läßt sich auf keine Art und Weise ändern. Der Frosch ist damit geboren. Es war sein Karma*, und daran ist nichts zu ändern. Aber fast alle Tiere, sogar Fliegen und Würmer, besitzen die Fähigkeit, ihre Verhaltensweisen zu modifizieren, das heißt, sie haben das, was wir Plastizität nennen, die Fähigkeit zu Verhaltensänderungen innerhalb einer bestimmten Bandbreite.

Säugetiere und Wirbeltiere ganz allgemein, insbesondere aber die Säugetiere, sind großer Lernleistungen fähig, wie jeder weiß. Viele Säugetiere können beispielsweise lernen, Dinge zu erkennen, die sie zuvor überhaupt nicht erkennen konnten. Die Neurowissenschaftler würden in solchen Fällen

---

* Karma ist im Buddhismus das universale Gesetz von Ursache und Wirkung. Eine Ursache zeigt ihre Wirkung, wenn die richtigen Umstände gegeben sind. Daher der Gedanke, daß die Lebenssituation eines Menschen die Wirkung früherer Ursachen ist und daher als sein Karma bezeichnet werden kann. Damit ist jedoch kein strenger Determinismus gemeint, da es immer Wahl- und Abwandlungsmöglichkeiten gibt. Dr. Varelas Bemerkung über den Frosch ist also scherzhaft gemeint.

nicht sagen, das Lernen sei auf neue Schaltkreise zurückzuführen. Es treten also keine neuen Neuronen auf und fangen an, sich mit anderen zusammenzuschalten. Nach der derzeit gängigen Theorie geschieht nichts weiter, als daß die synaptischen Kontakte der vorhandenen Neuronen modifiziert werden. Beim Lernen wird das Gehirn in der Feinabstimmung seiner Schaltkreise verändert. Solche synaptischen Veränderungen bestehen in leichten Abwandlungen bei den Interaktionen zwischen den Neuronen. Es bilden sich keine neuen Schaltkreise. Im Gehirn werden von einem bestimmten Punkt der Entwicklung an, grob gesagt nach der Geburt, nur noch sehr wenig neue Neuronen gebildet. Von der Kindheit an sind Veränderungen nur noch bei dem synaptischen Verkehr der Neuronen möglich. Es ist nicht so, daß jetzt zwanzig Neuronen da sind, wo früher nur zwei waren.

Aber die Beobachtung tierischen Verhaltens läßt keinen Zweifel daran, daß Tiere eine angeborene Anlage zum Lernen haben. Nicht die Anlage, irgend etwas Bestimmtes zu lernen, sondern zu *lernen*. Das ist vor allem bei Säugetieren, insbesondere bei Primaten, so. Menschen kann man unter diesem Gesichtspunkt als Spezialisten für nichtspezialisiertes Lernen bezeichnen. Wir sind Generalisten im Gegensatz zu Spezialisten.

Die große Frage lautet nun: Was unterscheidet die Gehirne von Tieren mit großer und geringer Lernfähigkeit? Tauben und Hühner beispielsweise sehen nicht gar so verschieden aus, aber ein Huhn lernt kaum etwas und eine Taube sehr viel. Was unterscheidet diese beiden Gehirne, von denen eines viel mehr lernen kann als das andere? Die Neurowissenschaft hat dazu wenig oder nichts zu sagen. Aber es ist bestimmt eine sehr interessante Frage.

DALAI LAMA: Es ist also nicht einfach eine Frage der Gehirngröße?

VARELA: Ganz sicher nicht. Wir wissen aufgrund von Messungen, daß es Tiere mit relativ großen Gehirnen gibt, die viel weniger lernen können als etwa die Taube mit ihrem sehr kleinen Gehirn. Hühner und Tauben sind in ihrem Lernvermögen sehr verschieden, aber die Gehirne sind gleich groß. Anatomisch gesehen sind sie sogar nahezu identisch. Ich lerne gar nichts, wenn ich nur Gestalt und Größe des Gehirns betrachte. Der Gedanke, daß Lernvermögen mit Gehirngröße zu tun hat, kann keineswegs als gesichert gelten und ist ganz einfach nur ein Teil der Geschichte.

Was ist ein empfindendes Wesen?

DALAI LAMA: Gibt es bei einem einzelligen Lebewesen wie der Amöbe das ganze Spektrum kognitiver Vorgänge wie das Begehren, auch sexuelle Begierde, oder Gefühle und so weiter?

VARELA: Darüber streitet man sich noch. Manche Amöben zeigen männliches und weibliches Verhalten. Manchmal kommen sie zusammen, und es findet ein Austausch statt – nicht als ein Männchen und ein Weibchen, aber doch als Geschlechtspartner. Sie tauschen genetisches Material aus.

Vergleichen wir jetzt Amöben mit Bakterien. Bakterien sind einfachere Zellen. Auch bei ihnen gibt es Sexualität. Und sie besitzen die Fähigkeit, Nahrung zu suchen und Gefahren aus dem Weg zu gehen – ganz wie unsere kleine Amöbe. Manche Leute würden sagen, und das mit gutem Grund, daß man bei Bakterien alle diese Verhaltensweisen antrifft, auch kognitives Verhalten. Auch auf der einzelligen Ebene kommt es innerhalb der Zelle zu sensomotorischen Korrelationen. Natürlich hat eine Bakterie keine Neuronen. Daher kann man sagen, daß Kognition keine Erfindung des Nervensystems ist. Das Nervensystem erweitert nur das Spektrum sensomotorischer Möglichkeiten. Das ist sehr wichtig.

DALAI LAMA: Würden Sie also ein einzelliges Lebewesen wie die Amöbe als empfindendes Wesen bezeichnen?

VARELA: Ja. Aus *dieser* Sicht ist das keine Frage. Ich kann da einfach keine Linie ziehen, keinen grundsätzlichen

Unterschied machen zwischen meinem Erkennen und dem von Fröschen, Hydras, Amöben oder Bakterien.

DALAI LAMA: Aber Ihr persönlicher Eindruck: Ist eine Bakterie ein empfindendes Wesen? Diese Frage ist wichtig für die buddhistische Sicht, denn wenn Sie einem empfindenden Wesen das Leben nehmen, ist das eine schlechte Tat. Wenn dieses Wesen nach Glück strebt und Leiden zu meiden versucht, dann bedeutet die Tötung dieses Wesens sehr viel Leiden. Ist es also unrecht, eine Amöbe zu töten? Der Buddhist würde sagen: Wenn die Amöbe Lust und Schmerz empfindet, sich Glück wünscht und das Leiden flieht, dann ist es unrecht, sie zu töten, während es im anderen Fall nicht unrecht ist.

VARELA: Im Verhalten von Bakterien und Amöben kann man das Meiden mancher Dinge und das Suchen mancher Dinge erkennen, ganz wie bei eindeutig empfindungsfähigen Wesen wie Katzen und Menschen. Daher wüßte ich nicht, mit welchem Argument ich behaupten sollte, das Verhalten sei nicht von der gleichen Art; allerdings würde ich sagen, daß kein *Bewußtsein* von Schmerz oder Lust vorhanden ist. Bei der Amöbe ist es ein unwillkürliches Unterscheiden dessen, was sie mag und nicht mag. In diesem Sinne ist Empfindungsfähigkeit vorhanden. Weshalb sage ich, daß eine Katze Lust und Schmerz empfindet und Befriedigung sucht und ein empfindendes Wesen ist? Auf keine Art und Weise kann ich je die Erfahrung einer Katze nachvollziehen.

DALAI LAMA: Ja, das stimmt.

VARELA: Und das gilt genauso für die Amöbe oder die Bakterie. Ich kann die Erfahrung einer Amöbe nicht nachvollziehen, aber wenn ich ihr Verhalten beobachte, ist es von der gleichen Art. Deshalb kann ich als Wissenschaftler sagen, das Verhalten einer Amöbe sei kognitives Verhalten, weil sie – in Gestalt der beschriebenen sensomotorischen Korrelationen – Unterscheidungen trifft. Der Mechanismus ist der gleiche wie bei Katzen. Ich weiß, daß es Psychologen schaudert, wenn sie mich so reden hören, aber ich spreche als Neurowissenschaftler. Leute, die sich mit Bakterien befaßt haben, um einfachste

Verhaltensformen zu erkunden, finden nichts dabei, hier von Verhalten, Wahrnehmung und Instinkt zu sprechen. Und ich finde ihren Ansatz überzeugend. Natürlich ist es von da aus bis zu dem, was wir Kognition nennen – und Kognition setzt einen gewissen Grad an Bewußtsein voraus – ein weiter Weg. Aber die Frage bleibt, ob das nicht doch ein Kontinuum ist.

LUIGI LUISI: Wenn wir noch weiter zurückgehen, nämlich zu einem Stück Kalziumkarbonat, das mit Säuren, aber nicht mit Basen reagiert, würden Sie das dann auch eine Form des Verhaltens nennen?

VARELA: Ich unterscheide hier zwischen Vor-Leben und dem Leben innerhalb einer Zellmembran. Die Zelle besitzt eine neue Eigenschaft: so etwas wie Selbstbestimmung oder Autonomie. Sie kann bis zu einem gewissen Grade ihre Umwelt oder ihre eigenen Grenzen selbst bestimmen, und das ist bei einem Stück Kalziumkarbonat nicht der Fall.

JEREMY W. HAYWARD: Na gut, aber wie sieht es bei der Pflanze und ihrer Wurzel aus?

VARELA: Da würde ich von Empfindung sprechen.

B. ALAN WALLACE (Dolmetscher): Das Wort »Leben«, wie es hier im biologischen Sinne gebraucht wird, ist gar nicht so leicht ins Tibetische zu übersetzen. Im Tibetischen gibt es zwei Wörter: *Sok [scrog]* und *Tse [tshe]*. Sie können die Lebendigkeit eines Baums im Buddhismus nicht als Sok bezeichnen, denn Sok impliziert Bewußtheit, Kognition, Wünsche, Glück und so weiter. Auch Tse bedeutet »Leben«, meint aber mehr die Dauer, die Lebensspanne. Tse läßt sich anders als Sok durchaus auf einen Baum anwenden. Heißt das nun, daß ein Baum so lange lebt, bis er nicht mehr grün ist? Das ist eine ziemlich knifflige Sache, weil die beiden Systeme einfach ganz verschieden ausgerichtet sind. Es ist eine Frage der Semantik, eine sehr interessante Frage.

ROBERT B. LIVINGSTON: Es ist sogar ein ganz entscheidender Punkt für das Thema »Wissenschaft und Buddhismus«, und wir müssen uns hier wirklich Zeit nehmen, um sicherzugehen, daß wir einander verstehen.

GESHE PALDEN DRAKPA: Denken wir an Moos oder Schwämme, die im Wasser wachsen. Im Vinaya* heißt es, daß Moos Leben besitzt und seine Lebendigkeit vom Wasser abhängt. Hier benutzen wir das Wort »Sok« in der Bedeutung Leben oder Lebensprinzip. Nimmt man das Moos aus dem Wasser, wird damit sein Leben abgeschnitten. Das bedeutet aber nicht, daß Sie einem empfindenden Wesen das Leben nehmen. Es geschieht also nichts Böses. Interessant ist aber die Terminologie. Das Moos besitzt Leben, Sok, das von seinem Lebensraum, dem Wasser, abhängig ist. Nehmen Sie es aus dem Wasser, dann ist sein Leben zu Ende. Es scheint also, daß wir im Buddhismus doch ein Wort haben, das dem biologischen Lebensbegriff in seiner Anwendbarkeit auf tierisches und pflanzliches Leben einigermaßen entspricht.

VARELA: Ja, und für die buddhistische Auffassung dessen, was ein empfindendes Wesen ist, spielen ja auch Bewegung und Willensausdruck eine große Rolle.

Wir dürfen hier, glaube ich, die Tatsache nicht unterschätzen, daß Bakterien und Amöben nicht mit bloßem Auge zu sehen sind. Man braucht Instrumente. Hat man sie aber einmal gesehen, dann haben sie viel von dem, was wir Empfindungsfähigkeit nennen. Vielleicht schreiben wir nur deshalb ausschließlich den größeren Tieren Empfindungsfähigkeit zu, weil unsere Erfahrung durch die Begrenztheit unseres bloßen Auges geprägt ist. Erweitert man den Beobachtungsrahmen jedoch auf die Mikrowelt – und da liegt der bei weitem größte Anteil des Lebens, zumindest nach der biologischen Definition, daß alles aus Zellen Bestehende lebendig ist –, dann ist Empfindungsfähigkeit auch am einzelligen Leben zu erkennen, bei Amöben und Bakterien. Pflanzen gehören offenbar nicht in den Bereich der Empfindungsfähigkeit, weil sie sich nicht von der Stelle bewegen. Aber das ist nur ihre Lebens-*Weise*; auch

---

* Der Vinaya ist der erste Teil des Tripitaka, und hier geht es um Fragen der Mönchsdisziplin, in bezug auf den angesprochenen Fall insbesondere um die Frage, worin eine Tötung besteht.

wenn sie kein Nervensystem und alles damit Verbundene haben, sind sie doch aufgrund ihres Zellaufbaus genauso lebendig wie andere Lebewesen. In diesem Sinne, glaube ich, ist die biologische Definition die genaueste. Biologen verfügen über sehr spezifische Kritierien, um zu entscheiden, ob etwas lebendig ist oder nicht und ob es ein Nervensystem hat oder nicht. Das Verhalten der Zuwendung zu wünschenswerten Dingen und der Abkehr von unerwünschten Dingen zieht sich bis zum untersten Ende durch die gesamte Skala. Daran ist kein Vorbeikommen, soweit ich sehe.

DALAI LAMA: Anscheinend sagen Sie, daß Bakterien auch fühlen können, also zum Beispiel Schmerz und Lust. Wenn das so ist, haben dann auch Pflanzen diese Fähigkeit?

VARELA: Ich beobachte das Verhalten von Bakterien als Bewegung auf bestimmte Dinge zu und von bestimmten anderen Dingen weg, und ich kann nicht sagen, das sei kein Verhalten in dem Sinne, wie wir bei einer Katze von Verhalten sprechen. Ich kann mich einfach nicht in die Katze hineinversetzen und sagen, daß sie fühlt; ich kann mich nicht in eine Bakterie hineinversetzen und sagen, daß sie nicht fühlt. Andererseits bin ich auch nicht gezwungen, Bakterien die Gefühle zuzuschreiben, die ich habe, wenn ich einer Sache ausweiche oder wenn ich sehe. Was meine Erfahrung ausmacht, das gilt eben nur für meine Erfahrung. Ich muß den Pflanzen nicht Gefühle derselben Art zuschreiben. Ich muß den Bakterien keine Empfindungsfähigkeit zuschreiben, wie sie unserem Streben nach Glück entspricht. Niemand weiß, was für eine Bakterie Glück ist, aber sie scheint ein Unterscheidungsvermögen zu haben, das unserem nicht ganz unähnlich ist. Deshalb spricht für den Wissenschaftler nichts dagegen, das Verhalten einer Bakterie als kognitiv zu charakterisieren. Aber er käme natürlich nie auf die Idee, Wörter wie »bewußt« oder »geistig« zu gebrauchen. Es liegt ein qualitativer Sprung zwischen Kognition oder Wahrnehmung, die noch etwas Neutrales haben, und Geist oder Bewußtsein, Begriffen also, die doch sehr viele Implikationen haben.

LIVINGSTON: Würden Sie auch sagen, daß es quantitative und qualitative Unterschiede der Empfindungsfähigkeit gibt und man von daher vielleicht eine Demarkationslinie ziehen kann?

VARELA: Ja. Aber die Qualität bleibt die gleiche, und die Grenzlinie ist der Beginn des Lebens, das heißt von der Einzelzelle an aufwärts. Wo ich allerdings eine untere Grenze für geistige oder bewußte Phänomene ziehen sollte, weiß ich beim besten Willen nicht. Soll ich Geist und Bewußtsein noch Delphinen oder Affen zuschreiben? Aufgrund meiner Beobachtungen und meiner Lektüre habe ich den Eindruck, daß es bei Affen das gibt, was wir Bewußtheit oder Gewahrsein nennen. Es mag also sein, aber ich könnte mich nicht entschließen, dieselbe Art von Bewußtsein auch den Bakterien zuzuschreiben.

DALAI LAMA: Die gesamte Wissenschaft der Neurobiologie geht von stofflicher Materie wie etwa der des Gehirns aus. Aber bleibt da nicht die buddhistische Auffassung von Bewußtsein – also Bewußtsein als formlos und von der Natur der Klarheit und so weiter – einfach unberücksichtigt?

VARELA: Ja, die bleibt unberücksichtigt. Sie fällt unter den Tisch.

Lebendige Materie

DALAI LAMA: Gibt es auf der Ebene der kleinsten Teilchen, also der Atome und subatomaren Teilchen, einen grundlegenden Unterschied zwischen Teilchen, die in völlig unbelebte Materie wie Stein eingehen, und solchen, die organisches Gewebe bilden?

VARELA: Nein, überhaupt nicht. Die Lebendigkeit einer Zelle hängt nicht an den Molekülen, aus denen sie besteht, sondern an dem *Muster*, zu dem diese Moleküle sich fügen. So ist auch das Verhalten einer bestimmten Gruppe von Neuronen nicht durch die Neuronen selbst gegeben, sondern durch das Muster, zu dem sie vernetzt sind. Das ist für die Wissenschaftler eine ganz grundlegende Sache: Nicht durch die Komponenten, sondern durch das Verknüpfungsmuster entstehen neue Eigenschaften und Fähigkeiten. In diesem Sinne ist Leben eine *emergierende** Eigenschaft eines Musters von Molekülen. Verhalten ist eine emergierende Eigenschaft eines Neuronenmusters. Sprache ist eine emergierende Eigenschaft der Gesellschaft. Wenn ich also die Zelle betrachte und ihre Moleküle sehe, dann unterscheiden sie sich in nichts von den Molekülen unbelebter Dinge. Für Wissenschaftler ist das überhaupt keine Frage. So etwas wie »lebendige« Moleküle gibt es nicht.

DALAI LAMA: Wenn alle Zellen und Lebewesen, auf ihre kleinsten Komponenten reduziert, letztlich aus subatomaren Teilchen bestehen, gibt es wohl so eine Art Kontinuum der Materie. Würden Sie sagen, daß es irgendein Kontinuum dieser Art auch vor dem Beginn des Universums, vor dem Urknall, schon gegeben hat?

VARELA: Da sprechen Sie etwas an, Eure Heiligkeit, was im Zusammenhang mit westlicher Biologie sehr ungewöhnlich ist. Biologen haben mit lebendigen Systemen zu tun, und Elementarteilchen kommen in der Biologie nicht vor – sie haben für den Biologen keinerlei Bedeutung. Das Interesse eines Biologen endet nach unten hin bei den Molekülen, und Elementarteilchen müßte es, was ihn angeht, gar nicht unbedingt geben. Ihre Frage müssen Sie also eigentlich einem auf Kosmologie spezialisierten Physiker stellen. Ganz ehrlich: Ich weiß die Antwort nicht. Ich weiß über die Kosmologie nur das, was halt ein interessierter Laie weiß. Ich finde es aber bemerkenswert, daß Sie uns mit dieser einen Frage von der Biologie in die Physik katapultiert haben und diese Frage sich für die westliche Biologie überhaupt nicht stellt.

Immerhin wissen die Biologen aber, daß unsere sämtlichen

---

* Eine emergierende Eigenschaft entsteht durch die Interaktion lokaler Prozesse oder Wirkgrößen und existiert vor dieser Interaktion nicht. Man sagt hier, daß die neue Eigenschaft aus dieser Interaktion emergiert, also hervorgeht.

Moleküle alle paar Tage ausgetauscht werden. Wenn ich ein Atom eines Moleküls in irgendeinem Teil meines Körpers markiere und dann seinen Weg verfolge, werde ich feststellen, daß es entweder in kürzester Zeit an irgendeine andere Stelle des Universums abwandert oder in etwas anderes verwandelt wird oder Bestandteil eines anderen Moleküls geworden ist. Das gilt auch für das Nervensystem. Ständig findet ein unglaublicher Umsatz statt.

Sie müssen also nicht bis zum Urknall zurückgehen, um zu sehen, daß Ihre substantielle Basis immer im Fluß ist. Was aber bleibt und durchgängig das konstituiert, was wir Körper nennen, das sind nicht Moleküle oder Molekülgruppen, sondern ein Muster von Molekülen, dessen Bestandteile ständig ausgetauscht werden. Eine Zelle hat einen derart hohen Umsatz, daß die ganze Sache innerhalb von Stunden oder Minuten völlig neu ist, während aber das übergreifende Muster der Zelle bestehen bleibt.

Ich möchte Eure Heiligkeit aber fragen, was Sie zu dieser Frage bewogen hat?

DALAI LAMA: Die Frage stellt sich, weil es nach der buddhistischen Theorie zwei Arten von Ursachen gibt: substantielle Ursachen und durch ein Zusammenwirken entstandene Ursachen. Wenn man nach dem Ursprung der substantiellen Ursache fragt, dann findet man nichts, was man als Anfang bezeichnen könnte. Es mag wichtige Umschlagpunkte geben, aber das Kontinuum hat keinen absoluten Anfang. Setzt man irgend etwas als Anfang, treten sofort allerlei Widersprüche auf, denn man muß ja fragen, woher denn dieser Anfang kam. Da ist kein Schöpfer, sondern einfach ein Zyklus von Ursache und Wirkung. Wir sprechen hier nicht von Karma, sondern von Ursache und Wirkung in dem Sinne, wie dieses Papier aus Holz entstanden ist und das Holz von einem Baum kommt und so weiter. Das Holz ist sozusagen die Saat des Papiers und der Baum die Saat des Holzes. Auf diese Weise können wir herauszufinden versuchen, wo die substantielle Ursache eigentlich ihren Ursprung hat. Wir können annehmen, daß am Anfang leerer Raum ist, ein Nichts, und dann urplötzlich etwas geschieht. Aber daraus ergibt sich eine ganze Menge unbeantworteter Fragen. Ich wüßte gern, welche Antworten die Wissenschaft hier gibt. Im *Kalachakra-Tantra* ist die Rede von etwas, das man als »Raum-Teilchen« übersetzen könnte; sie sind diesem Text zufolge das, woraus die Welt sich entwickelt und worin sie in einem Zyklus der Zerstörung wieder aufgeht.*

VARELA: Das ist auch für den heutigen westlichen Wissenschaftler interessant, rätselhaft und faszinierend, aber in gewisser Weise, scheint mir, ist es für das Verständnis des Lebens ein wenig gegenstandslos. Bei der Erklärung des Lebens darf man sich nicht in erster Linie auf seine substantielle Basis beziehen, denn die ist flüchtig, wie wir gesehen haben. Wenn es um Menschen und um empfindende Wesen überhaupt geht, braucht man nicht an den Anfang zurückzugehen. Das geht viel direkter, wir können unmittelbar auf das eingehen, was vorliegt. Sicher ist es gut, zur Kenntnis zu nehmen, was die Physiker über den Urknall sagen, aber für Leben und Geist ist das wirklich nur von untergeordneter Bedeutung.

Augenblicksveränderungen und ihre Ursachen

DALAI LAMA: Ich glaube, diese subtile Wandelbarkeit, daß alle Dinge sich von Augenblick zu Augenblick ändern, wird in der Wissenschaft und im Buddhismus mehr oder weniger gleich gesehen. Wenn wir in der Physik auf die subatomare Ebene gehen, finden wir auch bei den kleinsten Teilchen ständige Veränderung. Wir sprechen von plötzlichem Entstehen

---

* Das *Kalachakra-Tantra* (Sanskrit, »Tantra vom Rad der Zeit«), das aus dem zehnten Jahrhundert stammt, ist das letzte und komplexeste buddhistische Tantra. Es soll von einem König des mythischen Shambhala-Reichs niedergeschrieben worden sein. Kosmologie, Zeitrechnung und Astronomie spielen in diesem Text eine wesentliche Rolle; sie bilden hier die Grundlage der meditativen Praxis.

und von Zerfall. Das hat etwas von der subtilen Vergänglichkeit im Buddhismus. Die Aussagen des Buddhismus und die wissenschaftlichen Befunde decken sich also im Grunde.

Innerhalb des Buddhismus nun unterscheidet sich die Position der Vaibhâshikas von der Haltung anderer Schulen. Die Vaibhâshikas sagen wie viele andere, daß die Phänomene von Ursachen und Bedingungen abhängig sind: Sie werden erzeugt, sie dauern eine Zeitlang an, dann kommen ihr Niedergang und ihr Verfall. Dann aber sagen die Vaibhâshikas, die Ursache ihres Entstehens und die Ursache ihres Zerfalls seien vollkommen verschieden. Zerfall verlangt eine weitere Kraft, eine sekundäre Ursache, eine äußere Kraft. Die Sautrântikas und alle anderen Schulen halten dagegen, eben die Ursache, die das Phänomen hervorbrachte, sei auch die Ursache seines Zerfalls. Da jedes Phänomen sich von Augenblick zu Augenblick verändert, hat es vom Zeitpunkt seines Entstehens an diesen Zerfallscharakter. Durch die bloße Tatsache, daß etwas *wird*, ins Sein tritt, ist auch schon die Ursache seiner Zerstörung gegeben. Meine Frage zielt nun auf eine Antwort aus der subatomaren Physik ab: Welche der beiden buddhistischen Auffassungen ist realitätsgerechter – daß die Ursachen für die Zerstörung eines Teilchens bereits in seinem Entstehen liegen oder daß nach seinem Entstehen eine weitere Ursache ins Spiel kommt und seine Veränderung oder seinen Zerfall bewirkt?

HAYWARD: Also, physikalisch gesehen gibt es Teilchen, die nicht von innen her zerstört werden, soweit wir wissen. Beim Proton zum Beispiel hat man nie einen spontanen Zerfall nachweisen können.

DALAI LAMA: Ich meine eigentlich nicht Zerstörung. Zerstörung heißt ja einfach Ende. Aber Augenblicksveränderung kann heißen, daß etwas weitergeht. Ich spreche also nicht von Dauer, sondern von Augenblicks-Fluktuationen oder -Veränderungen. Ein Proton mag vielleicht schon siebzehn Milliarden Jahre bestehen, aber unterliegt es nicht doch Veränderungen von Augenblick zu Augenblick?

106

HAYWARD: Ja, aber nur durch seine Interaktionen mit anderen Teilchen.

DALAI LAMA: Unter diesem Gesichtspunkt – aber auch unter dem Gesichtspunkt des Welle-Teilchen-Charakters, durch den das Proton etwas nicht Festgelegtes ist* – stelle ich meine Frage: Wer hat recht, die Vaibhâshikas oder die Sautrântikas?

HAYWARD: Das hängt davon ab, ob Sie die Interaktionen des Protons mit anderen Teilchen als Bestandteil seiner Definition oder einfach als äußere Beziehungen auffassen. Auch in der Physik gibt es dazu verschiedene Schulen.

VARELA: Ich möchte dazu etwas sagen, Eure Heiligkeit, wenn Sie die Einmischung verzeihen. Die Antwort, welche die Physik gibt, ist vollkommen irrelevant. Nehmen wir an, die Physik sagt, daß die Sautrântikas recht haben. Das würde dann für ein abstraktes Ding namens Elementarteilchen gelten, das niemand je wirklich sieht. Das Postulat seiner Existenz beruht auf einer langen Kette von Schlußfolgerungen, die nichts mit der Bedeutung Ihrer Frage für meinen Körper oder diesen Tisch hier zu tun haben. Auf der Ebene von Geist und Leben ist es vollkommen belanglos, was Elementarteilchen tun oder nicht tun. Wenn es in Ihrer Frage also darum geht, ob ein Körper bei seiner Geburt schon den Keim des Zerfalls in sich trägt, dann muß man diese Frage auch auf der Ebene der körperlichen Organisation stellen. Mit dem reduktionistischen Verfahren kommt man hier zu keiner Antwort. Auf der Ebene der Elementarteilchen gibt es nichts, was Ihnen eine Antwort auf Fragen über die mikroskopische Ebene des Lebens geben könnte. Deshalb sage ich, daß die Aussagen der Physiker zwar für den Bereich der Materie gelten, aber für Leben oder Geist nichts hergeben.

DALAI LAMA: Es gibt zwei Arten von Zerfall. Es ist

---

* Gemäß der Quantenmechanik kann ein Elektron ebenso als Welle wie als Teilchen aufgefaßt werden, so daß ihm kein definitiver Charakter zugeschrieben werden kann.

wichtig, zwischen subtilen und gröberen Ebenen der Vergänglichkeit zu unterscheiden. Wenn Sie von Zerfall im mikroskopischen Bereich sprechen, dann ist das eine eher grobe Ebene, und es liegt auf der Hand, daß hier sekundäre Gründe verantwortlich sind.

VARELA: Und wer sagt, daß Elementarteilchen etwas Grundlegenderes sind? [Gelächter] Genau das ist doch der abendländische Mythos, daß die Materie allem zugrunde liegt. Aber weshalb denn? Wie kommen wir dazu, die Elementarteilchen für grundlegend zu halten? Ich sage, sie sind es nicht! Sie dienen dazu, ein menschliches Konstrukt namens Materie zu beschreiben, aber wirklich grundlegend ist doch meine direkte Erfahrung.

DALAI LAMA: Dann lassen Sie uns über die mikroskopische Ebene sprechen. Nehmen Sie als Beispiel den menschlichen Körper. Er lebt vielleicht fünfzig oder sechzig oder siebzig Jahre, aber er verändert sich von Augenblick zu Augenblick. Ich rede nicht von den gröberen Veränderungen, die wir sehen können, sondern von Augenblicksveränderungen. Worin besteht die Ursache dieser Veränderung im Augenblick?

VARELA: Also, da gibt es zwei Ursachen, würde ich sagen. Die eine liegt in dem, was ich als die Komponenten meines Körpers beschreibe, und die andere besteht in meinem Wahrnehmen dieser Komponenten. Beide zusammen sind die Ursachen für Augenblicksveränderung.

DALAI LAMA: Und jetzt lautet die Frage: Ist das Faktum, daß ein Körper erzeugt wird, bereits die Ursache seines Wandels, oder gibt es dafür Ursachen, die erst später ins Spiel kommen? Ist also die Vergänglichkeit, die auf der Ebene der Komponenten des Körpers zu beobachten ist, für den Biologen eher durch die Vaibhâshika-Auffassung erklärt, daß Entstehung, Bestand, Niedergang und Verfall aufeinanderfolgender Ursachen bedürfen, um immer weiter geschehen zu können; oder ist allein durch die Erzeugung schon die Ursache des Verfalls gegeben?

VARELA: Als Biologe würde ich sagen: letzteres.

DALAI LAMA: Interessant. Das gibt eine gewisse Bestätigung. Und würde der Physiker sagen, daß ein Proton ein teilloses Teilchen ist, etwas Unteilbares? Können Protonen zu Bestandteilen von Aggregaten werden, also Verbindungen eingehen?

VARELA: Mit aller gebotenen Vorsicht, Eure Heiligkeit, möchte ich hier doch einfach einmal unterstellen, daß dies nicht die Frage ist, die Sie eigentlich stellen möchten! [Gelächter] Mir scheint, Sie geben hier dem reduktionistischen Impuls nach, die Antwort auf einer imaginären »fundamentalen« Ebene zu suchen.

DALAI LAMA: Meine Frage ist eigentlich sehr umfassend gemeint, sie beschränkt sich nicht auf das Lebendige. Sie zielt auf alle Dinge, deren Entstehen bedingt und verursacht ist, auf alle Phänomene, die Zerfall oder Zerstörung unterliegen. Damit sind natürlich sowohl Organismen als auch andere Dinge gemeint. Nehmen Sie etwa die erhabene Geistesverfassung des Buddha, sein All-Wissen, in dem er der Leere unmittelbar inne ist. Selbst das hat Augenblicksveränderungen. Es ist unendlich und immer gegeben, aber es ändert sich doch von Augenblick zu Augenblick. Auch die Wissenschaft erkennt, daß die Dinge sich von Augenblick zu Augenblick ändern, nicht unbedingt an der Oberfläche, aber auf einer tieferen Ebene. Also müssen wir auch über die kleinsten Teilchen reden.

VARELA: Könnten Sie statt »tiefer« auch »kleiner« sagen?

DALAI LAMA: Aber sicher! Das ist nur mein etwas kümmerliches englisches Vokabular!

VARELA: Nein, nein, das ist wichtig für die Klärung unserer Grundlagen. Für die westliche Betrachtungsweise, Eure Heiligkeit, ist das wirklich wichtig, denn wenn Sie »tiefer« sagen, dann meinen Sie damit »grundlegender«. Sagen Sie aber »kleiner«, dann ist es nur eine andere Art der Beobachtung.

HAYWARD: Können wir zu diesen Augenblicksveränderungen zurückkommen? Ich möchte Seine Heiligkeit gern fragen: Wie verändert sich eine Kognition nach Prâsangika-Auffassung im Augenblick, oder wie wird aus einer Kognition eine andere?

DALAI LAMA: Die Augenblicksveränderung des Bewußtseins finden Sie nicht nur bei den Prâsangikas, sondern in allen buddhistischen Schulen als einen der zentralen Gesichtspunkte. Jede der Vier Edlen Wahrheiten hat selbst wieder vier Qualitäten, und die erste Qualität des Leidens (also der ersten Wahrheit) ist die Vergänglichkeit.

Wichtig ist nun hier, wenn wir über Vergänglichkeit sprechen, daß wir uns ähnlich wie bei einer Darstellung dessen, was mit Leere gemeint ist, von den beiden Extremen des Nihilismus und des Aeternalismus freimachen müssen.* Augenblicksveränderung bedeutet nicht, daß ein Phänomen einfach verschwindet. Wir sollten also sagen können, daß ein Phänomen sich im Augenblick verändert, dabei aber das bleibt, was es ist. Wenn die Kontinuität seiner Natur gewahrt bleibt, ist es weiterhin da, und das befreit uns vom Extrem des Nihilismus. Und die Tatsache, daß es sich von Augenblick zu Augenblick verändert, befreit uns vom anderen Extrem des Aeternalismus, vom Glauben an absolute Dauer. Auch für das Bewußtsein gilt, daß es sich von Augenblick zu Augenblick ändert, und eben deshalb kann ein Bewußtseinsaugenblick, der eine Fehlwahrnehmung oder eine falsche Vorstellung darstellt, sich später in echte Erkenntnis verwandeln. Wie ein Mensch, der zuerst ein schlimmer Übeltäter ist und dann ein besserer Mensch wird. Es ist noch derselbe Mensch, die Kontinuität bleibt erhalten; aber die Möglichkeit der Augenblicksveränderung gehört zu seiner Natur.

---

* Aeternalismus ist im Buddhismus die Anschauung, daß die Phänomene eine reale, ewige Essenz haben, während die nihilistische Sicht besagt, daß sie keinerlei Wirklichkeit besitzen. Die Shûnyatâ-Sicht dagegen gilt als Überwindung dieser beiden begrifflichen Extreme, ja als Transzendierung jeglicher Begrifflichkeit.

Das Kalachakra, moderne Kosmologie und Neurologie

DALAI LAMA: Es könnte vielleicht ganz interessant und auch wichtig sein, einmal aufzuzeigen, in welchen Bereichen es Übereinstimmungen gibt zwischen dem Buddhismus einerseits und Kosmologie, Neurologie, Psychologie und so weiter andererseits.

Betrachten wir zuerst die Frage von Raum und Zeit. Im Kalachakra-Tantra* ist das »Raum-Teilchen« das Verbindungsstück zwischen dem Untergang eines Universums und der Entstehung des nächsten. Zwischen den Universen bewahrt es sozusagen die Gesamtheit der Materie auf und ist in diesem Sinne so etwas wie der Ursprung aller Materie. Diese kosmologische Zwischenphase wird »die Zeit des Raums« genannt. Aber in diesem leeren Raum ist ein Potential, das Materie werden kann – so sieht es wohl auch die moderne Kosmologie [für den Zustand »vor« dem Urknall]. Dieses Potential wird hier Raum-Teilchen genannt. Wie wird dieses Raum-Teilchen, der Ursprung, aktiviert, damit es zur Erschaffung des nächsten Universums kommen kann? Es wird durch die Kraft des von den Lebewesen erzeugten Karma** aktiviert, die hier als mitwirkende Ursache beteiligt ist. Die substantielle Ursache für die Entstehung des nächsten Universums ist das Raum-Teilchen. Es wird in das neue Universum verwandelt – aber wodurch kommt es dazu? Es bedarf noch einer mitwirkenden Ursache, und die besteht im Karma der Lebewesen.

Dieses Karma besteht aus dem Handeln jener Lebewesen, die in diesem künftigen Universum zur Welt kommen werden. Die Lebewesen haben also ein Karma angesammelt, das zu dem eben entstehenden Universum ausreifen wird. Die Substanz der Raumteilchen wird also jetzt von der mitwirkenden Ursache angeregt, die im Karma all der Lebewesen liegt, denen eine Geburt im neuen Universum bevorsteht – und dann geht

---

* Siehe Fußnote S. 105.
** Siehe Fußnote S. 95.

eine Bewegung reiner Energie von den Raumteilchen aus. Aus dieser Bewegung reiner Energie geht Wärme hervor, das Feuer-Element. Daraus geht das Wasser-Element hervor (Sie sprechen von Wasserstoff), und daraus schließlich bilden sich die festeren Elemente des Universums.

Nach der Bildung des Universums haben wir auch grobstoffliche Materie, und der Buddhismus sagt hier, diese Materie bestehe aus acht Arten von Teilchen oder sei eine achtfältige Konfiguration von Teilchen. Das ist sicher keine sehr differenzierte Darstellung, wenn wir die moderne wissenschaftliche Teilchentheorie dagegenhalten, aber es gibt doch einiges an Gemeinsamkeiten. Für mein Gefühl gibt es hier Verbindungen zur modernen Physik; jedenfalls sollten die Buddhisten wissen, wie diese Dinge in der modernen Physik gesehen werden.

Wir übergehen die Frage, wie das Leben im Universum entstanden ist, wie wir also zu diesem Körper gekommen sind, und wenden uns dem Thema des *Thigle* (Tropfen) und des subtileren Geistes zu. Wir gehen also von unserer gegenwärtigen Verfassung aus, wir konstatieren, daß wir Körper und Geist haben, und fragen jetzt nach der Beziehung zwischen Körper und Geist und nach der Natur des Bewußtseins und der Erkenntnis. In diesem Zusammenhang kommen wir zum Thema der Kanäle, der Energien und der Tropfen.* In diesem Bereich der Kanäle, der Energien oder Winde und der Tropfen, scheint mir, könnte es besondere Verbindungen zur Neurowissenschaft geben.

Zunächst einmal können wir nicht davon ausgehen, daß

---

* Gemäß dem buddhistischen Tantra besitzt der Mensch einen feinstofflichen Körper, dessen Hauptkomponenten *Prâna* (Sanskrit, »Energie« oder »Wind«), *Nâdî* (Sanskrit, »Röhre«, »Ader«, »Gefäß«, meist als »Energiekanal« übersetzt) und *Bindu* (Sanskrit, »Tropfen«; tib. *Thigle*) sind. Die Stellen, an denen alle drei Prinzipien zusammenkommen, sind die Chakras, deren Zahl am häufigsten mit sechs angegeben wird. Dieser feinstoffliche Körper steht zu einer subtileren Ebene des Geistes in Beziehung.

diese Zentren, wie sie in den Büchern beschrieben werden, diese Chakras, als anatomische Gegebenheiten existieren, denn wenn man mit technischen Mitteln nach ihnen forscht, findet man nichts. Trotzdem sind sie bestimmten Stellen zugeordnet, die ich hier kurz nennen möchte: am Scheitel, zwischen den Augen beziehungsweise über der Verbindungslinie zwischen den Augen, dann Kehle, Herz, Nabel und Genitalbereich. Und wenn Sie Ihr Bewußtsein auf diese Stellen ausrichten, dann spüren Sie da wirklich etwas Besonderes; etwas ist da, und das ist nicht bloße Einbildung. Und da hier wirklich etwas ist, durch Meditation empirisch aufgefunden, stelle ich mir vor, daß dies ein Gebiet für sehr interessante Dialoge mit der Neurowissenschaft sein könnte.

Was nun die Tropfen oder Bindus angeht, so haben wir zunächst den Tropfen, der mit dem Erwachen aus dem Schlaf zu tun hat und dem sogenannten dritten Auge, dem Chakra oberhalb der Augen, zugeordnet ist. Dann der Tropfen, der mit dem Träumen zusammenhängt und dem Kehlchakra zugeordnet ist. Der zum Schlaf gehörende Tropfen hat seinen Ort in der Herzgegend, und der Tropfen der Glückseligkeit oder Ekstase ist der Nabelgegend zugeordnet. Es könnte doch sein, daß es eine Beziehung gibt zwischen diesen Tropfen und Dingen, die man in der Neurowissenschaft findet. Zumindest sollten aber Parallelen zwischen dieser Darstellung des Bewußtseins und der psychologischen Sicht zu erkennen sein.

Traumforschung

VARELA: Eure Heiligkeit, haben Sie Vorstellungen, wie wir in der westlichen Wissenschaft, zumindest in der Neurowissenschaft, vorgehen könnten, wenn wir einigen der von Ihnen erwähnten Fragen nachspüren möchten? Sie sagten, daß man hier vielleicht Experimente anstellen könnte.

DALAI LAMA: Wichtig scheint mir die Erforschung der Gehirnaktivität beim Träumen zu sein. Es gibt Menschen, die aufgrund ihres Karma oder ihrer Schulung sehr ungewöhnliche Erfahrungen in diesem Leben machen; ihr Traumkörper löst sich wirklich von ihnen ab. Bei früheren Generationen von Tibetern war diese Fähigkeit nicht selten. Wie es heute damit ist, weiß ich nicht so genau, weil ich mich lange nicht besonders darum gekümmert habe; aber so etwas kommt vor. Also müßte es möglich sein, entsprechende Untersuchungen anzustellen.

VARELA: Also, ich weiß von neueren Experimenten genau zu diesem Thema; ich meine Experimente mit Menschen, deren Hirnstromkurven aufgezeichnet wurden, während sie luzide Träume hatten. Die Versuchsperson schläft im Labor ein und träumt, bis sie in diesem Traum aufwacht – das heißt, das Bewußtsein gewinnt, daß sie träumt. Der Träumer wird also im Traum zum Beobachter und erinnert sich daraufhin an seine Abmachung mit dem Experimentator, in diesem Fall ein Signal zu geben, das ein Außenstehender sehen kann. Das Zeichen besteht in einem Hin-und-her-Bewegen der Augen, für den Experimentator das Signal, daß der Träumende sich seines Träumens bewußt ist. Er kann diesen Augenblick in der Aufzeichnung der Hirnstromkurve markieren, so daß man weiß, welcher Abschnitt der Aufzeichnung diesem Zustand entspricht. Wenn wir uns solch eine Aufzeichnung ansehen, fällt auf, daß diese Kurven keinen Unterschied zwischen einem luziden Traum und einem gewöhnlichen Traum erkennen lassen.* Von den äußeren Zeichen her gibt es überhaupt keinen Unterschied. Luzidität, sich im Traum des Träumens bewußt zu sein, schlägt offenbar nicht auf die Gehirnaktivität durch – jedenfalls nicht so, daß sie nach dieser Methode zu erfassen wäre. Offen-

---

* In beiden Fällen befindet sich das Gehirn im sogenannten REM-Zustand (Abkürzung für engl. *rapid eye movement*, »schnelle Augenbewegung«) oder paradoxen Schlafzustand. Das Signal, das der luzid Träumende gibt, besteht in der Richtung und Frequenz seiner Augenbewegungen. Siehe zum Beispiel Stephen LaBerge: *Hellwach im Traum*, München (moderne verlags-gesellschaft) 1991.

bar müssen wir erst unsere Apparaturen verfeinern, um Experimente dieser Art richtig durchführen zu können.

ELEANOR ROSCH: Aber bei anderen Messungen, nicht am Gehirn, sondern am Körper, sind durchaus Unterschiede festgestellt worden. Die Träumenden bekamen die Anweisung, von Geschlechtsverkehr zu träumen, und dann wurden ihre physiologischen Reaktionen gemessen. Die Probanden selbst sagen dann, im Traum sei der Geschlechtsverkehr nicht anders als im Wachzustand, und bei Männern kann es auch zum Samenerguß kommen; aber die physiologischen Reaktionen sehen ganz anders aus als im Wachzustand.

DALAI LAMA: Solche Arbeit mit Träumen, bei denen es zum Samenerguß kommt, könnte wichtig sein. Was aber die Erfahrung des klaren Lichts* angeht, so kommt es im vollen Umfang nur im Augenblick des Todes dazu. Es gibt aber vier weitere Gelegenheiten, bei denen sich uns das klare Licht in gröberer Form für einen Augenblick zeigt: beim Gähnen, beim Niesen, im Augenblick des Einschlafens oder Ohnmächtigwerdens und beim Orgasmus.

HAYWARD: Und als Folge der Meditation?

DALAI LAMA: Ja, natürlich auch als Folge der Meditation, aber ich meinte hier zunächst die ganz alltäglichen Anlässe. Im gewöhnlichen Leben zeigt sich das klare Licht nur in grober Form und nur für einen winzigen Augenblick; wo es sich als Folge der Meditation einstellt, erweist es sich als viel dauerhafter. Wenn es keine bewußt gesuchte Erfahrung ist, sondern sich auf natürliche Weise einstellt, hält es nur einen Augenblick an.

VARELA: Aber würde Eure Heiligkeit dann erwarten, daß man in solchen Augenblicken – des luziden Träumens, des Gähnens, des klaren Lichts – Unterschiede bei den Gehirnfunktionen oder bei körperlichen Funktionen feststellen kann?

---

* Das klare Licht (tib. *ösel*) ist deshalb von besonderem Interesse, weil es im tibetischen Buddhismus heißt, eine Erfahrung des klaren Lichts sei gleichbedeutend mit Erleuchtung.

DALAI LAMA: Bei den vier Anlässen ist die Erfahrung des klaren Lichts besonders beim Ohnmächtigwerden sehr stark, am stärksten jedoch im Augenblick des Orgasmus. Das ist einer der Gründe für die Glückseligkeits-Praxis im höchsten Yoga-Trantra. Sehr viele Mißverständnisse bestehen über die Bildsprache, insbesondere über die sexuelle Färbung des Anuttara-Yoga-Tantra.* Aber diese sexuelle Bildsprache hat ihren Grund eben darin, daß das klare Licht, wenn wir diese vier alltäglichen Anlässe betrachten, im Orgasmus am stärksten ist. Deshalb werden solche Bilder bei der Meditation verwendet, um die Erfahrung des klaren Lichts auszuweiten, um es so klar und lebendig wie möglich zu machen. Darum geht es. Während des Orgasmus ist die Erfahrung des klaren Lichts einfach ein wenig länger, und man hat die große Gelegenheit, das zu nutzen. Zu erforschen wäre hier auch der Augenblick des Bewußtloswerdens und seine Beziehung zum klaren Licht. Es gibt eine Schulungsmethode, bei der bestimmte Arterien abgedrückt werden, damit man das klare Licht erleben kann.

ROSCH: Die Leute, die an der Stanford University Schlafforschung betreiben, wissen von diesen Dingen nichts, sind aber durch Herumprobieren zu solch einer Methode der Induzierung luzider Träume gekommen; man drückt die Arterie an der rechten Seite ab, wenn die Probanden einschlafen.

DALAI LAMA: Das ist durchaus sinnvoll, denn der dem Schlaf zugeordnete Tropfen befindet sich ganz in der Nähe des Herzens beim Kehl-Zentrum; es besteht also eine gute Verbindung. Außerdem ist es so, daß Ihre Träume klarer werden, wenn Sie beim Träumen Ihr Bewußtsein oder Ihre Konzentration auf die Kehle lenken. Richten Sie Ihr Bewußtsein aber auf das Herz, dann wird Ihr Schlaf tiefer. Hier haben wir also eine subjektive Schlaftablette. [Gelächter]

---

* Die verschiedenen Stufen tantrischer Meditationspraxis im tibetischen Buddhismus werden auch als Yoga-Trantra bezeichnet. In einigen Systemen wird die höchste Stufe Anuttara-Yoga-Tantra genannt. *Anuttara* ist ein Sanskritwort mit der Bedeutung »keines darüber«.

VARELA: Ich weiß immer noch nicht, ob Seine Heiligkeit bei solchen Zuständen auch mit Veränderungen der Hirnstromkurve rechnen würde.

DALAI LAMA: Das ist ein etwas heikles Thema, und ich würde sagen, wenn man hier erfolgreiche Experimente durchführen kann, wäre das sicher von großem Nutzen; andererseits haben alle diese Techniken mit der praktischen Seite des Tantra zu tun, und das heißt, daß man entsprechende Einweihungen braucht. Ohne die Einweihungen sollte man diesen Dingen nicht nachgehen.*

ROSCH: Und worum soll es bei diesen Experimenten überhaupt gehen? Angenommen, man findet Unterschiede der Gehirntätigkeit oder anderer körperlicher Parameter – besteht das Ziel dann darin, der an kleine Zacken auf Enzephalogrammstreifen glaubenden Welt zu beweisen, daß an der meditativen Traum-Praxis etwas dran ist, oder wollen wir, was die Beziehung zwischen Geist und Körper angeht, weitere Dinge klären, die wir noch nicht kennen?

DALAI LAMA: Beides, glaube ich. Selbst für einen Buddhisten ist das sehr interessant.

ROSCH: Was erwarten Sie denn da an Dingen, die Sie noch nicht kennen?

DALAI LAMA: Es gibt im tibetischen Buddhismus Menschen, die da einige Erfahrung haben, aber wenn man das wissenschaftlich untermauern könnte, wäre das sicher eine erwünschte Bestätigung.

---

* Im Tantra bedarf es der Schulung und Einweihung durch einen authentischen Guru, bevor man irgendeine Praxis aufnimmt, die mit Prâna, Nâdî und Bindu zu tun hat.

Kognitionspsychologie

Eleanor Rosch

Mein Fachgebiet, die Kognitionspsychologie, bildet den Kernbereich der modernen Bemühungen um wissenschaftliche Erforschung des Geistes. Und da es auch im Buddhismus um den
Geist geht, könnte die Kognitionspsychologie ein besonders
guter Ansatzpunkt für den Dialog mit dem Buddhismus sein.
Damit spreche ich nicht nur das an, was die Kognitionspsychologie möglicherweise zu bieten hat, sondern auch ihre Schwä-
che, in der sie durchaus unterstützungsbedürftig ist. In den
Naturwissenschaften, so haben wir gestern in Franciscos Darstellung gehört, gibt es einen Grundbestand an Daten und Erklärungen, auf die man sich geeinigt hat, und so können die
Experimente aufeinander aufbauen. Und so soll es ja in der
Wissenschaft sein, anders als beispielsweise auf dem Gebiet der
Kunst. In unserer westlichen Wissenschaft vom Geist haben
wir jedoch nichts dergleichen. In der Kognitionspsychologie
gibt es viele verschiedene Denkansätze, Theorien, Fragestel-
lungen, Experimentalverfahren – und viel Uneinigkeit. Kognitionspsychologie als wissenschaftliche Disziplin braucht Hilfe.
Andererseits ist hier noch soviel im Fluß, daß ein echter Austausch mit dem Buddhismus möglich sein könnte.

Das gilt um so mehr, als Buddhismus und Wissenschaft, wie
Seine Heiligkeit am ersten Tag dargestellt hat, ein gemeinsames Ideal haben, nämlich von der Beobachtung, von der Erfahrung auszugehen, also den empirischen Ansatz zu wählen, wie
man in der Psychologie sagt. Wenn man wissen will, wie viele
Zähne ein Pferd hat, dann ist der sinnvollste Ansatz das Hin-
schauen und Nachzählen. Stellt man dabei etwas fest, was nicht
zu den Theorien oder Denkgewohnheiten paßt, die man bisher

hatte, dann hält man sich am besten trotzdem an das, was man gerade mit eigenen Augen sieht. Dieses Ideal hat sich jedoch in der Wissenschaft ganz anders niedergeschlagen als im Buddhismus, und so könnte es sein, daß wir uns hier gegenseitig interessante Dinge zu sagen haben.

Wir haben bereits gehört, daß die Biologie durchaus nicht der Meinung ist, sie sei auf Physik reduzierbar; im gleichen Sinne versteht auch die Psychologie sich nicht als Zweig der Biologie. Kognitionspsychologen betrachten das gern unter methodischen Gesichtspunkten und sagen, es sei Aufgabe des Psychologen, unabhängig von körperlichen Mechanismen so genau und eindringlich wie möglich zu beschreiben, was der Geist tut und wie er arbeitet. Und wenn die Biologen dann genug wissen, so geht der Gedankengang weiter, können sie erklären, *wie* der Organismus das leistet, was die Psychologen beschrieben haben.

Die historischen Wurzeln der Kognitionspsychologie

Es wird sinnvoll sein, zunächst die Entwicklung der modernen Wissenschaft vom Geist bis zu ihrem heutigen Stand nachzuzeichnen. Das Gebiet ist erst gut hundert Jahre alt, weil man erst damals auf den Gedanken kam, den Geist mit den Methoden der Wissenschaft zu erforschen. In der Frage, wie Psychologie zu betreiben sei, gab es am Anfang zwei ganz verschiedene und miteinander konkurrierende Denkansätze. Den einen bezeichnen wir heute als Introspektionismus, den anderen als Behaviorismus. Es dauerte kaum dreißig Jahre, bis die Introspektionisten völlig aus dem Feld geschlagen waren und der Behaviorismus das Bild beherrschte.

Introspektionismus

Unter dem Gesichtspunkt des Dialogs mit dem Buddhismus ist es besonders interessant, sich einmal anzusehen, wie es dazu kam. Wenn jemand erstmals auf den Gedanken kommt, den Geist und seine Funktionsweise zu erforschen, wird er sich wohl fragen, was er betrachten und wie er vorgehen soll – und da wird er sicher zunächst nach ein paar naheliegenden Möglichkeiten greifen. Besonders naheliegend für denjenigen, der selbst über Geist verfügt, ist in diesem Fall natürlich die Möglichkeit, sich mit dem eigenen Geist zu befassen und ihn zu analysieren. Und mit »analysieren« meinen wir normalerweise das Zerlegen von etwas in seine Elemente, um schließlich die kleinsten oder primitivsten Elemente dieser Sache aufzufinden und nachzusehen, was sich zwischen ihnen abspielt. Eben das haben im Buddhismus die frühen Abhidharma-Schulen und in der Psychologie der Introspektionismus versucht.

Worin sie sich jedoch deutlich voneinander unterscheiden, ist die Methode. Vom buddhistischen Standpunkt aus gesehen, wissen die Introspektionisten gar nicht, wie man den eigenen Geist betrachtet – sie haben keine meditative Methode. Die Introspektionisten gingen vielmehr von Anfang an so vor, daß sie gemäß ihren jeweiligen Theorien vorab festlegten, was für sie die Elemente des Geistes waren; dann richteten sie sich selbst und andere buchstäblich darauf ab, ihre Erfahrung in diese Elemente zu zerlegen oder unter dem Gesichtspunkt dieser Elemente zu deuten. Das alles geschah überwiegend in Deutschland, und zwar in den hochakademischen Zirkeln des neunzehnten Jahrhunderts. Von den mächtigen Professoren hatte jeder seine eigene Theorie, und jeder erzog seine Studenten und Versuchspersonen zur Introspektion gemäß dieser Theorie. So bekannte man sich in einem dieser Laboratorien zu dem Glauben, die visuelle Wahrnehmung setze sich letztlich aus winzigen Farbflecken zusammen, und so wurde hier jedermann darauf dressiert, seine Wahrnehmungen als Farbfleckchen zu beschreiben. Anderswo hieß es, Wahrnehmung beruhe auf Kombinationen sogenannter Präintentionen, und folglich beschrieben die Versuchspersonen dieses Labors ihre Wahrnehmungen in dieser Weise. Im dritten Labor hieß es, daß Gedanken aus geistigen Bildern bestehen, und im vierten galt die Doktrin des bildlosen Denkens. Das daraus entstehende Chaos war natürlich das Gegenteil dessen, was man in der Wissenschaft anstrebt: In keinem Labor konnte man die Versuche irgendeines anderen wiederholen. Hier konnten die Experimente also nicht nur nicht aufeinander aufbauen, sondern es gab keinerlei Möglichkeit, zu irgendeiner einheitlichen und übertragbaren Methode des Experimentierens zu kommen. Jedes Labor arbeitete mit seinen eigenen, speziell geschulten Versuchspersonen, um dann seine Befunde zu veröffentlichen und über die Ergebnisse der anderen Labors herzuziehen. Aber es gab keine durchgängigen Leitlinien, nach denen man den Disput hätte beilegen können. Und darin lag schon der Untergang der introspektiven Methode westlicher Psychologie. Wenn wir es aus der Sicht des Buddhismus betrachten, ist es offenbar so, daß die Introspektionisten gar nicht den Geist betrachteten. Sie dachten einfach nur über ihre eigenen Gedanken nach; sie verfingen sich in ihren vorgefaßten Anschauungen über den Geist.

Introspektion gilt deshalb bis heute als abschreckendes Beispiel dafür, wie man wissenschaftliche Psychologie nicht betreiben darf. Die Lehrbücher der Psychologie beginnen normalerweise mit einem Kapitel über die wissenschaftliche Methode, und damit ist für gewöhnlich der logische Positivismus gemeint – daß also die Begriffe der Theorie auf Beobachtungen zurückzuführen sein müssen und so weiter, wie Dr. Hayward es geschildert hat. Dieses Methodenkapitel schließt häufig mit der Feststellung, daß man mit Introspektion gar nichts über den Geist in Erfahrung bringen kann. Damit befinden wir uns in der modernen Psychologie jetzt in der Lage, daß unser eigenes Wissen über unseren Geist, unsere Beobachtungen an uns selbst, das einzige sind, was wir nicht anführen dürfen, wenn es darum geht, Aussagen oder Behauptungen über den Geist zu untermauern. Solche Selbstbeobachtung gilt als nicht objektiv. Man kann sich über solche Beobachtungen nicht verständigen, und zweitens kommt ihnen – nach der positivistischen Definition des Begriffs »Faktum« – nicht einmal der Status von Fakten zu.

DALAI LAMA: Ich verstehe trotzdem noch nicht, weshalb die introspektive Methode verworfen wird. Natürlich, wenn Institutsdirektoren anderen Leuten ihre Meinung derart aufdrängen, daß sie praktisch nicht anders können, als die Theorie des Herrn Professors zu bestätigen, dann ist das ein sehr fadenscheiniger Ansatz. Man könnte auch sagen, das introspektive Verfahren sei von Anfang an ein Unding, denn wie soll das Bewußtsein sich seiner selbst bewußt sein? Aber wenn es auch so ist, daß ein Bewußtseinsakt, eine Kognition, nicht sich selbst beobachten kann, so ist es doch möglich und durchaus praktikabel, die Kognition zu betrachten, denn die geistigen Vorgänge, die Kognitionen, folgen doch aufeinander, so daß eine die andere betrachten kann. Das scheint mir ein vernünftiger und sachgerechter Zugang zur Erforschung des Geistes zu sein. Sie haben bisher einen Grund für die Ablehnung des Introspektionismus genannt, so daß man jetzt seine eigene innere Erfahrung nicht mehr als Argument anführen kann. Ist das der einzige Grund, oder werden noch andere Gründe angeführt für die Behauptung, daß Introspektion keine Fakten liefert und unwissenschaftlich ist?

ROSCH: Ja, es gibt noch mindestens vier andere Gründe. Zunächst einmal war da der Zeitgeist, von dem Dr. Hayward schon gesprochen hat, eine allgemein gültige Auffassung davon, was wissenschaftlich und was objektiv ist. Die Physik war das große Ideal und Vorbild aller Wissenschaft im neunzehnten Jahrhundert; an ihr war zu sehen, wie man an objektiv beobachtbare äußere Phänomene herangeht, um dann Theorien über sie zu formulieren, nach denen sich die Phänomene dann auch zuverlässig richten. Die Psychologen schauten ehrfürchtig zur Physik auf und wünschten sich eine physikalische Psycholo-

122

gie. Der zweite Grund liegt darin, daß die Introspektionisten eigentlich kein Verfahren hatten, nach dem sie ihren eigenen Geist hätten beobachten können. So etwas wie Shamatha oder Vipashyanâ* oder sonst irgendeine Form geistiger Schulung gab es nicht, und so werden die Introspektionisten bei ihren Introspektionsbemühungen wohl einen genauso zügellosen und wildwuchernden Geist gehabt haben wie alle anderen Menschen. Deshalb war bei ihnen nicht daran zu denken, daß eine Kognition die andere betrachtet oder gar näher bestimmt, denn an dem Punkt, wo das möglich gewesen wäre, waren diese Gelehrten immer schon zehn Erkenntnisschritte weiter. Solche Introspektion hat im Westen nie auch nur die geringste Chance gehabt. Drittens dienten die Introspektionisten der gesamten wissenschaftlichen Welt als abschreckendes Beispiel für einen vollkommen unfruchtbaren, unpraktikablen Ansatz. Der Introspektionismus hatte sich als das exakte Gegenteil dessen erwiesen, was von der Physik her als Ideal der Wissenschaftlichkeit definiert worden war. Und viertens gab es schon damals eine konkurrierende Schule der Psychologie, die eine plausible Alternative zum Introspektionismus bieten konnte. Diese andere Schule, der Behaviorismus, setzte sich durch. Er hatte genau die positivistische Ideologie des logischen Empirismus, von der Dr. Hayward gesprochen hat. Und das war wirklich eine Ideologie; die Behavioristen trugen ihre Sicht der Dinge mit großer Leidenschaft vor. Sie waren der Meinung, man könne

---

* Shamatha und Vipashyanâ sind zwei Arten meditativer Schulung, von denen die gesamte buddhistische Tradition geprägt ist. *Shamatha* (Sanskrit, »ruhiges Verweilen«) könnte man als Schulung der Achtsamkeit oder reinen Aufmerksamkeit charakterisieren. Die Disziplin des reinen Achtgebens auf den Atem oder das jeweils Vorliegende erzeugt Stille und Sammlung des Geistes. *Vipashyanâ* (Sanskrit, »Einsicht«; besser bekannt in der Pâli-Schreibweise *Vipassanâ*) ist eine Übungsform, durch die man Klarheit auch in bezug auf größere Bewußtseinsfelder gewinnt. In der westlichen Literatur zum Thema werden Shamatha und Vipashyanâ vielfach in dem Begriff »Achtsamkeits-Gewahrseins-Übung« zusammengefaßt.

die Psychologie wie Physik betreiben, und dazu müsse man nichts weiter tun, als den Geist aus der Psychologie zu verbannen.

Der Behaviorismus

Wenn man sich dem Geist nicht auf direktem, introspektivem Wege nähern möchte, kann man auch bei seinen Fernwirkungen, dem Verhalten, ansetzen. Wir bedienen uns dieses Mittels schon im Alltag, wenn wir etwa bei der Beurteilung eines Menschen mehr auf sein Handeln achten als auf seine Worte. Die Behavioristen trieben diesen Ansatz auf die Spitze, indem sie nur noch das gelten ließen, was direkt zu beobachten ist, nämlich »Reiz« und »Reaktion«. Abbildung 6 zeigt das behavioristische Weltbild. Der erste Pfeil, »Reiz«, steht für das, was der Experimentator mit dem (menschlichen oder tierischen) Organismus macht; das geschieht hier draußen in der Welt, und jeder kann es sehen. Der zweite Pfeil, »Reaktion«, steht für das, was der Organismus auf den Reiz hin tut. Auch das ist für jeden sichtbar, der hinsieht. Das Quadrat zwischen den beiden Pfeilen ist der Geist, der als »schwarzer Kasten« aufgefaßt wird, in den man nicht hineinschauen kann, so daß er nicht wissenschaftlich zu erforschen und daher nicht der Rede wert ist. Für strenge Behavioristen befindet sich der Organismus selbst eigentlich auch in dem schwarzen Kasten. Damit konnte die Psychologie sich jetzt als vollkommen objektiv ausgeben; sie brauchte nur noch die Beziehungen zwischen sichtbaren Reizen und Reaktionen zu verzeichnen und zu systematisieren.

Worum es den Behavioristen ging, zeigt sich am deutlichsten an den von ihnen durchgeführten Experimenten. Es gibt drei Hauptgebiete des Experimentierens, nämlich (nach heutiger Terminologie) klassische Konditionierung, operante Konditionierung und gewisse Aspekte des Gedächtnisses. Auf allen drei Gebieten geht es um zeitliche Gesetzmäßigkeiten, das heißt um Beziehungen zwischen dem, was einem Organismus zu einem

Reiz   Reaktion

Abbildung 6

bestimmten Zeitpunkt widerfährt, und seinem eigenen Verhalten zu einem späteren Zeitpunkt. Eine dritte Richtung, die das Forschen nehmen kann, wenn man sich die Erforschung des Geistes zum Ziel setzt, besteht also darin, daß man sich fragt, in welcher Weise die Vergangenheit die Zukunft beeinflußt. Ganz sicher erfahren wir die Beziehung zwischen Vergangenheit und Zukunft nicht als beliebig: Was ich jetzt tue, hat offenbar Folgen in der Zukunft. Im Buddhismus gehören solche Überlegungen unter die Überschrift »Karma«; die Experimentalpsychologie spricht hier von Lernen und Gedächtnis.

Ein Lernexperiment im Bereich dessen, was wir heute klassische Konditionierung nennen, wurde von dem großen russischen Physiologen Iwan P. Pawlow ersonnen. Es gibt bei Tieren zahlreiche natürliche physiologische Reflexe. Im Fall des Pawlowschen Experiments geht es um Futterpulver, das einem Hund gefüttert wird und reflektorischen Speichelfluß auslöst. Das läßt sich mit ausgeklügelter Technik ganz genau messen: Man kann genau bemessene Mengen Futterpulver auf die Zunge des Hundes geben und dann die Anzahl der Speicheltropfen feststellen. Dann gibt es andere Reize, die unter natürlichen Bedingungen bei einem Hund nicht die Speichelproduktion anregen, zum Beispiel Tonsignale. Pawlow fand nun heraus, daß eine wiederholte Kopplung des neutralen Reizes, also des Signaltons, mit der Futtergabe schließlich dazu führt, daß der Hund auch auf den Signalton allein Speichel zu produzieren beginnt, ohne daß Futter gegeben wird. Der Hund ist darauf konditioniert worden, auf den Signalton zu reagieren. Eine neue Gewohnheit ist entstanden. So also sieht die Gewohnheitsbildung in der westlichen Experimentalpsychologie aus. Es gibt viele Lernexperimente dieser Art, die bis heute Gültigkeit besitzen, und es ist auch durchaus etwas Wahres an ihnen: Viele Lebewesen, der Mensch eingeschlossen, lernen auf diese Weise. Pawlow selbst war kein Behaviorist; ihm ging es um physiologische Erklärungen dessen, was er da entdeckt hatte. Aber die Behavioristen übernahmen seine Arbeitsweise, denn hier, so sagten sie, braucht man keinerlei Hypothesen über Körper oder Geist. Man dokumentiert einfach die Beziehung zwischen genau kontrollierten Experimentalbedingungen und dem Verhalten, das aus ihnen folgt [vgl. Abb. 7].

Nun sind die Erfahrungen, auf die ein Organismus reagiert, nicht immer genau gleich, und das läßt sich experimentell nachahmen, indem man etwa in Pawlows Experiment die Höhe des Signaltons verändert. Wenn der Hund einen bestimmten Ton mit Nahrung zu assoziieren gelernt hat, und man verändert jetzt den Ton, was passiert dann? Pawlow selbst hat die Ergebnisse solcher Experimente beschrieben und zur Erklärung den Begriff der Reizgeneralisierung eingeführt. Hier kommt eine sehr interessante Sache ins Spiel, nämlich die Frage der Ähnlichkeit. Ich glaube, jedes psychologische oder philosophische System, das sich auf die handgreiflichen, praktischen Einzelheiten des Lernens und Wahrnehmens einläßt, stößt irgendwann auf die Frage der Ähnlichkeit: Wir sehen die Dinge in der Welt als miteinander in Beziehung stehend und mehr oder weniger ähnlich. Die Konditionierungsexperimente gehen eben davon aus, daß alles, was einem Organismus in der Welt begegnet, irgend etwas anderem ähnlich ist und daher seine jeweilige Reaktion ein Maß für die Ähnlichkeit der neuen Erfahrung mit dem ursprünglich Gelernten darstellt. Das ist im Fall des Hundes, der auf einen Signalton reagiert, auch wirklich sehr schön zu erkennen: Je näher der Ton an dem ursprünglichen Konditionierungston liegt, desto mehr Speicheltropfen produziert der Hund.

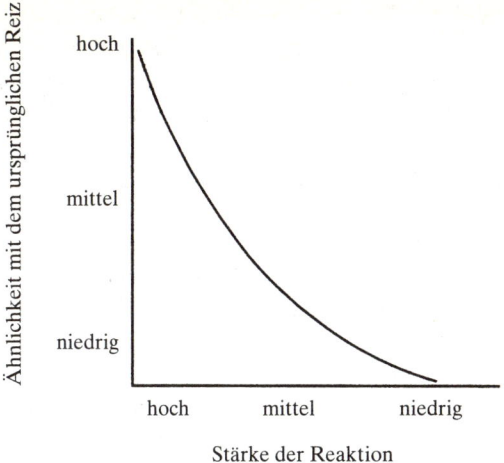

Abbildung 7

Schön und gut, werden Sie vielleicht sagen, aber die ganze Anlage solcher Experimente geht doch offenbar von einem passiven Organismus aus. Der Hund steht einfach da, irgendwie angeschirrt, und der Experimentator verabreicht ihm Futterpulver oder Töne oder sonstwas. In der Natur streifen die Tiere aus eigenem Antrieb umher und ergreifen selbst die Initiative zu Interaktionen mit ihrer Umwelt. Dieser aktive Aspekt findet Eingang in die zweite Art der Konditionierung, die operante Konditionierung, wie sie vor allem von dem amerikanischen Psychologen B. F. Skinner erforscht und angewendet wurde. Angenommen, Sie wollen einer Ratte ein neues Verhalten, eine neue Reaktion beibringen, zum Beispiel einen Hebel zu drücken. Sie setzen also eine Ratte, die, sagen wir, schon zwölf Stunden nichts mehr zu fressen bekommen hat, in einen Käfig, in dem solch ein Hebel ist. Machen Sie sich bitte klar, daß Sie in diesem Fall nicht einfach sagen können, die Ratte sei hungrig. »Hunger« ist ein bloßer Begriff, eine »mentalistische« Vorstellung. Man kann Hunger nicht direkt sehen;

man kann allenfalls notieren, wieviel Zeit verstrichen ist, seit die Ratte zum letztenmal etwas zu fressen bekommen hat. Eine Ratte wird in solcher Lage allerlei körperliche Verhaltensweisen an den Tag legen, zum Beispiel wird sie herumlaufen, Männchen machen, alles beschnuppern und so weiter. Es gehört nicht zum natürlichen Verhalten einer Ratte, sich durch Betätigung eines Hebels Nahrung zu verschaffen, aber irgendwann wird sie doch zufällig den Hebel berühren, und dann erscheint ein Futterkügelchen. Futter wirkt hier als »Verstärker«, wie die Behavioristen sagen, um nicht den mentalistischen Ausdruck »Belohnung« gebrauchen zu müssen. Die Ratte verzehrt also das Futter und stöbert dann weiter im Käfig umher. Aber in kürzerer Zeit als beim allerersten Mal wird sie wieder an den Hebel stoßen und ein weiteres Futterkügelchen bekommen. Ziemlich schnell wird sie dann gelernt haben, einfach dort zu bleiben und immer wieder den Hebel zu drücken. Man kann nach diesem Muster alle möglichen gesetzmäßigen Beziehungen aufdecken. Sie können zum Beispiel die Hebelbetätigungsrate als Funktion der Dauer des Nahrungsentzugs auffassen und ein entsprechendes Diagramm erstellen [vgl. Abb. 8]. Da sehen Sie dann: Je länger die Ratte nichts zu fressen bekommen hat, desto höher ist die Hebelbetätigungsrate. Skinner meinte also, alles Verhalten könne in dieser Weise als gesetzmäßige Beziehung zwischen einem Input und einem Output beschrieben werden.

Aber wenn nun auf diese oder irgendeine andere Weise etwas gelernt wurde, was geschieht dann nach Auffassung der Behavioristen weiterhin? Dann geht es um Gedächtnis – oder »Behalten«, um einen weniger mentalistischen Ausdruck zu gebrauchen – und Vergessen. Sie denken jetzt vielleicht: Wenn man das Gedächtnis erforscht, wird man wohl versucht sein, dem schwarzen Kasten doch Inhalte zuzuschreiben, denn wenn man sagt, der Organismus »behalte« etwas, muß er es doch irgend*wo* behalten oder speichern. Aber man muß dieser Versuchung nicht erliegen. Angenommen, ich möchte tibetische Vokabeln lernen; ich setze mich hin und pauke, und nach einem

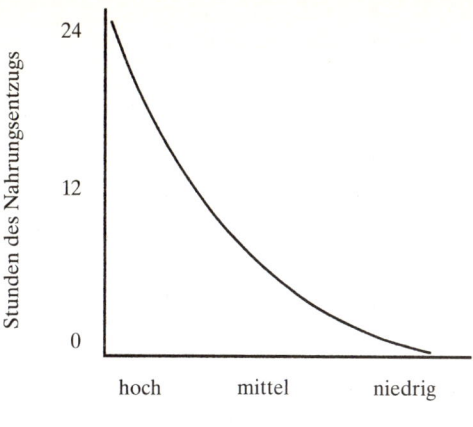

Abbildung 8

Tag habe ich mir vielleicht hundert Wörter eingeprägt. Am
nächsten Tag fragen wir meine Kenntnisse ab und stellen fest,
daß ich achtzig Vokabeln schon wieder vergessen habe. Am
nächsten Tag fehlen noch ein paar mehr, und wieder am nächsten Tag weiß ich vielleicht nur noch zwei. Die Vergessens-
kurve [Abb. 9] kann also genauso gesetzmäßig verlaufen wie
die Lernkurve. Hier haben wir die Zahl der seit dem Lernen
behaltenen Inhalte als Funktion der Zeit.

Die Behavioristen waren also alles in allem sehr zuversicht-
lich, daß man auf diese Weise eine ganz und gar objektive
Psychologie schaffen konnte, in der man nicht mehr auf so vage
Dinge wie »Geist« zurückgreifen mußte.

DALAI LAMA: Ja, ich habe diesen ganzen Ansatz schon
früher kennengelernt, als ich in Amerika mit einigen Wissenschaftlern über ihren grundsätzlichen Ansatz zum Verständnis
des Geistes sprach. Sie ignorieren den menschlichen Geist einfach und machen ihre Experimente mit Hunden und anderen
Tieren. Das kam mir von Anfang an etwas merkwürdig vor.

ROSCH: Menschen sind merkwürdig. Sie kennen vielleicht

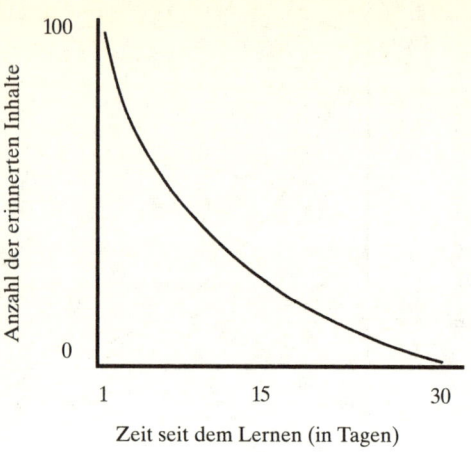

Abbildung 9

die Geschichte von dem Mann, der nachts auf Knien unter der Laterne herumrutscht und offensichtlich etwas sucht. Ein Vorbeikommender fragt ihn, was er denn da macht. Er sagt: »Ich habe meinen Schlüssel verloren.«

»Wo denn?« fragt der andere.

»Da drüben im Gebüsch.«

»Warum suchen Sie dann hier?«

»Weil hier mehr Licht ist.« [Gelächter]

Als Buddhist, denke ich, wird man sich auf den Standpunkt stellen, daß alles, was der Buddhismus über den Geist sagt, für alle Lebewesen gilt und nicht nur für den Menschen; genauso möchte auch die Psychologie universale Gesetze finden. Ich habe zum Beispiel viele buddhistische Lehrer sagen hören: »Alle Lebewesen streben nach Glück und möchten dem Leiden entgehen.« Ein Behaviorist würde da vielleicht sagen: »Das ist eine ganz brauchbare erste Hypothese; jetzt müssen Sie Ihre Begriffe nur noch operational definieren, das heißt so, daß man sie in objektive Experimente umsetzen kann.« Und im Handumdrehen reden wir dann über Lernprozesse, die dazu führen, daß man einen Hebel drückt, um Nahrung zu bekommen oder

130

Stromschläge zu vermeiden. Man muß möglichst einfache Experimentalsituationen schaffen, und auch darin kann man eine Übereinstimmung mit dem Buddhismus sehen. Die Meditation selbst, sofern sie keiner bestimmten Formen bedarf, ist ja so etwas wie eine extrem vereinfachte, allen Beiwerks entkleidete Situation. Solch eine Schulung wird für notwendig angesehen, wenn man überhaupt so weit kommen soll, daß man den Geist wahrzunehmen und mit ihm umzugehen lernt. Es ist uns anfangs nicht möglich, mitten in den komplexen Abläufen des Alltags den Geist wahrzunehmen. Vielleicht ist es so, daß der Behaviorismus einfach einen falschen Weg der Vereinfachung gewählt und die falschen Dinge weggelassen hat.

Behaviorismus-Kritik

Der Behaviorismus ist inzwischen überwunden, zumindest in seiner platten Form. Es gab zu viele Unstimmigkeiten, innere wie äußere. Was die inneren Unstimmigkeiten angeht, so stellte sich heraus, daß die Definitionen des Behaviorismus in sich widersprüchlich oder zumindest zirkulär waren. Nach dem behavioristischen Grundmodell müssen Sie in der Lage sein, den Reiz unabhängig von der Reaktion zu definieren und zu messen. In gewissem Sinne müssen Sie also in der Lage sein, die Außenwelt unabhängig vom wahrnehmenden und sich verhaltenden Organismus zu definieren und zu messen. Aber bei vielen der vom Behaviorismus entworfenen Experimentalverfahren ist genau das zweifelhaft. Zum Beispiel bei der Reizgeneralisierung: Wie wollen Sie wissen, was für Dinge für einen Organismus ähnlich sind, außer eben dadurch, daß Sie Reizgeneralisierungsgradienten messen? Oder woher wissen Sie bei der operanten Konditionierung, was ein positiver oder negativer Verstärker (Belohnung oder Strafe) ist? Anfangs haben die Behavioristen versucht, die Verstärkerwirkung aus biologischen Bedürfnissen abzuleiten, aber es zeigte sich, daß es viele Verstärker gibt, die keinem biologischen Bedürfnis dienen.

Ratten mit reichlichem Nahrungsangebot erkunden trotzdem ihr Labyrinth; Affen lösen Probleme, nur damit ihnen weitere Probleme gestellt werden, die sie lösen können; ein Kind in einem Zimmer mit Spielzeug wird damit spielen, ohne daß ein unmittelbarer biologischer Grund dafür zu erkennen wäre. Sie müssen also die Welterfahrung eines Organismus berücksichtigen, wenn Sie Ihren Reiz oder Verstärker definieren. Man mag nun denken, dies sei einfach ein inneres technisches Problem des Behaviorismus, aber tatsächlich reicht es tiefer. Wenn wir es vom buddhistischen Standpunkt aus betrachten, könnten wir sagen, daß die Behavioristen, zu ihrem eigenen Schaden, die *wechselseitige* Abhängigkeit zwischen dem Organismus und seiner Umwelt übersehen haben. Und offenbar steht man dann doch wieder vor der Notwendigkeit, auch den Geist zu berücksichtigen.

Die äußeren Probleme, auf die der Behaviorismus stieß, waren noch gravierender. Wenn man Tiere, auch Menschen, in ihrem natürlichen Lebensraum beobachtet, dann tun sie die Dinge einfach nicht so, wie sie es gemäß der behavioristischen Lerntheorie sollten. Betrachten wir als ein Beispiel ganz kleine Kinder in der Zeit der Spracherlernung. Sprache ist etwas sehr Kompliziertes. Nach behavioristischer Anschauung sollte auch dieses Lernen nach einem Reiz-Reaktions-Schema ablaufen, wobei die Mutter positive und negative Verstärkung gibt, wenn das Kind ein Wort oder eine Wortkombination äußert. Als die Psychologen nach langem Räsonieren auf den Gedanken verfielen, selber einmal hinzusehen – wirklich die Interaktionen von Mutter und Kind in ihrer natürlichen Umgebung zu beobachten und aufzuzeichnen –, da stellte sich heraus, daß Mütter so etwas nie tun, niemals! Sie geben keinen expliziten Sprachunterricht. Schon die allerersten Worte des Kindes nimmt die Mutter als sinnvolle Sprachäußerungen ernst; sie geht auf alles ein und antwortet, als unterhielte sie sich mit jemandem, der der Sprache schon mächtig ist. Eine Mutter korrigiert nur sachlich falsche, aber nicht sprachlich unausgereifte Äußerungen.

Aber das Ende der behavioristischen Vorherrschaft kam vielleicht vor allem dadurch, daß sich eine neue Art des psychologischen Forschens durchsetzte. In der Wissenschaft wird man kaum erleben, daß Ideologien, Paradigmen und Verfahrensprinzipien sich allein aufgrund von vernichtender Kritik verflüchtigen. Erst müssen andere Verfahrensweisen gefunden werden, die den Wissenschaftlern sinnvoller erscheinen. In der Psychologie dachte man sich jetzt, man könnte vielleicht doch gewisse geistige Phänomene – Dinge also, die bisher in dem schwarzen Kasten gewesen waren – zum Forschungsgegenstand machen und Methoden austüfteln, nach denen sie experimentell zu erforschen waren. Es kam also darauf an, sie zu realen Gegenständen der Wissenschaft zu machen. Lassen Sie mich am Beispiel der mentalen Bilder verdeutlichen, wie das vor sich ging.

Innere Bilder sind sicherlich ein Paradebeispiel für – wie ein Behaviorist sagen würde – mentalistische Inhalte, die nicht von außen zu beobachten sind. Weder ich noch irgendwer sonst kann Ihnen in den Kopf sehen und Ihre inneren Bilder betrachten und deren Inhalte wiedergeben. Hier ist nichts zu beobachten, und so kann es auch prinzipiell nicht zu einer einhelligen Sicht verschiedener Beobachter kommen. Innere Bilder gehören für den Behavioristen also eindeutig in den schwarzen Kasten. Sehen wir uns jetzt aber an, wie ein Wissenschaftler vorgeht bei dem Versuch, ein mentales Bild, etwa das eines Apfels, in etwas Reales, ein wirklich existierendes Ding zu verwandeln.

Nehmen wir also an, wir setzen jemanden vor einen Bildschirm und fordern ihn auf, immer dann, wenn er einen schwachen Lichtblitz sieht, einen Knopf zu drücken. Die Blitze sind wirklich so schwach, daß er sie kaum noch erkennt. Wir ermitteln, wie treffsicher er beim Erkennen der Lichtblitze ist. Jetzt fordern wir ihn auf, sich beispielsweise innerlich einen Apfel vorzustellen, und zwar so plastisch wie möglich, um dann weiterhin bei seiner Aufgabe des Aufspürens von Lichtblitzen zu bleiben, während er innerlich das Bild des Apfels aufrecht-

erhält. Wir stellen fest, daß seine Treffsicherheit bei den Lichtblitzen mit Apfelbild schlechter ist als ohne. Das beflügelt natürlich unseren Einfallsreichtum, und wir nehmen uns eine ver-
gleichende Untersuchung der Einflüsse von Vorstellungen aus
verschiedenen Sinnesbereichen vor. Wir könnten unsere Versuchsperson also anweisen, sich beim Aufspüren der Lichtblitze ein Geräusch – zum Beispiel den Pfiff eines Zuges oder
Hundegebell – möglichst lebhaft zu vergegenwärtigen. Es stellt
sich heraus, daß eine akustische Vorstellung das Blitzesehen
weniger stört als eine visuelle.

DALAI LAMA: Und was ist, wenn man das Experiment
umkehrt? Also, wir konzentrieren uns hier auf Lichtblitze,
aber was passiert, wenn wir uns zum Beispiel auf ein Geräusch
konzentrieren? Was stört dann mehr, eine Geräuschvorstel-
lung oder eine Bildvorstellung?

ROSCH: Ah! Eure Heiligkeit, Sie haben das Zeug zu
einem Wissenschaftler. Genau das hat man gemacht; das ist die
zweite Hälfte und eigentlich der springende Punkt des Experiments. Die Versuchspersonen mußten jetzt statt des Lichtblit-
zes ein schwaches Klicken im Ohr wahrnehmen. Was stört
diese Geräuschempfindung mehr, eine visuelle oder eine auditive Vorstellung? Sie haben sicher schon eine Vermutung, und
sie ist richtig: In diesem Fall stört die auditive Vorstellung mehr
als die visuelle. Wir haben jetzt einen sogenannten modalitäts-
spezifischen Störeffekt: Eine innere Vorstellung aus dem
Sinnesbereich, dem auch der Reiz entstammt, stört die Wahrnehmung mehr als eine Vorstellung aus einem anderen Sinnesbereich. Hier zeichnet sich ab, wie man argumentieren muß,
wenn man geistige Dinge zu legitimen Forschungsobjekten der
Wissenschaft machen will: sie beeinflussen das Lernen, stören
die Wahrnehmung und sind in diesem Störeffekt sogar modali-
tätsspezifisch.

DALAI LAMA: Das kommt der Prâsangika-Auffassung
sehr nahe, daß ein Bild, das einem Bewußtsein erscheint, als
solches vorhanden ist, wie auch immer man seinen Realitätssta-
tus ansonsten einschätzen mag. Sie können beispielsweise eine

bildhafte Vorstellung vom Horn eines Kaninchens haben. Kaninchen haben bekanntlich in Wirklichkeit keine Hörner, aber die Vorstellung eines gehörnten Kaninchens kann es durchaus geben, und das auf diese bildhafte Vorstellung ausgerichtete Erkenntnisvermögen bringt eine gültige Erkenntnis hervor. Das erscheinende Bild selbst existiert also, einerlei, ob es tatsächlich irgendeinem realen Phänomen entspricht. Was das Bild angeht, ist die Erkenntnis gültig.

ROSCH: Ja, das ist interessant. Aber es gibt, glaube ich, doch einen Unterschied. Die Experimentalpsychologen sind immer noch nicht bereit, die eigenen Wahrnehmungen der Menschen – die Wahrnehmungen ihrer inneren Bilder oder anderer geistiger Phänomene – als beweiskräftig gelten zu lassen. Einen Psychologen interessiert es nicht, welche Beziehung die Menschen zu ihren mentalen Bildern haben oder wie diese Bilder dem Bewußtsein erscheinen – oder eben nur insoweit, wie sie sich anhand objektiv verifizierbarer äußerlicher Daten der geschilderten Art quantifizieren lassen. Die Vorstellung selbst, das geistige Phänomen, zählt überhaupt nicht, solange es nicht in irgendwelche meßbaren, gesetzmäßigen Abläufe eingebunden ist wie in diesen Experimenten. Für sich genommen bedeutet der Umstand, daß Menschen bildhafte und andere Vorstellungen haben und das auch wissen, gar nichts.

DALAI LAMA: Ich stelle mir vor, daß es da große Unterschiede gibt, je nachdem, wie gut man sich auf das innere Bild etwa des Apfels konzentrieren kann. Das wird sicher nicht bei allen Versuchspersonen gleich sein. Geistige Stabilität ist ein ganz entscheidender Faktor. Manche Menschen sind vielleicht von solcher geistigen Stetigkeit und Konzentrationskraft, daß sie den visuellen Reiz überhaupt nicht mehr wahrnehmen, während andere ihn größtenteils mitbekommen. Ich würde da eine erhebliche Variationsbreite erwarten – vorausgesetzt natürlich, man hat es mit Leuten zu tun, die schon ein wenig meditiert haben. Wenn es lauter Menschen sind, die noch nichts mit Meditation zu tun hatten, wird die Schwankungsbreite wohl viel geringer sein.

ROSCH: Deswegen braucht man in der Psychologie die statistische Analyse, also mathematische Verfahren, die dieser Varianz Rechnung tragen.

Kognitionspsychologie und Informationsverarbeitungspsychologie

Der Behaviorismus hat die Psychologie von den zwanziger Jahren bis in die jüngste Zeit hinein beherrscht. Gegen Ende der fünfziger und in den sechziger Jahren wurden manche Schwächen des Behaviorismus allmählich offensichtlich, und immer mehr Psychologen widmeten sich Forschungen wie den eben beschriebenen, bei denen deutlich wurde, daß man mentalistische Phänomene auf rigorose, nichtmentalistische Weise erforschen konnte. Ansätze dazu gab es in dieser Zeit auf verschiedenen Gebieten: Informationstheorie, Linguistik und Computerwissenschaft. 1967 veröffentlichte ein Psychologe namens Neisser ein Buch mit dem Titel *Cognitive Psychology*, das die verschiedenen Stränge dieses neuen Arbeitsbereichs zusammenführte, ja überhaupt erstmals als eigenständigen und geschlossenen Arbeitsbereich erkennbar machte und ihm einen Namen gab. Heute wird auch häufig der Name »Informationsverarbeitungspsychologie« benutzt. (Ich möchte hier einmal in Klammern anmerken, daß selbstverständlich die ganze Zeit auch Psychiatrie und Psychoanalyse existierten, aber das sind Disziplinen von ganz anderer Art als die wissenschaftliche Experimentalpsychologie.) Erst im Laufe der letzten etwa fünfzehn Jahre hat der Kognitions-/Informationsverarbeitungs Ansatz den Behaviorismus allmählich aus seiner beherrschenden Rolle verdrängt. Das dann allerdings gründlich: Zeitschriften und Gebäude wurden umbenannt, neue wissenschaftliche Gesellschaften wurden gegründet – eine Art Revolution hat da stattgefunden.

JEREMY W. HAYWARD: Ich glaube, es ist wirklich wichtig, sich klarzumachen, was für eine Machtstellung der Be-

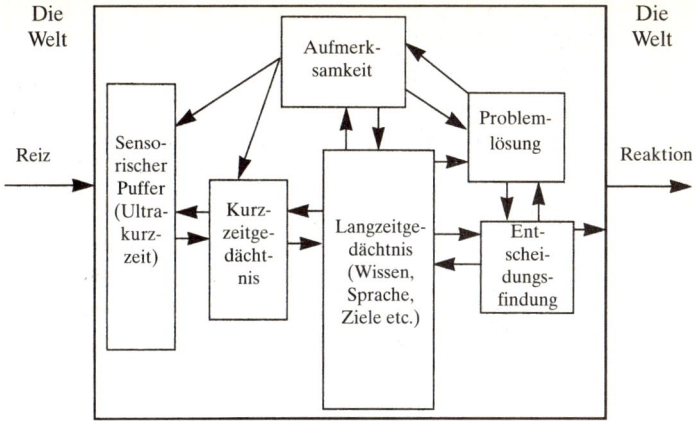

Abbildung 10   Das Informationsverarbeitungsmodell

haviorismus hatte. Es klingt vielleicht wie ein Witz, aber es war keiner: Eine ganze Generation von Kindern wuchs nach einer behavioristischen Erziehungsphilosophie auf. Die heutigen Erwachsenen sind mit behavioristischen Ideen großgezogen worden.

ROSCH: Ja, und alle jetzt grauhaarigen Psychologen, wir, sind in unserer Ausbildung damit gefüttert worden. Und für den nächsten Schritt ist es in der Tat wichtig, das zu wissen, denn aus buddhistischer Sicht ist die heutige Psychologie wohl nicht gar so verschieden vom Behaviorismus. Kommen wir also jetzt zur Gegenwart.

Abbildung 10 ist eine für die gegenwärtige Informationsverarbeitungspsychologie typische Darstellung des mentalen Apparats, wie man sie in jedem modernen Lehrbuch finden kann. Wie Sie sehen, ist das immer noch ein Kasten mit Input und Output, aber jetzt haben wir im Innern eine Reihe kleinerer Kästen, und in denen können je nach Darstellungsweise noch kleinere Kästen sein. Man möchte den Geist als ein intelligentes Ganzes nehmen, dieses Ganze aber anhand von Komponenten oder Mechanismen erklären, die von Schritt zu Schritt weniger intelligent, mechanischer sind als das Ganze. Das ist der Informationsverarbeitungs-Ansatz, denn hier wird gezeigt, wie etwas namens Information aus der Außenwelt in die Sinne und dann unter Vermittlung durch die Aufmerksamkeit ins Ultrakurzzeit-, Kurzzeit- und Langzeitgedächtnis einfließt, um dann zur Problemlösung und Entscheidungsfindung benutzt zu werden und schließlich zu einem Verhalten zu führen, das wiederum in der Außenwelt stattfindet. Auch in der Gegenrichtung fließt Information durch das System. Kenntnisse und Erwartungen aus dem Langzeitgedächtnis beispielsweise haben Einfluß auf die Aufmerksamkeit und damit auf die Information, welche die Sinne empfangen.

Das Diagramm ist seiner Form nach ein Computermodell. Sie werden jetzt vielleicht sagen: »Oh, diese westlichen Psychologen! Kaum hören sie endlich auf, an Tieren den menschlichen Geist verstehen zu wollen, schon greifen sie sich den Computer und machen es wieder genauso.« Aber um sich ein Bild vom Geist zu machen und über ihn sprechen zu können, braucht ein Psychologe einfach Vergleiche und Metaphern – Bilder, die sich ihm aufgrund der natürlichen und zivilisatorischen Gegebenheiten seiner Zeit darbieten. Die Griechen bezogen ihre Metaphern von ihren ausgetüftelten Wasserversorgungsanlagen. Unser gegenwärtiges Modell des Geistes ist der Computer. Im Buddhismus gibt es das ja auch; denken Sie nur an all die Bilder aus dem Bereich des Ackerbaus: »Wenn du Reis säst, bekommst du Reis, nicht Gerste.« Man könnte sich eine Zukunftswelt vorstellen, in der die Menschen aufwachsen, ohne je eine Pflanze zu sehen, aber mit Computern bestens vertraut sind. Dann müßte man vielleicht sagen: »Wenn du in deinem Computer ein Postsortierungsprogramm hast, kannst du damit die Post sortieren, aber nicht ein Flugzeug fliegen.« Andererseits kann natürlich die Wahl der Bilder auch die Psychologie selbst beeinflussen. Vielleicht können wir das im Zusammenhang mit der Einführung in den Themenbereich »Computer und künstliche Intelligenz« eingehender erörtern.

Sehen wir uns jetzt an, wie Information aus der Welt in dieses System gelangt und verarbeitet wird. Wenn ich es richtig verstanden habe, interessiert Eure Heiligkeit sich insbesondere für das Gedächtnis; deshalb werde ich meine Darstellung unter diesen Gesichtspunkt stellen. Zuvor jedoch sollten wir uns den metaphysischen Hintergrund dieses Systems ganz klar machen: Es ist durch und durch dualistisch. Hier draußen [Abb. 10] ist die Welt. Es ist eine stabile, stetige, unabhängig existierende Welt. Das Innere des Diagramms ist die Person, der Geist, der mentale Apparat, ein Informationsverarbeitungssystem, das ebenfalls stabil und stetig ist und unabhängig existiert. Daran, daß Welt und Person unabhängig voneinander existieren, zweifelt kein Psychologe auch nur im geringsten. Wie interaktiv auch immer man ihre Beziehung beschreibt, es ist doch die Beziehung zweier selbständiger Gegebenheiten, die jede für sich in der Zeit existieren. Der Geist, als Informationsverarbeitungssystem aufgefaßt, hat die Aufgabe, Information über die Außenwelt aufzunehmen und diese Information zu speichern und zu benutzen. Das Gedächtnis hat die Welt zu repräsentieren (re-präsentieren) und die Repräsentationen innerhalb des Geistes zu speichern.

Ultrakurzzeitgedächtnis

Das Gedächtnis wird meist so behandelt, als bestünde es aus drei Systemen (wenngleich diese Auffassung nicht unumstritten ist): Ultrakurzzeitgedächtnis, Kurzzeitgedächtnis und Langzeitgedächtnis. Fangen wir mit dem ersten an. Das Ultrakurzzeitgedächtnis wird auch sensorisches Gedächtnis oder sensorischer Puffer genannt. Man nimmt an, daß Information aus der Welt – also etwa der Buchstabe A oder ein Stuhl – durch die Sinnesorgane, in diesem Fall die Augen, einfällt und dann für sehr kurze Zeit, ungefähr eine Viertelsekunde, in »Rohform« festgehalten wird. Weshalb nehmen die Psychologen das an? Wie Sie sich inzwischen wohl denken können, gibt es da schlau ausgetüftelte Experimente, die für die Existenz eines solchen Puffers zu sprechen scheinen.

Unsere Versuchsperson, nehmen wir an, sitzt vor einem Computerbildschirm und sieht eine Sammlung von Buchstaben, A, Z, P und so weiter. Zwanzig Buchstaben sind in fünf Reihen zu je vier auf dem Bildschirm angeordnet. Diese Buchstaben sind nur sehr kurz zu sehen, sagen wir fünfzig Millisekunden lang (eine Sekunde hat tausend Millisekunden). Der Betrachter sieht also immer nur ein kurz aufblitzendes Buchstabenfeld. Danach wird er gefragt, welche Buchstaben er gesehen hat. Er kann sich nur an ungefähr vier Buchstaben erinnern.

Jetzt wiederholen wir das Experiment mit einer kleinen Abwandlung, die darin besteht, daß wir dem Probanden hundert Millisekunden nach dem Aufblitzen der Buchstaben anzeigen, welche Buchstabenreihe er wiedergeben soll. Das kann durch ein Tonsignal geschehen oder durch einen Pfeil, der auf dem jetzt wieder dunklen Bildschirm an der Stelle erscheint, wo die betreffende Buchstabenreihe vorher zu sehen war. Jetzt kann die Versuchsperson jeden Buchstaben dieser Reihe richtig wiedergeben! Mit weiteren Experimenten läßt sich feststellen, bis zu welchem zeitlichen Abstand zwischen dem Buchstabenbild und dem Signal die Versuchsperson die angegebene Reihe noch richtig wiedergeben kann. Das schwankt ein wenig mit den sonstigen Experimentalbedingungen, beispielsweise der Helligkeit der Buchstaben, aber im allgemeinen kann man sagen, daß das Signal innerhalb von 250 Millisekunden (also innerhalb einer Viertelsekunde) nach dem Reiz gegeben werden muß, damit noch eine vollständige Wiedergabe möglich ist. Der gedankliche Hintergrund ist dieser: Das Buchstabenfeld repräsentiert in diesem Experiment die Welt. Die Welt wird abgeschaltet, bevor man das Signal gibt, also kann die Versuchsperson die Buchstaben zum Zeitpunkt des Signals nicht mehr tatsächlich wahrnehmen. Dem Probanden kommt es aber so vor, als sähe er sie noch, und er ist so treffsicher, als wäre dem auch so. Es muß also ein Kurzzeitspeichersystem von bis zu 250 Millisekunden Reichweite geben, das visuelle Information festhält, innerhalb dessen die Aufmerksamkeit auf bestimmte Teile der Information gelenkt werden kann und aus dem die Information nach dieser kurzen Speicherzeit wieder verschwindet.*

Kurz- und Langzeitgedächtnis

Das Ultrakurzzeitgedächtnis, von dem bisher die Rede war, hat eine Reichweite von unter einer Viertelsekunde. Manche Informationsanteile, die Gegenstand der Aufmerksamkeit waren, gehen nach dieser Zeit nicht verloren oder werden gelöscht, sondern gelangen ins Kurzzeitgedächtnis. Das Kurzzeitgedächtnis erstreckt sich auf bis zu zwanzig Sekunden. Auch dazu gibt es entsprechende Experimente, auf die ich hier aber nicht weiter eingehen möchte.

Wenn man vom Gedächtnis spricht, zumindest im Westen, sind meist nicht der sensorische Puffer (Ultrakurzzeitgedächtnis) oder das Kurzzeitgedächtnis gemeint, sondern das Langzeitgedächtnis. Falls es kein tibetisches Äquivalent für Gedächtnis im Sinne von Langzeit-Speichersystem gibt, müssen wir hier für die Übersetzung vielleicht bei dem westlichen Begriff bleiben – wie wir ja auch bei Übersetzungen in europäische Sprachen Sanskritwörter oder tibetische Wörter für buddhistische Ideen beibehalten, wenn es in diesen Sprachen keine entsprechenden Begriffe gibt.**

---

* Diesen Bericht gab Dr. Rosch im Verlauf einer Diskussion, deren Richtung durch Fragen des Dalai Lama und der Geshes vorgegeben war. Aus Gründen der Übersichtlichkeit haben wir den Dialog hier kondensiert. Er wird im folgenden Teil (ab S. 148) unter der Überschrift »Ich, Ichlosigkeit und Sinnesbewußtsein« fortgesetzt.
** Das bezieht sich auf eine Anmerkung, die B. Alan Wallace zu einer früheren Diskussion machte; er sagte dort, es gebe im Tibetischen keinen Ausdruck für Gedächtnis im Sinne eines mechanischen Speichersystems.

Langzeitgedächtnis ist alles, was zwischen einer halben Minute und dem gesamten Rest des Lebens liegt. Im Informationsverarbeitungssystem ist fast alles, was wir mit »Person« meinen, im Langzeitgedächtnis enthalten: das autobiographische Gedächtnis, Wissen und Kenntnisse, Gewohnheiten, Motive und so weiter. Manches spricht für die (selbstverständlich umstrittene) Annahme, daß es im sogenannten Langzeitgedächtnis eigentlich zwei verschiedene Erinnerungssysteme gibt, ein Ereignis-Gedächtnis und ein Gedächtnis für alle Kenntnisse, die ein Mensch sich angeeignet hat. Die Bedeutung des Wortes »Katze« zu kennen ist angeeignetes Wissen; das Erinnerungsvermögen dafür, daß das Wort »Katze« in einer soeben bei einem Experiment gehörten Wortliste enthalten war, gehört zum Ereignis-Gedächtnis. Das Gedächtnis für zurückliegende Ereignisse des eigenen Lebens – zum Beispiel, daß Nachbars Katze einen gekratzt hat, als man sechs Jahre alt war – kann sowohl eine Ereignis- als auch eine Kenntnis-Komponente haben; man kann den Vorfall als bestimmtes Ereignis erinnern, aber er wirkt sich auch auf unser Wissen über Katzen aus, indem er uns sagt, daß Katzen manchmal mit Vorsicht zu genießen sind.

Bei der experimentellen Forschung der Behavioristen und Postbehavioristen, besonders wenn Lernen und Gedächtnis beim Menschen der Gegenstand waren, ging es größtenteils um das Ereignis-Gedächtnis. Eine besonders interessante Debatte gab es um die Theorie des Vergessens. Sie müssen dabei berücksichtigen, daß wir von selbständigen, stabilen Speicherstrukturen im Geist sprechen, die etwas von einem Waren- oder Vorratslager haben. Von subtiler Vergänglichkeit ist hier keine Rede und von gröberen Formen der Vergänglichkeit auch nicht viel. Im Rahmen dieser Warenlagerperspektive braucht weniger das Erinnern als vielmehr das Vergessen eine Erklärung. Wieso vergißt man überhaupt etwas? Es existieren drei Haupttheorien des Vergessens. Die erste besagte, daß Gedächtnisinhalte mit der Zeit »verderben« wie Lebensmittel, die zu lange im Kühlschrank stehen. Der zweiten Theorie zufolge werden Artikel des alten Bestands durch neue Informationen verdrängt, als würde man einen Kühlschrank immer weiter füllen, so daß zwangsläufig vom alten Bestand dies und das rausfliegt. Der dritten Theorie zufolge wird in Wirklichkeit nichts vergessen; alles bleibt da, man verliert nur den Zugang zu manchem: Die Konserven sind noch im Kühlschrank und frisch, aber manche findet man einfach nicht mehr. Trotz zahlloser, höchst erfindungsreicher Experimente ist es nie gelungen, den Beweis für eine dieser Theorien und gegen die anderen zu erbringen.

DALAI LAMA: Es gibt verschiedene Arten des Vergessens. Manchmal vergißt man etwas, aber wenn einen jemand daran erinnert, fällt es einem sofort wieder ein. Manchmal braucht man auch eine ganze Weile dazu. Man wird an etwas erinnert, aber es fällt einem trotzdem nicht gleich wieder ein. Erst nach einiger Zeit sagen Sie dann: »Ah, jetzt weiß ich wieder.« Das Vergessen kann also mehr oder weniger tief sein.

ROSCH: Ja. Und aufgrund solcher alltäglichen Dinge – daß einem etwas »entfallen« ist, aber dann nach einer Weile doch wieder »einfällt« – scheint die Annahme vernünftig, daß eigentlich nichts aus dem (als Warenlager aufgefaßten) Gedächtnis verschwindet, sondern man einfach keinen Zugang mehr zu manchen Dingen hat. Der Haken bei der Sache ist: Wenn Sie solche Beobachtungen zu einer Theorie des (Warenlager-)Gedächtnisses machen, besteht keinerlei Möglichkeit, sie zu widerlegen. Immer wenn man sich an etwas erinnert, was vergessen schien, ist das ein Beweis für die Theorie. Aber wenn man sich an etwas gar nicht mehr erinnern kann und das auch für den Rest des Lebens so bleibt, muß man nach dieser Theorie nicht annehmen, daß es verlorenging, sondern kann immer sagen, man habe den Zugang dazu verloren. Eines der wichtigen Gesetze wissenschaftlicher Arbeit besagt aber, daß Bedingungen angebbar sein müssen, unter denen eine Theorie zu widerlegen oder zu bestätigen ist.

Es hat einen Grund, daß ich immer wieder auf Fragen der

Methodik zurückkomme: Wenn Sie ein Gespür für die Vorgehensweisen, die Methodik der Kognitionswissenschaft bekommen, fördert das Ihr Verständnis mehr, als wenn Sie irgendwelche bestimmten Inhalte studieren würden.

Nicht alle Theorien des Ereignisgedächtnisses behandeln das Gedächtnis in gleicher Weise als Vorratsspeicher. Sie sprachen von verschiedenen Tiefen des Vergessens, und es gibt in der Tat eine Theorie des Gedächtnisses, die besagt, daß es keine verschiedenen Speichersysteme gibt, sondern nur verschiedene Verarbeitungsebenen für Gedächtnisinhalte. Eine andere Theorie, sie wird »Theorie des konstruktiven Gedächtnisses« genannt, behauptet, daß die Gedächtnisinhalte ständig verändert, ständig umgebaut und unseren Kenntnissen und Motiven und dem Rest unseres Gedächtnisses angeglichen werden.

Wir kommen jetzt zu dem Aspekt des Langzeitgedächtnisses, der unser Wissen betrifft – alles Wissen, das ein Mensch sich angeeignet hat. Man spricht hier vielfach vom semantischen Gedächtnis, weil es bei vielen der wegweisenden Experimente auf diesem Gebiet um die Kenntnis von Wortbedeutungen oder um Kenntnisse aufgrund von Lektüre ging. Die Frage ist: Wie wird solches Wissen im Gedächtnis strukturiert? Hier wird viel mit Computermodellen gearbeitet, die man dann für bestätigt hält, wenn man zeigen kann, daß sie tatsächlich auf einem Computer laufen (Dr. Greenleafs Einführung wird dazu wohl mehr zu sagen haben); oder man arbeitet mit computeranalogen Modellen, die durch Experimente mit Menschen überprüft werden sollen.

Hier ein Beispiel, das die Art der Theorien und Experimentalverfahren auf diesem Gebiet erkennbar macht. Auf dem Gebiet der Wortbedeutungen gibt es sogenannte Inklusionsbeziehungen: Eine Amsel ist ein Vogel; ein Vogel ist ein Tier. Manche Attribute einer Amsel sind besonders für die Amsel kennzeichnend, zum Beispiel daß sie schwarz ist; manche Attribute hat sie mit anderen Vögeln gemeinsam, zum Beispiel daß sie Flügel besitzt; und manche Attribute hat sie mit allen

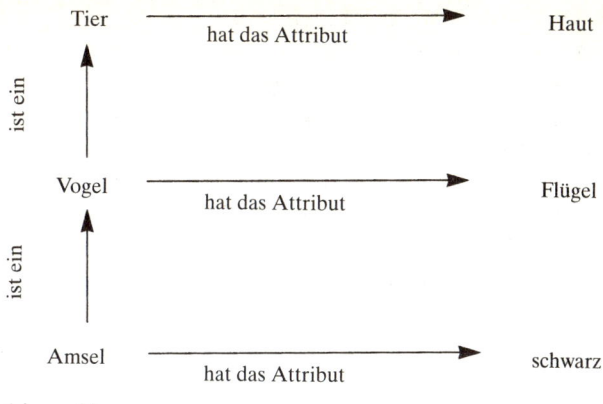

Abbildung 11

Tieren gemein, zum Beispiel daß sie eine Haut hat. Das gehört zur Logik unseres zoologischen Klassifikationssystems und zur Logik unserer Sprache. Für den Psychologen, der das semantische Gedächtnis erforscht, lautet nun die Frage, ob das Gedächtnissystem für dieses Wissen ebenso strukturiert ist und die Speicherung nach den gleichen Inklusionsregeln funktioniert: schwarz zusammen mit Amsel gespeichert, Flügel mit Vogel und Haut mit Tier. Die Theorie unterstellt, daß das Schema von Abbildung 11 irgendwie auch im Gedächtnis ist und man gleichsam den Pfeilen nachgeht, um die richtigen Zuordnungen zu finden. Wenn dem so wäre, müßte im Experiment zu zeigen sein, daß die Beantwortung der Frage, ob eine Amsel Flügel hat, mehr Zeit in Anspruch nimmt als die Beantwortung der Frage, ob eine Amsel schwarz ist; und noch länger müßte es bei der Frage dauern, ob eine Amsel eine Haut hat.

Der Test besteht nun darin, daß die Versuchspersonen vor einem Computerbildschirm sitzen, auf dem Aussagen dieser Art erscheinen, und so schnell wie möglich eine Taste drücken müssen, um so die jeweilige Aussage als richtig oder falsch zu bewerten (es werden auch falsche Aussagen wie »Eine Amsel hat ein Fell« zur Wahl gestellt). Die gemessene Variable ist die Reaktionszeit. Die Befunde entsprachen der Voraussage: Je weiter das Attribut logisch von seinem Bezugsbegriff entfernt ist, desto länger braucht die Versuchsperson, um eine Entscheidung über die Aussage zu fällen. Über die Deutung dieses Experiments hat es einen ziemlichen Streit gegeben, aber jedenfalls glauben die Psychologen mit Experimenten dieser Art herausfinden zu können, wie unser Wissen strukturiert und abgespeichert wird. Es gibt auch Modelle, die mehr Differenzierung zulassen und auch das Wissen der Menschen über ihre Gesellschaft, über Pläne und Ziele berücksichtigen – alles, was einem für ein Modell des menschlichen Wissens von Bedeutung zu sein scheint. Wichtig ist allein, sein Modell so zu formulieren, daß es auf einem Computer laufen oder zu einem Experiment umgesetzt werden kann.

Zum Schluß könnten wir vielleicht kurz das Informationsverarbeitungssystem als Ganzes betrachten. Sie werden an Abbildung 10 bemerkt haben, daß die kleinen Kästen im Innern des großen Kastens alle durch Pfeile miteinander verbunden sind. Wir ersehen daraus, daß die Informationsverarbeitungspsychologie um die Wechselbeziehungen zwischen den verschiedenen kognitiven Prozessen weiß. Es bedarf der Aufmerksamkeit, damit Information überhaupt von den Sinnesorganen aufgenommen wird, dann vom sensorischen Puffer ins Kurzzeitgedächtnis und von dort schließlich ins Langzeitgedächtnis gelangen kann. Diese Fließrichtung nennt man »von unten nach oben«. Höhere Prozesse aus dem Langzeitgedächtnis wiederum lenken die Aufmerksamkeit und beeinflussen die Vorgänge auf den unteren Ebenen. So kann beispielsweise das Kurzzeitgedächtnis mehr Information fassen und halten, wenn die Inhalte als bedeutungsvoll erlebt werden. Hier zeigt sich ein von oben nach unten gerichteter Einfluß. In beiden Richtungen, aufwärts und abwärts, laufen ständig Prozesse ab. In ihrer Gesamtheit bestimmen sie die Entscheidungsfindung eines Menschen und daher sein Handeln in der Welt; davon wiederum hängt ab, in was für Situationen er kommt und von welcher Art die Information ist, die sich ihm dort bietet und durch die Sinnesorgane aufgenommen werden kann.*

* Dr. Roschs Darstellung endete ursprünglich mit der vergleichenden Betrachtung einiger Punkte aus buddhistischer und kognitionspsychologischer Sicht. Diesen Teil haben wir hier an den Anfang des folgenden Gesprächs gestellt.

Ich, Ichlosigkeit und Sinnesbewußtsein
Ein Gespräch

Kognitionspsychologie und buddhistisches Denken

ELEANOR ROSCH: Ich möchte jetzt auf ein paar Dinge eingehen, die vielleicht zu einer Diskussion über die Beziehung zwischen Kognitionspsychologie und Buddhismus anregen können. Da wäre zunächst das generelle Thema der Methodik, das uns gleich zu der Frage führt, welche Rolle der Meditation für die Erkenntnis des Geistes zukommt. Dann möchte ich gern einige Hauptzüge der drei buddhistischen Yânas* ansprechen und nach möglichen Verbindungen zum Informationsverarbeitungsmodell fragen. Mich interessiert vor allem, was die westliche Psychologie vom Buddhismus übernehmen könnte, damit sie eine Psychologie des realen Geistes wird, anstatt wie bisher hypothetische Bilder des Geistes zum Gegenstand zu haben.

Bei der Erörterung des Introspektionismus haben wir gesehen, daß introspektiv gewonnenes Wissen vom eigenen Geist nicht nur im Behaviorismus, sondern auch in der gegenwärtigen Psychologie ohne jede Beweiskraft ist und zur Erforschung des Geistes nichts beitragen kann. Darin liegt eine gewisse Weisheit, denn wenn wir unseren eigenen Von-oben-nach-unten-Prozessen überlassen bleiben, sehen wir nur, was wir sehen wollen und was unsere Voreingenommenheiten uns zu sehen eingeben. Es muß also etwas wie Meditation, Achtsamkeit und Gewahrsein im täglichen Leben geben, eine Methode, den Geist so zu erziehen und zu trainieren, daß er zu einem Instru-

---

* Siehe Fußnote S. 17.

ment der Erkenntnis seiner selbst werden kann. In der westlichen Psychologie und Medizin finden Sie nirgends auch nur die Andeutung des Gedankens, daß Meditation ein Instrument der Erkenntnis sein kann, und die vorhandenen Ansätze zur Erforschung der Meditation können ihrer ganzen Art nach niemals zur Entdeckung der Meditation als Instrument der Erkenntnis führen. Meditation wird hier nur als eine Art Pille angesehen, ein Entspannungsmittel. Außerdem geht man davon aus, daß alles, was sich Meditation nennt, im Prinzip dasselbe ist, so daß bei der praktischen Forschungsarbeit im allgemeinen die Transzendentale Meditation* benutzt wird.

Ein typischer Experimentalansatz könnte darin bestehen, die physiologischen Parameter bei einer Gruppe von Leuten zu messen, die zwanzig Minuten lang TM üben, und die Werte mit denen anderer Probanden zu vergleichen, die sich nach irgendeiner anderen Methode entspannt haben, zum Beispiel durch Musik. Findet man keine Unterschiede, dann wird daraus geschlossen, daß Meditation wirkungslos ist. Eine andere Forschungsrichtung versucht einfach zu beweisen, daß Meditation in irgendeiner Weise wirksam ist; man demonstriert an Meditierenden irgendeiner Tradition, daß sie Dinge können, die andere normalerweise nicht können, zum Beispiel den Atem kontrollieren oder Sinnesreize ausblenden. Manchen Forschern dieser Richtung ist wirklich daran gelegen, die Nützlichkeit der Meditation zu beweisen; andere betrachten die Meditation eher ein wenig geringschätzig, als wären da irgendwelche rückständigen Leute mehr zufällig auf eine wirksame Technik gestoßen. In beiden Fällen wird die Meditation aus ihrem Zu-

---

* »Transzendentale Meditation« nennt sich eine Methode, die von dem Hindu-Guru Maharishi Mahesh Yogi und seiner Schule gelehrt wird. Diese Meditation, zu der zumindest phasenweise auch Mantra-Rezitationen gehören, ist in englischsprechenden Ländern besonders populär. Häufig wird sie einfach TM genannt. Sie unterscheidet sich in der Technik wie in der Zielsetzung von der Achtsamkeits-Gewahrseins-Meditation, wie sie im Buddhismus geübt wird.

sammenhang gerissen. Ein dritter Ansatz ist praktisch, nämlich medizinisch ausgerichtet und sucht nach neuen Möglichkeiten, den Geist in die Heilung des Körpers einzubeziehen. Man bringt den Leuten etwa bei, Killerzellen zu visualisieren, die in das Krankheitsgeschehen eingreifen. Alle diese Techniken haben vermutlich ein Körnchen Wahrheit: Die meisten Meditationsformen haben wohl unter anderem auch einen gewissen beruhigenden Effekt; durch manche Formen lernt der Meditierende Dinge, die ungeschulte Menschen nicht können; und daß der Geist den Körper beeinflußt, steht außer Frage. Aber all das wird den modernen westlichen Psychologen keinen Zugang zum wirklichen Geist verschaffen. Was sie brauchen, ist ein direkter Zugang zu ihrem eigenen Geist.

Ich und Ichlosigkeit

Als nächstes kommen wir zu verschiedenen Fragen des Inhalts. Fangen wir mit dem Ich an. Für den Buddhismus liegt ein Zentralproblem für den Geist jedes empfindungsfähigen Wesens in dem Irrglauben an ein Ich und in dem Haften an diesem Ich, das es in Wahrheit gar nicht gibt. Wenn Sie unser Diagramm der Informationsverarbeitung betrachten, sehen Sie da nirgendwo ein Ich. Sie sehen eine Vielzahl separater Kästen, separater Prozesse. Ein interessierter buddhistischer Psychologe könnte da verleitet sein zu denken: »Ah, das ist ja wie das Zerlegen des Ich in die fünf Skandhas, wobei man kein eigenständiges Ich findet – sehr erleuchtet!« * Aber ach, wir finden da auch

---

* Eine der grundlegenden Lehren des Buddhismus besagt, daß es kein durchgängiges oder wesenhaftes Ich gibt. Statt dessen, so sagte der Buddha, findet der forschende Blick nur das Wirken der fünf Skandhas (Sanskrit, »Anhäufungen«): Form, Empfindung, Wahrnehmung, Formkräfte und Bewußtsein. In manchen buddhistischen Schulen, auch in der vom Dalai Lama vertretenen Prâsangika-Mâdhyamika-Schule, finden wir die Idee eines »bloßen Ich«, dem aufgrund

kein Nicht-Ich. In Wahrheit ist es nämlich so, daß die westliche Psychologie überhaupt keine Vorstellung von der Bedeutung des Ich hat und von seiner Nichtexistenz erst recht nicht. Das hat mit der schon mehrfach angesprochenen Frage der Methode zu tun. Ohne direkten Zugang zu unserem eigenen Geist haben wir keine Chance, den Ich-Bezug in all unserem Denken und Fühlen und allem anderen zu sehen, und solange wir das nicht sehen, können wir nicht einmal begrifflich erfassen, was es heißt, daß all das letztlich nicht auf einem realen Ich beruht.

DALAI LAMA: Zur Frage der Identifizierung des Ich oder des Haftens am Ich ist das Wesentliche in tibetischen Texten wie etwas Shepas Werk *Große Darlegung der Grundaussagen* behandelt. Er sagt dort, daß man vor allem das Ich identifizieren muß, dieses gleichsam naturgegebene Ichgefühl, das jeder Mensch hat. Und das ist nur von der eigenen gefühlsmäßigen Erfahrung her möglich.

ROSCH: Ja, und eben das fehlt in der westlichen Psychologie.

DALAI LAMA: Es geht uns also um das angeborene Ichgefühl und nicht um irgend etwas, das man mit klugen Gedanken und Philosophie absichert. Wirklich wichtig ist dieses angeborene Ichgefühl.

ROSCH: Ja, aber das kann man nicht verstehen, solange man von seinem eigenen Geist entfremdet ist. Es gibt in der Persönlichkeitspsychologie und Kognitionspsychologie ein Nebengebiet »Ich-Vorstellung«, wo man danach fragt, wie sich die Vorstellung des Menschen von sich selbst entwickelt. Aber keiner der in diesem Bereich Arbeitenden scheint bemerkt zu haben, daß es »das Ich« gar nicht gibt – es stellt sich nicht einmal die Frage, ob es ein Ich gibt oder nicht. Vielleicht ist es in einer Kultur, die schon tiefe Einsichten über das Ich gewonnen hat, leichter, die Menschen auf das Ichgefühl aufmerksam zu machen und es dann in Frage zu stellen.

---

von begrifflichen Zuschreibungen eine auf Übereinkunft gegründete Wirklichkeit zukommt.

FRANCISCO J. VARELA: Aber meinen Sie nicht, Eleanor, daß im Westen viele Menschen auf die Frage nach dem Ich antworten würden: »Oh, das Ich ist das bewußte Wahrnehmen von etwas. Mein Ich ist die Fähigkeit, das hier zu sehen, mit dir zu reden, etwas wiederzuerkennen – alles reflexive Bewußtsein dieser Art.«

JEREMY W. HAYWARD: Wenn man die Menschen im Westen auf der Straße fragen würde: »Glauben Sie, daß Sie ein Ich haben?«, dann würden die meisten wohl antworten: »Ja, natürlich habe ich ein Ich!« Sie würden dann weiter sagen, ihr Geist oder ihr Herz oder ihre Seele oder ihre Erinnerungen seien ihr Ich. Die meisten Menschen glauben, daß sie ein Ich haben, auch wenn sie keine Christen oder Wissenschaftler sind.

ROSCH: Ja, aber da zucken die Wissenschaftler, die sich der Von-unten-nach-oben-Sicht verschrieben haben, nur mit den Schultern. Was ich bisher über das Ich in seinem Zusammenhang mit dem Informationsverarbeitungsmodell gesagt habe, hat auch eher diesen Von-unten-nach-oben-Charakter: Der Informationsfluß kommt durch die Sinne herein und gelangt ins Kurzzeitgedächtnis. Man spricht hier auch von Verarbeitung auf niedriger Ebene, wobei man davon ausgeht, daß der sensorische Puffer (das Ultrakurzzeitgedächtnis) die unterste Ebene des Systems darstellt. Wenn wir uns in unserem Diagramm [Abb. 10] nach rechts bewegen, kommen wir zu den sogenannten höheren Ebenen. Ein Psychologieseminar zum Thema »Höhere geistige Prozesse« würde zwar Dinge wie das Lösen von Problemen zum Gegenstand haben, nicht aber die Wahrnehmung. Aber vielleicht geht es bei dieser Unterscheidung von Problemlösung und Wahrnehmung im Grunde doch nicht um geistige Ebenen. Mit »von unten nach oben« ist gemeint, daß die ganze Sache von der Information abhängt, die aus der Außenwelt in den Organismus gelangt; »von oben nach unten« besagt dagegen, daß eher die Inhalte des Langzeitgedächtnisses – Motivationen, Kenntnisse, Pläne und so weiter – die beherrschende Rolle spielen. In der Von-unten-nach-oben-Perspektive, sagten wir, ist im kognitiven System nirgendwo ein Ich zu erkennen. Aber wie sieht das nun aus, wenn wir es in der Gegenrichtung betrachten, von oben nach unten?

Im allgemeinen haben Menschen, und nicht nur im Westen, ein Ichgefühl. Befragt man sie darüber (wie ich es bei vielen Studenten getan habe), dann stellen sie fest, daß es schwer zu greifen ist, und haben Mühe, es zu definieren und zu verteidigen. Die Sezierung des Geistes, wie sie im Behaviorismus, in der Informationsverarbeitungspsychologie und natürlich auch im Abhidharma geschieht, verletzt eben dieses vage Ichgefühl – und das mag einer der Gründe dafür sein, daß alle diese Ansätze dem Laien irgendwie verdächtig sind. Auch vielen Psychologen ist die Fragmentierung der Person durch den Von-unten-nach-oben-Ansatz manchmal unheimlich, so daß sie sich mehr den Von-oben-nach-unten-Prozessen zuwenden und danach fragen, auf welche Weise unsere Vorstellungen, Überzeugungen, Wünsche und Ziele die Wahrnehmung und andere niedere Prozesse beeinflussen. Wenn man die Ganzheit der Person als Informationsverarbeitungssystem in den Vordergrund stellen möchte, kann man auf der rechten Seite des Diagramms, also im Bereich der höheren Prozesse, noch einen weiteren Kasten mit der Aufschrift »Aufseher« einfügen, von dem aus Pfeile zu allen anderen Kästen führen. Vielfach wird auch von der »ganzen« Person und den »emergierenden Eigenschaften« der ganzen Person gesprochen. Die Von-oben-nach-unten-Betrachtungsweise mag in mancher Hinsicht klüger und menschengerechter sein, aber sie neigt dazu, alles Analytische abzulehnen und das Ich als reale Gegebenheit wieder einzuführen.

DALAI LAMA: Kommen Emotionen wie Haß, Begierde und so weiter überhaupt irgendwo ins Spiel bei Ihren Experimenten in der Kognitionspsychologie? Ich meine hier nicht die subtilen emotionalen Schichten, sondern eher die gröberen. Ich meine, sobald Sie überhaupt einräumen, daß Emotionen entstehen, kommen Sie doch am Ich nicht mehr vorbei: Etwas ist für *mich* begehrenswert, *ich* wünsche es mir, *ich* möchte es haben. Und wenn etwas *mir* widerwärtig ist, dann empfinde *ich*

Abscheu und Haß, und *ich* möchte es los sein. All das – das Begehren von diesem und die Aversion gegen jenes – kann gar nicht sein ohne mein »ich mag« und »ich mag nicht«.

ROSCH: Ja, aber der Informationsverarbeitungsansatz schafft es trotzdem, sich aus dieser Denknotwendigkeit irgendwie herauszuwinden, und es gibt mehrere Möglichkeiten, das zu tun. Wir können einfach einen weiteren Kasten mit der Aufschrift »Emotionen« einführen, den wir durch Pfeile in beiden Richtungen mit Langzeitgedächtnis, Wahrnehmung, Aufmerksamkeit und so weiter verbinden. Sehen wir uns an einem Beispiel an, wie das ablaufen könnte: Sie sehen, wie ein Bär auf Sie losgeht. Als erstes müssen sensorische Reize, die von ihm ausgehen, in Ihre Sinnesorgane und dann ins Ultrakurzzeitgedächtnis gelangen. Dann müssen Sie den Bären erkennen; dafür müssen Sie sich in unserem Diagramm, dem ich aus Gründen der Übersichtlichkeit eine stark vereinfachte Form gegeben habe, auf der linken Seite – der Seite der niederen Prozesse – ein Kästchen mit der Aufschrift »Mustererkennung« denken. Das Muster muß abgeglichen werden mit dem, was in Ihrem Langzeitgedächtnis an Wissen über Bären gespeichert ist: was Bären so tun, und wie man sich dann verhalten kann. Sie müssen eine Entscheidung fällen und dann handeln, nämlich weglaufen. An irgendeiner Stelle kommt es dabei zu einer Verbindung mit dem Emotionen-Kasten – das heißt jetzt »heiße Kognition« –, und da haben wir die Furcht-Reaktion. Wo genau in diesem Prozeß die Emotionen ins Spiel kommen, darüber wird noch gestritten. Eine Theorie besagt, daß die Emotion erst dadurch entsteht, daß Sie sehen, wie Sie gehandelt haben; in unserem Fall wäre die Furcht die Reaktion darauf, daß Sie bemerken, wie Sie weglaufen. Einer neueren und ebenso umstrittenen Theorie zufolge ist die Emotion schon vor dem kognitiven Erkennen des Reizes da. Kurzum, in diesem Informationsverarbeitungsmodell braucht man sich nicht mit einem Ich herumzuschlagen, wenn man es nicht möchte.

THUBTEN JINPA (Dolmetscher): Wir müssen zwischen dem angeborenen Ichgefühl und der angeborenen Neigung zur

Ichverhaftung unterscheiden. Wir sagen: »Ich gehe.« Das zeigt, daß es so etwas wie ein authentisches Ichgefühl tatsächlich gibt; man nennt es das »bloße Ich« im Unterschied zur irregeleiteten Ichvorstellung. Diese falsche Sicht des Ich besteht darin, daß man am Ich als etwas in sich selbst Existierenden festhält. Wir müssen diese beiden Bedeutungen von »Ich« auseinanderhalten.

DALAI LAMA: Und sogar bei diesem Festhalten an einem in sich selbst existierenden Ich sind noch verschiedene Typen zu unterscheiden. Man kann zum Beispiel die Skandhas (Anhäufungen) als vom Ich getrennt auffassen und dem Ich eine Art Aufseherrolle beimessen. Oder man stellt das Ich auf die Ebene der Skandhas, so daß es nicht von ihnen gesondert ist. Für den Fall, daß man dem Ich die Oberaufsicht zuschreibt, sind wiederum zwei Typen zu unterscheiden. Im einen Fall wird das Ich als völlig unabhängig von den Skandhas gesehen, eine Art Oberaufsicht, die überhaupt nichts mit ihnen zu tun hat. Im anderen hat das Ich zwar ebenfalls die Aufsicht, steht dabei aber auf einer Stufe mit den Skandhas; es gehört zu ihnen, ist aber doch ein klein wenig wichtiger. Zur Veranschaulichung sagt man, daß es unter den Kaufleuten den Oberkaufmann gibt, der sich von den anderen zwar nicht unterscheidet, aber als Aufseher trotzdem eine leitende Funktion hat. Diese zweite Art von Ichgefühl ist angeboren. Die erste Art – also das Gefühl, daß das Ich ein von den Skandhas getrennter Aufseher ist – wird durch Lernen erworben und ist nicht angeboren. Die zweite Art – nämlich das Gefühl zu haben, das Ich sei unter den Aggregaten die Aufsichtsinstanz wie der leitende Kaufherr unter den Kaufleuten – kann angeboren sein. Dann gibt es noch eine viel subtilere Ebene, die einfach im Festhalten an einem immanenten Sein besteht. Es gibt drei Ebenen.

Der Buddha legte die Vier Edlen Wahrheiten unter Gesichtspunkten dar, die den Menschen etwas sagten, und so verfuhr er auch, als er von der Leere als der grundlegenden Natur aller Phänomene sprach, indem er nämlich die Phänomene in zwei Kategorien einteilte: auf der einen Seite die Person, das

Handlungszentrum, und auf der anderen Seite die Dinge, zu denen die Person in Beziehung tritt, also ihr Umfeld, die äußeren Phänomene. Aber es gibt nicht nur zwei Arten von Phänomenen, die Person und die Außendinge, sondern auch zwei Arten von falschen Vorstellungen über die Natur der Phänomene, nämlich falsche Vorstellungen über die Natur der Person und falsche Vorstellungen über die Natur der Außendinge. Das Mittel zur Überwindung dieser beiden Arten von falschen Vorstellungen ist die Erkenntnis der Ichlosigkeit*, also dessen, was letztlich die Natur beider Arten von Phänomenen ausmacht. Es gibt daher zwei Ichlosigkeiten: Weder in der Person noch in den Phänomenen ist eine eigenständige Ich-Wesenheit zu finden. Grundsätzlich, so heißt es, ist die Ichlosigkeit der Person leichter zu erfassen als die der Phänomene, weil wir mit dem tatsächlichen Ich, der Person, schon so lange vertraut sind. Wenn Sie einfach denken: »Ich werde hierbleiben« oder »Ich werde weggehen« – als was stellt sich Ihr Ich dann auf ganz natürliche und spontane Weise Ihrem natürlichen Geist dar, Ihrem Geist also, wie er ohne all die psychologischen oder sonstigen Theorien ist? Es stellt sich Ihnen als »Ich, der Besitzer« dar: Geist, Körper und Rede gehören diesem Ich. Und das ist ja in gewissem Sinne auch so. Sie können sagen: Dies ist mein Körper. Ohne Ich könnten wir nicht sagen, daß dies hier mein Körper ist. Es gibt dieses Ich, das wir meinen, wenn wir »Ich« sagen. Wenn wir einem anderen Menschen gegenüber Zuneigung oder Güte empfinden, dann meinen wir ja nicht bloß den Körper, bloß den Geist, sondern das Ich, das dieser andere ist, nicht wahr. Was ist Ihr natürliches Ichgefühl, sei es in bezug auf Ihr eigenes Ich oder das eines anderen?

---

* Ichlosigkeit oder Egolosigkeit im buddhistischen Sinne ist als ein Sonderfall der Leerheit aufzufassen – leer von einem aus sich selbst bestehenden Ich.

Das Wesen des Geistes

ROSCH: Kommen wir zur Frage von Dualität und Nichtdualität, wie sie im Mahâyâna-Buddhismus aufgeworfen wird.* In der westlichen Psychologie ist Dualität eine selbstverständliche Grundbedingung, sie wird unterstellt: Die Welt existiert für sich selbst, also von der Person getrennt, und umgekehrt. Das kann man nicht einmal als Glaubenssatz oder explizite Metaphysik ansehen, denn buchstäblich niemand ahnt hier auch nur, daß man es auch anders sehen kann. Der Übergang zu einer anderen Sicht – also das, was man Paradigmenwechsel nennt – ist im allgemeinen nicht mehr als eine eher geringfügige Verschiebung innerhalb des Systems. Nehmen wir als Beispiel die häufig dem »östlichen« Denken zugeschriebene Ansicht, daß es keine objektive Erkenntnis der Welt geben kann, weil wir die Welt durch unseren Geist (also durch den Filter unserer vorgefaßten Meinungen, unserer Wünsche, Prägungen und Deutungen) erkennen. Innerhalb des Informationsverarbeitungsansatzes hat man gegen diese Argumentation überhaupt nichts einzuwenden. Die Psychologen dieser Richtung sagen: »Aber sicher! Es sind ständig irgendwelche Von-oben-nach-unten-Prozesse im Gang, das läßt sich an vielen Beispielen demonstrieren. Alter Hut.« Und sie haben völlig recht. Ein partielles Infragestellen der dualistischen Sicht kann dieser Sicht offenbar nicht viel anhaben. Wie kann man eine Kognitionspsychologie auf die Anschauung gründen, daß Welt und Person in jedem Augenblick in gegenseitiger Abhängigkeit entstehen?

In vielen buddhistischen Schulen geht es vor allem anderen darum, das eigentliche Wesen des Geistes zu erfassen, und für den Zustand, wo das erreicht ist, gibt es Bezeichnungen wie: jenseits des Geistes, Nicht-Geist, uranfänglicher Geist, Ur-Angesicht, wahre Natur, das nicht vom Geist Hervorgebrachte und große Vollkommenheit. Nach westlicher Auffassung ge-

---

* Zum Grundbestand der mahayanistischen Lehre gehört die Nichtdualität von Subjekt und Objekt, von Geist und Welt.

hört derartiges in den Bereich der Religion, auf keinen Fall in den der Wissenschaft; daher hat es auch in der Psychologie keinen Platz.

DALAI LAMA: Es gibt zwei Bereiche, in denen ein Dialog zwischen Buddhismus und Psychologie sehr wertvoll sein könnte. Der eine ist die Erforschung des Geistes selbst, also der Denkprozesse, der begrifflichen Repräsentation und so weiter – simpel und direkt Aufschluß suchen über die Natur des Geistes. Der andere Bereich ist die Erforschung des Geistes im Hinblick auf mögliche therapeutische Ansätze, also im Hinblick auf die Frage, wie man Menschen, die an psychischen Störungen leiden, zu mehr geistiger Gesundheit verhelfen kann.

Das Hauptziel buddhistischer Theorie und Praxis der Psychologie besteht darin, alle geistigen Verdunkelungen oder *Kleshas* vollkommen aufzulösen, insbesondere Anhaftung und Zorn.* Geistige Störungen, Dysfunktionen und so weiter entstehen vor allem aufgrund der Kleshas des Anhaftens und/oder des Zorns. Diese Kleshas vollkommen zu beseitigen, darum also geht es im Buddhismus; daneben jedoch besteht noch eine Art sekundäre therapeutische Absicht. Mir scheint, daß manches aus dem Buddhismus recht gut für die Therapie zu gebrauchen wäre. Meine eigene Erfahrung jedenfalls sagt mir, daß psychisch gestörte oder durch Drogen aus der Bahn geworfene Menschen manchmal zu mehr innerem Gleichgewicht zurückfinden, wenn sie in buddhistische Gedanken und Praktiken eingeführt werden.

Was nun das erste dieser beiden Gebiete angeht – Erforschung der Natur des Geistes –, so gibt es vermutlich nirgendwo eine umfassendere Sicht und Erklärung als im Buddhismus. Was freilich in buddhistischen Texten über Geist, Erkenntnis

---

* Im allgemeinen werden drei Kleshas genannt: Anhaften oder Leidenschaft, Zorn oder Aggression und Unwissenheit oder Verblendung; manchmal sind es auch fünf, Zorn, Hochmut, Leidenschaft, Eifersucht und Unwissenheit, wobei gelegentlich noch ein sechster Klesha genannt wird.

und so weiter gesagt wird, beruht auf ganz anderen Voraussetzungen als die Experimente, die in der Psychologie angestellt werden. Wir haben also eine Menge von den Psychologen zu lernen. Es wäre sicherlich auch wertvoll, die in diesen Experimenten gewonnenen Ergebnisse mit den Darstellungen des Buddhismus zu vergleichen.

Wie würden Sie nun vom Standpunkt der westlichen Psychologie aus die Existenz des Bewußtseins, also des Instruments der Erkenntnis, beweisen?

ROSCH: Tja, das ist genau das, was die westliche Psychologie nicht kann; jedenfalls dann nicht, wenn wir uns an die Regeln halten.

DALAI LAMA: Als Psychologen haben Sie mit Erkenntnis und Bewußtsein zu tun. Aber wie kann es eine Wissenschaft geben, wenn Sie gar nicht genau wissen, womit Sie es zu tun haben? Psychologen unterscheiden zwischen Kognition und Materie oder zwischen Kognition und dem, was nicht Kognition ist, nicht wahr?

Wenn die Erforschung des Geistes nur über die Analyse des Verhaltens läuft, das ja ein Produkt des Geistes ist, und es demnach keinen direkten Zugang zum Geist gibt, dann könnte es nützlich sein, Techniken zu Hilfe zu nehmen, die diesen direkten Zugang zum Geist eröffnen. Genau das ist in den buddhistischen Texten dargelegt, aber wir finden es auch in anderen Traditionen, die einen meditativen, das heißt direkten Zugang zum Geist suchen und uns erklären, wie wir uns ihm annähern können.

Geist ist nicht wie Materie. Von etwas Materiellem kann man sich ein visuelles Bild machen und darüber meditieren – das ist beim Geist nicht so. Aber es gibt doch eine Möglichkeit, sich den Geist zu vergegenwärtigen, und die besteht darin, ihn von äußeren Gegenständen abzuziehen. Ohne die Ausrichtung auf seine Gegenstände bleibt der Geist allein übrig. Wenn Sie Achtsamkeit üben, haben Sie dadurch die Möglichkeit, die Ablenkung Ihres Geistes durch äußere Gegenstände zu verhindern. Dann können Sie über Ihren eigenen Geist meditieren.

Das mag am Anfang schwierig sein, aber Sie werden, wenn Sie merken, daß Ihr Geist wieder abgelenkt ist, die Achtsamkeit verstärken und bei der nächsten Ablenkung wiederum verstärken und so weiter. So kommen Sie nach einiger Zeit zu einer Erfahrung von Klarheit und Luzidität. Dann ist da nur noch ein Eindruck von lichtvoller Klarheit, reinem Wasser vergleichbar, und wenn diese Klarheit mit einem Gegenstand zusammentrifft, stellt sie sich im Erscheinungsbild dieses Gegenstands dar. Für sich allein hat sie einfach dieses Lichtvolle und Klare. Das wichtigste an dieser Art von Schulung ist Zeit: Sie brauchen einfach Zeit. Aber ganz allmählich wird die Erfahrung durch diese Schulung klarer und klarer. Und so ist es möglich, die Natur des Geistes unmittelbar zu sehen.

Karma und Kontinuität

ROSCH: Ein weiteres inhaltliches Gebiet, das man vielleicht beim Vergleich von Buddhismus und Kognitionspsychologie betrachten möchte, ist das von Karma und Kontinuität. Im Buddhismus gibt es zwar kein reales Ich, aber doch ein Ichgefühl, das von größter Bedeutung ist, und sogar eine kausale Kontinuität der eigenen Erfahrung – das ist Karma. Wo in der westlichen Psychologie von Lernen und Gedächtnis die Rede ist, dreht sich alles um kausale Kontinuität, aber offenbar in einem etwas anderen Sinne als im Buddhismus. Das könnte ein Ausgangspunkt der Diskussion sein.

VARELA: Ich glaube, inzwischen ist sehr klar, daß diese Frage des Ich auch in der westlichen Wissenschaft eine sehr vage und verschwommene Sache ist. Es gibt nicht einmal innerhalb der Wissenschaft eine klare Doktrin. Die Menschen verbinden ja im allgemeinen durchaus bestimmte Gefühle mit dieser Frage. Wenn man ihnen erzählt, daß der Buddhismus nicht an ein Ich glaubt, sagen sie: »So ein Blödsinn. Ich erinnere mich doch noch, wie ich ganz klein war.« Man greift also auf das Gedächtnis zurück und sieht die Kontinuität durch das Erinnerungsvermögen gegeben. Aber es ist immer auch etwas Unbefriedigendes an solchen Antworten, welche die Kontinuität des »bloßen Ich«* an dem festmachen wollen, was uns als Kontinuität des Erinnerungsvermögens erscheint.

Ich kann sagen: »Ich bin hier«, aber im Westen haben wir außerdem noch die Vorstellung, daß dieses bloße Ich dadurch etwas Festes und Reales ist, daß ich mit einem Gefühl von Zeit, von Jahren, über es sprechen kann. Ich kann also nicht nur sagen, daß ich Francisco bin, sondern auch, daß ich gestern hier war und dergleichen. In gewisser Weise habe ich seit einundvierzig Jahren dasselbe bloße Ich. Und wenn wir zum erstenmal von der buddhistischen Lehre des Nicht-Ich hören, fragen wir normalerweise: Wie denn das? Wenn es kein Ich gibt, wie wollt ihr dann die Tatsache der Kontinuität erklären? Es wäre vielleicht interessant zu erfahren: Sehen Sie diese Kontinuität nur im Sinne eines Episoden- oder Ereignis-Gedächtnisses?

DALAI LAMA: Wenn Buddhisten vom Nicht-Ich sprechen, meinen sie nicht das bloße Ich, denn das bloße Ich ist vorhanden. Wie man sehen kann, daß dieser Körper jetzt anders ist, als er in meiner Jugend war, so können Sie auch von Ihrem bloßen Ich in der Zeit Ihrer Kindheit sprechen. »Ich« ist eine Bezeichnung, die sich auf die Kontinuität der Skandhas gründet. Wie Ihr jetziger Körper die Fortsetzung Ihres Körpers als Kind ist, so gibt es ein Ich, das mit dem gleichen Kontinuitätsverständnis so genannt wird.

Ich glaube, der buddhistische Begriff »bloßes Ich« bedarf noch weiterer Klärung. Wenn wir vom bloßen Ich in der buddhistischen Philosophie sprechen, ist damit nicht gemeint, daß dieses Ich keinerlei reale Basis hat; wir sagen damit nur, daß es kein in ihm selbst liegendes Sein hat.

VARELA: Welche Basis könnte man dem bloßen Ich dann zuschreiben? Wie erklärt man, daß es Kontinuität hat, obwohl es ohne Substanz ist? Ich sage also, daß ich ein bloß so bezeich-

---

* Zu diesem Begriff siehe Fußnote S. 150 sowie S. 154–156.

netes Ich namens Francisco habe. Weshalb kann ich nicht zwei Sekunden später ein bloß so genanntes Ich namens Thubten Jinpa haben? Wie wird das erklärt? Im Westen würden wir wohl den kumulativen Charakter des Gedächtnisses als Begründung anführen; durch das Erinnern einer irgendwo im Gehirn gespeicherten Kausalsequenz kann ich sagen: Das bin ich. Also, wenn das die westliche Erklärung ist, wie würde dann die entsprechende Erklärung der buddhistischen Philosophie aussehen?

DALAI LAMA: Ein Buddhist wird vielleicht eine ähnliche Antwort geben. Die Kontinuität Ihres Körpers ist nicht die Kontinuität von Thubten Jinpas Körper. Wie könnten Sie Thubten Jinpa sein? Eine andere Antwort würde lauten, daß Sie diese persönliche Geschichte haben, Ihre Erinnerungen und so weiter, aber das heißt nicht, daß Ihr Gedächtnis das Ich ist.

An dieser Stelle müssen wir uns vergegenwärtigen, wie das begriffliche Denken – im Unterschied zur direkten Wahrnehmung – nach buddhistischer Auffassung im Hinblick auf ein Objekt funktioniert. Wenn das begriffliche Denken sich mit Objekten befaßt, dann geschieht das in der Regel über einen Prozeß der Ausschließung. Das ist ein wichtiger Zug der buddhistischen Erkenntnislehre. Wie identifiziert man etwas? Durch ein fortschreitendes »nicht dies, nicht dies, nicht dies...«. Sie erkennen dann, was nach diesem Ausschließungsprozeß übrig bleibt. Sogar ein und dasselbe Ding, dieses Buch hier zum Beispiel, hat viele Aspekte. Es ist nur ein Buch, aber dann ist da noch die Tatsache seiner Vergänglichkeit, daß es ein Produkt ist, daß es weiß ist und so weiter. Wenn der begriffliche Geist diese Aspekte erkennt, so geschieht das auf sehr selektive Weise. So ist es auch mit dem bloßen Ich eines Menschen: Es ist zwar eine einzige Gegebenheit, aber man kann doch etliche Aspekte an ihm unterscheiden. Nehmen Sie etwa mich. Da ist ein Ich, das Mönch ist, ein Ich, das Tibeter ist, ein Ich, das aus Amdo [Landstrich in Tibet] stammt, und so weiter. Viele verschiedene Ichs also, und manche älter, manche jünger. Das Ich, das Tibeter ist, beispielsweise, existierte schon vor dem Ich, das Mönch ist. Das Mönchs-Ich entsteht erst, wenn man Mönch wird. Wenn Sie es genau betrachten, sehen Sie, daß diese eine Ich-Wesenheit viele Facetten hat.

VARELA: Aber gibt es dann noch ein Ich, das sagt: Ich bin alle diese Ichs zusammen? Ist da jemand, der sagt: »Ja, ich bin Chilene und Wissenschaftler« und so weiter? Wer ist das? Und die Annahme, daß es eine solche Person geben muß, entspringt ja nicht meiner Phantasie. Als Seine Heiligkeit sagte: »Ich bin Mönch, ich bin Tibeter« – wer sprach da? Wer ist das? Derjenige, der sagt: Ich bin dies, ich bin das – wer ist das?

JINPA: Das ist das Ich.

DALAI LAMA: Nehmen wir zum Beispiel an, Sie ärgern sich über sich selbst. Das sind dann zwei Ichs, aber eigentlich ist es doch dieselbe Ich-Kontinuität. Diese zwei Ichs werden aufgrund des Zeitunterschieds ihres Auftretens als verschieden bezeichnet.

B. ALAN WALLACE (Dolmetscher): Hier ist vielleicht noch nicht ganz klar, daß das bloße Ich, buddhistisch gedacht, auf konkrete Weise wirksam werden kann. Wie dieser Stift hier etwas Konkretes bewirken kann, so können auch Sie und ich es, obgleich wir bloßes Ich sind, rein begrifflich so bezeichnet. Wenn wir im westlichen Sinne etwas als »rein begrifflich« ansprechen, dann meinen wir damit, daß es nichts bewirken kann.

DALAI LAMA: Wir müssen uns hier vielleicht noch etwas anderes klarmachen, nämlich den Begriff der Allgemeinheit. Wenn Sie irgendwo eine Vase sehen, können Sie sie als Vase benennen. Sie wissen, daß es eine Vase ist. Und wenn Sie an einem anderen Ort wieder eine Vase sehen, sagen Sie gleich: »Oh, das ist eine Vase.« Weshalb wissen Sie das, schließlich ist es ja eine andere Vase als die erste? Weshalb sehen Sie, daß es eine Vase ist?

Um verallgemeinern zu können, müssen Sie abstrahieren können. Zum Beispiel wissen Sie, daß dieser Tisch keine Person ist, und so betrachtet hat dieser Tisch etwas Nichtpersönliches. Dieses Nichtpersönliche ist nicht konkret, nicht greif bar, aber es ist da, weil Sie es erkennen. Sie sind sich der Tatsache bewußt, daß der Tisch keine Person ist, aber diese Tatsache ist nicht zu greifen.

Es gibt viele Phänomene dieser Art – geistige Konstrukte von abstrakter oder rein begrifflicher Natur. In diese Kategorie gehören auch Verallgemeinerungen der Art, wie sie unserem naturgegebenen Ichgefühl zugrunde liegen, das ja weniger durch bestimmte Ereignisse als vielmehr durch ein Kontinuitätsgefühl geprägt ist: dieses Ich, das frühere Ich, das Ich des nächsten Lebens.

HAYWARD: Für mich ist das bloße Ich kaum von einem immanenten Ich zu unterscheiden. Hier haben wir so ein bloßes Ich. Dieses Ich ist ein Mann. Eben dieses Ich ist in England geboren, hat siebenundvierzig Jahre gelebt und hält sich im Augenblick in Dharmsala auf. Jetzt brauchen wir nur noch die Wiedergeburt nach dem Tod dieses Ich hinzuzufügen, und schon haben wir eine Seele.*

DALAI LAMA: Wenn Sie das Wort »Seele« benutzen, kommt damit eigentlich eine ganz andere Thematik ins Spiel. Auf das bloße Wort »Seele« kommt es dabei natürlich nicht an. Nicht das Wort ist zurückzuweisen, sondern die Theorie, die es im Schlepptau hat. Wenn man die Existenz einer Seele postuliert, meint man damit normalerweise eine Art Ich, das man sich als dauerhaftes, einheitliches Gebilde vorstellt. Mit der buddhistischen Sicht hat das nichts zu tun.

HAYWARD: Deswegen benutze ich ja das Wort »Seele«. Nach Ihrer Beschreibung des bloßen Ich habe ich den Eindruck, als wäre dieses Ich dasselbe wie vor siebenundvierzig Jahren. Ich bin immer ich, dieses Ich. Das klingt in meinen Ohren nach etwas Permanentem.

DALAI LAMA: Hier kommt es darauf an zu sehen, daß es wohl Fortdauer gibt, das Fortdauernde sich aber von Augen-

---

* Dr. Hayward stellt hier das bloße Ich aus buddhistischer Sicht in Frage. Sein Ansatzpunkt besteht darin, daß die buddhistische Nicht-Ich-Lehre die Existenz einer Seele vollkommen ausschließt.

blick zu Augenblick verändert. Nehmen wir mein Ich, als ich zehn Jahre alt war. Wenn mein jetziges Ich und das Ich des Zehnjährigen genau dasselbe wären, dann wäre der Zehnjährige ein älterer Herr, und der ältere Herr wäre ein zehnjähriges Kind. Das klingt ziemlich unsinnig. Sie müßten dann von einem Sterbenden auch sagen, er sei derselbe wie zur Zeit seiner Geburt.

HAYWARD: Es ist also nicht dasselbe Ich.

DALAI LAMA: Doch, es *ist* dasselbe Ich, aber es ändert sich von Augenblick zu Augenblick. Es ist ein Kontinuum, ein und dasselbe Kontinuum. Eine Wesenheit, die sich ändert, aber dieselbe Wesenheit bleibt – ein Kontinuum.

VARELA: Ist es dieselbe in dem Sinne, wie ein Wissenschaftler sagen würde, daß dieser Körper derselbe bleibt, auch wenn alle seine Moleküle ausgetauscht werden?

DALAI LAMA: Ja, so ist es.

VARELA: Das Muster bleibt also dasselbe. Aber auch dieses Muster, das Muster des Körpers, verschwindet, wenn ich sterbe, nicht wahr? Und wie ist es mit dem Muster des Geistes?

DALAI LAMA: Der Tod betrifft nur die gröbere Seite des Körpers. Der subtile Körper wird dann immer noch da sein.

VARELA: Ja gut, diese Richtung möchte ich jetzt weiterverfolgen. Für einen westlichen Wissenschaftler ist das, was Sie eben gesagt haben, gut und schön. Ich möchte jetzt zu den, wie Sie sagen, subtileren Schichten der Kontinuität kommen. Angenommen, ich sterbe. Die westliche Wissenschaft würde sagen, daß dieses Muster, das wir Ich nennen, für immer verlorengeht und nichts davon bleibt. Die Buddhisten sagen: Nein, es bleibt etwas. Wie beschreiben Sie nun diese Kontinuität?

DALAI LAMA: Hier kommen jetzt die subtilen Aspekte des Geistes ins Spiel.*

---

* Fragen der Beziehung zwischen Geist und Gehirn und das Thema der subtilen Ebenen des Geistes werden später im Kapitel »Bewußtsein – grob und subtil« (ab S. 197) wieder aufgegriffen.

Sinnesbewußtsein

DALAI LAMA : Jetzt wüßte ich gern, ob der sensorische Puffer, das Ultrakurzzeitgedächtnis, auf der sensorischen oder auf der mentalen Ebene liegt.

ROSCH: Diese Frage stellte sich bei der Erforschung des Ultrakurzzeitgedächtnisses und wurde experimentell geklärt. Mein Eindruck ist dieser: Immer wenn man von einem Modell des Geistes ausgeht, das eine Einteilung in Abteilungen oder Stufen vorsieht, wird es bei jeder neuen Entdeckung über den Geist zu einem gelehrten Disput darüber kommen, welcher Abteilung sie zuzuordnen ist. Wir finden das sogar im Buddhismus. Die Yogâchâra-Schule unterscheidet acht Stufen des Bewußtseins. Als die Idee der *Bîjas* (Keime oder Samen künftigen Handelns) aufkam, entstand ein Streit, welches Bewußtsein nun die Bîjas enthalten.

In der Kognitionspsychologie wird die Frage, ob etwas sensorischer oder mentaler Natur ist, meist so formuliert: »Ist es peripher oder zentral?« Die Ausdrucksweise impliziert eine tatsächliche oder hypothetische Physiologie: Ist es in den Sinnesorganen oder im Gehirn? Um die Frage für das Ultrakurzzeitgedächtnis experimentell zu beantworten, kann man sich der erwähnten Versuchsanordnung bedienen – Buchstabenreihen und aufblitzende Pfeile –, die einen Hinweis gibt. Der Unterschied besteht jetzt darin, daß wir die Informationen den beiden Augen getrennt zukommen lassen: Die Buchstabenreihen werden dem einen Auge präsentiert, und der Pfeil, der anzeigt, welche Reihe man wiedergeben soll, ist nur dem anderen Auge sichtbar. Läge das Ultrakurzzeitgedächtnis in den Sinnesorganen selbst, sollte man erwarten, daß eine Versuchsperson die Aufgabe dann nicht lösen kann, da die Information und das Hinweiszeichen von verschiedenen peripheren Organen aufgenommen werden. Tatsächlich zeigt sich aber, daß die Probanden die Aufgabe so gut bewältigen, als würde alle Information beiden Augen präsentiert. Physiologisch gesehen spricht dies dafür, daß das Gedächtnis im Gehirn lokalisiert ist, und zwar auf keinen Fall vor der Stelle, wo sich die von den beiden Augen kommenden Nervenfasern treffen. Die Schlußfolgerung lautet demnach, daß das Gedächtnis zentral/mentaler und nicht peripher/sensorischer Natur ist.

[Unter den Tibetern entsteht eine Diskussion.]

JINPA: Wir erörtern eben, ob da nicht zwei visuelle Wahrnehmungen sind. Seine Heiligkeit ist der Auffassung, daß, da es ja auch zwei verschiedene Ursachen gibt – die beiden visuellen Sinnesorgane –, dann auch zwei verschiedene visuelle Wahrnehmungen vorhanden sein sollten.

VARELA: Das ist interessant. Sie sind bis zu einem bestimmten Punkt verschieden, und dann kommen sie zusammen. Man kann davon ausgehen, daß sie zunächst verschieden sein müssen und dann zusammenkommen. So ist beispielsweise eines der beiden Augen dominant. Diese Dominanz ist wohlbekannt, und sie zeigt, daß die beiden Augen unabhängig voneinander fungieren. Aber die Tatsache, daß man dreidimensional sehen kann, bedeutet, daß die beiden Wahrnehmungen doch zusammenkommen, denn sonst würde man zwei verschiedene Bilder sehen. Wir haben also zunächst zwei verschiedene Bilder, die sich dann zusammenfügen. Deshalb ist es kein Widerspruch zu sagen, daß sie getrennt sind und daß sie zusammenkommen.

GESHE PALDEN DRAKPA: Das Sinnesorgan könnte tief im Auge liegen; andererseits meint Geshe Yeshi Thabkhe, daß es auch an der Oberfläche sein könnte. Sein Argument ist, daß sehr helles Licht, etwa Sonnenlicht auf Schnee, manchmal das Sehvermögen beeinträchtigt oder ganz ausschaltet. Daraus, meint er, läßt sich schließen, daß das Sehen an der Oberfläche stattfindet, wo es verwundbar ist; würde es tief im Gehirn stattfinden, so könnte das Licht nicht dorthin dringen und würde keinen Schaden anrichten.

ROSCH: Dieser Gedanke über das helle Licht hat in einem Experiment Anwendung gefunden, wobei ich allerdings sagen muß, daß ich nicht recht weiß, was hier mit »Sinnesorgan« gemeint ist. (Nebenbei bemerkt: Sie machen hier gerade eine Art

Schnelldurchgang der Entwicklung dieses Gebiets.) Wenn Sie im Anschluß an das Buchstabendisplay ein helles Licht aufblitzen lassen, löscht es die Erinnerung an die Buchstaben. Der Proband erinnert sich an nichts von dem, was er gesehen hat. Es ist kein sehr grelles Licht; es schädigt die Augen in keiner Weise, aber es muß nur für ungefähr zweihundert Millisekunden aufblitzen, und die Erinnerung ist ausgelöscht.

DALAI LAMA: Das scheint mir ein wirklich wichtiges Experiment zu sein, das man kennen sollte. Auf dieses helle Licht hin kann man sich nicht mehr erinnern, wenn man gefragt wird. Kann man sich später wieder erinnern?

ROSCH: Nein, der Eindruck ist weg. Sie können sich nie mehr daran erinnern. Es gibt außer Licht noch andere Mittel, um wahrgenommene Reize aus dem Gedächtnis zu löschen. Man spricht hier von rückwirkender Maskierung. Man kann die Erinnerung auch zum Beispiel dadurch löschen, daß man im Anschluß an die kurze Präsentation der Buchstabenreihen einen einzelnen Buchstaben als Hinweis auf die zu erinnernde Stelle mit einem Kreis umgibt. Die Versuchsperson vermag zwar ihre Aufmerksamkeit auf die Stelle zu richten, die durch den Kreis angezeigt wird, aber sie erinnert sich nicht mehr, welcher Buchstabe vorher in diesem Kreis war. Die Erinnerung ist gelöscht. Auf dem Gebiet der rückwirkenden Maskierung wird sehr intensiv geforscht; gut dreitausend Experimente sind hier schon gelaufen, aber was die Erklärung angeht, sind die Meinungen noch ziemlich geteilt, wenngleich die meisten Theorien physiologischer Natur sind.

DALAI LAMA: Dieses Phänomen läßt sich nicht ausschließlich auf der Bewußtseinsebene erklären. Das helle Licht beeinflußt das Gedächtnis, und das geschieht über die Sinnesorgane. Da diese Experimente sich auf einer eher groben mentalen Ebene bewegen, wo die physische Basis – also die Sinnesorgane und so weiter – eine große Rolle spielt, kann man ihnen keine mentale Erklärung geben.

VARELA: Ich bin mir nicht sicher, ob ich verstehe, was Sie in diesem Zusammenhang mit mental meinen.

DALAI LAMA: Ich meine die tieferen Ebenen (vielleicht müßte man sie auch primitiver nennen, ich weiß nicht), ein subtileres Bewußtsein, das weniger von den Sinnesorganen abhängig ist. Wenn Sie sich zunächst auf einer eher groben mentalen Ebene bewegen und dann plötzlich in eine tiefere, subtilere Bewußtseinsebene eintauchen, kommt es auch zu einem Gedächtnisausfall. Bei diesen Experimenten, kommt es da bei den Versuchspersonen zu Bewußtseinsausfällen, wenn man ihnen plötzlich dieses sehr helle Licht zeigt? Treten sie vielleicht für einen Augenblick weg?

ROSCH: Nein, nein, so grell ist dieses Licht nicht. Nur eben hell genug, um alles auszulöschen.

DALAI LAMA: Sind dann Unterschiede bei den Versuchspersonen zu beobachten, etwa daß manche aufmerksamer sind? Hat es irgendwelche statistischen Auswirkungen, wenn manche Versuchspersonen eher klar und andere eher dumpf sind?

ROSCH: Nein, kein Unterschied.

DALAI LAMA: Wenn wir uns mit der Sinneswahrnehmung befassen, haben wir es mit einer eher groben mentalen Ebene zu tun, die sehr stark materiellen Einflüssen unterliegt, das heißt dem Einfluß der Kleshas und der Sinnesorgane. Es scheint mir sehr schwierig zu sein, die Wahrnehmungen unabhängig von ihrer körperlichen Basis, den Sinnesorganen, zu betrachten. Sie sind fast wie die Energie dieser Zellen.

VARELA: Man kann das sogar sehen, wenn man sich die Aktivität der Zellen in der Großhirnrinde ansieht. Mit der Energie der Zellen geschieht offenbar das, was Sie eben angedeutet haben. Zeigt man die Buchstaben, dann halten die Gehirnzellen das Bild einen Augenblick lang fest, aber wenn dann das Licht aufblitzt, haben sie etwas anderes zu tun. Das ist, als hätte man die »Reset«-Taste gedrückt und so das bis dahin noch Gespeicherte gelöscht. Das ist das Phänomen, von dem auch Sie gesprochen haben. Es hängt also wirklich nicht von der Person ab, sondern ist, wie Sie sagen, ein sehr grundlegendes Phänomen.

DALAI LAMA: Nehmen wir einmal den ganz hypothetischen Fall an (und zwar völlig unabhängig von der Frage der Realisierbarkeit), daß gar kein Gehirn da ist: nur die Augen und nichts dahinter. Gäbe es dann überhaupt irgendeinen visuellen Eindruck, eine visuelle Erfahrung?

ROSCH: Nein.

VARELA: Sehen Sie, Eure Heiligkeit, eben darum geht es: Geist und Gehirn sind keine gesonderten Funktionseinheiten. Sie können nur zusammen sein.

Künstliche Intelligenz
Newcomb Greenleaf

Ich bin ein Computerwissenschaftler, und manch einer mag denken, ich sei zur falschen Konferenz gekommen, denn hier wird über Geist und Leben gesprochen, während ich mit Maschinen arbeite. Es gibt in Amerika und wohl überall auf der Welt eine sehr emotional geführte Debatte über die Beziehung zwischen Mensch und Maschine. Das ist eine sehr alte Debatte, und sie hat dadurch neue Nahrung bekommen, daß wir jetzt diese neuen und komplizierten Maschinen, die Computer, überall um uns her haben. Manche Leute nehmen es sehr übel, wenn Maschinen und Menschen im gleichen Atemzug genannt werden. Jeder Vergleich zwischen Mensch und Maschine, sagen sie, beschädigt unser Gefühl für die Kostbarkeit des Menschseins. Und auf der anderen Seite stehen andere und sagen: »Aber bitte, es ist doch wohl völlig offensichtlich, daß der Geist, daß das Gehirn ein Computer ist!« Oder sie äußern sich ein bißchen vorsichtiger und sagen, der Geist sei *wie* ein Computer, das Gehirn sei *wie* ein Computer. Ich werde in meiner Darstellung einige Aspekte dieser Kontroverse auszuleuchten versuchen.

Der Computer ist ja auch in den bisherigen Einführungen, die wir hier gehört haben, schon häufig zur Sprache gekommen. Professor Varela sprach von »Programmen« im Gehirn. Das ist kein Wort aus der Biologie; es stammt aus der Computerwissenschaft. Professor Rosch benutzte die Ausdrücke »von unten nach oben« und »von oben nach unten«. Woher hat sie diese Ausdrücke? Nicht aus der Psychologie, sondern aus dem Computerbereich. In unserer Sprache tauchen immer mehr Computerbegriffe auf. Fast jeder benutzt heute Computerbegriffe, um diese oder jene Situation zu charakterisieren. Wir sprechen hier über Geist, aber vielleicht ist es gerade deshalb wichtig, über Computer zu sprechen, denn eines der Hauptziele der Computerwissenschaftler besteht darin, Computer so schlau zu machen, daß sie schlauer sind als wir! Vor fünfundzwanzig Jahren sagten die Computerwissenschaftler im Brustton der Überzeugung voraus, daß die Computer den Menschen in ein paar Jahren übertreffen würden. Aber dazu ist es bis jetzt noch nicht gekommen. Niemand weiß, wann das geschehen wird und ob überhaupt, aber jeder hat eine Meinung dazu.

Was ist ein Computer?

Ich möchte jetzt ein wenig darüber sagen, was ein Computer ist, und dann insbesondere auf die Bemühungen eingehen, den Computer so intelligent zu machen, wie wir sind, oder noch intelligenter. Es gibt natürlich sehr unterschiedliche Auffassungen von diesem Unterfangen; Computerwissenschaftler jedenfalls halten sich gern fern von Begriffen wie »Bewußtsein« und »Verständnis«. Darin sind sie den Behavioristen ähnlich. Sie sprechen gern von Intelligenz, weil sie glauben, daß Intelligenz etwas objektiv Demonstrierbares und Meßbares ist, und sie möchten an ihren Maschinen gern diese demonstrierbare und meßbare Intelligenz sehen. In dieser Intelligenz sollen die Maschinen besser sein als Menschen und Aufgaben, die sonst Menschen vorbehalten sind, besser bewältigen.

DALAI LAMA: Auf welchen Gebieten haben sich denn Computer bisher als effizienter erwiesen?

GREENLEAF: Also, entwickelt wurden Computer ursprünglich, um mathematische Berechnungen anzustellen, und darin sind sie sehr gut. Aber auf dem Gebiet, das wir jetzt »künstliche Intelligenz« nennen, sind hocheffiziente Programme entwickelt worden, die etwa dem Arzt bei der Erstellung seiner Diagnosen oder dem Anwalt bei juristischen Recherchen helfen; darauf komme ich später noch zu sprechen.

172

Computer steuern auch unsere Flugzeuge oder die Fertigungsabläufe in vielen Fabriken. Das bringt zwar einigen Nutzen, aber auch große Risiken mit sich und stellt uns vor manche Schwierigkeiten. Computer sind nachweislich bereits an größeren Industrieunfällen beteiligt gewesen. Aber wir dürfen die Schuld natürlich nicht bei den Maschinen suchen. Der Fehler liegt vielmehr bei den Menschen, die sich einbilden, man könne auf den Computer vertrauen, und sie hätten ihn so programmiert, daß er gewitzt genug sei, um mit jedem nur erdenklichen Störfall fertig zu werden. Wenn ein Computerprogramm beispielsweise einem Arzt bei der Erstellung eines Behandlungsplans für einen Patienten hilft und der Patient stirbt – wer ist dann verantwortlich, der Arzt oder der Programmierer?

Oder ein anderes Beispiel: Am 13. Oktober 1987 fiel der Aktienindex der New Yorker Börse innerhalb kürzester Zeit in den Keller. Weshalb? Vor allem deshalb, weil sich viele der Spekulanten, die mit sehr hohen Beträgen auf dem Aktienmarkt engagiert sind, bei ihren Kauf- und Verkaufsentscheidungen sehr weitgehend auf Computerprogramme verlassen. Und urplötzlich kamen ein paar Dinge so zusammen, daß alle Programme »Verkaufen!« sagten. Also verkauften alle, und schon hatten wir den Crash. In diesem Fall war Habgier der Anlaß; die Leute glaubten, der Computer würde sie reich machen.

An einem Computer ist immer zweierlei zu unterscheiden. Da haben wir zum einen die »Hardware«, nämlich die Geräte selbst, und zwar nicht so sehr die Gehäuse als vielmehr ihr Innenleben. Zum anderen die »Software«, und darunter verstehen wir bestimmte Aktivierungsmuster innerhalb des Computers. An der Software sind wieder zwei Aspekte zu unterscheiden, nämlich die Programme, die aus Aktionsanweisungen bestehen und dem Computer sagen, was er wie zu tun hat; und die Daten, das heißt die Information, mit der der Computer arbeitet.

Die Hardware-Komponenten, mit denen der Benutzer direkt interagiert, sind die Input- oder Eingabe-Vorrichtung, das wäre hier an Dr. Livingstons Computer die Tastatur, und das Output- oder Ausgabe-Gerät, in diesem Fall der Bildschirm. Die wichtigsten Komponenten innerhalb des Gehäuses sind die Gedächtniszellen, wo die Programme und Daten gespeichert sind, und die sogenannte CPU oder Central Processing Unit (Zentraleinheit). Die CPU ist der Ort, wo alle Aktion stattfindet, wo die Berechnungen und Vergleiche angestellt werden, wo also die Programme wirklich ausgeführt werden. Aber wenn Sie in das Gehäuse hineinschauen, sehen Sie da überhaupt keine Aktivität, weil alles auf mikroskopischer Ebene geschieht, nämlich in den Chips, auf denen viele Tausende von Transistoren sein können.

Wenn der Computer ein Roboter ist, kann der Output beispielsweise eine physische Bewegung sein, und der Input könnte von einer Videokamera oder von Berührungssensoren kommen. Wir sind hier also ganz in der Nähe dessen, was Professor Varela als die Grundelemente des Gehirns beschrieben hat. Die sensorische Oberfläche des Computers ist die Tastatur (oder eine andere Input-Vorrichtung), und die motorische Oberfläche (die sich in diesem Fall nicht tatsächlich bewegt), durch die der Computer mit uns kommuniziert und uns seine Resultate vermittelt, ist der Bildschirm (oder eine andere Output-Vorrichtung).

Es gibt zwei Grundtypen von Programmen. Manche dienen ganz bestimmten Zwecken, wie etwa das Textverarbeitungsprogramm, das Dr. Livingston in seinem Computer hat. Mit diesem Textverarbeitungsprogramm wird sein Computer die ideale Sekretärin. Er nimmt Diktate auf, er schreibt ihm seine Briefe. Dr. Livingston muß die Tastatur betätigen, aber der Computer erzeugt das, was dann in seinem Brief stehen wird, und gibt ihm die Möglichkeit, ihn so zu bearbeiten und zu verändern, wie er möchte, so daß sein Brief oder Buch genau das sagt, was er möchte. Mit diesem Programm ist der Computer ein perfekter Sekretär, ein ausgezeichneter Diener, so nützlich, daß sein Besitzer ihn aus San Diego hierher nach Dharmsala mitgebracht hat. Aber das Programm ist auf einen bestimmten Zweck ausgerichtet; es kann nur Sekretär sein und taugt nicht zu mathematischen Berechnungen, da es nur über einen sehr begrenzten Kalkulator verfügt. Kurzum, der Benutzer kann von ihm nicht alles verlangen, was er vielleicht möchte. Es ist ein Textverarbeitungsprogramm mit einem Minimum an anderen Fähigkeiten.

Dann hat der Computer einen Ausgang, über den man ihn ans Telefonnetz anschließen kann, um die eingegebenen Briefe oder das Buch irgendwohin zu übermitteln, wo sie ausgedruckt werden können. Man kann einen Drucker auch direkt an den Computer anschließen, so daß er dann zwei Output-Vorrichtungen hat, den Bildschirm und den Drucker. Jedenfalls benutzt Dr. Livingston hier ein Spezialprogramm für die Erstellung von Schriftstücken. Es gibt eine große Auswahl solcher Spezialprogramme für bestimmte Zwecke. Jedes amerikanische Unternehmen verwendet Buchführungsprogramme. Architekten lassen sich bei der Planung von Gebäuden häufig von Computern helfen.

Neben all den Spezialprogrammen gibt es noch sogenannte Universalprogramme; diese Idee beruht auf einem 1935 entwickelten Gedankenmodell des englischen Mathematikers Alan M. Turing, eines Wegbereiters der künstlichen Intelligenz und der Computerentwicklung. Universalprogramme werden im allgemeinen als Programmiersprachen bezeichnet. Mit ihrer Hilfe können Computerbenutzer sich für jeden Zweck Programme schreiben und vom Computer ausführen lassen. Eine Programmiersprache ist ein Programm, das den Ablauf eines anderen Programms bestimmt. Es erlaubt Ihnen, sich jedes nur erdenkliche Spezialprogramm zu schreiben. Natürlich können Sie nicht einfach sagen: »Ich stelle mir ein Programm vor, das grenzenlos intelligent oder sogar erleuchtet sein soll.« Sie werden es sich auf der Ebene sehr feiner Details zurechtlegen müssen. Das heißt, Sie müssen Formulierungen finden, die sagen: In diesem Fall tu das und das, in jenem Fall tu dies. Wenn Sie es sich auf dieser Ebene vorstellen können, sind Sie in der Lage, das Programm zu schreiben, und die Maschine wird es ausführen.

Es gibt sehr viele verschiedene Programmiersprachen. Fortran, Lisp, Basic, Pascal sind einige der bekanntesten, aber es gibt buchstäblich Tausende solcher von Computerwissenschaftlern ersonnenen Sprachen. Auf der Diskette, die Dr. Livingston in seinem Computer hat, ist ein Textverarbeitungsprogramm. Hätte er eine Diskette mit Lisp oder Pascal bei sich, könnten wir uns hinsetzen und jedes Programm schreiben, das uns vorschwebt, um es dann auf dem Computer laufen zu lassen. Grenzen sind nur durch die Größe der Apparatur, die Speicherkapazität und die Zeit gegeben – die Zeit nämlich, die wir auf den Output zu warten bereit sind.

Innerhalb des Gehäuses finden wir grundsätzlich zweierlei. Einmal die Speicherchips, die gleichsam das Gedächtnis für die Programme und Daten sind. Wenn Sie den Computer zur Textverarbeitung verwenden, enthält der Speicher sowohl das Textverarbeitungsprogramm als auch das, was Sie geschrieben haben, beides im selben Speicherbereich. Dann die CPU, die Zentraleinheit, die alle Aktionen ausführt. Sie entnimmt dem Speicher, was sie jeweils braucht, und legt es dann in den Speicher zurück. Sie empfängt Input von der Tastatur und sendet Output an den Bildschirm. Sie stellt Vergleiche und arithmetische Berechnungen an. Und sie führt das Programm aus. Das heißt, sie entnimmt dem gespeicherten Programm den dort jeweils vorgesehenen nächsten Schritt und führt ihn aus, einen nach dem anderen. Es gibt nur eine CPU, und daran erkennen wir gleich, daß der Computer ganz anders aufgebaut ist als das menschliche Gehirn. Das Gehirn besitzt Milliarden von Neuronen, und sie sind alle zugleich tätig. Hier also nur eine Zentraleinheit. Es geschieht immer nur an einer einzigen Stelle etwas, und so kann der gesamte Rechenprozeß nur Schritt für Schritt ablaufen. Dadurch entsteht bei sehr komplizierten Programmen ein Engpaß. Es sind so viele Schritte auszuführen, daß der ganze Ablauf sehr lange dauern kann, obgleich die Maschine in gewissem Sinne unglaublich schnell ist. Dieser kleine Apparat hier kann Millionen von kleinen Operationen pro Sekunde vornehmen, aber es sind schon für etwas so Simples wie die Addition zweier Zahlen viele Operationen notwendig. Bei hochkomplizierten Problemen kommt man in Schwierigkeiten, weil alles nur an einer einzigen Stelle passieren kann.

Heute wird in der Computerwissenschaft sehr viel auf dem Gebiet der sogenannten Parallelverarbeitung geforscht, an der viele CPUs beteiligt sind. Dabei kann es so sein, daß jede ihren eigenen Speicher besitzt oder sie einen gemeinsamen Speicher benutzen. Es wird noch sehr intensiv debattiert, welches Arrangement besser ist. Wie sollen die vielen CPUs nun miteinander verbunden werden und wie mit den anderen Bestandteilen des Computers? Einen Parallelcomputer aufzubauen ist ein außerordentlich komplexes und schwieriges Problem – und ihn zu programmieren ist noch schwieriger. Das ist heute eines der Hauptgebiete der Computerwissenschaft, solche Parallelapparaturen aufzubauen und dann herauszufinden, wie man sie programmiert. Man möchte erreichen, daß sämtliche CPUs, sagen wir fünfzigtausend Stück, die meiste Zeit beschäftigt sind, denn damit würde sich die Rechenkraft der Apparatur ungeheuer erhöhen. Aber nur bei ganz bestimmten Berechnungsarten ist es uns bisher gelungen, die unvorstellbare Leistungsfähigkeit der Parallelmaschinerie gezielt zu nutzen.

Programme

Jetzt möchte ich mich den Programmen zuwenden und von einem simplen Beispiel ausgehen. Um die Sache etwas anschaulicher zu machen, möchte ich von einem Programm sprechen, das man zwar kaum in einem Computer antreffen wird, das aber einem Computerprogramm durchaus analog ist. Es ist ein Programm für die Frühstückszubereitung – ein Frühstücksprogramm für ein amerikanisches Frühstück: zwei Spiegeleier und eisgekühlter Orangensaft.

Eines der möglichen Verfahren, wir würden es »von unten nach oben« nennen, besteht darin, einfach die simplen, primitiven Aktionen auszuführen, die hier zu tun sind. Das Programm beschreibt einfach die Abfolge all dessen, was zu geschehen

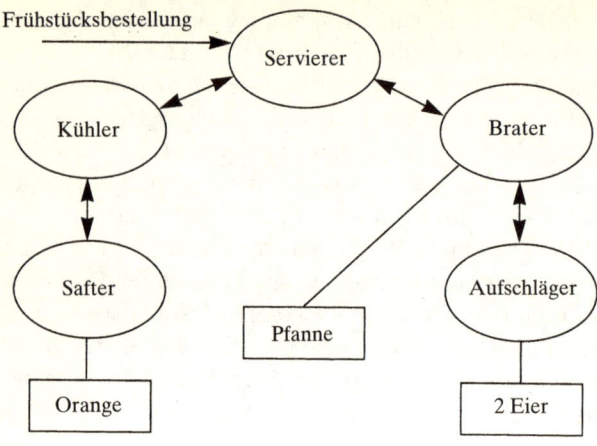

Frühstücksbestellung

Servierer

Kühler

Brater

Safter

Aufschläger

Pfanne

Orange

2 Eier

Abbildung 12

hat, damit ein Frühstück entsteht: Sie nehmen eine Orange, Sie pressen sie aus, Sie kühlen den Saft; Sie nehmen die beiden Eier, Sie nehmen die Pfanne, Sie schlagen die Eier auf, Sie braten die Eier, und dann servieren Sie das Frühstück.

Schauen wir uns dieses Programm jetzt in der »Von-oben-nach-unten«-Version an. Hier setzt man bei dem an, worum es letztlich geht: Frühstück servieren. Wir brauchen also zunächst jemanden, der das Frühstück serviert. Was tut dieser Servierer? Er ruft den Saftkühler und den Eierbrater. Was tun nun diese beiden? Der Saftkühler kann gar nichts tun, solange er keinen Orangensaft hat; der Eierbrater kann gar nichts tun, solange er keine Pfanne und keine Eier hat. Also ruft der Saftkühler den Safter und sagt: »Beschaff mir Saft.« Der Eierbrater ruft den Eieraufschläger, und außerdem ruft er nach der Pfanne. Nun ist eine Pfanne einfach eine Pfanne, an der keine untergeordneten Prozesse mehr sind, also ist an dieser Stelle nichts weiter zu tun. Der Safter hingegen sagt: »Ich brauche eine Orange«, und der Eieraufschläger sagt: »Ich brauche zwei Eier.« Sind Orange und Eier beschafft, können Safter und Aufschläger den ersten Zubereitungsschritt ausführen, nämlich Saft und aufgeschlagene Eier bereitstellen. Dann können der Kühler und der Brater ihre Arbeit tun, und schon haben wir Spiegeleier und gekühlten Saft. Und jetzt endlich kann der Servierer uns das Frühstück auftragen. Das ist von oben nach unten.

Dieses Von-oben-nach-unten-Verfahren ist eine generelle Programmierungsstrategie, aber sie gibt auch schon eine gewisse Vorstellung von einer der Grundstrategien bei der Erzeugung von künstlicher Intelligenz. Wenn Sie einen vielschichtigen Vorgang wie das Servieren des Frühstücks haben, zerlegen Sie ihn in simple kleine Aktionen. Für jede dieser Aktionen haben Sie einen Ausführenden. So stellen sich tatsächlich viele Computerwissenschaftler den Geist vor, und etwas davon wurde ja auch gestern in Professor Roschs Darstellung sichtbar – daß wir in unserem Geist vielleicht Tausende von Ausführenden haben, die auf verschiedene Weisen zueinander in Beziehung stehen. Einer der Begriffe, mit denen man das auszudrücken versucht, lautet »Geist-Gesellschaft«. Alle diese Ausführungsorgane in unserem Geist unterhalten Beziehungen zueinander – Anfragen, Anordnungen und so weiter –, und all das geschieht gleichzeitig. Das Resultat nennt man Geist.

Der Geist ist in gewissem Sinne die Software des Gehirns. Manche Leute sagen, das sei eigentlich keine Geist-Gesellschaft, sondern eine Geist-Bürokratie, denn diese Ausführenden tun alle nur eine Sache. Verlangt man etwas anderes von ihnen, dann sagen sie: »Nein, dafür bin ich nicht zuständig.«

Was ist Intelligenz?

Kommen wir jetzt zur Frage der Intelligenz. Unter welchen Voraussetzungen kann man von Intelligenz sprechen? Der Computer und die Bemühungen um intelligente Maschinen haben zu einer sehr interessanten Entwicklung geführt, die unsere Anschauungen von Intelligenz eigentlich auf den Kopf gestellt hat. Noch vor zwanzig Jahren hätte man auf die Frage nach dem Wesen der Intelligenz wahrscheinlich zu hören bekommen, daß es im logischen Denkvermögen besteht. Schach spielen, mathematische Berechnungen anstellen – das waren damals die Zeichen der Intelligenz. Aber sehen können, Geschichten verstehen, alltäglicher praktischer Verstand – dergleichen ist ja schon an Kindern zu sehen. Das ist nicht Intelligenz!

Jetzt versuchen wir Computer so zu programmieren, daß sie dergleichen Fähigkeiten bekommen. Logische Stimmigkeit ist für Computer kein Problem, und bei mathematischen Berechnungen sind sie unschlagbar. Wir haben auch Computer, die sehr gut Schach spielen (darüber will ich gleich noch ein wenig mehr sagen). Als das vor zwanzig bis dreißig Jahren erreicht war, ließen viele der führenden Forscher sich zu sehr optimistischen Voraussagen hinreißen: »In ein paar Jahren werden Computer schlauer sein als wir, denn die schwierigen Sachen haben wir schon bewältigt. Jetzt kommen nur noch die leichten Sachen, die sogar ein Kind kann.« Dann sahen sie sich diesen Kinderkram an und mußten feststellen, daß er alles andere als leicht ist.

Betrachten wir etwa das Sehvermögen. Es ist wahnsinnig schwierig, einem Computer das Sehen beizubringen. Man kann eine Videokamera an den Computer anschließen, aber er »sieht« dann nur ein Feld voller kleiner Farbpunkte. Das ist noch kein Sehen. Hätten wir Menschen nicht mehr als das, dann wäre es nichts mit der Betrachtung der Welt. Wenn wir sehen, sehen wir zum Beispiel Menschen. Ich sehe Francisco Varela. Ich erkenne, daß er von der Couch unterschieden ist. Obwohl er oben violett und schwarz und unten grau ist und das Grau der Farbe der Couch sehr ähnlich ist, weiß ich, daß der untere Teil seines Körpers nicht zur Couch gehört, sondern zu ihm. Für einen Computer ist es ungeheuer schwierig, diese Szene, wenn er sie durch die Kamera aufnimmt, irgendwie zu deuten. Wenn es ihm schließlich doch gelingt, dann erst nach langer Zeit. Auf diesem Gebiet wird sehr aktiv geforscht, aber das Computer-Sehvermögen bewegt sich noch auf sehr primitivem Niveau. Um die Welt sehen zu können, müssen wir sie verstehen – und da ist so viel, was verstanden werden muß.

Oder machen wir uns klar, wie ein Kind eine Geschichte versteht. Eine simple Geschichte von einem Hund, einem Jungen und einem Mädchen. Sie lesen dem Kind die Geschichte vor und stellen dann ein paar Fragen: Was ist passiert? Weshalb haben das Mädchen und der Hund dies oder das getan? Wo sind sie hingegangen? Dann zeigt sich, daß es furchtbar schwierig ist, ein Programm zu schreiben, das auch nur Kindergeschichten verstehen kann. Wir haben es da noch nicht sehr weit gebracht. Man hat etliche Ansätze ausprobiert, und es hat einige Fortschritte gegeben, aber unsere Computer sind immer noch nicht in der Lage, Geschichten zu verstehen, die ein Kind ohne weiteres versteht. Sie können den Computer mit Informationen über Hunde und Kinder und Kinderspiele vollstopfen, aber jedes bißchen Verstehen verlangt offenbar weiteres Verstehen, und die Aufgabe ist bisher nicht zu bewältigen. Der arme Computer ist in gewisser Weise sehr stark von der Welt isoliert.

ROBERT B. LIVINGSTON: Er hatte keine Mutter.

GREENLEAF: Er hatte keine Mutter, und er hat keinen Körper – und das ist vielleicht noch wichtiger. Ein Roboter, wird man vielleicht sagen, hat einen Körper, aber der ist unserem Körper überhaupt nicht ähnlich. Wir kommen auf den Roboter noch zurück; was aber diesen armen Computer hier angeht, so kann er die Welt überhaupt nur über die Tastatur erfahren. Seine Beziehung zur Welt ist eine höchst begrenzte Angelegenheit. Die Forscher arbeiten mit Hochdruck an Maschinen, die mehr von der Welt wahrnehmen können. Aber kaum kommen sie hier einen Schritt weiter, schon stellt sich ein neues Problem. Wenn eine Videokamera den Blick nach draußen eröffnet oder kleine Sensoren am Arm des Roboters etwas wahrnehmen, fällt eine enorme Datenmenge an. Was tun mit all den Daten?

Der Roboter könnte auch ein Mikrofon haben, das Geräusche und Laute aufnimmt. Etwas Gesprochenes verstehen – auch darin sind die Computer wirklich herzlich schlecht. So – ein – Computer – versteht – mich – nur, – wenn – ich – so – rede. Spreche ich normal, so daß die Worte nicht voneinander abgegrenzt sind, dann hat der Computer keine Ahnung, wovon ich rede. Er weiß nicht, wo ein Wort aufhört und das nächste anfängt.

Hier ist es wirklich zu einer völligen Umkehrung unseres Verständnisses von Intelligenz gekommen. Wenn wir jetzt Fragen über Intelligenz stellen, denken wir dabei an die Intelligenz eines Kindes. Wenn wir unsere Computer nur so gewitzt wie ein fünfjähriges Kind machen könnten, wäre das eine unglaubliche Leistung! Die Bedeutung des Wortes »Intelligenz« hat sich also im Laufe der letzten Jahre völlig umgekehrt.

Vier Strategien der Künstliche-Intelligenz-Forschung

Hier nun ein grobes Raster der Strategien, die man auf dem Gebiet der künstlichen Intelligenz verfolgen kann. Die erste ist das *ausschöpfende Suchen*, bei dem wir nicht die menschliche Intelligenz nachzuahmen versuchen, sondern uns an die Stärken des Computers halten, an seine Schnelligkeit und Genauigkeit. Wir bauen seine Intelligenz aus diesen Stärken, ohne uns groß darum zu kümmern, auf welche Weise ein Mensch intelligent ist. Der Computer wird in so kurzer Zeit so viele Dinge denken können, daß er intelligent sein wird. Dieser Ansatz bringt Computer hervor, die Schach spielen können.

Ein anderer und von diesem ersten sehr verschiedener Ansatz besteht darin, einen Experten nachzuahmen, ein *Expertensystem* zu schaffen. Eure Heiligkeit beispielsweise ist ein Experte für den Pfad zur Erleuchtung, und jetzt kommen wir Computerwissenschaftler daher und stellen Ihnen ganz systematisch eine Menge Fragen. Dann formulieren wir Regeln für das, was man in allen Lebenslagen tun muß, um ein Erleuchteter zu werden. Wir werden ein riesiges Regelsystem aufstellen,

Abertausende von Regeln, und dann wird dieses Programm uns sagen, wie wir Erleuchtung finden können. Das ist wohl ein etwas albernes Beispiel, aber so funktioniert die Sache tatsächlich für Ärzte, Rechtsanwälte und so weiter.

Ein dritter Ansatz geht von der *Geist-Gesellschaft*-Sicht des Geistes aus, über die Professor Rosch uns berichtet hat. Denken Sie sich den Geist als einen großen Kasten, in dem kleinere Kästen sind und in diesen wiederum kleinere. Jeder Kasten hat seine ganz besondere Rolle zu spielen. Etwas davon haben wir in unserem Frühstücks-Beispiel gesehen. Da haben wir den Servierer, den Kühler, den Eiaufschläger, den Brater und so fort. Sie alle stehen in Beziehung zueinander, aber der Geist ist natürlich unendlich viel komplexer. Er hat Abertausende von ausführenden Organen, die untereinander in Verbindung stehen. Wir schreiben also ein Programm, das alle diese ausführenden Organe als Unterprogramme in sich hat. Jedes einzelne ausführende Organ ist ziemlich beschränkt, aber wenn sie alle auf die richtige Weise interagieren, darf man vielleicht hoffen (und das ist gegenwärtig wirklich nicht viel mehr als eine Hoffnung), daß sich Intelligenz zeigt.

Und ein vierter Ansatz schließlich besteht darin, daß man sich sagt: »Wer weiß, was im Geist ist; aber was das Gehirn angeht, haben wir durchaus ein wenig echtes Wissen. Wir können die Neuronen sehen, und wir können sehen, wie sie miteinander verbunden sind. Vielleicht bekommen wir eine intelligente Maschine, wenn wir das Gehirn imitieren.«

Die vier Grundstrategien der künstlichen Intelligenz (KI) werden manchmal als nicht miteinander vereinbar gesehen, aber wer in einem KI-Labor arbeitet, verschreibt sich im allgemeinen nicht einer einzigen Strategie, sondern bedient sich dessen, was in der gegebenen Situation am besten funktioniert. In einem Programm können sich Elemente des ausschöpfenden Suchens, eines Expertensystems und der Gehirn-Imitation finden. Alles ist recht, was irgendwie weiterführt, aber es gibt doch unterscheidbare Trends.

Ein Schachspiel

Lassen Sie mich jetzt kurz über das Schachspiel sprechen. Schach wird mit sechzehn Spielfiguren auf jeder Seite auf einem Brett mit vierundsechzig Feldern gespielt. Es ist viel Schweiß darauf verwendet worden, Computern das Schachspielen beizubringen. Eine der ersten Aufgaben, die KI-Forscher sich gestellt haben, war ein Programm, das wirklich gut Schach spielen konnte. Man kann sich eine simple Maschine denken, nach der das zu bewerkstelligen wäre. Der gegenwärtige Stand des Spiels wird im Gedächtnis des Computers gespeichert. Wenn der Computer am Zug ist, untersucht er jeden der jetzt möglichen regelkonformen Züge. Für eine durchschnittliche Position können wir dreißig solcher Zugmöglichkeiten annehmen. Auf jeden dieser Züge stehen dem Gegner auch wieder dreißig Zugmöglichkeiten zur Wahl und so weiter. Diese Möglichkeiten kann man als einen »Spiel-Baum« darstellen, der eine entfernte Ähnlichkeit mit einem echten Baum hat. In der Computerwissenschaft wachsen Bäume immer umgekehrt, die Äste nach unten. Die »Wurzel«, das heißt die gegenwärtige Spielsituation, ist oben. Jeder Kasten steht für eine Position der Spielfiguren auf dem Brett, und von jedem Positionskasten gehen im Durchschnitt dreißig Verbindungsstriche aus, die für mögliche Züge stehen.

Um wirklich gut Schach zu spielen, sollte man in der Lage sein, ziemlich weit vorauszuschauen. Es reicht nicht, nur zwei oder drei Züge weiterzudenken. Damit erreicht man nicht viel. Man muß zehn, vielleicht fünfzehn Züge vorausplanen können. Doch leider, je weiter man vorausblickt, desto atemberaubender vermehren sich die Alternativen – »exponentiell«, wie wir das nennen. Konkret: Wir haben auf dieser Ebene dreißig Kästen, und auf der nächsten Ebene zweigen von jedem dieser dreißig Kästen dreißig neue ab, und dann haben wir dreißig mal dreißig Alternativen. Das bedeutet, daß wir auf der zehnten Ebene bereits vor dreißig hoch zehn Alternativen stehen. Das ist eine kaum noch vorstellbare Zahl, und jeder noch so

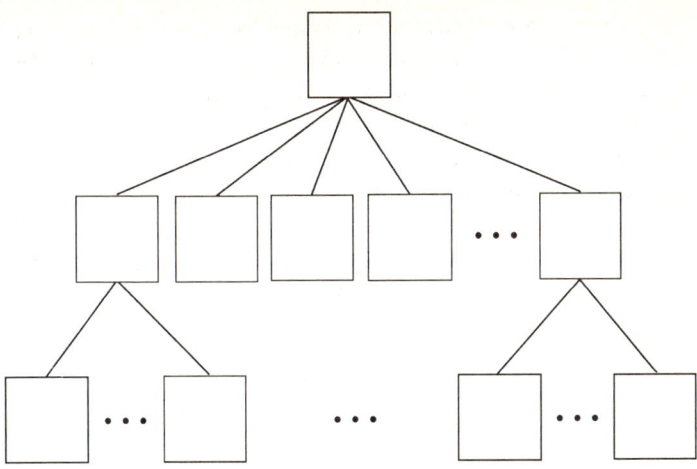

Abbildung 13   Darstellung eines kleinen Ausschnitts des Spielbaums beim Schach. Jedes Quadrat repräsentiert eine Stellung auf dem Brett. Von einer durchschnittlichen Stellung aus gibt es etwa dreißig mögliche Züge. Der Baum verdeutlicht, daß es zu einer exponentiellen Explosion kommen muß, wenn ein Programm sämtliche möglichen Züge über etliche Spielschritte im voraus durchzuspielen versucht.

schnelle Computer wird mit dem Abwägen all dieser Möglichkeiten überfordert sein. Exponentiell wachsende Größen sind ihrer Natur nach nicht zu bewältigen.

Hier wäre einzuflechten, daß die Idee der exponentiellen »Explosion« schon sehr alt ist. In einer alten Geschichte geht es um ein Schachbrett und Reiskörner: Auf das erste Feld wird ein Reiskorn gelegt, auf das zweite zwei, auf das dritte vier und so weiter, also von Feld zu Feld eine Verdoppelung der Zahl der Reiskörner – acht, sechzehn, zweiunddreißig, bis man schließlich auf das letzte Feld zwei hoch dreiundsechzig Reiskörner legen muß. Wenn wir diese Zahl ausschreiben, hat sie neunzehn Stellen – eine wirklich ungeheure Menge Reis.

Die »Stur-Heil-Methode« des Schachspielens besteht darin,

für viele Ebenen im voraus alle Möglichkeiten abzuwägen. Da diese Methode an der exponentiellen Explosion scheitert, muß man den Baum »beschneiden«. Das Programm muß entscheiden können, welche Positionen nicht weiter erwägenswert sind, damit man diese Zweige wegstutzen kann. Das Programm muß also Positionen beurteilen können, um zu entscheiden, ob sie Erfolg versprechen oder nicht. Wenn man genug Zweige wegstutzt, kann die Maschine weit vorausblicken und wird sehr gut Schach spielen. Auf dem Gebiet solcher Strategien des Zurückschneidens wird sehr intensiv geforscht, um wirklich gute Schachcomputer zu entwickeln. Ich kann heute, zumindest im Westen, in ein Geschäft gehen und mir für fünfzig Dollar eine Maschine kaufen, die mich jedesmal schlägt. Ich bin kein sehr guter Schachspieler.

Schachprogramme sind heute so gut, daß sie fast jeden schlagen können – nur über den Gipfel menschlicher Leistungsfähigkeit auf diesem Gebiet sind sie noch nicht hinaus. Das könnte, wie man bereits spekuliert, zum Teil daran liegen, daß menschliche Spieler eben durch diese Programme besser geworden sind! Menschen benutzen nämlich die Maschine, um Positionen zu analysieren und sich Dinge klarzumachen, die sie vorher nicht verstanden haben. Doch worin der Grund auch liegen mag, ein Programm, das gegen den Weltmeister eine Chance hat – mag es auch 99,9 Prozent aller Spieler in der Welt schlagen können –, müssen wir erst noch entwickeln.

Das Expertensystem

Als nächstes möchte ich über die Strategie des Expertensystems sprechen. Hier wird sehr viel Geld investiert, zumindest in den Vereinigten Staaten. Überall entstehen neue Firmen, die Expertensysteme zu entwickeln versuchen. Wir haben schon erwähnt, daß solche Programme in der Medizin und im Rechtswesen Anwendung finden. Ein besonders interssanter Anwendungsbereich scheint die Erdölgeologie zu sein: Wie findet man heraus, wo man am besten nach Öl bohrt? Heute kann man da ein Expertensystem fragen. Bei allen Expertensystemen geht man nach ungefähr dem gleichen Muster vor. Sogenannte »Wissensingenieure« fragen einen oder mehrere Experten aus. Sie haben da eine Technik, mit der sie herausbekommen, wie ein Experte eigentlich zu seinen Entscheidungen kommt – Was würden Sie in dieser Situation tun, was würden Sie an weiteren Informationen benötigen, und wie kommen Sie dann zu Ihrer Entscheidung? Sie tragen Tausende von Regeln zusammen, und dann haben sie ein Programm, das man mit all diesen Regeln zu einem künstlichen Experten machen kann.

Auf ein eher lustiges Beispiel bin ich bei einer Chinareise gestoßen. Es handelt sich um ein Softwaresystem für chinesische Medizin, ein Expertensystem, das einen künstlichen Akupunkteur darstellt. Die Patienten besprechen ihre Symptome mit einem Computer! »Was fehlt Ihnen?« – »Ich habe Schmerzen hier in der Hüfte.« Dann stellt der Computer weitere Fragen wie zum Beispiel: »Ist Ihnen manchmal sehr heiß?« Ich weiß natürlich nicht, was für Fragen in diesem Zusammenhang angemessen sind. Aber hier hat ein Wissensingenieur mit einem Akupunkteur zusammengearbeitet, und das Programm sagt einem, wo man die Nadeln setzen muß. Ich verstehe nicht viel von Akupunktur, aber das Programm funktioniert so gut, daß man stolz darauf ist und es gern vorzeigt.

Häufig werden viele Experten interviewt, und wenn die Ingenieure dann über die Vorteile von Expertensystemen sprechen, stellen sie diesen Umstand als Grundlage wirklicher Kompetenz und Potenz des Programms heraus. Denn wenn man viele, viele Experten befragt, hat man ja all ihr Wissen, und das Programm wird dann kompetenter und kenntnisreicher sein, als ein einzelner Mensch je sein könnte. Es gibt hier natürlich auch Probleme, zum Beispiel sind Experten nicht immer einer Meinung. Was macht man dann?

Information kann auch auf dem Weg über sensorische Apparaturen direkt in das Expertensystem gelangen. Bei einem diagnostischen Programm beispielsweise kann manches an Information direkt eingespeist werden, ohne daß der Arzt selbst sich darum kümmern muß. Man könnte sich einen Apparat vorstellen, der den Puls und außerdem die Herz- und Gehirnströme mißt. Diese Daten könnte man direkt an den Computer übermitteln und dort analysieren lassen, ohne daß der Arzt sich erst die Daten ansehen und dann entsprechende Eingaben machen muß. So könnten gewaltige Datenmengen direkt dem Computer zugeführt werden, weil sie direkt aus den Monitor-Apparaturen am Patienten kommen. Da liegen ungeheure Möglichkeiten, und auf diesem Gebiet wird sehr emsig geforscht. Alles in allem werden solche Systeme noch nicht sehr intensiv genutzt. Amerikanische Ärzte sind nicht geneigt, Expertensysteme zu konsultieren. Und die Leute, die Ärzte dazu bewegen wollten, haben ziemlich viele Enttäuschungen erlebt. Herausgefunden hat man dabei aber, daß Ärzte ungern tippen. Dr. Livingston scheint hier eine Ausnahme zu sein, aber sonst ist es eher so, daß Ärzte alles tun, um sich nur ja nicht vor eine Tastatur setzen zu müssen.

FRANCISCO J. VARELA: Ich glaube, wir müssen hier klar unterscheiden zwischen einer Datenbank, bei der ein Arzt Information abfragen kann, und einem KI-Projekt, welches das Expertenwissen vieler Ärzte erfassen möchte. Ersteres ist eindeutig nützlich. Beim zweiten wissen wir es noch nicht recht. Ist es so gut wie ein Arzt oder vielleicht sogar besser? Vielleicht können Sie einmal darstellen, wie erfolgreich KI-Projekte im Vergleich mit einfachen Datenbanken sind.

GREENLEAF: Wenn man es mit einer bestimmten Krankheit zu tun hat, erbringen manche Expertensysteme offenbar im großen und ganzen recht gute Ergebnisse. Aber wenn Sie nicht wissen, was mit dem Patienten eigentlich los ist, dann ist das Expertensystem auch ziemlich aufgeschmissen und wird wahrscheinlich schlimme Fehler machen. Alles in allem haben Expertensysteme sich sogar als eher enttäuschend erwiesen, weil die Kenntnisbasis, von der sie ausgehen, immer begrenzt ist. Sobald irgend etwas außerhalb der verfügbaren Daten oder der eigens eingegebenen Regeln liegt, warten die

Systeme mit teils verheerenden Mutmaßungen auf. Bei uns Menschen, wenn wir Fehler machen, ist es eher so, daß wir nicht ganz so weit danebengreifen.

Zu ähnlichen Situationen kommt es, wenn Computer für die Abläufe in Fabriken verantwortlich sind oder Flugzeuge steuern. Vielleicht ist der Computer besser, wenn alles normal läuft, sobald sich jedoch außergewöhnliche Umstände einstellen, können dem Computer schlimmere Fehler unterlaufen, als ein Mensch je machen würde.

Eine Zeitlang war die Hoffnung groß, daß Expertensysteme sich als die überragende Methode bei der künstlichen Intelligenz erweisen würden. Daran glauben heute nur noch wenige. Bestimmte Expertensysteme haben weiterhin ihren Anwendungsbereich, aber in der Künstliche-Intelligenz-Forschung zieht man jetzt eher andere Ansätze vor.

Die Geist-Gesellschaft

Als dritten Ansatz hatte ich das Geist-Gesellschaft-Modell genannt: ein System aufbauen, das aus Massen von ausführenden Organen oder Wirkgrößen besteht, die vielfach »Agentien« genannt werden. Diese Agentien sind simple kleine Computerprogramme, die mit vielen anderen ähnlichen Programmen verknüpft sind. Unser Frühstücksprogramm ist ein gutes Beispiel für solch ein simples Programm. Eine ganze Reihe von Agentien kommt da zusammen: der Servierer, der Kühler, der Brater, der Safter, der Aufschläger, die Pfanne, die Orange und die Eier. Jede dieser Komponenten hat ihre begrenzte, einfache Funktion, und jede ist auf ganz spezifische Weise mit den anderen verknüpft. Wenn ein Input von außen, nämlich »Bring mir Frühstück«, den Servierer erreicht, ruft der, wie wir gesehen haben, den Kühler und den Brater und so weiter, und das Ergebnis ist das Frühstück. Der Geist-Gesellschaft-Ansatz besteht nun in der Annahme, daß der Geist insgesamt so ist, daß er Tausende von Agentien umfaßt, deren jedes auf verschiedene Weisen mit anderen in Verbindung steht – und daß unser Denken eben dies ist. Wir sind einfach ein Bündel von Agentien, die auf diese oder jene Weise miteinander verkoppelt sind.

Gestern kam die Frage auf, ob da drinnen ein Ich ist. Gibt es da ein Agens, nämlich »mich«, das der Chef der ganzen Sache ist? Das ist in der Computerwelt eine strittige Frage. Manche möchten da einen großen Boß einsetzen, der die ganze Sache leitet, aber ich würde sagen, die meisten, die mit dem Geist-Gesellschaft-Ansatz der künstlichen Intelligenz arbeiten, stehen auf dem Standpunkt, daß es kein Hauptquartier gibt. Es gibt keinen Chef, der alles unter sich hat. Es gibt kein Agens namens »Ich«. Mag sein, daß ich die Gesamtheit der Agentien bin, aber hier ist niemand, der die Leitung hat. Die Sache läuft einfach weiter. Wenn es ums Frühstück geht, hat vielleicht der Servierer die Leitung, aber bei irgendeiner anderen Aufgabenstellung übernimmt ein anderes Agens die Leitung. Manchmal arbeiten die Agentien Hand in Hand, manchmal auch gegeneinander. Manchmal gibt es Streit, und dann ist ein Agens für die Schlichtung zuständig und entscheidet, welchem Plan zu folgen ist – und so weiter. Man hat hier also ein riesiges Geflecht von Agentien. In dieser Anschauung, könnte man sagen, ist in gewisser Weise der Nicht-Ich-Gedanke verwirklicht.

Ich habe bislang noch von keinem aufsehenerregend erfolgreichen KI-Programm auf der Basis des Geist-Gesellschaft-Ansatzes gehört. Aber es arbeiten sehr viele Leute auf diesem Gebiet. Wird es eines Tages Intelligenz hervorbringen? Wir wissen es nicht.

Gehirn-Imitation

Das bringt uns zur vierten der genannten Grundstrategien für die Entwicklung künstlicher Intelligenz: nicht den Geist, sondern das Gehirn nachbauen. Die Leute, die in diesem Bereich

arbeiten, bauen ganze Geflechte von Prozessoren auf, sogenannte *neuronale Netze*, die aus Erfahrung lernen können.
Lassen Sie es mich wieder am Beispiel des Frühstücks veranschaulichen. Stellen wir uns ein Netz vor, in dem sich hier der
Servierer befindet, und auf der anderen Seite sind Orange, Eier
und die Pfanne. Eine an den Servierer gerichtete Frühstücksbestellung aktiviert das Netzwerk. Anfangs hat diese Aktivierung
etwas ziemlich Ungerichtetes, und man kann davon ausgehen,
daß die Zubereitung des Frühstücks ein Fiasko wird. Vermutlich landen die Eier auf dem Boden, die Orange fliegt zum
Fenster raus, und mit der Pfanne bekommen wir eins überge-
braten. Dann sagen wir natürlich: »Nein, nein, ganz falsch!
Macht es anders!« Aber zuerst beschreiben Sie ganz genau, was
im einzelnen hätte geschehen müssen, und das Netz wird nun
einige Veränderungen an den Verbindungen zwischen den verschiedenen Prozessoren vornehmen, so daß die Wahrschein-
lichkeit eines besseren Ergebnisses sich erhöht. Es gibt dazu
mehrere systematische Methoden. Beim nächstenmal wird
vielleicht immerhin die Orange richtig ausgepreßt, aber dann
wird der Saft auf den Boden gegossen; ein Ei wird aufgeschla-
gen, aber die Pfanne fliegt zum Fenster raus – und wieder erklären Sie, was hätte geschehen sollen, und das Netz macht seine
Korrekturen. Im Laufe der Zeit wird sich das Netz stark verändern, und wenn die Sache funktioniert, wird es irgendwann ein
anständiges Frühstück bereitstellen.

Das ist natürlich kein sehr wirklichkeitsnahes Beispiel. Ich
will deshalb ein anderes anführen, bei dem neuronale Netze
sich als recht erfolgreich erwiesen haben. Eine der großen Fragen bei der künstlichen Intelligenz lautet: Wie erkennt ein
Computer den Buchstaben »A«? Wenn Sie alle Ihre As exakt
gleich machen – gleich groß, gleich dick, gleiche Ausrichtung –,
ist es nicht schwierig, ein Programm für das Erkennen eines A
zu schreiben. Nur leider sind unsere As nicht immer gleich. Wir
geben also ein Standard-A vor und bringen dem Computer bei,
es zu erkennen. Aber dann zeigen wir ihm ein anderes A, und
er sieht nur, daß es anders ist, und sagt: »Nein, das ist kein A.«

Wir legen ihm wieder ein anderes A vor, und er verneint, und dabei bleibt er, wie viele verschiedene As wir ihm auch vorlegen mögen. Ein Kind dagegen, vermutlich sogar eine Taube, ist in der Lage, alle Proben als A zu erkennen. Tauben sind darin sogar ziemlich gut. Unser Computer jedoch zeigt sich als totaler Versager. Mit neuronalen Netzen andererseits kann man hier zum Erfolg kommen. In diesem Fall wäre der Input ein Muster, das mit einer Videokamera erfaßt werden könnte. Für den Output müßte der Computer fragen: Ist das hier ein A oder ein B oder ein C oder ein D oder nichts davon und gar kein Buchstabe? Mit diesem Ansatz hat man in letzter Zeit ziemlich spektakuläre Erfolge mit neuronalen Netzen erzielt, und so ist er das, was auf dem Gebiet der künstlichen Intelligenz derzeit »in« ist. Wenn Sie heute populärwissenschaftliche Zeitschriften in die Hand nehmen, finden Sie kaum noch etwas über Expertensysteme, aber viel über neuronale Netze.

VARELA: Ich kann dazu ein interessantes Beispiel beisteuern: Angenommen, Sie wollen einem Computer beibringen, aus einem Buch vorzulesen, zum Beispiel für einen Blinden. Das war bis vor kurzem äußerst schwierig, aber Neuronalnetz-Computer können es jetzt. Zunächst zeigen Sie dem Apparat die Art von Texten, die Sie gelesen haben möchten, also etwa Kindergeschichten für ein blindes Kind. Dann fängt der Computer mit dem Vorlesen an, und das klingt so [gibt einen unverständlichen Schwall von Lauten von sich]. Jetzt müssen Sie sich dem Computer gegenüber wie ein Lehrer verhalten. Jedesmal wenn er »der Hund« zu sagen versucht und es vermasselt, sagen Sie: »Nein, nein, nein, es heißt ›der Hund‹!« Sie müssen ihm also das richtige Muster regelrecht einhämmern, und dann setzt es sich nach spezifischen Regeln in seinem Innern fest. Die Veränderung wird jeweils am Output erkennbar. Sie machen das immer und immer wieder. Besonders interessant ist daran – und das ist nicht Science Fiction, sondern Realität –, daß der Computer über Nacht lernt. Am nächsten Tag liest er vor: »Der-Hund-geht-mit-dem-Jungen.« Die Maschine kann wahrhaftig lernen. Inzwischen können Sie so etwas sogar kaufen. Sie zeigen dem Computer ein paar Stunden lang verschiedene Texte, und danach kann er lesen.

Sie zwingen den Computer, Sie nachzuahmen. Sie sind ein Pauker. Er braucht einen Pauker. Kein Pauker, kein Lernen. Der Pauker ist dazu da, dem Computer beizubringen, daß er die Geschichte von dem Jungen und dem Hund lesen kann, aber wenn er das einmal gelernt hat, kann er jede andere Geschichte lesen. Er hat dann wirklich gelernt, wie man vorliest.

LIVINGSTON: Es gibt aber auch neuronale Netze, die gesprochene Sprache entziffern können. Da fehlt es noch an den Feinheiten, aber sie sind schon ziemlich gut. Sie verstehen schon recht ordentlich, was etwa ein Kind oder ein Erwachsener oder jemand mit einem fremdländischen Akzent sagt. Es gibt schon erschwingliche Programme, die von Blinden benutzt werden können. Sie können dem Computer sagen, was sie schreiben möchten. Sie wissen, daß er viele Fehler machen wird. Der Computer liest ihnen also noch einmal vor, was sie geschrieben haben, einschließlich aller Kommata, Punkte und so weiter. Und wenn der Apparat dabei auf etwas stößt, was ihm noch unbekannt ist, dann buchstabiert er es. So geht man den ganzen Text noch einmal durch, und der Blinde kann korrigieren oder ändern. Man ist hier bei der Textverarbeitung nicht mehr von einem Bildschirm abhängig.

VARELA: Das Entscheidende ist hier, daß die Sache auf Lernen hin angelegt ist, ganz anders als das Expertensystem. Expertensysteme haben viele Regeln, aber das ist auch schon alles. Ein neuronales Netz ist eher wie etwas Lebendiges: Schafft man ihm die richtigen Rahmenbedingungen, dann lernt es.

B. ALAN WALLACE (Dolmetscher): Expertensysteme haben ein unflexibles Programm, neuronale Netze ein flexibles.

VARELA: Ja, richtig. Das gilt natürlich nicht uneingeschränkt, denn auch solch ein Netz lernt nur Texte zu lesen, die nicht allzu kompliziert sind. Es wird nicht weiterwissen, wenn man ihm etwas Mathematisches vorlegt. Aber es ist doch ziemlich flexibel und besser als alles, was wir bisher gehabt haben.

DALAI LAMA: Sie haben von diesem Programm erzählt, mit dem Sie dem Computer das Lesen beibringen können. Nehmen wir an, er beherrscht es nach fünf Wiederholungen. Würden andere Maschinen dieselbe Zahl von Durchgängen benötigen?

VARELA: Grundsätzlich ja. Alle Computer lernen nach etwa gleich vielen Versuchen. Das ist ein Durchschnitt, der von der Qualität des Lernprogramms abhängt.

DALAI LAMA: Aber wenn sie es einmal gelernt haben, vergessen sie es nicht mehr?

GREENLEAF: O nein.

ELEANOR ROSCH: Es gab sogar an der Stanford University den Fall eines Computers, der von einem Amerikaner auf Englisch trainiert wurde; als man ihm einen französischen Text vorlegte, las er ihn mit amerikanischem Akzent! [Gelächter]

Computer und Gesellschaft

GREENLEAF: Wir haben jetzt über alle vier Strategien, mit denen Computer intelligent gemacht werden sollen, etwas gehört. Zum Schluß möchte ich dieses Gebiet jetzt verlassen und ein paar Worte über Computer in ihrem gesellschaftlichen Zusammenhang sagen. Für viele der wichtigsten gesellschaftlichen Fragen spielen Computer eine Rolle. Denken wir etwa an Ronald Reagan und seinen Glauben an SDI oder »Star Wars«, wie man heute vielfach sagt. Da geht es ja darum, den Weltraum mit computergesteuerten Waffen zu bestücken, die uns vor Angriffen der Russen schützen sollen. Wie soll das funktionieren? Nun, sobald die Russen ihre Raketen auf uns abschießen, werden unsere Weltraumwaffen das bemerken und diese Raketen abschießen. Sehr viel Geld wird für dieses Projekt ausgegeben. Es basiert auf dem Glauben, daß wir die Computer so schlau machen können, wie wir nur wollen, daß wir wirklich Computer bauen können, die vom Weltraum aus unterscheiden können, ob sie da gerade eine russische Rakete ausmachen oder nur einen Vulkanausbruch oder einen Meteor oder eine Funktionsstörung in ihrem eigenen Innern.

Das Dumme an dieser Sache ist, daß Computer so gut wie nie auf Anhieb richtig arbeiten. Wir reden sehr viel vom »Debugging«, dem Austesten möglicher Fehler. Wenn Sie ein Computerprogramm schreiben, schwebt Ihnen vor, daß es etwas bestimmtes tun soll, aber dann lassen Sie es laufen, und es tut etwas ganz anderes. Dann sehen Sie sich Ihr Programm wieder an und suchen nach »Bugs« oder Fehlern, korrigieren die Fehler und lassen es wieder laufen. Nach einiger Zeit läuft es dann meistens fehlerfrei. Sie wiegen sich in der Gewißheit, daß kaum noch Bugs drin sind, und fangen an, es zu verkaufen. Aber in einem sehr umfangreichen Programm werden immer irgendwo ein paar Bugs bleiben. Das gilt sogar für eine so alltägliche Sache wie ein Textverarbeitungsprogramm. Und sehr viel übler wird es in Bereichen sein, wo wir wenig Erfahrung haben – zum Beispiel beim Aufspüren russischer Raketen vom Weltraum aus. Wie sollen wir die Fehler solch eines Programms überhaupt finden? Wir können höchstens die Russen bitten, daß sie uns ordentlich mit Raketen beschießen, damit wir sehen, ob unser Programm funktioniert. Es ist hier also völlig unangebracht, sich so weitgehend auf Computer zu verlassen, und trotzdem glauben die Leute, wir könnten die Computer so intelligent machen, daß sie uns wirklich beschützen.

Wir haben in unseren Schulen große Probleme mit Lehrern, die wenig taugen, und das liegt zum Teil an ihrer schlechten Bezahlung. Es war schon zu hören, daß wir uns auch gar nicht mehr um bessere Lehrer bemühen müssen, weil wir sie in ein paar Jahren ohnehin durch Computer ersetzen können, die unseren Kindern ganz wunderbare Lehrer sein werden. Es wird allmählich etwas still um diese schöne Zuversicht, aber vor fünfzehn oder sogar zwanzig Jahren waren die Zeitschriften voll von diesen wunderbaren Lernmaschinen, welche die Lehrer an den Schulen entbehrlich machen würden. Und dieser

Glaube, daß der Computer uns retten würde, hat uns davon abgehalten, für guten Lehrernachwuchs zu sorgen.

Wir begegnen in der Gesellschaft sehr häufig diesem Glauben, daß der Computer uns retten wird, und das ist im allgemeinen kein sehr begründeter Glaube. Der Computer kann ein wunderbarer Diener sein, ein erstklassiges Werkzeug. Wenn wir uns vom Computer helfen lassen, ist das wohl in Ordnung, aber der Glaube, daß er uns wirklich retten wird, ist ein schrecklicher Irrtum. Es liegt eine große Gefahr in dieser allzu starken Ausrichtung auf den Computer.

DALAI LAMA: Sehr schön gesagt.

Bewußtsein – grob und subtil
Ein Gespräch

Künstlicher Geist

DALAI LAMA: Was gibt dem Computerwissenschaftler die Gewißheit, daß Computer irgendwann in der Zukunft intelligenter sein werden als Menschen?

NEWCOMB GREENLEAF: Also, da gibt es vielleicht zwei Gründe, würde ich sagen. Zum einen das, was ich wissenschaftliche Überheblichkeit nenne. [Gelächter] Ich meine den Gedanken (und das ist im Westen eine tiefe Überzeugung), daß die Wissenschaft alles kann, daß sie jedes Problem irgendwann lösen wird. Man meint also, den Computer intelligent zu machen sei ein wissenschaftliches Problem, das die Wissenschaft irgendwann einmal lösen wird. So schlicht ist der Gedanke wirklich. Ich meine aber, daß dieser Glaube noch aus anderer Quelle gespeist wird, nämlich aus dem Bereich der Science Fiction. Ich weiß nicht, Eure Heiligkeit, ob Sie den Film *Krieg der Sterne* gesehen haben. In diesem Film gibt es zwei Roboter, nämlich R2-D2 und C3-P0. Das waren köstliche Typen, die sogar Persönlichkeit besaßen. Eine ganze Generation von Kindern hat diesen Film gesehen, und sie finden es ganz selbstverständlich, daß so die Wirklichkeit ist.

DALAI LAMA: Also hat solcher Optimismus letztlich keine tragfähige Basis?

GREENLEAF: Manches ist verwirklicht worden, und ich habe ja ein paar der Errungenschaften genannt; aber alles in allem sind für dieses Gebiet sehr optimistische Voraussagen typisch, die sich dann als völlig abwegig erweisen. Vor zwanzig Jahren hat man gesagt, in zehn Jahren werden Computer intelligenter als wir sein. Inzwischen hat man aus solchen Erfahrungen ein wenig gelernt. Wir machen solche Voraussagen nicht mehr ganz so häufig – jedenfalls nicht öffentlich. [Gelächter]

JEREMY W. HAYWARD: Was kann denn ein wirklich guter und überzeugter KI-Experte an Argumenten für solch einen Glauben anführen?

GREENLEAF: Was sie normalerweise anführen, ist nicht gerade ein Argument, sondern eine Art pragmatische Begründung. Sie sagen: »Also, wir versuchen das jetzt. Wenn wir nicht daran glauben würden, dann hätten wir das Zutrauen nicht und würden aufhören. Ihr sagt uns, daß wir es wahrscheinlich nicht schaffen werden, also seid ihr Pessimisten. Wir sind Optimisten, weil wir sonst nämlich einfach nur deprimiert sein könnten.« [Gelächter]

DALAI LAMA: Da ist etwas dran.

HAYWARD: Mir scheint, daß hier die Argumentation des Reduktionismus eine wesentliche Rolle spielt. Weil der Geist sich auf das Gehirn zurückführen läßt, das Gehirn biologisch zu erklären ist, Biologie auf Chemie und Chemie auf Physik reduziert werden kann und die Physik schließlich mechanisch ist – deshalb sollte auch eine Maschine all das können, was der Geist kann. Irgendein Computer wird schließlich in der Lage sein zu denken.

GREENLEAF: Sehr richtig. Das dürfte wohl am Ende das Argument sein, daß hier drinnen nichts anderes stattfindet als in einem Computer – was denn sonst? Letztlich ist das ein physikalisches Geschehen nach physikalischen Gesetzen. Finde die Gesetze heraus, und du hast eine intelligente Maschine.

FRANCISCO J. VARELA: Es gibt da den berühmten Ausspruch eines der Väter der künstlichen Intelligenz, daß das Gehirn ein Computer aus Zellgewebe ist.

GREENLEAF: Ja, und der Gedanke geht sogar noch weiter. Wichtig ist am Gehirn ja wohl nicht, daß es aus Kohlenstoff und Wasserstoff und Sauerstoff und so weiter besteht. Wirklich wichtig kann im Gehirn nur sein Aufbau sein, seine logische Struktur – *wie* seine Neuronen verbunden sind und ihre Impulse geben. Wenn wir das in einem Computer nachbauen können, spielt es keine Rolle, ob er aus Zellgewebe besteht oder nicht. Wenn wir das nachbauen können, dann imitieren wir das Gehirn, und da Geist nichts anderes als Gehirn ist, haben wir dann auch den Geist.

VARELA: Das entspricht dem heutigen Glauben in der Neurowissenschaft, daß es für jedes Verhalten einen Neuronenschaltkreis gibt, der erklärt, wie es zu diesem Verhalten kommt.

ELEANOR ROSCH: Einer der ersten Psychologen, welche die Inhalte des Langzeitgedächtnisses nach dem gegenwärtig akzeptierten Muster erklärten, hat gesagt, jeder Ingenieur könne den Rücken des Menschen besser konstruieren als die Natur (viele Menschen haben Rückenbeschwerden), und deshalb könne ein Computerwissenschaftler doch sicher einen besseren Geist entwerfen.

GREENLEAF: Und das ist doch wohl wissenschaftlicher Hochmut der plattesten Art.

DALAI LAMA: Jemand, der ein Schachprogramm entwirft, muß sicher Schach spielen können.

VARELA: Aber muß er ein guter Schachspieler sein?

GREENLEAF: Vermutlich ein guter Spieler, aber nicht unbedingt ein Spieler von Weltrang.

DALAI LAMA: Wenn wir also einen mittelguten Schachspieler haben, der ein Programm für den Computer schreibt, und der Computer schlägt dann nicht nur ihn, sondern sogar weitaus bessere Spieler – muß man dann nicht argwöhnen, daß der Computer doch irgendwie denkt? Denkt er, oder denkt er nicht, das ist die Frage.

GREENLEAF: Na ja, der Computer sieht sich den Spielbaum an und spielt in jeder Sekunde Tausende von Positionen durch. Ist das Denken? Ein Mensch spielt so nicht Schach. Wir besitzen nicht die Fähigkeit, uns in kürzester Zeit Hunderte und Tausende von Positionen zu vergegenwärtigen, deshalb spielen wir ganz anders. Im Grunde wissen wir nicht, wie die großen Meister Schach spielen. Sie nehmen das Brett mit – fast möchte man sagen – yogischem Blick wahr, sie erfassen die ganze Potentialität einer Situation. Aber wenn man wirklich gegen solch eine Maschine spielt, kann man sich – auch wider besseres Wissen – kaum des Gefühls erwehren, daß sie denkt.

VARELA: Aber interessanterweise gibt ja die Frage Seiner Heiligkeit genau den Standpunkt eines Computerwissenschaftlers wieder: »Wenn wir erreichen können, daß der Computer jemanden schlägt, daß er besser wird, dann heißt das doch, daß wir etwas erreicht haben, wir haben ihn nämlich ausgestattet mit etwas wie...«

DALAI LAMA: Wenn Sie ein Programm haben und Fragen stellen, die im Rahmen dieses Programms liegen, kann es Ihnen antworten. Fragen Sie etwas, das außerhalb des Programms liegt, kann es vermutlich nicht antworten. Ich frage mich, wie ein Schachprogramm unter diesem Gesichtspunkt zu beurteilen ist: Wenn ein mittelmäßiger Schachspieler ein Programm schreibt, sollte man erwarten, daß es dem spielerischen Können seines Schöpfers entsprechend reagiert. Aber was, wenn der Computer mit Antworten, also Zügen, daherkommt, die eigentlich über dem Niveau des Programms liegen? Das scheint mir sehr interessante Fragen aufzuwerfen.

GREENLEAF: Ja, das ist in der Tat sehr interessant. Das Programm ist deshalb besser als der Programmierer, weil der Computer Hunderttausende, wenn nicht Millionen verschiedener Positionen in kürzester Zeit durchspielen kann. Der Programmierer kann das nicht.

THUBTEN JINPA (Dolmetscher): Was programmiert man da eigentlich? Die Zugmöglichkeiten der Figuren und sonst nichts? Daß der Läufer so gehen kann und so weiter?

GREENLEAF: Ja, und schließlich fällt die Maschine eine Entscheidung. Sie geht diesen Baum durch.

DALAI LAMA: Geht das wie bei einem Rechner? Man drückt eine Zahl und dann die Multiplikationstaste?

GREENLEAF: Ja. Sie machen Ihren Zug und tippen ihn dann ein: »Bauer nach d vier« oder so. Sie sagen der Maschine auch, wieviel Zeit sie für ihren Zug hat, sagen wir zehn Sekunden. Mit dieser Vorgabe wird der Computer den Spielbaum abtasten, so weit er kommt, und unterwegs die wenig vielversprechenden Zweige abschneiden, um sich schließlich für den aus seiner Sicht optimalen Zug zu entscheiden. Bis dahin hat er aber Hunderttausende oder Millionen von möglichen Positionen durchgespielt und ihr Potential beurteilt.

Ich möchte noch ein anderes Spiel erwähnen, das chinesische Go-Spiel, das jetzt vor allem in Japan gespielt wird. Ich weiß nicht, ob Eure Heiligkeit damit vertraut ist. Go wird mit schwarzen und weißen Steinen auf einem viel größeren Brett gespielt. Man hat mit großem Aufwand versucht, einen Computer zu bauen, der Go spielen kann, aber sogar die besten Programme sind noch ziemlich mittelmäßig. Go ist für einen Computer viel schwieriger als Schach. Das liegt zum Teil daran, daß es beim Go soviel mehr Positionen gibt; aber außerdem nimmt ein wirklich guter Go-Spieler sehr viel subtilere Muster wahr. Go ist in gewissem Sinne eher ein Tanz und Schach eher eine Schlacht. Was einen wirklich guten Go-Spieler ausmacht, ist für den Computer kaum zu erfassen.

ROBERT B. LIVINGSTON: Newcomb, ist es nicht auch so, daß es im Schach ganz explizite Regeln gibt, und zwar etliche? Beim Go gibt es vielleicht weniger Regeln, aber viel mehr Möglichkeiten auf dem Brett. Der Computer kommt am besten zurecht, wenn er starre und alles abdeckende Regeln hat. Im Leben beispielsweise haben wir auch ein paar Regeln, aber sie sind nicht so ganz genau festgelegt, und wir wandeln sie ab, wie es den Verhältnissen entspricht – deshalb ist das Leben ein so schwer zu überschauendes Spiel.

VARELA: Vielleicht liegt es auch daran, daß Computer sehr gut im Rechnen sind, aber sich mit dem Sehen sehr schwer tun.

Kann ein Computer Bewußtsein haben?

VARELA: Kurzum, Eure Heiligkeit, es ist für Westler durchaus naheliegend zu denken, daß künstliche Gerätschaften zu
kognitiven Akten wie etwa dem Lesenlernen in der Lage sind –
daher unsere Einführung in das Gebiet der künstlichen Intelligenz. Es ist sehr wichtig zu wissen, daß wir im Westen bei
unseren Bemühungen, Geist und Gehirn zu verstehen, die Ergebnisse der KI-Forschung zur Bestätigung unserer Theorien
heranziehen. In der Physik war es früher so, daß eine Theorie
dann als bewiesen galt, wenn man auf ihrer Grundlage zutreffende Voraussagen machen konnte. In der Kognitionswissenschaft ist man mehr und mehr von folgendem Gedanken überzeugt: Wenn Sie in irgendeinem Punkt recht zu haben meinen,
sollten Sie eine Maschine bauen können, die Ihre Theorie be-
wahrheitet. Wenn Sie also etwa meinen, Sie wüßten, wie Bewegung funktioniert, dann sollten Sie eine Maschine konstruieren
können, die sich bewegt. Genauso geht man auf dem Gebiet der
künstlichen Intelligenz vor, um etwas zu beweisen oder zu untermauern, was man über den Geist gesagt hat. Meine Frage an Sie
lautet jetzt: Wie sehen Sie den Status dieser Apparate mit ihren
bescheidenen kognitiven Fähigkeiten? Haben wir hier so etwas
wie Geist? Oder echte Wahrnehmung? Wie würden Sie vorgehen, um einen Vergleich mit dem menschlichen Geist oder auch
nur dem Kognitionsvermögen der Tiere zu ziehen?

DALAI LAMA: Ich glaube nicht, daß wir dem Computer
Bewußtsein oder Kognition zusprechen können, denn Kognition muß sich irgendwie von einem Kontinuum der Kognition
herleiten und kann nicht einfach auf Materie beruhen. Wenn
also – wie wir in unserem letzten Gespräch schon erörtert haben – keinerlei Bezug zu einem subtilen oder höchst subtilen
Bewußtsein besteht, kann es gar nicht sein, daß aus diesem
Nichtvorhandensein eines subtilen Bewußtseins irgendwie ein
grobes Bewußtsein hervorgeht. Ich frage mich aber, ob vielleicht bestimmte stoffliche Substanzen durch irgendwelche
Interaktionen etwas dem kognitiven Empfinden Ähnliches

hervorbringen können – nicht Kognition im eigentlichen Sinne, aber etwas gleichsam Nachempfundenes. Ich kann das wirklich nicht mit Gewißheit sagen.

In unserer Tradition ist es so, daß die Dinge sich aufgrund der Kraft des Mantra in manchen Fällen so verhalten können, als besäßen sie Kognitionsvermögen. Oder es gibt gewisse Räder mit bestimmten Arten von Mantras darauf, die man in der schwarzen Magie benutzt; dann können etwa kleine künstliche Tiere, ein Frosch oder ein Skorpion, sich so verhalten, als wären es echte Tiere. Schneidet man sie auf, sieht man innen das Mantra-Rad. Ist das also ein echtes Lebewesen oder nicht? Ich weiß es nicht. Es scheint nur die Nachbildung eines Lebewesens zu sein, ihm fehlt das subjektive Kognitionsvermögen.

VARELA: Wie könnte man vorgehen, um diese Frage zu beantworten, Eure Heiligkeit?

DALAI LAMA: Das ist sehr schwierig. Ich kann es jedenfalls nicht. Es gibt da eine Pflanze, eine Art kleine Blume, die Insekten fängt. Ob diese Pflanze echte Kognition besitzt oder nicht – ich weiß es wirklich nicht. In den alten Texten ist von Bewohnern des Höllen-Bereichs die Rede, welche die Gestalt von Pflanzen annehmen – und ähnliches. Deshalb kann ich hier kein eindeutiges Urteil fällen.

VARELA: In wissenschaftlichen Kreisen argumentiert man so: Sollte es je gelingen, eine Maschine zu bauen, die den Menschen so weit imitieren kann, daß wir uns täuschen lassen, daß sie also derart überzeugend hier sitzt und Wasser trinkt und so weiter, daß Sie wirklich nicht mehr behaupten können, es sei kein Mensch (und zwar weniger aufgrund des Erscheinungsbildes als vielmehr aufgrund der Art und Weise, wie die Maschine mit Ihnen kommuniziert) – , dann wäre damit überzeugend bewiesen, daß wir synthetischen Geist hergestellt haben. Das hat sogar einen Namen, nämlich »Alan-Turing-Test«, und gilt als Kriterium für den Erfolg eines KI-Unternehmens.

GREENLEAF: An dieser Ansicht stimmt aber so einiges nicht. Zunächst einmal sind wir ziemlich leicht zu täuschen. Nehmen wir das berühmte Beispiel eines sehr simplen Computerpogamms, das ein Gespräch mit jemandem führen kann und in seinen verbalen Äußerungen die Haltung eines Vertreters der sogenannten nichtdirektiven Schule der Psychiatrie einnimmt. Das ist ein zweifellos intelligentes, aber wirklich sehr simples Programm. Es sagt also beispielsweise zu mir: »Wo liegt Ihr Problem, Newcomb?« Ich könnte dann sagen: »Ich bin heute furchtbar ärgerlich.« Dann sagt der Computer: »Weshalb sagen Sie, daß Sie ärgerlich sind?« – und so weiter. Seine Antworten folgen einer sehr schlichten Strategie. Das Interessante daran ist: Die Leute werden wirklich schnell warm mit diesem Apparat und vertrauen ihm bald Geheimnisse an, die sie noch niemandem mitgeteilt haben!

DALAI LAMA: Ich muß einmal nach den Stoffen fragen, aus denen ein Computer besteht: Ist das wirklich nur Metall, Plastik, Schaltkreise und so?

VARELA: Ja, und damit kommt wieder der Gedanke des Musters ins Spiel – nicht die Substanz, sondern das Muster.

DALAI LAMA: Es ist, sogar vom buddhistischen Standpunkt aus, sehr schwer zu sagen, daß das kein Lebewesen ist und kein Kognitionsvermögen besitzt. Wir sagen, daß es bestimmte Arten der Geburt gibt, für die ein vorher bestehendes Bewußtseinskontinuum die Grundlage bildet. Das Bewußtsein geht also nicht eigentlich aus der Materie hervor, aber es ließe sich denken, daß ein Bewußtseinskontinuum sich irgendwie mit dieser Materie verbindet.

HAYWARD: Ist das für Eure Heiligkeit ein definitives Kriterium, daß eine Kontinuität mit einem schon früher gegebenen Bewußtsein vorhanden sein muß? Wo Kognition ist, da muß ein Strom der Kognition sein, der in die Unendlichkeit der Zeit zurückreicht – ist das so?

DALAI LAMA: Es ist unmöglich, daß sich eine neue Kognition bildet, die keine Beziehung zu einem bereits bestehenden Kontinuum hat. Ich kann aber die Möglichkeit nicht ausschließen, daß ein vorhandener Bewußtseinsstrom in den Computer eintritt, wenn die entsprechenden äußeren und karmischen Bedingungen gegeben sind.

HAYWARD: Ein Bewußtseinsstrom?

DALAI LAMA: Ja, richtig. [lacht] Es könnte sein, daß ein Computerwissenschaftler, der sein Leben lang sehr engagiert gearbeitet hat, dann im nächsten Leben... ganz so wie bei der gewöhnlichen Reinkarnation auch. [Gelächter] Solch eine Wiedergeburt wäre dann halb Mensch, halb Maschine.

VARELA: Sie würden das nicht ausschließen? Sie würden das nicht für unmöglich halten?

DALAI LAMA: Wir können das nicht ausschließen.

ROSCH: Nehmen wir also an, da ist ein großer Yogi, und der stirbt, und er steht vor dem besten Computer, den es gibt – könnte er sein subtiles Bewußtsein in den Computer hinprojizieren?*

DALAI LAMA: Wenn die stoffliche Basis des Computers so beschaffen ist, daß sie Träger eines Bewußtseinskontinuums sein kann. Ich glaube, die Frage, ob das bei Computern je der Fall sein wird, kann nur die Zeit entscheiden. Wir müssen einfach abwarten und zusehen, ob es dann wirklich einmal passiert.

Der Ursprung des Bewußtseins

HAYWARD: Trotzdem möchte ich hier noch einmal nachfragen: Mit welcher Begründung schließen Sie aus, daß eine *neue* Bewegung des Bewußtseins entsteht?

DALAI LAMA: Dann gäbe es einen Anfang eines Bewußtseinskontinuums.

HAYWARD: Und weshalb sollte es den nicht geben?

DALAI LAMA: Im allgemeinen sagen wir natürlich, das Universum sei ohne einen Anfang. Wenn wir die beiden Posi-

---

* In der tantrischen Tradition des tibetischen Buddhismus gilt es als möglich, daß ein spirituell hochentwickelter Mensch sein Bewußtsein auf den Körper eines eben gestorbenen Tieres übertragen kann, dessen Körper im wesentlichen noch intakt ist.

tionen nehmen – daß die Dinge ohne irgendeine bestimmte Ursache entstanden sind und daß Bewußtsein von anfangloser Kontinuität ist –, dann beantwortet die zweite zwar auch nicht sämtliche Fragen, bringt aber entschieden weniger Ungereimtheiten mit sich als die erste.

HAYWARD: Nun, der Wissenschaftler steht auf dem Standpunkt, daß Bewußtsein eine materielle Grundlage hat.

DALAI LAMA: Das kann ein Buddhist nicht akzeptieren. Man muß hier eine doppelte Grundlage annehmen, eine Hauptursache oder substantielle Ursache und eine mitwirkende Ursache. Materie kann für das Bewußtsein nur die mitwirkende, nie aber die Hauptursache sein. Das hat eine sehr enge Beziehung zur Kosmologie. Die buddhistische Sicht der Evolution geht von einem unendlichen Universum aus. Jedes Weltsystem durchläuft Phasen. Mal geht eines unter, mal entsteht eines, manchmal gibt es grobstoffliche Materie, manchmal nicht – aber all das hat keinen Anfang und kein Ende. Und in allen Phasen ist subtiles Bewußtsein vorhanden.

Was also ist ein empfindendes Wesen? Ein empfindendes Wesen wird durch einen Körper und einen Geist konstituiert, und mit Geist ist letztlich die allersubtilste Form des Geistes gemeint.

HAYWARD: Dessen Kontinuität durch alle Zyklen gewahrt bleibt?

DALAI LAMA: So ist es.

Derselbe Körper, eine andere Person

LIVINGSTON: Ich möchte Ihnen jetzt zwei Fragen stellen. Die erste bezieht sich auf eine Herztransplantation, die zweite auf eine Gehirntransplantation; die erste also auf etwas Realisierbares, die zweite auf etwas absolut Theoretisches. Nehmen wir an, jemand habe einen sehr schweren Herzinfarkt erlitten, und man teilt ihm mit, es bestehe die Möglichkeit, ihm ein anderes Herz einzupflanzen. Das ist heute medizinisch möglich und wird auch gemacht. Wenn die Transplantation gemacht wird, ist der Mensch dann noch derselbe?

DALAI LAMA: Ja. Erinnern wir uns daran, daß wir im buddhistischen System die Theorie des unzerstörbaren Tropfens (*thigle*)* haben und dieser Tropfen seinen Ort in der Herzgegend hat. »Herz« bedeutet hier etwas anderes als das physische Herz, von dem wir in medizinischen Zusammenhängen sprechen. Mit »Herz« meint man manchmal eine zentrale Stelle, und in diesem Sinn sollten wir das Wort hier auffassen. Wenn Sie nun das Organ herausnehmen, das Herz genannt wird, hat das für das »Herz« überhaupt keine Konsequenzen. Aber wenn Sie das organische Herz und das Herz im buddhistischen Sinne gleichsetzen, dann wird eine Transplantation natürlich eine sehr problematische Sache. Ich neige also zu der Auffassung, daß nichts von wirklich tiefer Bedeutung mit dem Menschen geschieht, wenn man dieses Organ entfernt und durch ein anderes ersetzt.

LIVINGSTON: Es ist also derselbe Mensch, vorausgesetzt, die Sache ist physiologisch erfolgreich?

DALAI LAMA: Ja.

HAYWARD: Da muß ich noch einmal nachhaken. Ist das so, Eure Heiligkeit, weil sich aus Ihrer Sicht am wirklichen Herzen, dem unzerstörbaren Tropfen, nichts ändert? Das physische Herz ist ein anderes, aber an der Essenz ändert sich nichts?

DALAI LAMA: So ist es. Der unzerstörbare Tropfen ist nicht übertragbar. Aber es gibt da eine Form der Praxis, bei der es zu einer vollkommenen Veränderung des Körpers kommt. Das ist wie die Auferstehung in einem anderen Körper. Ich spreche von der Übertragung des Bewußtseins auf eine frische Leiche. In der tantrischen Praxis gibt es das. Es handelt sich um einen Austausch des gesamten Körpers. Die beiden Körper sind gänzlich verschieden, aber man spricht in diesem Fall von

---

* Vgl. S. 112 f.

einer Lebensspanne der Person. Das ist sehr mystisch, denn stellen Sie sich vor: ein Tantriker, der sein Bewußtesein wahrhaftig auf eine frische Leiche überträgt. Sein früherer Körper ist tot, ein für allemal erledigt. Jetzt ist er in den neuen Körper eingegangen. Er hat also einen völlig neuen Körper, aber es ist doch dasselbe Leben, dieselbe Person.

LIVINGSTON: Damit haben Sie auch die Gehirn-Frage schon beantwortet! Sie sagen doch, daß eine Gehirntransplantation einer Ganzkörpertransplantation gleichkommt, nicht? Also, sagen wir, Ihr Gehirn tut es nicht mehr, und Sie brauchen ein neues, und es findet sich ein noch gut erhaltenes in einer frischen Leiche, das Ihnen transpantiert wird. Wenn das technisch möglich wäre, dann wäre die so gewahrte Kontinuität doch vor allem die des Gehirns, und das bedeutet, daß hier nicht ein Körper ein neues Gehirn bekommt, sondern ein Gehirn einen neuen Körper.*

VARELA: Eure Heiligkeit, früher einmal haben Sie gesagt, die Kontinuität des Ich beruhe auf Erinnerungen, und Erinnerungen gelten ja als Gehirnphänomene. Wir haben jetzt das Gehirn ausgewechselt, also gibt es keine Erinnerungen mehr – wie kann die Person dann noch dieselbe sein? Ich suche nur den Bezug zu etwas, das wir bereits besprochen haben, nämlich zur Kontinuität des Ich.

DALAI LAMA: Wenn jemand sein Bewußtsein durch tantrische Techniken auf einen Leichnam überträgt, hat er die Erfahrung des klaren Lichts, zu der es beim Sterben kommt, nicht gemacht, das heißt, er hat die Erfahrung des Todes nicht gemacht. Deshalb ist er in der Lage, das gesamte während seines Lebens gewonnene Wissen zu bewahren. Und das Ge-

---

* Dr. Livingston nimmt hier offensichtlich an, das Bewußtsein sei dem Gehirn äquivalent, und die tantrische Bewußtseinsübertragung sei eine Gehirntransplantation. Tatsächlich meint Seine Heiligkeit jedoch offenbar, daß das Bewußtsein durch meditative Praxis auf einen neuen Körper (der natürlich sein eigenes Gehirn hat) übertragen werden kann. Dies wird im folgenden Teil der Diskussion geklärt.

dächtnis ist ganz entschieden nicht das Gehirn, sondern etwas anderes.

Aber wir haben es hier, buddhistisch betrachtet, mit einer bloßen Hypothese zu tun. Man muß also damit experimentieren; man muß sich genau ansehen, was da passieren könnte. [Gelächter] Aber ich würde sagen: Da wir das Gehirn transplantieren, um dem Menschen das Leben zu retten, ist es nach der Operation sein Gehirn.

LIVINGSTON: Damit ich es auch wirklich ganz richtig verstanden habe: Wer ist wer? Ich glaube, ich verstehe, was Sie sagen, aber ich möchte ganz sicher gehen.

DALAI LAMA: Wenn Sie B's Gehirn in den Körper von A verpflanzen, ist es anschließend A's Gehirn. Das Gehirn gehörte ihm zwar früher nicht, aber wir würden sagen, daß es nach der Operation seines ist.

B. ALAN WALLACE: (Dolmetscher): Dann ist es hier ganz anders als in der westlichen Neurobiologie.

LIVINGSTON: Das erschreckt oder enttäuscht mich nicht – ich bin fasziniert! [Gelächter] Ich finde das sehr wichtig, denn auch wenn es hypothetisch ist, sagt es mir etwas darüber, wo das Ich Ihrer Auffassung nach letztlich ist.

DALAI LAMA: Bei der Zeugung gehört ja sogar die physische Substanz, an der man das Ich normalerweise festmacht – Eizelle und Spermium –, anderen Menschen, nämlich den Eltern; trotzdem kann man sagen, daß sie auch zum Ich gehört. Der Körper stammt von anderen, aber sobald das Bewußtsein eintritt, ist der Embryo oder Fötus der Körper des neuen Menschen, auch wenn das bis dahin nicht so war. Ich sehe hier also eine Entsprechung: Die physische Substanz des Embryos stammt von zwei Menschen, den Eltern, aber sobald das Bewußtsein in die jetzt gemischte Zelle eintritt, gehört sie diesem Bewußtsein an. Aber diese ganze Streitfrage ist natürlich sehr einfach zu lösen: Wir müssen einfach abwarten, bis es zu solch einer Transplantation kommt. [Gelächter]

LIVINGSTON: Darf ich da noch ein bißchen weiterfragen? Wir reden ja über A als Empfänger des Gehirns, nicht wahr? Aber fragen wir doch auch nach B, dem Geber: Wo sind seine Erfahrungen jetzt, wo sind seine Lebenserinnerungen?

DALAI LAMA: Nach buddhistischer Anschauung wird all das als Eindruck oder Prägung gespeichert. Nur die Aktivierung dieser Prägungen und ihre Umsetzung in Aktion geschieht über das Gehirn. Das Bewußtsein wird auf dem Weg über das menschliche Gehirn wirksam, und da es dabei sozusagen die Färbung des menschlichen Gehirns erhält, sprechen wir – anders als beim Bewußtsein selbst – von menschlicher Geistestätigkeit.

HAYWARD: Aber was ist der Träger der Prägung?

DALAI LAMA: Wenn Sie den Prâsangika-Standpunkt einnehmen, wäre es das bloße Ich, aber für die grundlegenderen Schulen wie etwa die Yogâchâra ist der Bewußtseinsstrom und nicht das Gehirn der Träger der Prägung.

Die beste Erklärung gibt uns die Perspektive des höchsten Tantra.* Hier unterscheiden wir drei Ebenen oder Schichten des Bewußtseins – grob, subtil und höchst subtil. Je gröber die geistige Ebene, desto enger die Beziehung zum Körper, wie wir bereits erörtert haben. Je subtiler andererseits, desto lockerer die Beziehung zum Körper, und das höchst subtile Bewußtsein schließlich ist gänzlich unabhängig vom Körper. Dieses höchst subtile Bewußtsein wird klares Licht genannt, Klares-Licht-Geist. Die gröberen geistigen Ebenen bilden sich durch Interaktion mit Gehirnen, Neuronen, Sinnesorganen – und zwar deshalb, weil wir dieses Zugrundeliegende haben, das höchst subtile Bewußtsein. Ein großer Unterschied besteht also darin, daß die gröberen Bewußtseinsebenen im Buddhismus emergierende Eigenschaften des subtilen Klaren Lichts sind, während

---

* Siehe Fußnote S. 116.

Sie, die Wissenschaft, sie als emergierende Eigenschaften des Gehirns ansehen. Und wie alle gröberen Geistesebenen aus dem höchst subtilen Bewußtsein hervorgehen, so gehen sie schließlich auch wieder darin auf. Das höchst subtile Bewußtsein liegt also allem zugrunde – bringt es hervor und nimmt es wieder auf.

Deshalb können wir sagen, daß das sehr subtile Bewußtsein, der Klares-Licht-Geist, der Träger aller Prägungen oder Eindrücke ist. Es bewahrt die gespeicherten Erinnerungen.

LIVINGSTON: Der Klares-Licht-Geist bleibt im Körper A, der das Gehirn der Person B erhält. Ist das richtig?

ALAN WALLACE (Dolmetscher): Das wäre in diesem Fall richtig. In dem anderen von Seiner Heiligkeit genannten Fall jedoch, wo jemand sein Bewußtsein auf eine frische Leiche überträgt, wird dieses Klares-Licht-Bewußtsein übertragen, und deshalb sagt man, der Mensch, die Person, sei in einen anderen Körper eingetreten. Es ist zwar ein anderes Gehirn, aber die Kontinuität, auf die es hier ankommt, ist die des Klaren Lichts oder des sehr subtilen Geistes, und deshalb sagt man, daß die Person des Tantrikers in den Leichnam eingegangen ist.

HAYWARD: Was Sie als Klares-Licht-Geist, als subtiles Bewußtsein bezeichnen, ist das *Kun zhi*?*

---

* *Kun zhi (kun gzhi)* oder *Âlaya-Vijñâna* (Sanskrit) ist das achte oder »Grund-Bewußtsein« im Yogâchâra-System der acht Bewußtseinsarten. Es wird häufig auch »Speicherbewußtsein« genannt, weil die Spuren des karmischen Handelns dort als Eindrücke erhalten bleiben und zu Samen oder Keimen des künftigen Handelns werden. Das siebte Bewußtsein (Sanskrit *manas*, tib. *nyon yid*) enthält bereits keimhaft das Gefühl der Dualität von Subjekt und Objekt und ist damit Anlaß für die Entstehung der Subjektivität oder des Selbstbewußtseins. Die übrigen sechs sind Sinnesbewußtsein. Fünf davon sind den fünf Körpersinnen zugeordnet, und das sechste (Sanskrit *mano-vijñâna*, tib. *yid*) ist das geistige Vermögen, das die Daten der fünf Arten von Sinnesbewußtsein so koordiniert, daß beispielsweise Geruch, Form und Farbe eines Apfels alle demselben Gegenstand zugeordnet werden.

DALAI LAMA: Das wird in manchen tantrischen Texten Kun zhi genannt, hat aber eine andere Bedeutung als im Yogâchâra. Der entsprechende Sanskrit-Begriff lautet Âlaya-Vijñâna. Es wird manchmal dem höchst subtilen Klares-Licht-Geist gleichgesetzt, meint aber etwas anderes. Der Unterschied besteht darin, daß die Yogâchârins das Âlaya-Vijñâna als von den sechs mentalen Bewußtseinsarten gesondert betrachten, da sie acht Bewußtseinsstufen kennen. Im Tantra gibt es dagegen sechs mentale Bewußtseinsarten. Wir haben hier fünf Arten von Sinnesbewußtsein, und das sechste wird dem mentalen Bewußtsein zugerechnet. Das subtile Bewußtsein gehört zu dieser sechsten Bewußtseinsstufe, ist aber nicht mit ihr identisch. Ein weiterer Unterschied ist darin zu sehen, daß das Speicherbewußtsein für die Yogâchârins immer [ethisch] neutral ist.

Man muß auch wissen, daß dieser Begriff »Klares Licht«, auf Tibetisch *Ösel* [*'od gsal*], in vielen verschiedenen Zusammenhängen gebraucht wird. In den Sûtras verweist er auf die Leere, die grundlegende Natur des Geistes. Im *Uttaratantra* bezeichnet dieses Wort das Lichtvolle in der Erkenntnistätigkeit aller Geister. Und in der tantrischen Praxis bezeichnet es das höchst subtile Bewußtsein.*

Es gibt also drei Ebenen des Geistes, die grobe, die subtile und die höchst subtile. Die höchst subtile Ebene ist das Klare Licht. Die subtilen Ebenen sind das, was einem nach der Erfahrung des Klaren Lichts begegnet, wenn man durch den Auflösungsprozeß des Sterbens geht.

Wie unterscheiden wir diese drei Ebenen des Geistes? Die grobe Ebene des Geistes betrifft die Sinneswahrnehmungen.

Seine Heiligkeit verweist im folgenden auf dieses System, erläutert dann jedoch tantrische Abwandlungen.
* Das *Uttaratantra* ist trotz seines Namens kein tantrischer Text, sondern eine Mahâyâna-Abhandlung über das Buddha-Wesen, das heißt den erwachten Zustand des Geistes, von dem es heißt, er sei die eigentliche Natur aller Lebewesen.

Mit der subtilen Ebene ist das angesprochen, was in den Texten »die achtzig Anzeichen« genannt wird. Das ist nicht ganz einfach zu erklären. Die erste Gruppe dieser Anzeichen deutet auf einen Aspekt des Auflösungsprozesses beim Sterben hin. Dazu gehören auch negative Emotionen wie Begierde, Haß und so weiter, also die Kleshas. Die sechs Wurzel-Kleshas oder grundlegenden geistigen Verdunkelungen gehören in diese zweite Kategorie, nämlich die des subtilen Geistes. Dreiunddreißig dieser achtzig Anzeichen zeigen die Natur der »weißen Erscheinung« an, das ist wiederum ein bestimmtes Stadium des Auflösungsprozesses beim Sterben. Dann gibt es vierzig Anzeichen für die Natur der »roten Zunahme«, wie das zweite Stadium der Auflösung genannt wird. An sieben weiteren Anzeichen ist das dritte Stadium zu erkennen, das »Todes-Erlangen« oder »schwarzes Beinahe-Erlangen« genannt wird – Beinahe-Erlangen, weil es der tatsächlichen Erfahrung des Klaren Lichts nahekommt.

HAYWARD: Darf ich hier noch einen Punkt klären? Sie stellen diese Dinge im Zusammenhang mit dem Sterben dar, aber sie sind jederzeit vorhanden, nicht wahr?

DALAI LAMA: Ja. Bei diesem Auflösungsprozeß sind die frühen Stadien größer als die späteren. Wenn also diese Emotionen aufkommen, die achtzig Anzeichen oder Vorboten der kommenden Auflösungsstadien, unterscheiden sie sich auch darin, daß die gröberen mehr Bewegung oder Energie erfordern. Es gibt also nicht nur Gradunterschiede der Subtilität während des Auflösungsprozesses, sondern auch Unterschiede der Energie, die dem Bewußtsein der achtzig Anzeichen als Beförderungsmittel dient. Grobe Anzeichen wie etwa das Verlangen nach etwas oder ein starker Widerwille gegen etwas anderes, das heißt Anzeichen, die starke Emotionen verlangen, sind den ersten beiden Stadien des Weißen und Roten zugeordnet. Die neutralen Anzeichen gehören zum dritten Stadium, dem des schwarzen Beinahe-Erlangens. Wir haben also diese drei Stadien der Auflösung: weißes Erscheinen, rote Zunahme und schwarzes Beinahe-Erlangen. Das Klare Licht schließlich ist das vierte Stadium. Diese vier Stadien werden auch anders benannt, nämlich als leer, sehr leer, überaus leer und vollständig leer. »Leer« bedeutet hier, daß die gröberen Erfahrungen einer Stufe auf der nächsten nicht mehr vorhanden sind. Diese vier Stadien beziehen sich auf den Auflösungsprozeß, der an die Auflösung der grobstofflichen Elemente – Erde, Wasser, Feuer und Luft – anschließt.«*

Wenn Sie also ins erste Stadium der subtilen Auflösung, nämlich das des weißen Erscheinens, kommen, ist die karmische Verbindung zwischen Ihrem physischen Körper und den gröberen Ebenen des Geistes bereits durchtrennt. Der Körper kann nicht mehr als Träger der gröberen geistigen Funktionen dienen. Klinisch gesehen ist der Mensch also tot an der Stelle, wo Luft in Bewußtsein aufgeht, unmittelbar vor dem weißen Erscheinen. Bis dahin ist das Ich des Menschen noch in diesem alten Körper, auch wenn die karmische Verbindung von Körper und Geist schon durchtrennt wurde.

Der Körper verwest nicht, solange die Person noch im Klaren Licht ist. Manche können eine Woche lang in diesem Stadium bleiben, andere sogar zweiundzwanzig Tage. Das kommt tatsächlich vor. Kyabje Ling Rinpoche beispielsweise, mein Lehrer, blieb dreizehn Tage im Zustand des Klaren Lichts. Sein Körper hielt sich in dieser Zeit sehr frisch. Dieses Bewußtsein, das höchst subtile Bewußtsein, ist das Ich oder Bewußtsein, das sich ins nächste Leben hinein fortsetzt. Das Bewußtsein ist jetzt schon vollkommen unabhängig vom Körper. Deshalb kann es sich bewegen.

VARELA: Wo sind die Erinnerungen dieses Bewußtseins, Eure Heiligkeit?

DALAI LAMA: Erinnerungen, die zu gröberen Ebenen

---

* Gemäß der tantrischen Tradition des tibetischen Buddhismus sind alle Dinge aus den Elementen Erde, Wasser, Feuer, Luft und Raum gefügt. Beim Sterben löst sich die elementare Basis des körperlichen Lebens in folgenden Schritten auf: Erde geht auf in Wasser, Wasser in Feuer, Feuer in Luft und Luft in Raum oder Bewußtsein.

des Geistes und daher des Körpers gehören, sind schon vergangen. Aber ein subtileres Erinnerungsvermögen bleibt erhalten. Subtilere Erinnerungen des subtileren Bewußtseins bestehen weiter. Manchen Menschen gelingt es durch die Kraft ihrer Meditation, mit dem gröberen Geist zu einer subtileren, tieferen Schicht des Geistes hinunterzureichen. Sie können die subtile Schicht aktivieren. Dann wird ihr Bewußtsein tiefer und weiter, und sie können Ereignisse ihres früheren Lebens sehen. Wenn man also seinen Geist bis zur Ebene des Subtilen auszudehnen vermag, kann man erfahren, wie dieses Leben mit Vergangenheit und Zukunft verknüpft ist.

Diese Darstellung beruht auf dem System des höchsten Yoga-Tantra. Ich habe viele Tantriker kennengelernt, und darauf beruht meine Darstellung. Aber es gibt auch eine Sûtrayâna-Darstellung*, gegeben von Menschen, die ohne tantrische Praktiken zu einer Höhe des Bewußtseins kommen, wo sie Ereignisse ihres früheren Daseins erleben oder in die Zukunft schauen können. Das geschieht hier auf der Basis der sechs mentalen Bewußtseinsformen, also der gröberen Ebenen des Geistes. Wie das möglich ist? Das kann ich nicht mit der nötigen Klarheit sagen. Ich weiß es nicht.

LIVINGSTON: Vielleicht kann ich Sie fragen: Glauben Sie, daß es für mich möglich wäre, den Klares-Licht-Geist zu haben?

DALAI LAMA: Nach den Worten des Buddha macht – tantrisch gesprochen – jeder Mensch, jedes Lebewesen, diese Erfahrung des Klaren Lichts beim Sterben auf natürliche Weise, aber diese Erfahrung läßt sich auch durch meditative Techniken herbeiführen.

LIVINGSTON: Gehen wir jetzt zu A und B zurück. A braucht ein Gehirn, weil seines zerstört ist, und B hat ein intaktes Gehirn, das er nicht mehr gebrauchen kann, weil sein Körper zerstört ist. Stellen wir uns vor, wir führten die Transplanta-

---

* Siehe Fußnote S. 67.

tion durch, und sie gelingt. Alle Verbindungen bilden sich, und dieser Mensch lebt und wird aktiv und kann vielleicht meditieren und alles mögliche tun. Wenn ich Sie richtig verstehe, ist das Ich derjenige, der das Gehirn empfängt, A. Was aber ist mit B, der ja zumindest das Potential zur Erfahrung des Klaren Lichts gehabt hat – was wird aus seines Klares-Licht-Potential, wenn sein Gehirn A eingepflanzt wird?

DALAI LAMA: Sie müssen dabei noch eines bedenken, nämlich daß die Dauer der Erfahrung des Klaren Lichts beim Sterben zum Teil von den Umständen des Todes abhängt. Wenn jemand zum Beispiel durch einen Unfall zu Tode kommt, vollzieht sich die Auflösung sehr schnell, in Sekundenbruchteilen – ähnlich schnell wie in dem von Ihnen geschilderten Beispiel mit den aufblitzenden Buchstaben, die blitzschnell erfaßt werden. Bei einem natürlichen Tod dagegen kann die Erfahrung des Klaren Lichts lange anhalten. Wenn der Geber des Gehirns bei der Operation noch nicht im tantrischen Sinne tot ist, wenn also beispielsweise Atemstillstand eingetreten ist, aber der Körper sich noch nicht auflöst, dann kann auch er die Erfahrung des Klaren Lichts machen. Wir müssen uns vor Augen halten, daß die Erfahrung des Klaren Lichts im Herzen stattfindet und nicht im Kopf.

Grob und subtil – ein Dualismus

VARELA: Wie sieht die Kommunikation zwischen den subtileren und den gröberen Ebenen aus? Sie haben vorhin gesagt, das Kontinuum der subtilen Ebene könne in einen Körper eintreten. Das klingt für mich noch etwas vage. Wie geschieht das? Für westliche Ohren hat das etwas Dualistisches: Da ist ein Körper, und dann kommt etwas von außen und geht in diesen Körper ein. Das hat irgendwie etwas Unbefriedigendes.

DALAI LAMA: Dazu muß man wissen, daß der höchst subtile Geist nicht vom Körper gesondert ist, weil es da einen

216

subtilen oder feinstofflichen Körper gibt, der in sehr enger Verbindung mit dem Wind *[prâna]* steht.

VARELA: Wie sieht die Beziehung zwischen diesem Körper und dem grobstofflichen Körper aus?

DALAI LAMA: Sie sind von gleicher Natur. Wo es um Wirkungen geht, spricht man vom sehr subtilen Wind, von sehr subtiler Energie; im Hinblick auf das Maß der Klarheit spricht man vom sehr subtilen Geist. Bevor dieser sehr subtile Geist in einen gerade gezeugten Körper eintritt, haben wir schon einen feinstofflichen Körper, den Körper des Zwischenzustands oder Bardo.*

Man nennt ihn feinstofflich im Unterschied zu dem grobstofflichen Körper, in dem wir jetzt leben. Doch obgleich er sehr viel feiner ist als dieser Körper hier, ist es doch ein Körper, ein vollständiges Wesen mit seiner eigenen Sprache, seiner eigenen Gestalt – alles ist da. Er durchläuft auch einen Sterbeprozeß. In dem Augenblick, wo der sehr subtile Geist in den nächsten grobstofflichen Körper eingeht, löst sich das Wesen, dem er bisher zugehörte, das Bardo-Wesen, auf. Der Tod des Bardo-Wesens fällt zusammen mit der Zeugung eines grobstofflichen Körpers. An dieser Stelle kommt es ebenfalls zu einer Erfahrung des Klaren Lichts, und man spricht hier vom Klaren Licht der Umkehr. Aus dem Klaren Licht geht der subtile Geist des schwarzen Beinahe-Erlangens, dann der roten Zunahme, dann des weißen Erscheinens hervor. Und jetzt wird alles immer grobstofflicher bis hin zur Geburt.

HAYWARD: Es ist also die genaue Umkehrung des Sterbeprozesses?

DALAI LAMA: Ja, einfach die Umkehrung.

---

* Die tibetische Tradition kennt sechs Zwischenzustände oder Bardos, und einer dieser Bardos liegt zwischen Tod und Wiedergeburt. Der sehr subtile Geist durchwandert diesen Bardo und macht verschiedene Erfahrungen; er ist dabei mit einem Bardo-Körper von ebenfalls subtiler Natur verbunden. Da er nichts von grobstofflicher Materie hat, kann er fliegen, durch Mauern gehen und so weiter.

JINPA: Von einem bedeutenden Verfasser tibetischer Lehrbücher, er lebt im Kloster Drepung, hören wir, daß am Menschen zwei Schichten zu unterscheiden sind, der feinstoffliche und der grobstoffliche Anteil der Person. Aufgrund des sehr subtilen Körpers und Geistes gibt es eine subtile Person, und aufgrund der groben Ebene von Körper und Geist gibt es eine grobe Person. Da stellt sich natürlich die Frage: Sind das zwei verschiedene Personen? Die Antwort des Autors lautet nein, denn wenn der Geist in seiner gröberen Ausprägung aktiv ist, bleiben die subtileren Schichten suspendiert, sozusagen latent. Sind umgekehrt die sehr subtilen Schichten von Geist und Wind, also Energie, aktiv, so bleiben die gröberen Schichten inaktiv oder latent. Es handelt sich also nicht um zwei Personen, und es besteht kein Widerspruch oder Bruch. Andere Stimmen sagen, daß die sehr subtilen Schichten von Geist und Körper immer aktiv sind, ohne Unterbrechung. Sie sind immer da, auch wenn die Person gerade eine Erfahrung macht, die eher der groben Schicht entspricht. Wir haben hier also zwei Deutungsmöglichkeiten. Es ist ein bißchen schwierig.

DALAI LAMA: Für uns könnten diese Phänomene also zur dritten Kategorie gehören, zu den höchst verborgenen Phänomenen. Wenn man die Reinkarnationstheorie nicht akzeptiert, gibt es sehr viele Dinge in der Welt, die man nicht logisch erklären kann. Man muß sie dann einfach als verstreute, etwas aus der Reihe fallende Vorkommnisse betrachten. Wenn man sagt, daß die Dinge ohne besonderen Grund entstehen, ist nicht einzusehen, weshalb nicht irgend etwas aus irgend etwas anderem entstehen sollte.

VARELA: Für mich ist an dem, was Sie eben gesagt haben, sehr wichtig, daß es sich hier um sehr subtile Phänomene handelt und deshalb die Verbindung zwischen den gröberen und subtileren Ebenen sehr schwer dingfest zu machen ist. So kann es für das westliche Ohr wie Dualismus klingen, wie Geist und Materie, für immer getrennt – aber tatsächlich muß es nicht unbedingt so sein.

DALAI LAMA: Was das angeht, ist vielleicht noch interessant zu wissen, daß das *Kalachakra-Tantra* auch bei den Elementen verschiedene Ebenen unterscheidet. Es gibt die fünf äußeren und die fünf inneren Elemente. Bei den inneren Elementen sind zwei Schichten zu unterscheiden, die grobe und die subtile. Dann spricht der Text von einem sehr subtilen Wind, dem »lebenstragenden Wind«, der als fünffarbiges Licht von der Natur der Elemente in Erscheinung tritt. Diese sehr subtile Energie, die von der Natur der fünf Elemente ist, wird als Grund und Ursprung aller Elemente bezeichnet. Sie erzeugt die subtilen Formen der Energie, die subtilen Ebenen der Elemente im Körper, die dann wiederum die gröberen entstehen lassen, und diese schließlich stehen in Verbindung mit den äußeren Elementen.

HAYWARD: Sie gehen also eine aus der anderen hervor? Die sehr subtile Energie ist natürlich das Klare Licht. Es ist beständig gegenwärtig, und bei der Geburt geht das subtile Bewußtsein aus ihm hervor, und im nächsten Schritt bildet sich aus diesem das sensorische Bewußtsein – ist das so?

DALAI LAMA: Ja, richtig.

VARELA: Wenn man genau hinsieht, hat man sogar das Gefühl, daß es da sehr viele Unterteilungen gibt. Es ist wie ein Kontinuum – vom Groben zum etwas weniger Groben, zum wieder etwas weniger Groben.

DALAI LAMA: Ja.

HAYWARD: Könnte man dann sagen, daß alle diese Bewußtseinsebenen, grob und subtil, im Klares-Licht-Bewußtsein enthalten sind wie Samen in...?

DALAI LAMA: Ja, Eindrücke in der Form von Samen. Ein Text der Sakya-Tradition * spricht von diesem sehr subtilen Geist als dem Geist des Klaren Lichts, der alle Züge der Buddhaschaft als Potential enthält und in dem auch alle Kennzeichen der Verwirklichung des Pfades angelegt und alle Kennzeichen des gewöhnlichen zyklischen Daseins vorgeprägt sind.

* Es gibt vier Hauptlinien des tibetischen Buddhismus, dem Alter nach: Nyingma, Sakya, Kagyu und Gelug.

Wir haben die äußeren Elemente im Hinblick auf das Individuum betrachtet, aber wir haben ja auch noch eine gemeinsame Umwelt, die wir alle wahrnehmen. Hier könnte man vom »Umwelt-Effekt« des Karma sprechen, von kollektiven Wirkungen, die wir alle erfahren. Es gibt zwei Arten von Karma. Die eine ist ganz individuell, während Karma der zweiten Art, kollektives Karma, Früchte trägt, die wir alle ernten. Wenn Karma dieser zweiten Art ausreift, dann nicht nur in jedem einzelnen, sondern auch in unserer gemeinsamen Umwelt.

Die Entwicklung des menschlichen Gehirns

Robert B. Livingston

Die evolutionäre Bedeutung des kooperativen Verhaltens

Die Entwicklung des menschlichen Gehirns hat zwei Aspekte, die ich Ihnen gern näher erläutern würde. Der erste betrifft jenen erstaunlichen Augenblick der Evolution, als das menschliche Gehirn eine plötzliche, geradezu explosive Erweiterung erfuhr und wir als Spezies im westlichen Sinne hervortraten. Beim zweiten handelt es sich um die ebenso spektakuläre Entwicklung des individuellen Gehirns in der Zeit der Embryogenese und frühen Kindheit.

Das Gehirn des menschlichen Embryos ist das größte und am schnellsten wachsende Organ. Es ist auch das größte Hindernis für eine problemlose Geburt. Nach der Geburt verdoppelt sich das Gehirnvolumen in sechs Monaten, und bis zum vierten Geburtstag verdoppelt es sich noch einmal. Diese Evolution und Entwicklung sind der größte und wichtigste Teil unseres menschlichen Erbes. Sie sind vielleicht überhaupt die staunenswertesten Phänomene in der Geschichte des Lebens auf der Erde.

Es ist leicht einzusehen, daß ein größeres Gehirn mit mehr Neuronen und mit mehr Möglichkeiten der Entscheidungsfindung, des gründlicheren Durchdenkens der Dinge, der gerichteten Aufmerksamkeit evolutionäre Selektionsvorteile bietet – mehr Treue, gegenseitiges Vertrauen, Kooperation und Altruismus, aber auch Territorialverhalten, Mißtrauen, Konkurrenzverhalten und Kampflust.

Mein Eindruck ist der, daß im Westen ein falsches Bild der

Evolution entstanden ist, weil man zu sehr auf Selektionsvorteile durch Konkurrenzverhalten und Kampfkraft geschaut hat. Aber vieles, was wir über Evolution und Entwicklung wissen, weist ganz klar darauf hin, daß die meisten Organismen, wie einfach oder komplex sie auch sein mögen, ja sogar einzellige Organismen nicht gedeihen und vielleicht nicht einmal überleben können, wenn sie sich nicht auf Kooperationsverhalten mit anderen Lebensformen einlassen. Wir haben die Rolle der Kooperation für die Evolution heruntergespielt und die Bedeutung des Kämpfens überzeichnet. Vielleicht ist Kampf einfach sinnfälliger und einprägsamer.

DALAI LAMA: Besteht da eine Beziehung zum Gedanken des Kampfes im marxistischen Sinne?

LIVINGSTON: Ja, ja, davon möchte ich gern reden. Der frankoamerikanische Kulturhistoriker Jacques Barzun hat ein Buch geschrieben, in dem er sagt, daß die im Westen vorherrschenden Grundeinstellungen durch falsche Deutung und Gewichtung dessen deformiert worden sind, was Darwin, Marx und Freud geschrieben haben. Und viele andere Gesellschaftskritiker sagen das auch. Die Lehren, die wir aus Darwin gezogen haben, sagt Barzun, haben Konkurrenzverhalten und Kampf viel zuviel Gewicht beigemessen. Der Ausdruck »Überleben des Stärkeren« stammt gar nicht von Darwin selbst. Das sind die Worte Herbert Spencers, der kein Naturwissenschaftler war. Bei Darwin finden wir vielmehr eine ausgewogene Sicht der Bedeutung von Interdependenz und Kooperation gegenüber der von Aggression und Konkurrenzkampf. Die Überbewertung des Spencerschen Denkens hat zu der verbreiteten Annahme geführt, evolutionäre Selektion beruhe vor allem auf Konkurrenz und Verdrängungskämpfen zwischen den Arten.

Es ist nützlich, sich vor Augen zu halten, wieviel die Evolution uns über Kooperation sagen kann und wie leicht die Überbewertung des Konkurrenzkampfs uns zu falschen Annahmen verleitet. Hier mein Lieblingsbeispiel: Die Lupine, eine blaue Wildblume der alpinen Wiesenvegetation, findet man häufig an Hängen, wo nur wenige oder gar keine anderen Wildblumen wachsen. Frühe Botaniker haben wohl angenommen, diese Blume verdanke ihr ungestörtes Dasein ihrem »wölfischen« Verhalten. Daher der Name Lupine, die »Wölfische«. Man hatte den Verdacht, daß Lupinen andere Arten durch Nährstoffraub fernhalten. Später kam man darauf, daß Lupinen einen Selektionsvorteil entwickelt hatten, indem sie an mineralarmen Standorten zu überleben lernten. Wenn sie absterben, hinterlassen sie stark mit Mineralien angereicherte organische Masse, auf der auch weniger gute Futterverwerter Fuß fassen können. Dieser Rehabilitation der übel beleumdeten »wölfischen« Lupine entspricht, wie es der Zufall will, die in neuerer Zeit gemachte Entdeckung, daß der Wolf sich in seinem Lebensraum eher kooperativ als kampflustig verhält. Da haben wir den Fall einer Doppel-Verleumdung aufgrund eines Vorurteils über die im Evolutionsprozeß wirksame relative Gewichtung von Kooperation und Kampf bei Pflanzen und Tieren.

Zwischen den höheren Affen und den ersten Menschen liegt ein Zuwachs an Hirnvolumen um den Faktor zwei – es verdoppelte sich urplötzlich. Dadurch bedingt, mußten Menschenkinder erheblich früher geboren werden, vorzeitig, wenn wir den Vergleich mit anderen Großaffen ziehen. Diese Art der »Frühgeburt«, nach der das Gehirn außerhalb des Mutterorganismus weiterwachsen konnte, wurde notwendig, damit der Mensch ein großes Gehirn bekommen konnte, ohne daß das weibliche Becken stark verändert werden mußte, um einer vorgeburtlichen starken Gehirnvergrößerung Raum bieten zu können. Die lange Zeit der nachgeburtlichen Gehirnentwicklung zog eine Verlängerung der Kindheit nach sich. Damit meine ich eine Zeit intensiver wechselseitiger Bezogenheit von Eltern und Kind. Erst nach einer langen Zeit rapiden Wachstums erreicht das Gehirn seine volle Größe, und das ist eine Zeit intensiver Kommunikation zwischen Eltern und Kind. So konnten sich Sprache und schließlich Kultur entwickeln.

Was ist unter diesem Gesichtspunkt über Kampf und Konkurrenzverhalten in der Evolution zu sagen? Mit der Sprache entstand die Möglichkeit der Kultivierung während dieser langen Kindheit; die Möglichkeiten des Kindes, sich der physischen und sozialen Umwelt anzupassen, wuchsen, und es lag in den Händen der Eltern, wieviel Erziehung zu Mitgefühl, Kampfbereitschaft und Kooperation ein Kind erhielt und wie weit es lernte, Probleme zu lösen, ohne anderen – Mensch oder Tier – Schaden zuzufügen. Das war ein großartiger Neuansatz, dessen Potential noch gar nicht voll erkannt, geschweige denn ausgeschöpft worden ist. Deshalb macht es mich so froh, Ihnen zu begegnen – denn vielleicht können wir hier unter dem Gesichtspunkt der Konfliktbewältigung und der Vermeidung von Leid und Schaden über die Erziehbarkeit und Anpassungsfähigkeit des kindlichen Gehirns sprechen.

Mehr will ich hier nicht über Evolution sagen, denn das wird morgen unser Thema sein.

Befruchtung

Aktivität ist die wesentliche Eigenschaft des Nervensystems, und diese Aktivität setzt schon lange vor der Geburt ein. Die Aktivität des Nervensystems zielt ein Leben lang und beständig auf innere Befriedigung ab. Ich nehme an, daß auch das edelste menschliche Handeln, etwa das eines Bodhisattva*, auf innere Befriedigung abzielt.

Der große Unterschied zwischen einem gewöhnlichen Leben und einem Bodhisattva-Leben liegt wohl darin, welche Bekräftigungen dieses Streben nach innerer Befriedigung in Säuglingsalter und Kindheit erfährt – so ist es ja auch bei der Ausbildung von sozialen Verhaltensweisen und Fertigkeiten.

Das Handeln auf diese innere Befriedigung hin ist durch die evolutionäre Selektion im allgemeinen so geformt und organi-

---

* Kennzeichen eines Bodhisattva, Idealgestalt des Mahâyâna-Buddhismus, sind die sechs »transzendenten Tugenden«: Gebefreudigkeit, Geduld, Disziplin, eifriges Bemühen, Meditation und Erkenntnis der Natur der Wirklichkeit.

siert worden, daß für Wohlergehen und Überleben der Spezies gesorgt ist. Zielorientierte Aktivität läßt sich bis zu der Zeit vor der Befruchtung zurückverfolgen: Spermien schwimmen den Genitaltrakt des Mutterorganismus hinauf, und die gigantische Eizelle (zehntausendmal so groß wie eine Spermazelle) ist aus dem aufgesprungenen Follikel ausgetreten und schwimmt, vom Fransentrichter aufgefangen, langsam in Richtung Eileiter. Die Eizelle ist so groß, weil sie den Embryo ernähren muß, bis sich eine Plazenta gebildet hat. Es wimmelt hier von Spermien, die es alle sehr eilig haben, die Eizelle zu erreichen. Das erste, das die Eizelle erreicht, dringt ein. Der Kopf des Spermiums enthält alles, was zur Befruchtung notwendig ist. Alle Geschlechtszellen, also Eizellen und Spermien aus den Eierstöcken und Hoden der Eltern, enthalten jeweils dreiundzwanzig Chromosomen. Auf diesen Chromosomen befinden sich die Träger des elterlichen Erbmaterials, die Gene. Von jedem Elternteil stammen also dreiundzwanzig Chromosomen, die sich in der befruchteten Eizelle zu sechsundvierzig paarweise miteinander verbundenen Chromosomen zusammenfügen.

Überlegen wir jetzt kurz, wie viele mögliche Genkombinationen es für ein neues Individuum gibt. Jede Geschlechtszelle erhält die Hälfte von insgesamt sechsundvierzig Paar-Chromosomen, die beiden Elternorganismen in ihren normalen Zellen haben, aber auch in den Geschlechtszellen bis zur endgültigen Teilung. Bei der Teilung geht die eine Hälfte jedes Paares in die eine Zelle, die andere Hälfte in die andere Zelle. Diese beim Menschen dreiundzwanzig Chromosomen werden einander also nach dem Zufallsprinzip zugeordnet, und es gibt 8,39 Millionen (2^{23}) verschiedene Eizellen und 8,39 Millionen verschiedene Spermien. Es gibt demnach ungeheuer viele Variationsmöglichkeiten für das, was beide Elternteile beisteuern. Eine Frau produziert im Laufe ihres Lebens nur etwa vierhundert dieser Chromosomenselektionen. Ein Mann produziert jede Selektion unter den 8,39 Millionen Möglichkeiten im Laufe seines Lebens einige tausendmal. Bei der Befruchtung wird aus diesen beiden Lotterien eine Möglichkeit für die Zeugung eines Nachkommens gezogen. Das Kind ist ein Zufallsprodukt aus 70,37 Billionen (8,39 Millionen x 8,39 Millionen) von den Eltern eingebrachten Kombinationsmöglichkeiten.

DALAI LAMA: Ist es so, daß die Möglichkeit der Geburt erst besteht, wenn das Spermium in die Eizelle eingedrungen ist? Und ist es so, daß sich mit absoluter Sicherheit ein Embryo bildet, wenn das Spermium in die Eizelle gelangt ist, oder gibt es da noch Unsicherheitsfaktoren?

LIVINGSTON: Vermehrung ohne Spermien wird Parthenogenese genannt. Das gibt es beim Menschen bekanntlich nicht. Eine Frau kann ohne Sperma keine Kinder zur Welt bringen. Aber bei Fröschen, die sich normalerweise auch geschlechtlich vermehren, läßt sich Parthenogenese leicht durch das Anstechen der Eizelle mit einer Nadel oder durch andere mechanische Störungen auslösen. Selbst wenn zum richtigen Zeitpunkt Spermien zugegen sind, ist die Befruchtung dadurch noch nicht gesichert. Und auch wenn es zu einer Befruchtung gekommen ist, gibt es noch Unsicherheitsfaktoren für die embryonale und fötale Entwicklung. Alle Stadien dieses langen Prozesses bleiben problematisch und ungewiß, selbst unter normal erscheinenden Umständen.

DALAI LAMA: Wenn das so ist, bedarf es dann einer dritten mitwirkenden Kraft für die Entwicklung des Fötus?

LIVINGSTON: Aus westlicher Sicht bedarf es sogar einer Vielzahl solcher mitwirkenden Ursachen.

DALAI LAMA: Besteht ein Spermium aus vielen Zellen oder nur aus einer, ähnlich einer Amöbe?

LIVINGSTON: Jede Ejakulation enthält Millionen von Spermien, aber jedes einzelne Spermium, aus Kopfteil und Schwanz bestehend, ist eine selbständige Zelle. Ein Spermium – Kopf, Mittelteil und Schwanz – ist eine einzige Zelle.

DALAI LAMA: Und die Augenfarbe oder die Nasenform und dergleichen – all das ist im genetischen Code der Chromosomen vorgeprägt?

LIVINGSTON: Ja. Jeder Mensch ist die schöpferische

Folge der Vereinigung von Chromosomen, die zur Hälfte vom weiblichen und zur Hälfte vom männlichen Elternteil beigesteuert werden. Manche erblichen Merkmale kommen durch die Gene der weiblichen Seite, andere durch die der männlichen Seite zum Ausdruck.

DALAI LAMA: Wenn nun der Embryo im Laufe der Entwicklung optimal versorgt ist, wie weitgehend sind dann alle Details durch den natürlichen genetischen Code vorgegeben?

LIVINGSTON: Ich glaube, ich kann sagen, daß es Gewebe gibt, für die alle Details vorgegeben sind, aber es gibt andere, die nicht so ganz und gar determiniert sind. Wie gesagt, stellt jede befruchtete Eizelle und daher jedes neu entstehende Individuum eine von 70,37 Billionen Möglichkeiten dar. Das ist eine ganze Menge, nicht wahr? Zwanzigmal mehr als die Staatsverschuldung der Vereinigten Staaten! [Gelächter] Diese Zahl dürfte sogar größer sein als die Gesamtzahl aller Menschen – seit den ersten Hominiden –, die das zeugungsfähige Alter erreicht und dann auch tatsächlich Nachkommen gezeugt haben. Jedenfalls kann man sich hier in diesem Raum umsehen und sich sicher fühlen bei der Behauptung, daß wir hier keine Duplikate haben. Sie können sich auf der ganzen Welt umsehen und mit ebenso sicherem Gefühl sagen, daß keine Duplikate vorhanden sind. Das, scheint mir, ist eine sehr wichtige Beobachtung. [Seine Heiligkeit schmunzelt]

DALAI LAMA: Wenn es zu einer Schädigung des Embryos kommt, liegt das dann an einer Schädigung oder einem Fehler des Spermiums? Und wenn das in einem späteren Stadium passiert, liegt es dann an späteren Ursachen?

LIVINGSTON: Es kann ein Fehler des Spermiums oder der Eizelle oder eine Fehlfunktion des werdenden Organismus sein. Es kann auch am Uterus oder an der Plazenta oder an endokrinen Störungen liegen. Vieles kommt da in Frage. Ich persönlich empfinde jede Geburt als ein Wunder, weil es so viele Dinge gibt, die schiefgehen können.

Die Bedeutung der Zuwendung während der Schwangerschaft und in den ersten Lebensjahren

Jetzt möchte ich etwas näher auf die Gehirnentwicklung beim Menschen eingehen. Bei der Geburt wiegt ein menschliches Gehirn durchschnittlich 350 Gramm. Sechs Monate später hat es sein Volumen verdoppelt. Das ist so, als würde man einen Computer um einen Haufen neuer Komponenten erweitern und die Zahl der internen Verbindungen verdoppeln. Die daraus resultierenden Veränderungen vermehren sich nicht additiv, sondern mulitiplikativ – eine gewaltige Zunahme der Wahrnehmungs-, Ausdrucks- und Kognitionskräfte sowie der körperlichen Geschicklichkeit. Und für diese Verdoppelung des Gehirnvolumens innerhalb von sechs Monaten ist nichts weiter notwendig als liebevolle Zuwendung und Muttermilch! Am Ende des dritten Jahres hat sich das Gehirnvolumen des Kindes abermals verdoppelt. Von da an nimmt die Gehirngröße nur noch um ein Prozent zu, bis es im Alter von etwa zwanzig Jahren sein Wachstum einstellt.

HAYWARD: Bedeutet das, daß ein Gehirn sich nicht richtig entwickelt, wenn das Kind keine Zuwendung erfährt?

LIVINGSTON: Ja, ganz recht. Und damit kommen wir zu einem sehr wichtigen Punkt. Berührung ist für das Neugeborene lebenswichtig. Wenn das Kind nicht berührt und gestreichelt und sanft geschaukelt wird und niemand mit ihm spricht, kann es nicht leben. Es verfällt in Depression und wird vielleicht krank werden und sterben, einfach weil ihm Berührung und liebevolle Zuwendung fehlen.

Ist die Mutter während der letzten etwa drei Monate vor dem Beginn der Schwangerschaft unterernährt, wird sie während der Schwangerschaft und Stillzeit nicht in der Lage sein, dem Kind über die Plazenta und später durch die Milch genügend Nährstoffe für das rapide Gewebe- und Gehirnwachstum zukommen zu lassen. Durch ihre Unterernährung wird das Kind sein genetisches Potential nicht voll ausschöpfen und in Körper- und Gehirnwachstum zum Ausdruck bringen können.

Machen wir uns also klar, daß mehr als zwei Drittel aller Kinder der Welt hinter dem genetisch in ihnen Angelegten zurückbleiben müssen, weil sich ihrem Wachstum und Spiel, ihrer Entwicklung und Erfahrung Krankheit und Unterernährung entgegenstellen. Man kann wohl sagen, daß hundert Prozent der Kinder ihr genetisches Potential nicht voll verwirklichen können, weil nicht alles in ihnen Angelegte die notwendige Beachtung erfährt. Was also genetische Tüchtigkeit angeht, können Eltern nichts besseres tun, als die Bedingungen für einen optimalen Austausch mit ihren Kindern zu schaffen. Wenn die Kinder irgendwo auf der Welt passiv, abhängig und schwach sind, wirft das uns alle zurück – die Weltgeschichte zeigt ja, daß jede Kultur große Völker und große Persönlichkeiten hervorzubringen vermag. Man muß nur die in diesen 70,37 Billionen Möglichkeiten liegenden Chancen nutzen, und die Eltern müssen dafür sorgen, daß die Anlagen sich voll entfalten.

Wenn ein Kind geboren wird, besitzt es schon fast alle seine Neuronen – über neunzig Prozent. Und diese Neuronen sind sehr vital, sie können so lange leben wie die Person, und sie reproduzieren sich nicht. Ein paar Milliarden Nervenzellen bilden sich im ersten Lebensjahr, und danach entstehen, keine weiteren mehr. Diese Nervenzellen des ersten Lebensjahres sind sehr interessant, denn es sind sehr kleine Neuronen; die Neuroanatomen haben früher sogar gedacht, es handle sich um Gliazallen und nicht um Neuronen. Diese kleinen Neuronen verhalten sich anders. Sie werden erst durch Entwicklung zum Gehirn, sie unterliegen dem Einfluß dessen, was in dieser Gehirn-Umwelt geschieht, und gemäß den tatsächlichen Abläufen knüpfen sie Verbindungen hierhin und dahin. Diesen Neuronen ist nichts vorbestimmt; sie knüpfen Verbindungen gemäß der tatsächlichen Erfahrung des Kindes, und das bedeutet: Dieses Kind baut sich ein Gehirn auf, das genau auf seine ohnehin einzigartige Erfahrung zugeschnitten ist. Die Erfahrung ist schon unvergleichlich, aber das Kind macht sie durch die Strukturierung seines Gehirns noch einzigartiger.

Das Gehirn, sagte ich, verdoppelt sein Volumen innerhalb

der ersten sechs Monate; das liegt daran, daß die einzelnen Zellen größer werden und aufgrund ihrer spezifischen Beanspruchung Verbindungen knüpfen, die wiederum gemäß der Erfahrung verstärkt werden. Wir haben also ein paar neue Zellen und viele alte, die dem Kind in ihrem Zusammenwirken ein Bild der Welt vermitteln. Das geht so weiter, und bis zum vierten Jahr hat sich das Gehirnvolumen wiederum verdoppelt.

Im Hinblick auf diese Entwicklung ist die Zeit von der Zeugung bis zum vierten Jahr besonders kostbar. In dieser Zeit kann ein Kind jede Sprache erlernen, und es wird eine Sprache erlernen, wenn in seiner Umgebung Sprache verwendet wird. In der Zeit des Heranwachsens ist es schon viel schwieriger, eine Sprache zu lernen. Wer dann noch keine Sprache gelernt hat, dem wird es sehr schwer fallen. Wenn man in dieser Zeit eine weitere Sprache lernt, benutzt man dabei die Muttersprache als Werkzeug, und es bleibt ein Leben lang so, daß man neue Sprachen auf der Basis der bereits beherrschten Sprachen erlernt. Aber man lernt nicht nur eine Sprache, sondern schafft sich dabei auch ein vollständiges Weltbild, und das ist eine umfassende Angleichung an die Umwelt im sozialen, physischen und biologischen Sinne. Von der Pubertät an nimmt die Anpassungsfähigkeit ab, und man wird etwas starrer. Man paßt sich nicht mehr so leicht einer gänzlich anderen Umgebung an und benutzt bei einer solchen Anpassung immer die frühere Umgebung als Bezugsrahmen.

Ich versuche zu skizzieren, wie sich im Uterus, in der frühen Kindheit und in der Zeit des Heranwachsens jener Komplex aus Gehirn, Geist und Ich bildet, den wir Person nennen. Ein Neugeborenes beispielsweise fängt an, sich von der Mutter und von der Umwelt zu differenzieren – es differenziert sich als ein Körper mit berührbaren, beweglichen Teilen und so weiter heraus. Das Kind im Mutterleib und das Neugeborene haben einen sehr schnellen Stoffwechsel, und der Stoffwechsel des Gehirns ist noch einmal von erheblich höherem Tempo. Die Gehirnaktivität eines Erwachsenen, am Stoffwechsel gemessen, ist zehnmal höher als in jedem anderen Gewebe des ruhenden Körpers. Das Gehirn verbrennt auch zehnmal soviel Sauerstoff und produziert zehnmal soviel Kohlendioxid wie der übrige Körper. Auch ein Sportler, der seine gesamte Leistungskraft aufbietet, kann nur etwa das Sechzehnfache der durchschnittlichen Stoffwechselrate erreichen – und das nicht sehr lange, vielleicht zwei Stunden oder so lange, wie ein Marathonlauf dauert. Das bedeutet, daß das Gehirn unser Leben lang einen gemäßigten Marathonlauf macht, und das im Wachen wie im Schlaf. Das ist ein äußerst reges Gewebe.

Und jetzt etwas Interessantes: In der Zeit des Heranwachsens reduziert sich die Stoffwechselrate des vorgeburtlichen Lebensabschnitts und der Kindheit aus Gründen, die wir nicht kennen, vom Zweifachen der Gehirnstoffwechselrate eines Erwachsenen – das heißt vom Zwanzigfachen des Stoffwechsels im Körper eines ruhenden Erwachsenen – auf das Niveau des Erwachsenenstoffwechsels. Die Gehirnaktivität verlangsamt sich also zum gemäßigten Marathonlauf, und wir wissen nicht, wodurch. Aber ich glaube, auf diesem Weg vom befruchteten Ei bis zur körperlichen Reife geschieht etwas sehr Wesentliches, dem wir mehr Aufmersamkeit schenken sollten.

Bis hierher also haben wir uns die Geschichte inzwischen vergegenwärtigt: Die Spermien sind von der Scheide aus durch die Gebärmutter und beiderseits die Eileiter hinaufgewandert, und auf der einen Seite finden sie eine Eizelle vor. Bis die befruchtete Eizelle durch den Eileiter in die Gebärmutter gelangt, hat sie bereits einen kleinen Zellhaufen gebildet, an dem die Versorgungseinrichtung, der Dotter, zu erkennen ist. So nistet sich der Keim nun in der Innenwand der Gebärmutter ein, die dafür genau die richtige Beschaffenheit hat. So, und jetzt können wir über die Entwicklung des Embryos sprechen.

Die frühen Stadien der Embryonalentwicklung

In den Anfangsstadien der embryonalen Entwicklung sieht man unter dem Mikroskop ein Gebilde aus kleinen Zellen von ähnlichem Aussehen. Diese Zellen machen synchrone Teilungen durch, die wie »Spasmen« des gesamten Gebildes aussehen und ein winziges gewelltes Kügelchen entstehen lassen.

Zu besonderen Differenzierungen und Spezialisierungen kommt es bei diesen Zellen aufgrund von Instruktionen, die während der einzelnen Stadien der embryonalen und fötalen Entwicklung von bestimmten Segmenten des genetischen Codes abgelesen werden. In einem frühen Stadium ähnelt der Keim des neuen Lebens, wenn man ihn unter dem Mikroskop betrachtet, einer Maulbeere. Auf der dem Dottersack (der einen sich entwickelnden Überrest der Eizelle darstellt und am Aufbau der Plazenta beteiligt sein wird) gegenüberliegenden Seite der kleinen Zellkugel beginnt sich die äußere Oberfläche zu strecken. Die Zellteilungen geraten jetzt wegen der multiplikativ zunehmenden Zahl der Zellen aus ihrem ursprünglichen Gleichtakt und werden immer zahlreicher. Es entsteht ein abgeflachtes Gebilde, in dessen Tiefe man anfangs zwei und später drei Keimschichten erkennen kann.

Jetzt möchte ich Eure Heiligkeit um die Teilnahme an zwei Demonstrationen bitten, bei denen wir zusammenwirken müssen. Daran werden zwei grundlegende Entwicklungsschritte sichtbar werden – die frühe Embryonalentwicklung und die frühe Gehirnentwicklung. Zuerst demonstrieren wir, wie der Embryo sich in seiner Gesamtheit entwickelt, und dann wollen wir andeuten, wie das Nervensystem sich für seine Funktionen organisiert.

Wenn Sie also Ihre Hände vielleicht einmal so ausstrecken könnten, die linke unter der rechten. So, und ich lege meine rechte Hand jetzt zwischen Ihre Hände. Auf diese Weise formen unsere Hände ein dreischichtiges, kompaktes Gebilde.

Die ersten Zeichen der Differenzierung bei der embryonalen Entwicklung deuten bereits die Beziehungen an, die zwischen dem Nervensystem und den übrigen Organen des Körpers herrschen werden. Im ersten Schritt entstehen drei mikroskopisch unterscheidbare Schichten. Zwei Schichten erscheinen im Verlauf der zweiten Woche, und zu Beginn der dritten Wo-

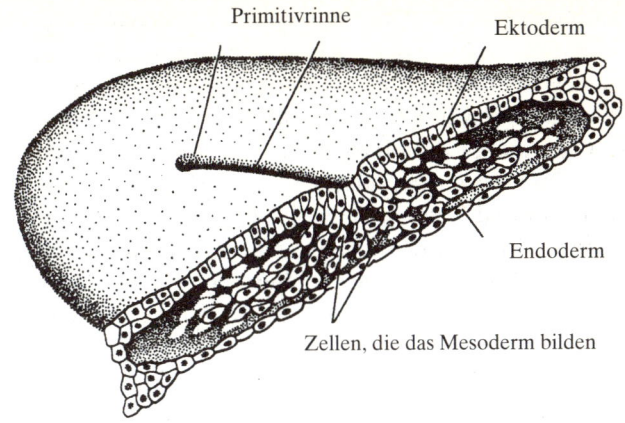

Primitivrinne

Ektoderm

Endoderm

Zellen, die das Mesoderm bilden

Abbildung 14 Der dreischichtige Aufbau im Frühstadium der embryonalen Entwicklung.

che, wenn der Keim sich in der Gebärmutterschleimhaut einzunisten beginnt, zeigt sich die mittlere Schicht. In dieser dritten Woche, der Zeit der häuslichen Einrichtung in der Gebärmutter, lassen sich alle drei Schichten in der hier von uns demonstrierten Weise unterscheiden. Diese untere Schicht, Ihre linke Hand, wird *Endoderm* genannt und liegt auf der Seite des Dottersacks. Sie wird sich zu den viszeralen Organen ausdifferenzieren: Lunge, Magen und Darm, Bauchspeicheldrüse, Leber, Nieren und so weiter. Die mittlere Schicht, hier durch meine Hand dargestellt, wird *Mesoderm* genannt und ist der Ursprung von *Chorda dorsalis*, Skelett und Muskeln, aber auch von Herz, Blutgefäßsystem und so weiter. Die obere Schicht, Ihre rechte Hand, ist das *Ektoderm* und wird einmal das sein, was der künftigen Außenwelt am nächsten liegt: Haut, Haar, Nägel, Zähne, einige dünne Knochen in der Scheitelgegend sowie das gesamte Nervensystem, Rückenmark und Gehirn, einschließlich der neuronalen Bestandteile der Sinnesorgane.

Auf Signale der mesodermalen Chorda dorsalis hin bildet das Ektoderm eine sogenannte Primitivrinne aus; die Lage der

Chorda bestimmt die Ausrichtung dieser Rinne und legt auch fest, an welchem Ende sich das Gehirn bilden wird. Die Chorda ist allen Wirbeltieren gemeinsam unnd kommt nur bei ihnen vor. Sie ist ein elastischer Strang, durch den die Mittellinie, die Dorsal-ventral-Ausrichtung und der Sitz des Kopfes festgelegt werden. Die Chorda sagt: »Dein Kopf sitzt an dem einen Ende, und du selbst sitzt auf dem anderen.« Im voll ausgebildeten Organismus wird die Chorda dorsalis selbst zu den Wirbelkörpern und Schädelbasisknochen. Sie überlebt in Gestalt der Bandscheiben, also der elastischen Stoßdämpfer zwischen den Wirbelkörpern.

B. ALAN WALLACE: (Dolmetscher): Das wird sicherlich noch zur Sprache kommen, aber Seine Heiligkeit sieht sich hier an die buddhistische Medizin erinnert, die ausführt, daß Knochen, Mark und Sexualsekret bei der Zeugung von der männlichen Seite beigesteuert werden und Blut, Fleisch und Haut von der weiblichen Seite. Es wäre sicherlich interessant, das der westlichen Entwicklungsanatomie gegenüberzustellen.

LIVINGSTON: Wenn wir Übereinstimmungen buddhistischer Einsicht und westlicher Neurowissenschaft betrachten wollen, muß ich zunächst einmal betonen, daß die wissenschaftliche Deutung alles in allem eher deskriptiv als erklärend ist. Und sie ist immer unvollständig und ungewiß. Wir meinen im Westen, daß wir sehr schnell vorankommen, gerade in jüngster Zeit, aber meine eigene Erfahrung ist da etwas anders: In den vierzig Jahren meiner Lehrtätigkeit in mehreren neurowissenschaftlichen Disziplinen und an etlichen Universtitäten mußte ich immer wieder sehen, daß alles, was ich mit viel Aufwand lerne und lehre, sich immer wieder ändert, und das oft genug auf sehr radikale Weise, auch in jüngster Zeit. Aufgrund dieser Erfahrungen sah ich mich genötigt, meinen Studenten zu erzählen, daß die Hälfte von dem, was ich ihnen erzähle, falsch ist – und Sie können mich prügeln, ich weiß einfach nicht, welche Hälfte. [Gelächter]

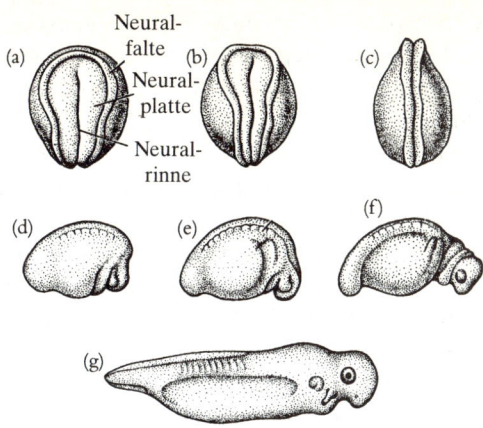

Neural-
falte
Neural-
platte
Neural-
rinne

(a) (b) (c)

(d) (e) (f)

(g)

Abbildung 15 Die Bildung der neuralen Achse in den frühen Entwicklungsstadien der Wirbeltiere.

Die Organisation des Nervensystems

Als zweites möchte ich über die Ausbildung des Nervensystems sprechen und fange wieder mit einer Demonstration an, zu der ich Ihre Hilfe brauche. Können Sie Ihre Hände noch einmal genauso wie vorhin ausstrecken? Jetzt lege ich eine Hand dazwischen, und hier vom Rand her wird die Sache eingedrückt.

Wie schon gesagt, hat das gesamte Nervensystem seinen Ursprung im Ektoderm. Wir werden jetzt sehen, wie diese eine Keimschicht für die Entwicklung des Gehirns und des Rückenmarks sorgt. Der Primitivstreifen, der sich unter dem Einfluß der Chorda dorsalis bildete, senkt sich bald zu einer *Neuralrinne* ein. Deren Ränder verdicken sich und nähern sich einander an wie zwei Wellen, um dann an der Berührungslinie zu verschmelzen, so daß eine Röhre entsteht, das *Neuralrohr*.

In der Wandung der Neuralröhre finden wir drei Schichten vor. Die innerste Schicht, ihre linke Hand, wird *Matrixschicht* genannt. Sie umschließt den flüssigkeitsgefüllten Zentralkanal, der das Neuralrohr in seiner ganzen Länge ausfüllt. In dieser

Schicht ist besonders viel Leben, weil hier alle Neuronen entstehen, die dann, nach vielen genetisch vorgeprägten Zellteilungen, jede an ganz bestimmte Stellen in einer der drei Schichten wandern.

Im ausgereiften Nervensystem sorgt die Matrixschicht für die nervliche Steuerung von Atmung, Kreislauf und Verdauung sowie der Ausscheidungs- und Sexualfunktionen. Das umfaßt die zentralen und peripheren (sympathischen und parasympathischen) Anteile des vegetativen Nervensystems, die in Kooperation mit den eben geschilderten viszeralen Innervationssystemen das Ausdrucks- und Gefühlsverhalten steuern. Dann kommt die äußere, die Randschicht, hier durch Ihre rechte Hand dargestellt. Sie stellt die Neuronen für die Großhirnrinde und andere Systeme der höchsten Ordnung, insbesondere die rezenten Neuerungen der Gehirnorganisation.

DALAI LAMA: Das ist nicht so etwas wie eine Haut des Zentralkanals, oder? Es hat nichts mit Hautschichten zu tun?

LIVINGSTON: Die ursprüngliche Keimschicht, das Ektoderm, sorgt zwar durch ihre Beteiligung an der Bildung des Neuralrohrs für die Entstehung von Haut, Haaren, Nägeln und damit verwandten Epidermisgeweben, ist aber selbst ganz auf die Bildung des Nervensystems hin angelegt. Und bei ihrer strukturellen und funktionellen Differenzierung haben die drei Schichten des Neuralrohrs nur entfernte Ähnlichkeit mit Haut.

DALAI LAMA: Ist das Neuralrohr innen hohl?

LIVINGSTON: Ja, und es ist mit Cerebrospinalflüssigkeit gefüllt – das ist eine sehr interessante Flüssigkeit. Das wird sicherlich klarer, wenn Sie den Film sehen, den wir gleich zeigen wollen; er zeigt die strukturelle Organisation des gesamten Gehirns eines erwachsenen Menschen. [Der Film, *The Human Brain: A Dynamic View of Its Structures and Organization*, Copyright 1976, zeigt den Aufbau des menschlichen Gehirns anhand von Mikroschnitten.]

DALAI LAMA: Wenn der Embryo sich zu einem richtigen Körper entwickelt, geht das dann vom künftigen Herzen oder irgendeiner anderen zentralen Stelle aus? Die buddhistischen

Texte sprechen von einem Kernbereich, wo das Bewußtsein eintritt, und das ist auch die Stelle, wo das Bewußtsein zum Zeitpunkt des Todes wieder austritt.

LINGINSTON: Ich wüßte nicht, wo man eine Stelle für den Eintritt oder späteren Austritt des Bewußtseins angeben könnte. Vielleicht die Ektoderm-Oberfläche. Ich würde sagen, es sollte davon abhängen, an welcher Stelle der Kopf des Embryos sein wird, und das ist noch nicht festgelegt. Vom westlichen neurowissenschaftlichen Standpunkt aus ist Bewußtsein eine emergierende Größe, und sein Emergieren setzt voraus, daß eine ausreichende Ansammlung auf geeignete Weise miteinander verbundener Nervenzellen vorhanden ist.

Die westliche Biologie spricht vom genetisch spezifizierten Schicksal der Zellen: Gewisse Zellen sind aufgrund irgendeines Abstimmungsprozesses auserkoren, Haut- oder Gehirnzellen zu werden. Manchen ist es bestimmt, Herz- oder Skelettmuskeln und dergleichen zu werden, während anderen ein Ort im viszeralen Bereich bestimmt ist. Diese Zuordnung geschieht ziemlich früh. Wir wissen nicht, wie sie gesteuert wird. Ist die Zuordnung einmal vollzogen, dann arbeiten die drei Gruppen harmonisch zusammen. Jede kümmert sich um ihre Angelegenheiten – die obere baut Gehirn und Rückenmark auf, die mittlere hat Herz, Skelett und Muskeln bereitzustellen, und die unere sorgt für Eingeweide, Verdauungsorgane und so weiter. Das geschieht harmonisch, das heißt auf abgestimmte Weise: Die drei Gewebe tauschen Signale aus und teilen einander mit, in welchem Stadium sie gerade sind. Das scheint mir wichtig zu sein, da es von Beziehungen zwischen Verdauungsapparat, Gehirn und Herz kündet.

Zwischen der zweiundzwanzigsten und sechsundzwanzigsten Schwangerschaftswoche sind am Fötus äußere Zeichen zu erkennen, die meiner Meinung nach darauf schließen lassen, daß sein jetzt noch recht primitives Nervensystem vielleicht schon erste Ansätze von Wahrnehmung entwickelt. Sollte es vor diesem Stadium schon solche Ansätze gegeben haben, dann sind sie so subtil, daß sie sich mit unseren gegenwärtigen Mitteln nicht feststellen lassen. Vom Standpunkt der westlichen Neurowissenschaft aus gibt es keinerlei überzeugende Anhaltspunkte für irgendein – und sei es auch ein primitives – Bewußtsein vor der zweiundzwanzigsten Schwangerschaftswoche. Das scheint mir für den Gesichtspunkt der medizinischen Ethik sehr wichtig zu sein.

Um die sechste Woche sind am Embryo die ersten Bewegungen zu erkennen. Das sind jedoch reine Muskelbewegungen. Der Embryo besitzt noch kein Nervensystem, beziehungsweise das sich entwickelnde Nervensystem ist noch nicht mit den Muskeln verbunden. Die Muskeln sind also spontan aktiv, und wir beobachten winzige Zuckungen oder Entladungen. Nach etwa siebeneinhalb Wochen haben die Nerven die Muskeln erreicht, und das Zucken hört auf. Der Muskel wird still, seine spontanen Zuckungen werden gedämpft, sobald er seine Innervation erhält, und von da an bewegt er sich nur noch, wenn er durch den Nerv entsprechend angeregt wird.

Anfangs ist das Bewegungsmuster stets umfassend und ganzheitlich. Später, in der achten oder neunten Woche, beginnen Bewegungen, die vom Hals oder Kopf aus die Wirbelsäule hinunterlaufen. Jetzt sind nicht nur die motorischen, sondern auch die sensorischen Nerven mit den Muskeln verbunden. Deshalb sind etwa ab der achten Woche zum erstenmal Reflexe möglich. Zur ersten Reaktion kommt es durch eine Berührung an Wange oder Mund: Der Fötus wendet den Kopf ab. Diese eindeutige Reaktion beginnt mit dem Gesicht und besteht zunächst in einer Halsbewegung, die sich dann aber durch den ganzen Körper fortsetzt. Zu dieser Zeit hat der Fötus bereits erkennbar menschliche Gestalt. Wir sehen einen großen Kopf und den kleinen Körper und die Verbindung zur Plazenta. Die Armknospen sind noch sehr klein, Hände sind noch nicht geformt und Beinanlagen noch gar nicht zu erkennen.

Um die neunte Woche sind erstmals koordinierte Bewegungen zu erkennen, die nichts Beliebiges mehr haben, sondern durch diesen koordinierten Charakter der Bewegungen auch einzelner Körperteile auf Steuerung durch das Zentralnervensystem schließen lassen. Wir sehen Kopfbewegungen, Armbewegungen, ein Sich-Strecken oder ein Öffnen des Mundes. Zur zehnten Woche hin setzen Atembewegungen ein, die natürlich nicht direkt der Atmung dienen, da das Baby ja vollkommen von Flüssigkeit umschlossen ist. In der zehnten Woche dann sehen wir das erste Gähnen. Vielleicht bekommt es hier ein bißchen...

DALAI LAMA: Klares Licht.*

LIVINGSTON: Klares Licht, Ja. [Gelächter] Das Herz fängt zwischen der fünften und sechsten Woche zu schlagen an, aber anfangs handelt es sich nur um Kontraktionen einer Röhre. Zu dieser Zeit gibt es eigentlich noch kein richtiges Herz mit Kammern. Um die siebte oder achte Woche wird die Röhre einem Herzen immer ähnlicher und nimmt seine Arbeit als Pumpe für den Kreislauf des Embryos auf. Das Kopfende der neuralen Achse und das Herz sind einander ziemlich nahe. Ein wenig später wandert das Herz abwärts in den Brustraum, und im Hirnstamm entsteht die Zirbeldrüse.

Eine Woche nach dem ersten Gähnen erkennen wir Schluck- und Saugbewegungen, der Fötus bereitet sich also auf die Ernährung aus eigener Kraft vor. Um die zweiundzwanzigste Woche setzt primitive elektrische Aktivität ein, die der elektrischen Aktivität beim Erwachsenen schon entfernt ähnlich ist. Schon vorher läßt sich elektrische Aktivität feststellen, aber sie hat etwas Sporadisches und wenig Organisiertes. Aber jetzt haben wir ein EEG, und das Kind durchlebt Phasen von REM-Schlaf und Non-REM-Schlaf (auch »Slow-Wave-Schlaf« oder »orthodoxer Schlaf«). Man möchte annehmen, daß das Kind in den späten Phasen der Schwangerschaft schon träumt. Eine Steuerung durch das Zentralnervensystem setzt zu dieser Zeit im Hirnstamm ein und übt seinen Einfluß auf Rückenmark und Muskelsystem aus; es steuert die Kopf- und Armbewegungen, das Strecken, das Öffnen des Mundes, die Atmung und so wei-

---

* Vgl. S. 115; dort ist die Rede von alltäglichen Anlässen, bei denen es zu einer kurzen Erfahrung des klaren Lichts kommt.

ter. Es kann nur so sein, denn die Großhirnrinde entwickelt sich erst viel später, etwa von der zweiundzwanzigsten Woche an. Seine innere Entwicklung setzt spät ein, weil sie in einer sehr komplizierten Abfolge einen genau definierten Platz hat.

Die Wahrnehmungskontrolle des Gehirns

Es gibt zwei Arten von Großhirnrinde [Cortex], die bei manchen niederen Tieren die höchste Entwicklungsstufe darstellen. Ich will sie hier nicht im einzelnen beschreiben; der älteste Teil wird Archicortex genannt, und dazu gehört der Hippocampus. Daneben gibt es eine sehr umfangreiche Weiterentwicklung, die Mesocortex genannt wird, das heißt einfach mittlere Großhirnrinde. Zu den Haupttätigkeiten dieses Cortex, die er in Zusammenarbeit mit dem älteren Teil versieht, gehören die viszerale Steuerung, die Steuerung aller Körperorgane und des emotionalen Ausdrucksverhaltens. Eine dritte Art von Cortex, der Neocortex, taucht erstmals bei den Säugetieren auf. Der Neocortex ist von ganz anderer Art. Wenn man bei einem Menschen den Schädel öffnet und, während dieser Mensch nicht unter Narkose steht, verschiedene Regionen des Neocortex stimuliert, sieht er einen Lichtblitz oder hört einen Ton oder fühlt etwas an seiner Körperoberfläche oder bewegt eine seiner Extremitäten – und das alles geschieht ohne willentliche Kontrolle. Stimuliert man aber den Archicortex mit seinem Hippocampus oder den Mesocortex, dann berichtet dieser Mensch, daß er sich schauderhaft fühlt oder Freude empfindet, oder sexuell erregt ist, oder sich in Hochstimmung befindet und dergleichen. Der Unterschied zwischen den jüngeren und älteren Teilen der Großhirnrinde besteht also im Charakter der Erfahrungen – hier eher analytisch und distanziert, dort sehr direkt und intim.

Jetzt möchte ich auf den springenden Punkt kommen – und wenn es mir gelingt, den zu vermitteln, werde ich mein Ticket verdient haben –, nämlich daß der Hirnstamm und die ihm

240

zugeordneten Gebilde nicht nur auf das motorische und sensorische System, sondern auch auf die Großhirnrinde selbst Einflüsse ausüben. Ich betone das, weil es bedeutet, daß das Gehirn unter anderem auch den sensorischen Input kontrolliert: Das Gehirn sendet Botschaften an die Sinnesorgane – Ohr, Auge, Nasengang, Haut oder das empfindungsfähige Muskelgewebe –, und diese Botschaften bekommen eine Kontrollfunktion für das betreffende Organ.

Das ist in erkenntnistheoretischer Hinsicht sehr wichtig, denn dieses System zielt auf Leistungsverbesserung und bringt neue Erfahrungen mit früheren, aber auch mit Erwartungen und Zielvorstellungen in Übereinstimmung. Wenn also ein visuelles Bild geformt wird oder Laut-, Berührungs- und Geruchsempfindungen verarbeitet werden, kann das Gehirn – vom Anfang des Reizes in den Sinnesorganen bis hin zu den jeweiligen Zielpunkten im Gehirn – Einfluß auf das Endprodukt nehmen. Das bedeutet, daß alle unsere Erfahrungen bereits bearbeitet und unseren früheren Erfahrungen, Erwartungen und Zielvorstellungen angeglichen sind. Nach Ansicht der westlichen Wissenschaft gibt es demnach kein reines Hören, Sehen oder Riechen. Wir tragen »Brillen«, die wir selbst nicht wahrnehmen, die uns aber von der Wirklichkeit trennen. Wir können sie nicht ablegen; sie können sich ändern, wenn etwas immer wieder anders läuft, als wir erwarten, aber das ist ein sehr langsamer Prozeß.

Man kann dazu einfache Experiment machen, die zwar nicht beweiskräftig sein mögen, aber doch interessante Einblicke gewähren. Sie zeichnen ein »T«, und zwar so, daß der waagrechte und der senkrechte Balken genau gleich lang sind. Sie legen es einer Gruppe von Leuten vor und fragen, ob einer der Balken länger sei oder beide gleich lang. Meist spaltet sich die Gruppe dann in drei Fraktionen. Eine sagt ganz entschieden, der senkrechte Balken sei länger. Die andere ist überzeugt, daß der waagerechte Balken länger ist. Und ganz wenige finden, sie seien beide gleich lang. Wenn man jetzt beide Balken ausmißt, ändert das auch nichts. Wenn Sie in die Niederlande gehen und da die Leute fragen, werden etwa 92 Prozent sagen, der waage-rechte Balken sei länger – in ihrem Land beherrscht einfach die Horizontale das Bild. Ganz anders in der Schweiz, wo 92 Prozent der Leute sagen, der senkrechte Balken sei länger. In ihrem Land herrscht die Vertikale vor, und jeder Weg, den man zurücklegt, ist mit viel Auf und Ab verbunden.

Wie ich also sagte: Die Wahrnehmung wird gemäß der Geschichte, der Erwartungen und der Zielvorstellungen eines Organismus bearbeitet. Ich möchte Ihnen hier vor allem nahebringen, daß das Nervensystem auf Aktion hin angelegt ist. Die motorischen Zellen kontrahieren sich schon, wenn sie noch keine Innervation haben, wenn die Nervenverbindungen noch nicht geknüpft sind. Die motorischen Zellen bekommen motorische Innervation, bevor sensorische Kontrollmechanismen bestehen. Das Zentralnervensysten steuert sowohl die sensorische als auch die motorische Steuerung. Die Aktivität des Nervensystems ist zielorientiert, und das Ziel ist innere Befriedigung.

Die Aktivität des Nervensystems zielt auf Bewegung. Bewegungsfähigkeit kommt in zwei Grundtypen vor, nämlich als Anspannung und Entspannung von Muskeln und als Sekretion oder Nichtsekretion. In funktioneller Hinsicht unterscheidet man drei Kategorien, nämlich erstens Anspannung und Entspannung oder Sekretion der Verdauungsorgane, der Lunge, der Leber, der Nieren, der Geschlechtsorgane oder auch beispielsweise der Schweißdrüsen. Als nächstes wäre das Ausdrucksverhalten zu nennen, Bewegungen, welche die inneren Zustände der Person nach außen hin erkennbar machen – emotionaler Ausdruck, Gesten, Körperhaltungen, soziale Signale und so weiter. Viele unserer Emotionen sind sehr intim und privat, und wir machen uns häufig nicht klar, wie sehr sie sich doch nach außen mitteilen. Wir sind froh oder deprimiert oder leiden, und das zeigt sich auf ganz natürliche Weise als körperlicher Ausdruck. Wenn wir uns zum Beispiel mit dem Hammer auf die Finger schlagen, kann unsere Gebärdensprache, aber auch unser stimmliches Verhalten sehr ausdrucksstark werden.

Ob wir unseren Gefühlen freien Lauf lassen oder sie zu beherrschen versuchen – solange wir nicht wirklich perfekte Schauspieler sind, wird die Wahrheit immer mehr oder weniger deutlich durchscheinen.

Mit Körperhaltung meine ich das, was sie jetzt zum Beispiel an mir sehen. Ich sitze ganz aufrecht, und Sie gehen davon aus, daß ich hellwach bin, sonst könnte ich vielleicht vornüberfallen. Eigentlich befinde ich mich in einer permanenten Krise, weil ich ja ständig falle. Ich korrigiere unentwegt mit meinen Muskeln gegen einen möglichen Sturz an, und meine Haltung sagt Ihnen etwas über mich. Das ist eine sehr bedeutungsvolle nichtverbale Kommunikation. Ein anderes Beispiel. Haben Sie schon einmal Filme von Charlie Chaplin gesehen? Er beherrschte diese Kommunikationsform perfekt und brauchte nicht viel Mimik. Sein Gesicht blieb in Ruhe, und er teilte sich über den Körper mit. Selbst wenn er nur von weitem und als Umriß zu sehen war, wußte man schon, ob die Angebetete ihn zurückgewiesen hatte, ob ihm gekündigt worden oder sonst irgendwas Schreckliches über ihn hereingebrochen war. Und genau so konnte man sehen, ob er erhört worden war oder seine Stellung behalten durfte und höchst zufrieden war. Das ist Körperhaltung als Ausdruck für Gefühle. Gefühle finden auch auf andere Weise körperlichen Ausdruck – als Erröten, Änderung der Herzfrequenz (die höher, niedriger oder unregelmäßig werden kann), Änderung der Atemfrequenz oder Veränderungen im Bereich der Verdauungs- und Sexualorgane und so weiter. Wir haben also auf der einen Seite Zorn, Ängste, Furcht, Depression – die ganze Liste negativer Emotionen; und auf der anderen Seite die erhebenden Gefühle wie Liebe, Mitgefühl, Einfühlung. Hierher gehört alles, was menschliches Ausdrucksverhalten ist und mit Kooperation oder Konflikt zu tun hat. Diese nichtverbale Zeichensprache kommt insbesondere ins Spiel, wenn Sie mit jemandem verhandeln, jemanden etwas lehren oder von jemandem etwas lernen.

Die dritte Art von Bewegung betrifft das Bewirken von etwas in der Außenwelt. Gemeint ist damit alles, was ein

Mensch oder irgendein Organismus mit seiner sozialen oder biologischen oder materiellen Umwelt tut. Die großen Korallenriffe sind die größten von Lebewesen hervorgebrachten Gebilde der Welt. Die Korallen, die wir gern als niedere Lebensformen betrachten, haben das wohl größte Kooperationsunternehmen der Welt zustandegebracht, und an dieser Kooperation sind außer den Korallen noch andere Lebensformen beteiligt, etwa die Bakterien, die eine Koralle in Oberflächennähe so stabilisieren, daß sie den Wellenbewegungen standhalten kann. Es gibt hier noch viele andere Interdependenzen dieser Art. Ich möchte hier nicht weiter bei den Korallen verweilen, aber darauf hinweisen, daß das Leben uns viel zum Thema »Kooperation« zu zeigen hat. Das Bewirken in der Außenwelt kann die Schutzhöhle sein, die ein Hund sich gräbt, oder irgendeine Schutzvorrichtung, mit der ein Bär den Eingang zu seiner Höhle versieht – alles mögliche dieser Art. Und bei diesem Bewirken in der Außenwelt tut der Mensch sich ganz besonders hervor und wird nur noch von kooperativen Korallen übertroffen.

Unter diese Rubrik fällt alles, was geplant und ausgeführt wird – Bücher und Schiffe, Gebäude und Brücken, Verträge, Verfassungen, Computer. Natürlich gehört auch die biologische Vermehrung dazu: Wir zeugen Kinder und verändern dadurch die Welt. Menschen sind stets mit Dingen beschäftigt. Alles, was wir hier sehen, die ganze landwirtschaftliche Prägung dieser Gegend, ist vom Menschen bewirkt – dieses ganze Fingerabdruckmuster von Dämmen und Wasserwegen da unten im Tal.

Die Rolle des Fühlens für das Gedächtnis

Jetzt möchte ich noch kurz über den Zusammenhang dieser Gehirnmechanismen mit Lernen und Gedächtnis sprechen. An diesem emotionalen aktiven System einschließlich des Hippocampus und des Archicortex ist etwas, das die Welt ständig »im

244

Auge« hat. Der Hippocampus erhält Impulse vom Gehör- und Gesichtssinn, vom Körpersinn (Berührungs-, Wärmeempfinden etc.) und besonders direkt vom Geruchssinn. Er weiß also, was los ist in der Welt. Aber er ist nicht auf das Bewirken nach außen hin angelegt. Sein Metier ist die innere Erfahrung des Ich, des bloßen Ich.

Wenn uns etwas biologisch Relevantes begegnet, schickt der Hippocampus eine Botschaft an den Hirnstamm und ordnet an, daß die zum angegebenen Zeitpunkt im Gehirn vorliegenden Muster als Information über das, was in der Welt vorging, abgespeichert werden sollen. Biologisch bedeutsame Ereignisse werden also zum Hirnstamm übermittelt, der dann alles, was gerade der Fall ist, zu einem Muster verfestigt. Die Fähigkeit des Hirnstamms, dieses Muster zu behalten, bedeutet, daß keine spezifische Nervenschaltung zu seiner Erzeugung notwendig ist. Das ist ähnlich wie das Erzeugen von Bildern auf fotografischem Material. Bei schwacher Anregung entsteht ein sehr blasses Bild, bei wiederholter schwacher Anregung wird es schon stärker. Eine ausreichende Lichtmenge läßt sofort ein kontrastreiches Bild entstehen. Ähnlich kommt es im Gehirn bei sehr bedeutsamen Ereignissen gleich zu einem eindeutigen Befehl: »Drucken!«

Eure Heiligkeit, ich wage die Vermutung, daß Sie uns genau sagen können, wo Sie am 22. November 1963 waren, wenn ich in Erinnerung rufe, daß Kennedy an diesem Tag ermordet wurde. Sie wissen, wo Sie davon hörten und wer Sie informiert hat, nicht wahr?

DALAI LAMA: Ja.

LIVINGSTON: Das Geist-Gehirn-System Seiner Heiligkeit, nehme ich an, faßte diese Information als für seine Person biologisch bedeutungsvoll auf, und sein Gehirn »druckte« die ganze Situation: Wie die Nachricht überbracht wurde, von welcher Art sie war, welche Form sie hatte, die Knöpfe am Fernsehgerät, Jacqueline Kennedy in Schwarz – einfach alles. Viele andere Bilder kommen hoch, die alle mit dieser Erfahrung zusammenhängen. Und all das hängt von Hippocampus ab. Wäre da kein Hippocampus, könnte das alles nicht festgehalten werden.

Der Befehl zum Drucken oder Speichern geht abwärts durchs Rückenmark und aufwärts durch alle Gehirnbereiche und erfaßt überall das gerade gegebene Aktivitätsmuster oder Bild und vernküpft alle diese Einzelmuster zu einem Gesamtmuster.

DALAI LAMA: Was diesen starken Eindruck hinterläßt, hat das etwas mit dem Fühlen zu tun?

LIVINGSTON: Ja, sehr richtig. Um eingeprägt zu werden, muß eine Erfahrung mit persönlichem Fühlen verbunden sein, sonst käme es nicht zu einer Entladung im Hippocampus. Und wenn diese Voraussetzung gegeben ist, daß eine Erfahrung große persönliche Bedeutung hat und das persönliche Empfinden wachruft oder ändert, ist die Art des gedruckten Gedächtnisinhalts zweitrangig – das kann etwas so Theoretisches wie eine abstrakte Idee oder etwas so Flüchtiges wie ein Duft sein.

WALLACE: Und das mit dem Ereignis verbundene Gefühl kann Freude oder Traurigkeit oder nichts sein?

LIVINGSTON: Ja, es kann jedes Gefühl, jede Stimmung sein. Aber ich glaube nicht, daß etwas so Neutrales wie nichts gespeichert wird. Nichts ist nicht sehr einprägsam, es sei denn, die Erfahrung habe einen Begleitfaktor von starker Emotionalität gehabt. Eine Tür beispielsweise, die nicht aufgeht, kann je nach Zusammenhang von sehr großer emotionaler Bedeutung sein. In dieser Hinsicht kann »nichts« – ein Nicht-Ereignis – sehr wohl einprägsam sein.

Assoziierte Empfindungen sind sehr wichtig. Wir wissen über unseren Hunger, den Zustand unserer Blase und vieles andere ohne weiteres Bescheid. Der Arzt zum Beispiel fragt Sie, wie es Ihnen geht. Das ist eine ganz wichtige Frage. Der Patient sagt dann vielleicht: »Ich bin heute einfach müde«, und das könnte für den Arzt ein Alarmzeichen sein. Oder der Patient sagt: »Mir geht es schon viel besser, ich möchte nach Hause.« Was es auch sein mag, der Patient hat jedenfalls einen zutreffenden Eindruck von sich selbst. Teilt er ihn auch wahrheitsgemäß mit, kann das für den Arzt eine Hilfe sein, Was ein Mensch einem anderen über sich selbst mitteilt, kann alle mit Emotionen und Ausdruck zusammenhängenden Informationen beinhalten.

Das Gehirn ist wie ein Sinfonieorchester – alles ist aufeinander abgestimmt und diszipliniert und funktioniert wunderbar. Es ist immer ein integriertes Ganzes. Vom Beginn des embryonalen Lebens an ist es vollkommen integriert. Um bei unserem Beispiel zu bleiben: Als Seine Heiligkeit von Kennedys Ermordung hörte, wird er gewiß das, was er gerade tat, unterbrochen haben, und diese Intelligenz sorgte dafür, daß sein Bild der Welt sich änderte, daß seine Zukunftsgedanken und Zukunftshoffnungen ein anderes Gesicht bekamen. Vielleicht hat er gesagt: »Ich hoffe, es ist nicht wahr.« Aber wenn dann an einer Sache nicht mehr zu zweifeln ist, werden alle Schalter in eine andere Stellung gebracht, und das geschieht durch Befehle einer Art, die ich mit »jetzt speichern« oder »jetzt drucken« umschreibe.

HAYWARD: Sagen Sie damit, daß alles vergessen wird beziehungsweise nicht ins – um Eleanors Ausdruck zu gebrauchen – Langzeitgedächtnis kommt, was der Hippocampus nicht mit dem Befehl »Speichern« belegt?

LIVINGSTON: Nicht der Hippocampus gibt diesen Befehl, sondern der Hirnstamm. Der Hippocampus gibt dem, was Sie erleben, eine Wertung und sagt etwa: »Junge, Junge, das war wichtig! Speichern!« Es ist gut, daß man so etwas hat, denn ohne das kann man eigentlich kein Mensch sein. Ich kenne einen Neurochirurgen, der irgendwann abends bei der Heimfahrt im Regen von der Straße abkam und einen Abhang hinunterstürzte. Man stellte eine Hirnverletzung direkt am Hippocampus fest. Seit dem Unfall ist er nicht nur kein Neurochirurg mehr, sondern kann nicht einmal die Beziehung zu seiner Frau aufrecht erhalten, denn er vergißt augenblicklich alles, sobald seine Aufmerksamkeit unterbrochen wird oder ihre Ausrichtung verliert. Er kann sich an alles erinnern, was vor dem Unfall gespeichert wurde – seine Zimmergenossen auf dem College, die Einzelheiten seiner medizinischen Ausbildung, die Patienten, die er operiert hat. Aber seit dem Unfall kann er sich einfach nichts Neues mehr einprägen. Man kann ein kurzes Gespräch mit ihm führen, so lange, wie er sein Kurzzeitgedächtnis in Gang halten kann. Aber wenn Sie das Zimmer auch nur für ein paar Minuten verlassen, kann er sich anschließend weder an den Gesprächsinhalt noch an Ihren Namen erinnern. Eine kleine Hirnläsion führte zum Verlust seiner früher so hochentwickelten Fähigkeit, sich neue Inhalte vollständig und dauerhaft einzuprägen. Dieser Mann hat nicht nur einen Teil seines Hippocampus verloren, sondern eine irreparable Schädigung seiner Persönlichkeit, seines Menschseins erlitten. Weil er keine neuen Erfahrungen mehr speichern kann, hat er die Verbindung zur Gemeinschaft der Menschen verloren, ohne die man nicht Mensch sein kann.

Wahrnehmung und Bewußtsein
Ein Gespräch

Vom sensorischen zum begrifflichen Bewußsein

DALAI LAMA: Viele Hindu-Philosophen des alten Indien haben gesagt, daß unser Denken die Dinge auf sehr direkte, nichtselektive Weise erfaßt. Das ist ein Erfassen durch Affirmation. Der Geist hat eine Art direkten Zugriff – »Ah, das hier ist das« –, und zwar durch pure Affirmation und nicht durch ein Aussondern nach dem Muster »nicht dies, nicht dies, nicht dies«. Die buddhistischen Logiker hielten dagegen, die Beziehung des Denkens zum Objekt entwickle sich über einen Prozeß der Ausschließung. Sie erkennen, was etwas ist, indem Sie alles ausschließen, was es nicht ist.

JEREMY W. HAYWARD: Wenn ich aus dem Fenster blicke und sage: »Ich sehe einen Baum«, dann ist es so, daß ich im ersten Moment einfach etwas sehe und dann sage, daß es ein Baum ist. Trifft es nach buddhistischer Auffassung auch zu, daß da eine kurze Verzögerung ist, während der dieses Etwas in meinem Bewußtsein zu »Baum« wird?

DALAI LAMA: Wenn Sie etwas sehen und dann denken, daß es ein Baum ist, gibt es da zwei Ebenen des Unterscheidens, ein sensorisches und ein gedankliches. In dem Moment, wo sie ein Objekt wie einen Baum erblicken, ist das noch ein rein sensorisches Geschehen. In Ihrer Sprache würden Sie vielleicht sagen: Da ist noch kein Bewußtsein; man ist sich des Erblickten nicht bewußt. Dann jedoch, einen Sekundenbruchteil später, wird es Ihnen bewußt. Das mentale Bewußtsein ist hinzugekommen, und Sie wissen, daß es ein Baum ist. Dieses mentale Bewußtsein kann aktiv sein, wenn Sie den Baum anschauen; aber auch wenn Sie ihn nicht anschauen, kann er Ihnen bewußt sein. Sie können ein Bild von ihm haben. Zwischen diesen beiden Möglichkeiten besteht ein Unterschied. Das Bewußtsein, das Sie von dem Baum haben, wenn Sie ihn anschauen, ist viel lebendiger als das bloße Vorstellungsbewußtsein.

HAYWARD: Die sensorische Ebene ist also noch nicht bewußt, aber wie kommt man vom rein sensorischen zum bewußten Zustand? Vom wissenschaftlichen Standpunkt aus liegt ein Zeitintervall zwischen dem ersten Aufscheinen von Baumhaftigkeit und der Wahrnehmung von »Baum«. Ich mag den Baum selbst als kontinuierliche Gegebenheit betrachten – Baaaaauuuuummm –, aber in meinem Wahrnehmungssystem passiert tatsächlich Baum, Baum, Baum, Baum, Baum, sehr schnell. Wenn Licht von außen auf die Netzhaut trifft, erscheint zunächst nur ein vager Eindruck. Dieser vage Eindruck, obgleich er noch unbewußt ist, wird bearbeitet und dann als nicht bedeutungsvoll fallengelassen oder als bedeutungsvoll angenommen. Im letzteren Fall geht die Bearbeitung weiter, und ein Name fügt sich zu dem Eindruck; an dieser Stelle wird die Erfahrung bewußt. Jetzt haben wir »Baum«, wo am Anfang nur dieses vage, namenlose, formlose Objekt war.

Deswegen frage ich nach dem Zeitintervall. Ein vages Irgendwas wird auf der Netzhaut abgebildet, und dieser Eindruck muß etliche Stadien durchlaufen, bis ich plötzlich einen Baum sehe. Der Vorgang braucht Zeit.

FRANCISCO J. VARELA: Neurowissenschaftlich betrachtet haben wir es hier mit emergierenden Mustern im Gehirn zu tun. Es braucht ein Weilchen – wenn auch nicht länger als soviel [schnalzt mit den Fingern] –, bis das Muster emergiert ist. Das ist für die Wissenschaftler ein sehr interessanter Punkt, und er hat wohl auch eine Verbindung zu der meditativen Erfahrung, daß das Ich nichts Kontinuierliches ist. Mein Ich ist keine massive, durchgängige Sache, sondern besteht aus Augenblicken der Erfahrung. Ich sehe das, und ich sehe das, und ich sehe das. Vielleicht besteht da ein Zusammenhang zwischen der Diskontinuität des Ich und der Tatsache, daß das Gehirn für den Aufbau einer Wahrnehmung einen Augenblick braucht, ungefähr eine Zehntelsekunde. Und darauf, glaube ich, kommt es Jeremy an: Aus westlicher Sicht braucht dieser Prozeß Zeit, einen Sekundenbruchteil. Aber worin eigentlich besteht dieser Prozeß zwischen diesem Moment, in dem mein Auge einen sensorischen Reiz empfängt, der sich mir als undeutliche Flecken mitteilt, und dem Punkt, wo ich einen Gegenstand erkenne? Ist dieses Zeitintervall von einheitlichem Charakter, oder lassen sich noch Abschnittte ausmachen? Ist das in der Meditation zu beobachten? Was ist der kürzeste Zeitabschnitt, den wir als »jetzt« wahrnehmen können?

GESHE PALDEN DRAKPA: Wir können mit Gewißheit sagen, daß es da eine wahrnehmbare Abfolge gibt. Nehmen wir als Beispiel die visuelle Wahrnehmung der Farbe Blau. Wir sehen Blau, aber im ersten Moment ist das Sehen noch nicht Wahrnehmung; dazu bedarf es erst noch der Feststellung durch den Geist. Das geschieht sehr schnell, in zwei oder drei Augenblicken (im buddhistischen Sinne von extrem kurzen Zeitabschnitten). Aber wir können das nicht genau in Sekundebruchteilen angeben.

Feststellendes und nicht-feststellendes Bewußtsein

DALAI LAMA: Es gibt zwei Arten von Wahrnehmung. Die eine besteht darin, daß Sie von einem zweiten Gegenstand abgelenkt werden, wenn bereits ein anderer in Ihrem Blickfeld ist. Sie nehmen den ersten Gegenstand auch wahr, und das ist die eine Art der Wahrnehmung. Aber der andere Gegenstand lenkt Sie ab, und Sie wenden sich ihm zu. Beides also ist Wahrnehmung, aber die zweite Art der Wahrnehmung ist feststellend, und die erste nicht.

HAYWARD: Im Fall der nicht-feststellenden Wahrnehnung kann es trotzdem zu Aktionen kommen. Der Organismus agiert aufgrund dieser nicht-feststellenden Kognition, obwohl er sich des Gegenstands nicht bewußt wird.

VARELA: Das ist erwiesenermaßen so. Man tut zum Beispiel etwas, und erst einen Augenblick später wird man sich seiner Aktion bewußt, und die Aktion selbst ist schon vorbei. Wenn ich zum Beispiel mit meinem Auto fahre, bremse ich häufig und werde mir dessen erst anschließend bewußt.

B. ALAN WALLACE (Dolmetscher): Seine Heiligkeit weist darauf hin, daß dies auf bereits erfolgte Konditionierung zurückzuführen ist. Wenn Sie zum erstenmal ein Auto steuern und sehen etwas auf Sie zukommen, ist dieser automatische Bremsreflex noch nicht vorhanden. Ähnlich ist es, wenn etwas sich Ihrem Auge nähert und Sie nicht erst nachdenken müssen, um Ihr Auge zu schließen. Auch das dürfte auf Konditionierung durch frühere Erfahrungen zurückzuführen sein.

THUBTEN JINPA (Dolmetscher): Mir scheint, wir müssen hier deutlich machen, was wir mit Bewußtsein meinen, denn wenn Sie in Ihrer Sprache »Bewußtsein« sagen, schwingt immer etwas von mentalem, begrifflichem Feststellen mit. Im buddhistischen Sinne umfaßt der Begriff mehr. Alle Erfahrung ist Bewußtsein, auch im Bereich des nicht-feststellenden Gewahrseins.

HAYWARD: Sagen wir also, ich sitze hier, und Sie übersetzen gerade etwas, was Seine Heiligkeit gesagt hat, und ich bin sehr interessiert und aufmerksam. Aus dem Augenwinkel sehe ich dieses Glas und nehme einen Schluck, weil die Kehle trocken ist. Dann setze ich das Glas wieder ab, und die ganze Zeit höre ich aufmerksam zu. Irgendwann später ist mir nach einem Schluck Wasser zumute, aber wie ich sehen muß, ist das Glas leer! Beim Zuhören habe ich gar nicht gemerkt, daß ich getrunken habe. Würden Sie diese Aktion als bewußt bezeichnen.

DALAI LAMA: Ja. Aber wenn Sie nicht vom Vorhandensein des Glases wüßten, wie könnten Sie dann so handeln?

WALLACE: Seine Heiligkeit, Thubten Jinpa und ich haben zu verstehen versucht, was Sie mit Bewußtsein meinen, und wir kommen zu dem Ergebnis, daß Sie »begriffliches, mentales Feststellen« meinen. Das ist außerordentlich wichtig.

252

DALAI LAMA: Im buddhistischen Denken ist es so: Wenn Sie etwas als festgestellt bezeichnen, gehen Sie davon aus, daß es identifiziert ist; Sie wissen, daß es da ist, Sie sind sich dessen sicher. Und dieses feststellende Gewahrsein ist offenbar notwendig mental und notwendig begrifflich. Ein begriffliches Feststellen scheint also dem zu entsprechen, was Sie mit Bewußtsein meinen. Buddhisten sprechen auch von visueller Wahrnehmung, die einen Gegenstand erkennt. Ob aber die visuelle Wahrnehmung das Objekt erkennt oder nicht, hängt davon ab, ob sie ein mentales Feststellen herbeiführt oder ergibt. Damit haben wir jetzt die Möglichkeit, daß etwas der visuellen Wahrnehmung erscheint, ohne daß sie es erkennt, und zwar weil ein nicht-feststellendes Gewahrsein gegeben ist. Etwas erschien der visuellen Wahrnehmung, aber Sie wissen später nicht, ob Sie es gesehen haben oder nicht, weil kein mentales Feststellen daraus wurde. Deshalb würde man sagen, daß die visuelle Wahrnehmung ihr Objekt nicht erkannte, obgleich es ihr erschien. Es kommt also darauf an, ob die visuelle Wahrnehmung zu einer Feststellung führt oder nicht.

Eine buddhistische Definition des Bewußtseins

ELEANOR ROSCH: Es wäre jetzt wohl wichtig, die buddhistische Sicht des Bewußtseins zu vertiefen, denn sie beinhaltet offenbar etwas anderes als das, was wir meinen.

DALAI LAMA: Ja, so ist es. Nach einer bestimmten buddhistischen Definition ist Bewußtsein ein subjektives Agens, das sich gemäß einem ihm erscheinenden Gegenstand einstellt. Durch die Kraft des vom Gegenstand ausgehenden Reizes bildet sich das Bewußtsein diesem Gegenstand entsprechend.

ROSCH: Aber ich dachte, Gegenstand und Bewußtsein stünden in einem Verhältnis wechselseitiger Abhängigkeit zueinander. Wie kann der Gegenstand der Kognition vor der Kognition kommen?

DALAI LAMA: Die Abhängigkeit des Objekts vom Subjekt bedeutet nicht die Abhängigkeit des Objekts von einem *vorausgehenden* Subjekt. Es ist hier wichtig, zwischen zwei Arten der Analyse zu unterscheiden – relative Analyse und Analyse dessen, was letztlich tatsächlich ist. Es ist nämlich so, daß das Objekt dieser zweiten Art der Analyse nicht standhält und daher letztlich undefinierbar ist.

Die einzige für das Objekt denkbare Existenzweise ist demnach Existenz aufgrund der Kraft der Bezeichnung, der Zuschreibung, also des Bewußtseins. Sie sehen beispielsweise, daß das hier eine Tasse ist, und wenn Sie sie zum Trinken benutzen, verlassen Sie sich dabei einfach auf die konventionelle Erfahrung; Sie stellen die Glaubwürdigkeit dieser Konvention nicht in Frage. Aber wenn Sie dieser Tasse wirklich analytisch auf den Grund gehen wollen, stellen Sie fest, daß sie nicht existiert. Sie hat nur diese eine Art von Existenz, nämlich Existenz durch die Kraft der begrifflichen Zuschreibung.

Das könnten wir jetzt noch weiter analysieren: Von welchem begrifflichen Geist stammt die Zuschreibung, von meinem oder von Ihrem, in einem früheren Augenblilck oder im nächsten? Auf welcher Kognition beruht die Tasse? Wenn Sie forschen, ob diese Kognition zu einem früheren oder einem künftigen Augenblick gehört oder zusammen mit der Tasse existiert, oder ob es mein Bewußtsein oder Ihr Bewußtsein war, fallen Sie in das Extrem der bis auf den Grund gehenden Analyse, und dann werden Sie wiederum nichts finden.

ROSCH: Sagen Sie damit, für die relative Analyse – wo es eine Tasse gibt – müsse davon ausgegangen werden, daß das Objekt dem Bewußtsein vorausgeht?

DALAI LAMA: Für die Prâsangikas ist da eine Abfolge.

VARELA: Ist davon auszugehen, daß wir vor der Wahrnehmung schon ein *Ding* vorliegen haben, das wir später, im zweiten oder dritten Augenblick, »Tasse« nennen? Neurowissenschaftlich gesehen ist das nämlich faktisch falsch. Sie können nicht sagen, ich nehme Gelb wahr, weil Gelb erst da ist und dann von meinem Gehirn aufgenommen wird. Wir müssen also herauszufinden versuchen, inwieweit das Objekt nach buddhistischer Auffassung bereits konstituiert ist. Oder wäre die neurowissenschaftliche Auffassung akzeptabel, daß das Objekt eine *Emergenz* der Interaktion und nicht vorher schon konstituiert ist?

JINPA: Aber nach Ihren Worten klingt es so, als würde die Neurowissenschaft sagen, daß man in Wirklichkeit nicht das Objekt sieht. Man sieht vielmehr ein Bild von ihm.

VARELA: Genau das ist der Fall.

ROBERT B. LIVINGSTON: Es geschieht in Ihrem Kopf. Die Annahme, daß draußen etwas geschieht, wird – doppelsinnig – »phänomenaler Irrtum« genannt.

DALAI LAMA: Zwischen Sautrântikas und Yogâchârins ist diese Frage heiß umstritten. Ob das Erscheinen des Objekts eins mit ihm ist oder etwas anderes; ob das Erscheinen des Objekts und die Wahrnehmung gleichzeitig oder nacheinander stattfinden.

VARELA: Aber ist es nicht eine der Grundaussagen, daß das Objekt schon da ist und seiner Kognition vorausgeht? Oder könnte man auch, wie ein Neurowissenschaftler, sagen, das Objekt bilde sich in der Kognition und sei nicht von ihr zu trennen?

DALAI LAMA: Hier haben unsere buddhistischen Schulen verschiedene Anschauungen. Allen buddhistischen Schulen gemeinsam (wenn wir von den Vaibhâshikas mit ihrer ganz anderen, eher praktischen Ausrichtung absehen) ist die Auffassung, daß das Erscheinen, das Bild des Objekts, gleichzeitig mit der Kognition sein muß. Die Unterschiede liegen in der Deutung: Die Yogâchârins sagen, das Bild sei Produkt der eigenen Prägungen aus früheren Bewußtseinsaugenblicken. Sie bestreiten, daß es eine äußere Wirklichkeit oder Welt unabhängig vom Geist gibt. Deshalb sagen Sie, das Wahrnehmungsbild sei Produkt der eigenen Prägungen. Andere Schulen sagen, das Bild sei eine Projektion des Objekts.

Die Prâsangika-Mâdhyamikas und die Sautrântikas akzeptieren äußere Objekte, eine äußere Wirklichkeit, aber es gibt doch große Unterschiede. Die Sautrântikas gründen ihre Theorie der äußeren Wirklichkeit auf den Glauben an unteilbare Teilchen. Sie haben also eine Art reduktionistische Philosophie mit einem Sortiment an Elementarteilchen, einer elementaren Basis, auf welche die ganze Welt, das ganze Universum, reduziert oder zurückgeführt werden kann. Auch die Prâsangikas sprechen von einer äußeren Wirklichkeit; aber, so sagen sie, wenn man diese analysiert, stößt man auf keinerlei elementare oder fundamentale Gegebenheiten. Nichts, sei es noch so grundlegend, hält der Analyse letztlich stand.

VARELA: Die meisten Neurowissenschaftler wären völlig einverstanden mit dem Gedanken, daß es eine Ebene gibt, die man als unantastbare, essentielle Ebene der äußeren Wirklichkeit bezeichnen könnte. Es gibt eine Welt da draußen. Dann sind da noch Lebewesen mit unterschiedlichen Gehirnen, und jedes macht sich eine andere Vorstellung von der Welt, lauter leicht verschiedene Bilder derselben Sache. Wir Neurowissenschaftler möchten ein sicheres Fundament haben. Wir möchten uns verlassen können auf den Gedanken, daß all die verschiedenen Weltbilder sich doch auf dieselbe unverbrüchliche Grundwirklichkeit beziehen. Das ist das Dogma, und es *ist* ein Dogma; aber ein absoluter Beweis für dieses Dogma ist nicht möglich.

DALAI LAMA: Ich glaube, die buddhistische Sicht und Ihre sind einander durchaus ähnlich. Sogar die Prâsangikas sagen ja, daß die Beziehung zum Objekt über ein Bild hergestellt wird. Dieses Bild ist gleichzeitig mit der Kognition, und was Sie letztlich sehen, ist das Bild.

VARELA: Das ist die Übereinstimmung. Der Unterschied, auf den ich hinweisen möchte, weil ich ihn für ebenso wichtig halte, besteht darin, daß es für die Prâsangikas keine äußere Existenz an sich gibt. Demgegenüber würden die Neurowissenschaftler, auch wenn sie die Gleichzeitigkeit von Objekt und Kognition akzeptieren, doch bei der reduktionistischen Sicht der äußeren Wirklichkeit bleiben.

Nimmt die Wahrnehmung eine Welt
»da draußen« wahr?

WALLACE: Es gibt Menschen, die nach Amputationen, beispielsweise einer Hand, an der Stelle Schmerzen empfinden, wo einmal die Hand war? Seine Heiligkeit kann so etwas kaum glauben.

LIVINGSTON: Das stimmt! Es muß nicht unbedingt Schmerz sein, aber es ist häufig Schmerz. Es kann auch ein Gefühl von normaler Sensibilität oder sogar ein normales Bewegungsgefühl für den fehlenden Körperteil vorhanden sein oder auch nicht. Alle diese Zustände sind möglich.

DALAI LAMA: Lassen der Schmerz oder das Bewegungsempfinden im Laufe der Jahre nach?

LIVINGSTON: Es kann so sein oder auch nicht. Ich kenne Menschen, die vierzig Jahre oder noch länger solche Phantomempfindungen hatten. Da war zum Beispiel ein Mann, dem der rechte Arm fehlte. Wenn man ihn fragte, wo er den rechten Arm empfinde, konnte er eine bestimmte Haltung angeben. Er war für ihn völlig lebensecht, und wenn man ihn aufforderte, mit dem nichtvorhandenen Arm eine Bewegung zu machen, die durch den Tisch ging, dann tat er es zwar, aber es fühlte sich sehr seltsam, geradezu bizarr für ihn an – als verletzte er physikalische Gesetze oder so. Er bekam eine Gänsehaut, oder es schauderte ihn und machte ihm Angst. Das ist sehr real.

DALAI LAMA: Das ist wie bei der Meditation, wenn man das Gefühl hat, seinen Körper zu verlassen, und manchmal ziemlich überrascht ist, weil die Tür kein Hindernis darstellt. Das ist ganz ähnlich.

VARELA: Es gibt da ein kleines Experiment, das wir gleich hier machen können, um Seiner Heiligkeit zu zeigen, wie er selbst zu einer Phantomnase kommen kann. Überkreuzen Sie Zeigefinger und Mittelfinger, und berühren Sie dann Ihre Nase. Fühlen Sie zwei Nasen oder eine?

DALAI LAMA: Ich dachte mir schon, daß so etwas kommen würde, und war darauf gefaßt, daß mehr als eine Nase da sein würde. Ja.

VARELA: Man findet immer zwei Nasen. Das ist nur ein Beispiel dafür, wie man das normale Empfinden aufheben kann. Die Wahrnehmung ändert sich, und dann haben Sie etwas, was sich sehr real anfühlt, weil Sie es unmittelbar tasten, aber vom gewöhnlichen Standpunkt aus entspricht diese Wahrnehmung nicht den Tatsachen.

LIVINGSTON: Und es gibt hier noch andere Phänomene. Wenn Sie einem Affen die Finger mit einer Bandage fixieren und dann den motorischen Cortex der gegenüberliegenden Hirnhemisphäre untersuchen, stellen Sie Veränderungen im Aktivitätsmuster der Neuronen fest, die der Bewegungseinschränkung durch die Bandage entsprechen. Wenn Sie Finger amputieren, kommt es zu einer die Lücke im motorischen Bereich kompensierenden Neuronenwanderung: Das Gehirn des Affen baut eine andere Repräsentation oder »Karte« der veränderten Hand auf. Das Gehirn baut sich also in genauer Entsprechung zu den Veränderungen in der Peripherie selbst um.

Hier noch ein Beispiel für Gehirnentwicklung in Übereinstimmung mit Umweltbedingungen. Beim Neugeborenen macht das Kleinhirn einen wesentlich kleineren Anteil am Gesamtgehirnvolumen aus als beim Erwachsenen, und ich vermute, daß es sich erst entwickelt, wenn das Kind zur Welt kommt und dann nicht mehr wie während der Schwangerschaft praktisch in Flüssigkeit schwebt. In der Gebärmutter macht sich noch kaum eine Massenträgheit bei der Bewegung der Gliedmaßen bemerkbar, aber wenn das Kind zur Welt kommt, werden Nervenverbindungen zwischen den Gliedmaßen und dem wachsenden Kleinhirn geknüpft, und durch diese Verknüpfungen entsteht eine genaue neurologische Landkarte des Körpers und des Schwerkraftfeldes und der Umgebung, in der sich das Kind befindet. Und hier ist noch etwas Interessantes, nämlich daß das Gehirn so rasant wächst und sich innerhalb von sechs Monaten verdoppelt, und dann innerhalb von vier Jahren noch einmal. Wir wissen aus Tierexperimenten, daß die Organisation des wachsenden Gehirns von der Umwelt beziehungsweise von dem, was der Organismus durch sie lernt, beeinflußt wird. Obwohl es entsprechende Experimentalergebnisse für den Menschen nicht gibt, glaube ich doch, daß Wachstum und Organisation des Gehirns eng mit der Umwelt zusammenhängen. Wenn sich die Umwelt später einmal drastisch verändert, ist zwar eine gewisse Angleichung auch dann noch möglich, aber in der ersten Lebensphase ist diese Verknüpfung sehr eng.

DALAI LAMA: Müßte man da nicht mit einigen Unterschieden rechnen zwischen den Gehirnen von Naturvölkern, die ein sehr, sehr einfaches Leben führen, und denen etwa von Westlern in ihrer sehr komplexen, sehr hochgezüchteten Gesellschaft? Gehen nicht davon auch sehr starke Einflüsse auf das Gehirn aus?

LIVINGSTON: Aber die Naturvölker führen ja gar kein sehr einfaches Leben; solche Menschen müssen beispielsweise die besonderen Namen – nicht die Artnamen – aller Bäume und Büsche im Umkreis von vielleicht über hundert Kilometern kennen. Sie müssen sie als Individuen kennen. Sie müssen alles Blattwerk, alle Bäume, Büsche usw. ihrer Umgebung benennen und kennen, und darin ist eine ungeheure Anforderung an ihr Gedächtnis gestellt. Sie führen ein sehr schwieriges Leben! Die Schwierigkeiten sind praktischer Art: Sie müssen die Namen aller Dinge kennen, um sich, wenn sie eine bestimmte Stelle aufsuchen müssen, an diesen genau bekannten Bäumen, Büschen und so weiter orientieren zu können.

VARELA: Und noch ein weiteres Beispiel dafür, wie sehr die Wahrnehmung an die motorische Interaktion mit der Umgebung geknüpft ist. Das ist ein Aspekt der neurowissenschaftlichen Sicht der Wahrnehmung, der nicht immer klar genug gesehen wird. Das schon einige Zeit zurückliegende Experiment bediente sich zweier neugeborener Kätzchen, die im Dunkeln gehalten wurden. Katzen werden mit geschlossenen Lidern geboren, sie sehen anfangs nichts. Wenn diese Kätzchen ans Licht gebracht wurden, dann nur in einen leeren runden Raum, der mit Streifen ausgemalt war. Das war ihre ganze Welt. Eines der beiden Tiere durfte herumlaufen, wie Kätzchen es halt tun, das andere wurde auf einem kleinen Karren festgebunden und konnte überhaupt nicht laufen. Das erste Kätzchen zog das festgebundene auf dem kleinen Karren herum, so daß dieses zumindest auch die Erfahrung von Bewegung in seinem kleinen gestreiften Universum machen konnte. Also, beide Kätzchen waren, als ihre Lider sich zu öffnen begannen, derselben Umwelt ausgesetzt. Der Unterschied lag nur darin, daß das eine auf seinen eigenen Beinchen herumlief, während das andere sich nur passiv bewegte, vom ersten gezogen. Jeden Tag ließ man sie eine Zeitlang in diesem runden Behältnis und brachte sie dann zurück ins Dunkel. Das wurde über einige Wochen fortgesetzt, bis die Augen ganz geöffnet waren und sie sehen gelernt hatten. Die Frage war nun: Was passiert, wenn man die jungen Katzen nach ein paar Wochen aus dieser künstlichen, uniformen Umgebung in die wirkliche Welt entläßt? Die Katze, die sich in dem gestreiften Raum aktiv hatte bewegen können, bewegte sich in einer realistischen Umgebung ganz normal, obwohl sie in einer reduzierten Umgebung sehen gelernt hatte. Sie fiel nirgends herunter und stieß nirgends an. Die andere verhielt sich wie eine blinde Katze, obwohl ihre Augen, das Nervensystem und die Beine völlig in Ordnung waren. Sie stieß überall an und stürzte ständig irgendwo ab. Die Redewendung, daß Katzen mit den Pfoten sehen, ist kein Neurowissenschaftlerwitz!

Daraus läßt sich schließen, daß Wahrnehmung mehr ist, als innere Abbilder äußerer Gegenstände zu erzeugen. Das Gehirn ist eine aktive Konfiguration, die an den Interaktionen des Organismus mit seiner Umwelt beteiligt ist. Es ist so, als würde das Gehirn die Welt durch die Wahrnehmung erst real machen. Es reagiert auf das Ganze der Prozesse, die am Austausch mit der Welt beteiligt sind.

LIVINGSTON: Ich möchte Ihnen von einem Experiment erzählen, das mit Menschen durchgeführt werden kann. Zu diesem Experiment gehören drei kleine Nachbildungen eines Zimmers, Puppenstuben sozusagen. Von einem Drehstuhl aus kann die Versuchsperson durch Gucklöcher in jedes der drei Zimmer sehen. Diese Zimmer sind auf die Betrachtung durch das Guckloch hin angelegt und perspektivisch so aufgebaut, daß durch das Guckloch alles richtig wirkt. Ein Raum ist wirklich korrekt angelegt, ein ganz gewöhnliches kleines Zimmer. Beim zweiten ist die linke Wand doppelt so hoch wie die rechte; die Decke fällt nach hinten ab, der Boden steigt an. Dennoch wirkt alles bei einäugiger Betrachtung durch das Guckloch ganz richtig. Das dritte Zimmer weist eine perspektivische Oben-Unten-Verzerrung auf; die Wände neigen sich auswärts. Alle Räume sehen durch das Guckloch normal aus, weil es tatsächlich Betrachtungspunkte gibt, von denen aus ein normales Zimmer sich perspektivisch so darstellen würde. Mobiliar, Vorhänge, Fenster und so weiter, alles in diesen Puppenstuben ist der perspektivischen Grundverzerrung angeglichen. Wenn jemand, der das Experiment nicht kennt, sich auf den Stuhl setzt und mit einem Auge durch die Gucklöcher schaut, wird er sagen, daß Zimmer A, B und C gleich aussehen.

Jetzt das eigentliche Experiment: Wir setzen den Probanden so, daß er in das links-rechts-verzerrte Zimmer blickt. Wir geben ihm einen Stab, mit dem er an der Sichtblende mit den Gucklöchern vorbeilangen kann, und fordern ihn auf, den Schmetterling an der linken Wand zu berühren. Er fährt mit der Hand in die Richtung, die ihm angezeigt scheint, und kommt nicht einmal in die Nähe des Schmetterlings. Der zweite und dritte Versuch bringt ihn auch nicht weiter, und schließlich fängt er an zu kichern, weil das hier so gegen alle Erwartung läuft. Schließlich erreicht er den Schmetterling doch, und dann sagen wir ihm, er soll die Fliege an der gegenüberliegenden Wand berühren. Er versucht es und landet an der Rückwand; beim nächsten Versuch trifft er zwar die richtige Wand, aber weit von der Fliege entfernt – und so weiter. Immer wieder tappt er daneben und lacht, weil das alles schier nicht zu glauben ist. Nach ungefähr zehn Fehlversuchen findet er sich schließlich in diesem rechts-links-verzerrten Zimmer zurecht.

Dann läßt man ihn durch das Guckloch ins völlig normal an-

gelegte Zimmer A blicken. Dieses sieht er jetzt jedoch ebenfalls als rechts-links-verzerrt und versagt demzufolge völlig bei
dem Versuch, die Fliege und den Schmetterling zu berühren.
Es bedarf wiederum einer Zeit der Umstellung auf normale
Raumverhältnisse.

Die wichtige Schlußfolgerung lautet: Man kann nur über das
Verhalten herausfinden, was es mit dem Zimmer auf sich hat.
Aufgrund von bloß passiver Wahrnehmung kann man ge-
täuscht werden, und diese Aussage läßt sich generalisieren.

VARELA: Das ist unter erkenntnistheoretischen Gesichtspunkten interessant. So gesehen ist es nämlich unmöglich zu
sagen, daß irgend etwas, dieser Stift zum Beispiel, als etwas
Substanzhaftes »da draußen« ist – trotz der Tatsache, daß dies,
wie wir erörtert haben, im Westen der Glaube ist. Üblicherweise
würde man über seine Wahrnehmung von Zimmer A sagen:
»Oh, das war ein Fehler, ein Irrtum.« Aber wenn wir uns das
Gehirn genau ansehen, dann war das ganz und gar kein Irrtum,
sondern eher der Normalfall. Wir erfahren die Welt als gemäß
den Erwartungen, der Geschichte, der Entwicklung oder unserer »Verdrahtung« angelegt, und so ist das Bild der Welt nicht
vom jeweiligen Gehirn oder besser gesagt von der jeweiligen
Person zu trennen. Das wirft auch für den Westler die Frage auf,
was ich eigentlich meine, wenn ich sage, daß etwas »objektiv« da
draußen ist. Was heißt »objektiv«? Im Westen wird man üblicherweise zur Antwort bekommen, daß da doch zumindest
irgend etwas von stofflicher Beschaffenheit ist. Aber selbst das
ist nicht mehr so ganz eindeutig, seit die Physiker sagen, daß
diese stoffliche Beschaffenheit selbst gar nicht so leicht aufzufinden und näher zu bestimmen ist.

DALAI LAMA: Die Yogâchârins kommen in ihrer Analyse zu dem Ergebnis, daß die äußere Wirklichkeit nicht sub-
stanzhafter Natur ist. Wenn man über die konventionelle
Ebene hinausgeht, findet man keine Substanz. Sie sagen aber,
daß es eine subjektive Wirklichkeit gibt, die tatsächlich existiert. Sie schreiben dem Subjekt der Erfahrung ein substantielles Sein zu, weil es seine Erfahrungen empfindet. Wenn Sie in

der Neurowissenschaft in der dargestellten Weise forschen, also das Gehirn und seine Art des Wahrnehmens analysieren, stellen Sie fest, daß es nichts Substantielles »da draußen« gibt. Wenn sie genauso mit den Neuronen, also der subjektiven Seite verfahren, kommen Sie dann zum gleichen Ergebnis?

WALLACE: Die Frage seiner Heiligkeit zielt auf folgendes: Wenn man nach draußen schaut, ist dort nichts Substanzhaftes zu finden. Wenn wir jetzt die Möglichkeit einer nicht an irgendeine Stofflichkeit gebundenen Kognition einmal beiseite lassen und davon ausgehen, daß das Subjekt das Gehirn ist, sagen Sie dann, das Gehirn, also die Wahrnehmungsinstanz, sei genauso substanzlos wie alles da draußen? In dem Fall hätte man weder da draußen noch auf der Seite des Subjekts etwas Substanzhaftes. Ist das der Schluß, den Sie als Neurowissenschaftler ziehen?

VARELA: Ich kann nur für mich selbst sprechen, denn wir müssen uns klarmachen, daß wir es hier mit einem außerhalb des gegenwärtigen Konsens liegenden Gebiet zu tun haben. Die herrschende Anschauung, auch in der Neurowissenschaft, ist die, daß da draußen wirklich ein Stift ist und innen, im Gehirn, ein Bild von diesem Stift. Was ich gesagt habe, läuft nun darauf hinaus, daß man diese Ansicht von der Wissenschaft selbst her anzweifeln kann. Man kann die Neurowissenschaft anders deuten und aufzeigen, daß dieser Glaube, es gebe eine feststehende substantielle Wirklichkeit, auf die wir uns beziehen und verlassen können, jeglicher Grundlage entbehrt, daß also Kognition in Wahrheit gar nicht Repräsentation ist. So, jetzt will ich sehen, ob ich Ihrer Frage genau entsprechen kann.

WALLACE: Lassen wir einmal die ganze Frage beiseite, ob es ein von der Materie unabhängiges Bewußtsein gibt. Wir stellen uns auf den Standpunkt des Neurowissenschaftlers, daß Sehen eine Sache des Gehirns und Kognition eine Sache der Neuronen ist. Das soll für den Moment unser Gesprächskontext sein, und so lange wollen wir die buddhistischen Lehren vergessen. Wenn wir diesen sehr klarsichtigen Ansatz nehmen, den Sie hier darstellen (wenngleich, wie Sie sagen, die meisten Neurowissenschaftler nicht so tief dringen), dann ist es, wenn wir die objektive Seite nehmen, offenbar so, daß alles, was für substantiell existierende äußere Gegebenheiten zu sprechen scheint, ziemlich fadenscheinig zu werden beginnt. Müßte man jetzt nicht genauso sagen, daß die Neuronen, das also im Subjekt, was angeblich die Wahrnehmungen herstellt, ebenso ohne substantielle Wirklichkeit sind, wie alles da draußen? Und wenn ja, was haben wir dann noch?

VARELA: Ja, richtig. Also, die erste Reaktion, die man bei Diskussionen mit Kollegen bekommen würde, wäre wohl: »Na ja, wenn Sie meinen, daß da draußen nichts ist, müssen Sie wohl an irgendeine innere Wirklichkeit glauben, die das projiziert, was da draußen zu sein scheint. Sie müssen an irgendwelche sicheren, irgendwelche angeborenen Kategorien glauben, irgend etwas, das letztlich die Wirklichkeit ist.« Das heißt, sie gehen davon aus, daß wir an irgendeiner subjektivistischen oder idealistischen Position letztlich doch festhalten müssen. Tatsächlich ist das jedoch nicht so, denn es läßt sich zeigen, daß die Wahrnehmung der Welt durch Manipulationen beeinflußt werden kann. Sie können Ihre Wahrnehmung von außen manipulieren, aber auch von innen. Daraus läßt sich wohl nur schließen, daß man Substanz weder innen noch außen findet. Ich meine also, daß man – rein wissenschaftlich argumentierend – sagen kann, die Wahrnehmung dieser Welt sei im strengen Sinne ein Gemeinschaftsprodukt dessen, was wir Welt nennen, und dessen, was wir Gehirn nennen. Die beiden treffen zusammen und verschmelzen und machen diese Wirklichkeit aus. So kommen wir aus Gründen, welche die Wissenschaft selbst liefert, dem buddhistischen Standpunkt näher, genauer gesagt dem der Prâsangikas. Wie gesagt, einige von uns neigen zu dieser Betrachtungsweise, aber längst nicht die Mehrheit. Dennoch ist dies ein auch im wissenschaftklichen Sinne annehmbarer und vernünftiger Standpunkt, und ich denke, Dr. Livingston und ich könnten ihn mit unseren Kollegen diskutieren, ohne rausgeworfen zu werden. Sie würden uns vielleicht für ein bißchen spinnert halten, aber nicht unbedingt meinen, wir hätten völlig den Verstand verloren.

LIVINGSTON: Ja, das sehe ich auch so.

Wann ist eine Wahrnehmung zuverlässig?

DALAI LAMA: Der neurowissenschaftliche Ansatz macht alles Kognitive, also Wahrnehmung und so weiter, letztlich an etwas Materiellem fest, beispielsweise an den Neuronen. Wie unterscheiden wir auf dieser Basis zwischen einer falschen und einer zutreffenden oder zuverlässigen Wahrnehmung? Wir gehen davon aus, daß einzelne Neuronen oder das ganze System, das ganze Netzwerk von Neuronen, das Erkennen leistet – aber das ist in jedem Fall so, ob es sich um eine richtige oder eine falsche Wahrnehmung handelt. Hinter beiden Möglichkeiten stehen also gleichermaßen die Neuronen, und wie können wir hier vom neurophysiologischen Standpunkt aus unterscheiden?

VARELA: Mein Nervensystem ist in Aktion und wird irgend etwas identifizieren, sagen wir etwas zu essen. Alle Programme sagen »Nahrung«, aber wenn ich dann zu essen versuche, geht es vielleicht aus irgendeinem Grund nicht. Ich erhalte aus meiner Umgebung ein Feedback, das mir sagt: »Fehlanzeige, Abbildungsfehler, Ansatz korrigieren.« So läuft das: vor und zurück, Versuch und Irrtum. Macht man hier zu viele Fehler, verhungert man. Die Evolution sucht sich also ihren Weg, indem sie viele Versuche macht, bis etwas Geeignetes, den Gegebenheiten Entsprechendes gefunden ist. Also, durch die Folgen einer Wahrnehmung unterscheidet man zwischen richtig und unrichtig. Eine Wahrnehmung erweist sich dadurch als treffend, daß sie einer Lebensform das zu tun erlaubt, was für ihr Überleben wichtig ist – essen, sich vermehren, Verhaltensplanung und so weiter. Die Folgen entscheiden.

DALAI LAMA: Die Unterscheidung läßt sich nicht zum Zeitpunkt der Erfahrung selbst treffen?

VARELA: Die Neurowissenschaftler kennen viele Tricks,

mit denen sie das Nervensystem zu Fehlern verleiten können. Weil das System so funktioniert, wie es funktioniert, kann man ihm Dinge vorgaukeln, die sich dann nur durch eine ganz andere Vorgehens- und Betrachtungsweise durchschauen lassen. Man spricht hier von Wahrnehmungs- oder Sinnestäuschung. Um ein Beispiel zu geben: Machen Sie ein Auge zu, und schauen Sie mit ausgestrecktem Arm Ihren Daumen an. Jetzt holen Sie den Daumen auf die halbe Entfernung heran. Wird er dabei doppelt so groß? Er wird ein bißchen größer, aber nicht doppelt so groß. Machen Sie die Gegenprobe. Halten Sie den anderen Daumen als Bezugsgröße dicht vors Auge, und wiederholen Sie das Experiment mit dem ersten Daumen. Sie werden sehen, daß der Daumen jetzt größer aussieht. Stimmt's? Also bitte: Welche von den beiden Wahrnehmungen des Daumens ist die zutreffende?

DALAI LAMA: Mir scheint, daß man hier alle möglichen Umweltfaktoren berücksichtigen muß. Wechseln wir vielleicht einmal auf das Gebiet der begrifflichen oder Verstandes-Kognition. Stellen wir uns ein Kontinuum begrifflicher Kognitionen vor, in dem eine frühere Kognition tatsächlich falsch war, ein Irrtum. Jetzt aber kommen wir zu einer neuen, einer zutreffenden begrifflichen Kognition. Da sie zutrifft, widerlegt sie die frühere falsche Kognition. Wie würden Sie diese Widerlegung und Aufhebung der früheren Kognition neurophysiologisch beschreiben?

VARELA: Als »Lernen«, würde ich sagen, das heißt als das, was ich schon geschildert habe. Sie haben die Hypothese, daß etwas eßbar ist, und versuchen es. Dann kommt es zu einer Wahrnehmung, die nicht zu Ihren Erwartungen paßt. Das Nervensystem nimmt synaptische Umschaltungen vor, und wenn Sie das nächstemal dieses Etwas sehen, ist die Nahrungsassoziation nicht mehr da. Das ist ein wunderbares Beispiel für eine emergierende Eigenschaft: Beim erstenmal stellt sich die Vorstellung von Nahrung ein, beim nächstenmal nicht mehr. Das System bildet sich um; es lernt.

Aber mir scheint, wir sind mit dem Daumenbeispiel noch

nicht ganz fertig. Wenn Sie sich nach der wahren Größe des Daumens fragen, wie entscheiden Sie sich dann? Den zweiten Daumen neben den ersten zu halten dürfte kaum die Größe des ersten verändern. Im Augenblick des Experiments haben Sie jedoch den Eindruck, daß es doch so ist.

DALAI LAMA: Alle diese Größenfragen sind auf den Menschen gemünzt. Aber wenn wir eine Katze oder einen Hund nehmen, sieht es da mit der Frage der Größe und anderer Relationen anders aus?

VARELA: Das wäre für Tiere ganz sicher nicht anders. Man kann Hunde und andere Tiere durch Tricks dazu verleiten, Dinge zu sehen, wo gar keine sind. Sie können beispielsweise im Auge eines Frosches die Netzhaut lösen und verdreht wieder festnähen. Normalerweise schnappt sich der Frosch eine in seinem Gesichtsfeld auftauchende Fliege mit großer Treffsicherheit. Nach der Netzhautverdrehung kann man ihm eine Fliege hinhalten, und er reagiert so, als wäre sie hinter ihm. Sein Leben lang wird er nicht mehr lernen, diese Fliege mit seiner Zunge zu fangen. Das ist eine falsche Wahrnehmung in dem Sinne, daß der Frosch nichts zu essen bekommt.

DALAI LAMA: Aus buddhistischer Sicht würde man sagen, daß die Ursache der Täuschung im Auge liegt, da Sie es verändert haben. Im Falle meines Daumens liegt die Ursache der Täuschung im Objekt.

VARELA: Weshalb im Objekt? Sie haben das Objekt ja nicht verändert. Wissenschaftlich gesehen, denke ich, haben Sie nur den Wahrnehmungskontext verändert. Die gedrehte Netzhaut erzeugt einen veränderten Wahrnehmungskontext, aber man kann nicht sagen, der eine entspreche der Wirklichkeit mehr als der andere. Ich sehe meinen Daumen im Kontext eines anderen nahegelegenen Objekts und komme zu einer Einschätzung. Verändert sich der Kontext, komme ich zu einer anderen Einschätzung. Das ist, am Beispiel der Daumengröße, wieder das Problem, daß wir zu bestimmen versuchen, was die tatsächlich zutreffende Kognition ist. Aus dieser Perspektive gesehen, gibt es eine wahre Wahrnehmung des Daumens nicht.

Sie steht im Bezug zu einer vorausgehenden Aktion, kann aber nicht in sich selbst zutreffend sein.

LIVINGSTON: Ich möchte gern noch zwei weitere Experimente darstellen. Wenn Sie ein Bild nur sehr kurz zeigen, kann es sein, daß der Betrachter es nicht genau oder nicht richtig wahrnimmt. Die beiden folgenden Experimente wurden in Harvard durchgeführt. Die Versuchsanordnung bestand aus einem Unterrichtsraum voller Studenten, einer Leinwand und einem Projektor, der sehr kurze Bildprojektionen erzeugen konnte. Die Studenten wurden angewiesen, auf die Leinwand zu schauen. Bei der ersten Kurzprojektion sahen sie vielleicht nur ein Aufblitzen. Dann wurde das Bild ein kleines bißchen länger projiziert, und so dehnte man die Projektionszeit in kleinen Schritten immer weiter aus. Die Studenten hatten die Aufgabe, ihren Eindruck vom Bildinhalt zu notieren, sobald sie das erstemal das Gefühl hatten, etwas zu erkennen. Anschließend wurden die Notizen eingesammelt. Wie sich zeigte, bestand eine Neigung, beim allerersten Eindruck zu bleiben, und zwar auch bei zunehmender Projektionszeit; ein falscher Anfangseindruck blieb bestehen, und zwar auch bei Projektionszeiten, bei denen ein von außen Hinzukommender das Bild auf Anhieb richtig erkennen konnte. Irgendwann begannen die Studentan also, etwas zu erkennen, und diese erste »Wahrnehmung« setzte sich dann bei ihnen fest. Sie blieben dabei, sie klebten daran bis zur völligen Absurdität: Selbst bei einer sehr langen Exposition des Bildes konnten sie sich nicht von ihrem falschen Anfangseindruck lösen.

So zeigte eines der Bilder ganz einfach ein Fahrrad, das irgendwo auf dem Campus, im Hintergrund war die Eingangstreppe eines Gebäudes zu sehen, an einem Feuerhydranten lehnte – ein Bildinhalt, der den Studenten nicht ganz fremd sein konnte. Manche Studenten erkannten bei noch sehr kurzer Projektionszeit »ein Schiff. Ein Schiff in voller Takelage. Darunter sind Wellen zu sehen, und es kommt in voller Fahrt auf mich zu.« Das schrieben sie auf, und sie sahen das Schiff auch noch beim Vierfachen der Projektionszeit, die ein neu Hinzukommender braucht, um ein Fahrrad an einem Hydranten vor einer Treppe zu erkennen! Ich versuche das Problem zu veranschaulichen, daß es sehr schwierig sein kann, von dem Bild wieder loszulassen, das man sich von einem Menschen, einem Ding, einem Ereignis gemacht hat.

Ein zweites Experiment, das hier noch interessant sein dürfte, sah so aus: Man fand bei dem eben geschilderten Experiment ziemlich bald heraus, daß es bei einem der Testperson unangenehmen Bild sehr lange dauerte und langer Projektionszeiten bedurfte, bis der Betrachter es endlich erkannte. Um sicherzugehen, daß es wirklich der Bildinhalt und nicht irgendeine andere Variable war, was diese Verzögerung verursachte, änderte man das Experiment ab und zeigte jeweils vier Bilder gleichzeitig. Im Vorstadium des Experiments wurden Serien von jeweils vier Bildern gezeigt, so daß die Versuchspersonen sich an Kurzprojektionen von jeweils vier Bildern gewöhnen konnten. Dann wurden Bilder hineingemischt, bei denen man annehmen konnte, daß sie irgendwem unangenehm sein würden. Diese Bilder wurden nach dem Zufallsprinzip unter die anderen gemischt und erschienen mal in der einen, mal in der anderen Ecke. So konnte man herausfinden, wofür jemand empfindlich war, was er nicht mochte oder sogar fürchtete, was jemand unmoralisch fand oder aus irgendeinem Grund zensierte. Da war etwa ein Satz von vier Tierbildern. Auf dem einen sind Affen zu sehen, auf dem zweiten Elefanten, auf dem dritten Hunde. Das vierte Bild jedoch zeigte kopulierende Hunde. Die Bilder wiesen ähnliche Hell-dunkel-Verteilungen auf, und es war dafür gesorgt, daß andere Faktoren dieser Art nicht ins Gewicht fallen konnten. Jetzt wurden diese Bilder den Probanden in kurzen und allmählich länger werdenden Projektionen gezeigt, bis sie alles richtig identifiziert hatten. Wenn man das unangenehme Bild unter die anderen Tierbilder mischte, wurden die drei harmlosen sehr schnell identifiziert, aber es bedurfte einer zehnmal längeren Projektionszeit, bis sie das mit Zensur belegte Bild erkannten.

Ich erwähne das hier, weil es wohl einen sehr eindeutigen Hinweis darauf gibt, daß wir alles, was wir sehen, in irgendeinem Sinne zensieren, bevor wir es wahrnehmen. Bevor wir etwas wahrnehmen, ist das Bild schon durch irgendwelche Filter gegangen, Filter, die mit unserem Mögen und Nichtmögen, mit unseren Ängsten und so weiter zu tun haben. Und darauf kommt es mir an, daß der visuelle Cortex oder irgendein anderer Teil des Gehirns sich schon eingeschaltet hat, bevor uns das Gesehene bewußt wird.

WALLACE: Vielleicht ist auf einer unter- oder vorbewußten Ebene bereits ein Erkennen gegeben. Würde das darauf hindeuten, daß das Unterbewußtsein ein bißchen schneller ist als das Bewußtsein?

LIVINGSTON: Zu diesem Schluß jedenfalls kamen die Wissenschaftler. Ich muß hier allerdings einen Vorbehalt anführen: Bekannt ist uns eigentlich nur, daß die Versuchspersonen nicht *erkennen* lassen, ob sie ein Bild richtig wahrnehmen. Sie sagen uns, daß sie das Bild nicht klar erkennen – und wir erleben das auch selbst. Aber das sagt uns noch nicht genau, was da vorgeht. Vielleicht schützt das Gehirn den betreffenden davor, als jemand dazustehen, der über kopulierende Hunde spricht, und vielleicht ist dieser Schutz stark genug, um das Bild zu löschen oder zu verwischen oder sonst irgendwie zu verändern. Das sagt uns noch nicht, wo das geschieht und was genau hier geschieht.

WALLACE: Was die Übersetzung von »unterbewußt« ins Tibetische angeht, muß ich erwähnen, daß es Entsprechungen für »unterbewußt«, »vorbewußt«, »bewußt« hier nicht gibt; man spricht im Tibetischen von der Grobheit und Feinheit des Geistes. Das Unterbewußte ist eine feinere, subtilere Ebene des Geistes, und was wir als Erkennen oder Feststellen bezeichnen, ist eine gröbere Ebene. Deshalb fragte Seine Heiligkeit, als ich ihm das Experiment übersetzte: »Heißt das nicht, daß der subtilere Geist schneller ist?«

VARELA: Das bringt mich etwas durcheinander. Unsere früheren Erörterungen haben mir den Eindruck gegeben, daß

270

der mentale Akt des Feststellens nichts mit Ebenen der Subtilität zu tun hat.

WALLACE: Mir scheint, wir arbeiten hier mit der vorläufigen Hypothese, daß es im Wachzustand zwei Arten des Erkennens oder Feststellens gibt, eine gröbere, über die man auch reden kann, und vielleicht eine dem vorausgehende subtilere, die bereits festlegt, wie lange es bis zur bewußten und aussprechbaren Feststellung dauern wird. Beide Arten sind notwendig, um zu ermitteln, ob Sie etwas mögen oder nicht. Wenn Sie kopulierende Hunde sehen und so etwas nicht gerne sehen, müssen beide Arten des Feststellens vorhanden sein. Ob beide Arten noch der groben Bewußtseinsebene angehören oder zum subtilen Bewußtsein hin verschoben sind, bleibt noch zu diskutieren. Seine Heiligkeit weist auf die Möglichkeit einer gewissen Subtilität hin.

Jetzt bringt er noch einen weiteren Gesichtspunkt ins Spiel. Gehen wir von einem einzelnen Ereignis aus, das im Wachzustand tatsächlich erlebt wird, und nehmen wir nun genau dasselbe Ereignis als Traumerfahrung hinzu. In beiden Fällen reagieren wir emotional auf die Erfahrung. Wenn Sie aus einem bösen Traum aufwachen, fühlen Sie sich schauderhaft, auch wenn der Trauminhalt dann weg ist. Und die Frage lautet jetzt: Wenn das gleiche Ereignis einmal im Wachzustand und einmal im Traumzustand erfahren wird, haben die emotionalen Reaktionen dann unterschiedliche Stärke? Der Grund für diese Frage liegt darin, daß das Traumbewußtsein, buddhistisch gesehen, subtiler und eher von der Art des Unterbewußtseins ist. Da es subtiler ist als das Wachbewußtsein, kann man annehmen, daß es auch tiefgreifender und stärker wirkt.

ROSCH: Bei den ersten Experimenten dieser Art wurden nicht Bilder, sondern Wörter benutzt, und man konnte sehen, daß den Leuten das Erkennen als »schmutzig« empfundener Wörter schwerer fiel als das Erkennen unbelasteter Wörter. Die Schlußfolgerung lautete, daß sie diese Wörter zwar genauso schnell sahen, aber aufgrund ihrer Erziehung nicht aussprechen mochten. Es war jedoch nie ganz zu entscheiden, ob das Problem auf der Wahrnehmungs- oder auf der Ausdrucksebene lag. Das ist ein sehr umstrittenes Forschungsgebiet in der Psychologie, und die Kontroverse stammt daher, daß es in der von Freud und Jung begründeten psychoanalytischen Tradition ein sehr intelligentes Unbewußtes gibt. Das ist eine wichtige Sache; unter gebildeten Amerikanern ist es heute eine Selbstverständlichkeit, daß sie ein Unbewußtes haben. Sie sehen dieses Unbewußte im Spiel, wenn sie in ihrem Alltagsbewußtsein irgendwelche merkwürdigen Unregelmäßigkeiten oder Brüche entdecken oder wenn sie Veränderungen von Situation zu Situation oder zwischen Kindheit und Erwachsenenalter bemerken. Alles, was der Buddhismus als Beweis für die Vergänglichkeit anführt, alle diese Diskontinuitäten lassen sich unterlaufen oder wegerklären, indem man auf dieses für kontinuierlich gehaltene Unbewußte verweist. Dieses personenhafte Unbewußte ist auch für die wissenschaftliche Methode eine Herausforderung, da es *per definitionem* nicht direkt zu beobachten ist. Man hat hier sehr viel Forschungsaufwand getrieben, um herauszufinden, ob es wirklich auf der unbewußten Ebene ein »Wahrnehmen« und »Denken« gibt, das dem Selbstschutz der Person dient.

Buddhistische Kriterien für richtige Wahrnehmung

VARELA: Ich würde von Seiner Heiligkeit gern hören, wie man vom Buddhismus her bestimmt, ob ich meinen Daumen richtig wahrnehme oder nicht.

DALAI LAMA: Ein Kriterium für eine richtige Wahrnehmung ist durch ihre Folgen gegeben. Im Prâsangika-System haben Sie drei Kriterien der Existenz: Erstens Übereinstimmung mit der Konvention; zweitens keine Einschränkung oder Widerlegung durch eine zutreffende oder konventionelle Kognition. Das dritte Kriterium ist dem zweiten ähnlich, führt aber eine andere Sichtweise ein, den Yogâchâra-Standpunkt. Nach diesem dritten Kriterium ist zutreffende Kognition das, was

Gewißheit über die Existenz von etwas schafft; daher ist der subjektive Geist die Instanz, die gültig festlegt, ob etwas existiert oder nicht. Würde die Bestätigung der Kognition wiederum vom Objekt abhängen, könnte man der subjektiven Erfahrung nicht viel Autorität zusprechen. Deshalb, so die Yogâchâra-Schule, bedarf die Bestätigung dieser Kognition eines anderen Faktors, und der wird Apperzeption genannt, man könnte auch vom selbsterkennenden Bewußtsein sprechen. Dieses selbsterkennende Bewußtsein ist also der Faktor des subjektiven Geistes, der entscheidet, ob eine Kognition zutrifft oder nicht.

Die Prâsangikas sind der Auffassung, daß die Yogâchârins die Sache unnötig kompliziert machen, weil sie etwas in sich selbst Existierendes annehmen, das Âlaya-Bewußtsein. Deshalb müssen sie nach einer objektiven Essenz suchen, nach einer letzten Autorität der Bestätigung für eine Kognition. Und da die Bestätigung auf der Objekt-Seite (die für die Yogâchârins nicht existiert) nicht zu holen ist, muß man sie auf der Subjekt-Seite suchen. Die ursprüngliche Wahrnehmung kann es nicht sein, denn es muß ja etwas sein, was diese ursprüngliche Wahrnehmung bestätigt. Deshalb mußten sie dieses selbsterkennende Bewußtsein postulieren.

Für die Prâsangikas hat weder das Objektive noch das Subjektive eine in ihm selbst liegende Existenz, und deshalb sagen sie: Ob die Kognition eines Objekts zutrifft oder nicht, hängt von den Verhältnissen auf der Subjekt-Seite ab, und ebenso bedarf die Subjekt-Seite zu ihrer Bestätigung des Objekts. In dieser Weise suchen wir ja auch im alltäglichen Leben die Bestätigung unserer Kognitionen. Wenn wir etwas wahrnehmen, überprüfen wir unsere Wahrnehmung am Objekt selbst. Stellen wir dann fest, daß dieses Objekt tatsächlich mit unserer Wahrnehmung übereinstimmt, dann wissen wir, daß wir es richtig erkannt haben. Für die Prâsangikas gibt es also so etwas wie eine in sich selbst gültige Kognition nicht. Selbst eine Erfahrung der Leere, Shûnyatâ, trägt ihre Bestätigung nicht in sich selbst.

HAYWARD: Aber wie wird eine Shûnyatâ-Erfahrung dann bestätigt?

DALAI LAMA: Wenn Sie die Erfahrung der Leere machen, nimmt dieses Bewußtsein nach Prâsangika-Auffassung eigentlich nicht die Leere selbst wahr, sondern nur das vollständige Fehlen von immanentem Sein. Die Negation des immanenten Seins bedeutet eine Annäherung an die Leere. Wir unterscheiden zwischen der Leere selbst und dem Konstatieren ihrer Existenz, und dann ist zu sagen, daß ein Bewußtsein, welches die Leere unmittelbar realisiert, in diesem Zustand nichts von der Existenz der Leere weiß, da es mit ihr identisch ist. Erst in einem späteren Augenblick kann man konstatieren: »Ah, das ist jetzt eine Shûnyatâ-Erfahrung.« Das ist der Existenz-Aspekt der Leere, eine bloße Erinnerung in der gewöhnlichen Wirklichkeit. Shûnyatâ selbst, einfach Shûnyatâ, ist das, was die Wirklichkeit *ist*. Sobald wir uns also der Existenz der Leere bewußt werden, ist das schon eine Erinnerung und nicht mehr das unmittelbare Gewahren oder Innesein. Shûnyatâ selbst gehört gemäß der bereits erläuterten dreigliedrigen Einteilung zu den verborgenen Wesenheiten. Die drei Kategorien waren: offenbar, ein wenig verborgen und höchst verborgen. Shûnyatâ ist ein wenig verborgen. Die Existenz der Shûnyatâ ist dagegen offenkundig, da es sich hier um eine konventionelle Bezeichnung handelt, die keiner Schlußfolgerungen bedarf. Auch der Gedankengang, durch den man zu dem Schluß kommt, daß die Dinge ohne in ihnen selbst liegendes Sein sind, beweist, daß Ihre Erfahrung davon zutrifft. Eben der Gedanke, der die Leerheit der Phänomene beweist, bestätigt auch diese Kognition, da sie mit der Wirklichkeit übereinstimmt.

Eine andere Möglichkeit der Verifikation besteht darin, sich anzusehen, was für Folgen eine direkte Kognition oder Wahrnehmung der Leere hat – auch das ist ein wichtiger Bestätigungsfaktor. Welche Auswirkungen hat das auf den Geist, und insbesondere, wie wirkt es sich auf die Kleshas aus, auf unsere geistigen Verdunkelungen? Eine direkte Wahrnehmung der Leere wird das Maß geistiger Verdunkelung drastisch reduzieren und durch die schiere Kraft dieser Einsicht ungeheure Kräfte wecken. Wenn es sich um eine Selbsttäuschung handelt – das heißt, Sie meinen zwar, es habe sich um eine unmittelbare Erfahrung gehandelt, aber in Wirklichkeit war sie eher seicht und irreführend –, wird sie keine tiefgreifenden Folgen für den Geist haben. Sie wird ihn weder läutern noch seine Kräfte vermehren.

Weiterhin sehen die Prâsangikas eine enge Beziehung zwischen der Tatsache, daß die Phänomene in wechselseitiger Abhängigkeit voneinander existieren, und ihrer wesenhaften Leerheit, das heißt dem Fehlen von in ihnen selbst liegendem Sein.* So liegt eine weitere Wirkung der direkten Shûnyatâ-Erfahrung darin, daß wir nach einer solchen Erfahrung schon aus kleinen Anzeichen auf wechselseitige Kausalität oder Bedingtheit große Gewißheit ziehen. Die Kraft der meditativen Erfahrung vertieft unsere Einsicht in alltägliche Phänomene ganz erheblich. Wenn Prâsangikas die Leere erklären, dann im Zusammenhang mit dem abhängigen Entstehen. Sie sind nicht voneinander zu trennen. Tatsächlich bedeutet ja »Leere« oder »Leerheit« ungefähr soviel wie »ohne innewohnendes Sein«. Das Fehlen von eigenständigem Sein ist überhaupt die Grundlage der Bewegungsfähigkeit aller Dinge. Die große Gewißheit, daß die kleinste Ursache große Wirkungen haben kann, ist ein Ergebnis dieser Erfahrung. Und diese Gewißheit bestätigt auch die Echtheit Ihrer Shûnyata-Erfahrung.

---

* Das »abhängige Entstehen« (Sanskrit *pratîtya-samutpâda*) ist eine der Grundlehren des Buddhismus. Sie besagt, daß die Phänomene in Abhängigkeit voneinander entstehen, als Teil eines Kausalgeflechts, in dem die Phänomene einander gegenseitig bedingen. Aufgrund dieser Interdependenz kann man von keinem Phänomen sagen, es habe ein eigenes, ihm selbst innewohnendes Sein.

Die Evolution des Lebens
Francisco J. Varela und Luigi Luisi

Wie entstanden die Hauptgedanken der Evolutionstheorie?

FRANCISCO J. VARELA: Die Frage, wie die Dinge entstanden sind, ist für westliche Menschen immer sehr wichtig. Wie kam es, daß dieser Körper und dieses Gehirn so sind, wie sie sind? Wo ist der Anfang? Über einen Anfang haben wir schon gehört: die Entwicklung von der Geburt bis zum Erwachsenenalter. Aber da sind noch andere Fragen: Woher weiß das Spermium, wohin es schwimmen muß, um auf die Eizelle zu treffen? Oder woher weiß mein Gehirn, daß es Augen in gerade dieser für das dreidimensionale Sehen so hervorragend geeigneten Position hat? Die Frage, wie die Dinge so werden, wie sie sind, umschreibt das Hauptanliegen der Theorie von der Entwicklung des Lebens. Und darüber möchte ich heute vormittag sprechen. Vorher müssen wir uns jedoch einen Überblick über die Geschichte der Evolutionslehre und ihre Hauptideen verschaffen.

Beim Evolutionsgedanken geht es um die Frage, wie die Dinge so geworden sind, wie sie sind, und warum sie so funktionieren, wie sie funktionieren. Die Suche nach den Ursprüngen ist im Westen ein sehr altes Anliegen, gewiß schon seit der Zeit der alten Griechen. Wie können hier nicht die ganze Geschichte dieses Anliegens aufrollen, sondern setzen bei dem Zeitpunkt an, wo das Evolutionsdenken eine Wissenschaft in unserem Sinne wurde. Diesen Zeitpunkt markiert die Veröffentlichung von Charles Darwins Buch *The Origin of Species* im Jahre 1859 (*Über die Entstehung der Arten*, 1860). Wir können für die moderne Evolutionstheorie ein sehr genaues Geburtsdatum angeben.

Leider wurde Darwins Werk vielfach mißverstanden, vor allem in populärwissenschaftlichen Darstellungen, und was über seine Ideen gesagt wird, hat oft nicht viel mit dem zu tun, was er tatsächlich geschrieben hat. Es ist also wichtig, die Anfänge aufzusuchen und sich einigermaßen genau zu vergegenwärtigen, wo er ansetzte. Darwin lebte in einer Zeit, in der es sehr beliebt war, sich über die Vielgestaltigkeit im Tierreich Gedanken zu machen. Die Menschen fanden es damals so faszinierend wie wir heute, daß Fische schwimmen können und Pferde so starke Beine haben und Vögel sich an kleinen Zweigen sicher festhalten können. All das ist so wunderbar, und zu Darwins Zeit staunten die Menschen ganz besonders über die Vielfalt des Lebendigen und das Zusammenwirken all der vielen Lebensformen. Wie so viele andere bereiste Darwin die Welt und machte sich Aufzeichnungen über die Vielfalt des Tierlebens.

In dieser Zeit fand er eine Erklärung für Phänomene, die seinen Zeitgenossen noch unverständlich waren. Das war noch keine Theorie, sondern lediglich eine Beobachtung. Er sagte: »Vielleicht liegt der Ansatz zum Verständnis dieser Vielgestaltigkeit des Lebendigen in dem Gedanken, daß ein gegenwärtiges Exemplar einer Spezies sich gegenüber seinen Vorfahren ein wenig verändert hat und die Spezies durch diese leichten Änderungen in jeder Generation allmählich verschieden werden.« Zum Beispiel beobachtete er bei Sperlingsvogelarten Südamerikas, daß Vögel benachbarter Territorien einander auffallend ähnlich waren. Das, dachte er, könnte bedeuten, daß solche Vogelgruppen einen gemeinsamen Vorfahren in nicht allzu ferner Vergangenheit hatten. Bei sehr unterschiedlichen Tiergruppen würde das bedeuten, daß der gemeinsame Vorfahr in einer weit zurückliegenden Zeit lebte.

Abwandlung durch Abstammung

Er formulierte, kurz gesagt, einen neuen Gedanken, nämlich daß die Evolution der Tiere sich nach dem Prinzip der Abwandlung durch Abstammung vollzieht. Das war eine völlig neuartige Beschreibung der Beobachtungen. Und wenn es auch zunächst ein deskriptiver Ansatz blieb, erwies er sich doch als sehr bedeutsam. Ich möchte darauf ein wenig näher eingehen.

Wenn man Darwins Buch zur Hand nimmt und nach Abbildungen sucht, findet man keine Bilder von Vögeln, Schildkröten, Sauriern und so weiter. Es gibt im ganzen Buch nur eine Abbildung, und sie zeigt eine Art Stammbaum. Um ein Beispiel zu geben, können wir uns den Stammbaum des Buddha-Dharma vor Augen führen.* Der Ursprung ist durch Shâkyamuni gegeben, der im fünften vorchristlichen Jahrhundert lebte. Gehen wir aufwärts in der Zeit, kommen wir zum Ursprung der Theravâda-Schule in Burma, Vietnam und Ceylon. Dann haben wir das Mahâyâna in Indien, dem anscheinend durch die Invasion des Islam ein Ende bereitet wurde; dann den Ursprung des tibetischen Buddhismus mit der Schule der Alten Übersetzungen und der Schule der Neuen Übersetzungen. Als Folge kleiner Abwandlungen von Schritt zu Schritt sehen wir heute, im zwanzigsten Jahrhundert, die ganze Vielgestaltigkeit der Lehren, die alle auf denselben, allen gemeinsamen Ahnen zurückgehen.

Der Gedanke der Abwandlung durch Abstammung leistet zweierlei. Einmal erklärt er die Vielgestaltigkeit, und zum anderen bringt er die Idee des Beginns bei einem gemeinsamen Ahnen ins Spiel. Dieser Punkt ist von entscheidender Bedeutung für Darwin und muß genau unterschieden werden von einer weiteren Idee, die Darwin zum wissenschaftlichen Heros des Abendlands machte. Diese zweite Idee hängt mit der

---

* Seit Shakyamuni Buddha wird davon ausgegangen, daß die buddhistische Lehre und die Erleuchtungserfahrung vom Lehrer an den Schüler weitergegeben werden.

schwierigen Frage zusammen, welcher *Mechanismus* diese Abfolge kleiner Veränderungsschritte erklären kann. So liegt ja auch auf der Hand, daß die Geschichte des Buddhismus nach Shâkyamuni einen ganz anderen Verlauf hätte nehmen können. Wie kam es, daß der Buddhismus die Gestalt annahm, die er heute hat? Wie kam das Tierreich zu seiner jetzigen Formenvielfalt? Dieser Frage suchte Darwin über viele Jahre auf den Grund zu gehen. Die Legende erzählt, daß er eines Tages bei einer Fahrt in seiner Kutsche ein Buch las, und die Kutsche bei einer plötzlichen Unebenheit in der Straße einen heftigen Ruck machte, der ihm das Buch aus der Hand riß und in die Luft wirbelte. In diesem Augenblick soll er ausgerufen haben: »Aber ja, natürliche Auslese!« [Gelächter] Sehen wir uns an, was er damit meinte. (Wir lieben diese Geschichten vom Augenblick der großen Inspiration. Wie Sie wissen, soll Newton das Schwerkraftprinzip plötzlich aufgegangen sein, als ihm ein Apfel auf den Kopf fiel.)

Es kommt hier darauf an zu sehen, daß natürliche Auslese oder Selektion nicht dasselbe ist wie Abwandlung durch Abstammung; sie ist ein guter Erklärungsmechanismus für die Abwandlung durch Abstammung. Hervorheben möchte ich, daß es nur *ein* möglicher Erklärungsmechanismus ist. Darwin hat es so gesehen, aber er sagte selbst, es müsse nicht der einzige Ansatz sein, der alles erschöpfend erklärt.

Was ist nun Selektion oder natürliche Auslese? Darwin verstand darunter schon ungefähr das, was wir heute damit meinen. Der Gedanke ist folgender: Wir gehen von einer Population von Einzelorganismen aus, denken Sie etwa an Hunde oder Vögel. Wir erkennen Varianten, und manche der Unterschiede werden vielleicht von den Eltern an die Nachkommen weitergegeben. Das führt zu einem für die Evolutionstheorie zentralen Begriff, nämlich dem der *erblichen* Veränderungen, die zu einer Diversifikation in der beobachteten Population führen. Es genügt nicht festzustellen, daß die einzelnen Organismen verschieden sind. Worauf es für Darwin ankam, war die Beobachtung, daß manche der Abwandlungen weitergegeben werden können und sich in den Nachkommen wiederholen. Diese erblichen Abwandlungen sind dann den verschiedenen Umwelteinflüssen ausgesetzt.

Ein gutes Beispiel für solche Umweltfaktoren sind plötzliche drastische Klimaänderungen. Nehmen wir etwa eine Kälteperiode, eine Eiszeit. Manche Lebewesen, kann man annehmen, konnten der Kälte besser widerstehen, weil sie besser durch Fett geschützt waren oder ein dichteres Fell hatten. Wenn die Voraussetzungen für Kälteresistenz erblich sind, wird die nächste Generation der betreffenden Tierart zahlreicher sein, weil mehr Exemplare mit diesen Merkmalen überleben, um Nachkommen zu zeugen und diese Merkmale an sie weiterzugeben. So werden bestimmte Individuen von den Umweltbedingungen begünstigt, und das ist der Mechanismus der Abwandlung durch Abstammung. Umweltfaktoren sorgen also für eine Selektion unter den verschiedenen Merkmalsausprägungen. Mit dem Begriff »natürliche Auslese« kann man alles mögliche assoziieren, aber in der Evolutionsbiologie hat er eine genau umschriebene Bedeutung: Der Auslese unterliegen erbliche Variationen, und die Ausleseinstanz sind die Umweltbedingungen. Das war Darwins Eingebung in der Kutsche.

Als junger Mann verbrachte Darwin viel Zeit auf Bauernhöfen. Viele Bauern experimentierten selbst mit der Züchtung von Haustieren, von Pferden und Hunden. Hunde sind ein sehr gutes Beispiel. Wenn wir zwei Hunde sich paaren lassen, ist die Merkmalsausprägung bei den Nachkommen leicht zu verfolgen. Gefällt uns nun ein bestimmter Welpe besonders gut, so wählen wir dieses Tier zur weiteren Vermehrung aus. Das ist ohne weiteres zu verstehen, wenn der Mensch als Selektionsinstanz fungiert. Und Darwin erkannte nun, daß es auch ohne den Menschen eine Auslese gibt, eine natürliche Auslese. Er verknüpfte etwas sehr Naheliegendes, nämlich den Umstand, daß die Umwelt Grenzen setzt, mit seinem Wissen über die Erblichkeit von Merkmalen – und diese beiden Größen ergeben zusammen den Mechanismus der Abwandlung durch Abstammung. Jetzt war die Abwandlung durch Abstammung

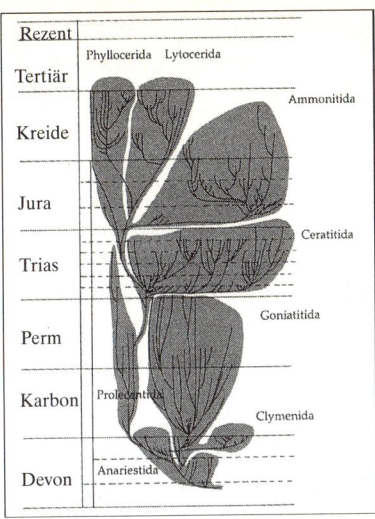

Abbildung 16   Expansion und Aussterben innerhalb des Stamm-
baums einer Gruppe von Trilobiten, das heißt von Tieren, die vor
300 bis 500 Millionen Jahren lebten.

nicht mehr nur ein deskriptiver Sachverhalt, sondern erhielt
eine theoretische Erklärung, weil der Mechanismus, nach dem
sie funktioniert, durchschaut wurde.

Abbildung 16 zeigt ein Beispiel für einen Stammbaum. Er
zeigt, daß man bei der Untersuchung der von Tieren – insbesondere von schalentragenden Meeresbewohnern, deren
Spuren besonders klar sind – hinterlassenen Fossilienchronik
genau die Dinge findet, von denen Darwin sprach. Er selbst
verfügte noch nicht über unser heutiges reiches Anschauungs-
material, aber die Stammbaumtheorie ist inzwischen zweifelsfrei bestätigt worden: Wenn man die Formen dieser Schalen
über große Zeitabschnitte verfolgt, sieht man, daß die Formen-
änderungen bei diesen Fossilien Mustern folgen, die einem
Stammbaum ähnln. Die Biologen geben Gruppen von einigermaßen ähnlichen Schalenformen Familiennamen, wie man

sie hier in dieser Abbildung findet. Wir sehen hier auch, daß manchmal ganz unbedeutend erscheinende Seitenlinien später als einzige überlebten, wenn irgend etwas geschah, was die übrigen Linien und Familien vollständig auslöschte. Der überlebende Zweig wurde durch die natürliche Auslese begünstigt.

Abwandlung durch Abstammung wird also mit dem Mechanismus der natürlichen Auslese erklärt, und damit verbunden ist der Gedanke, daß es immer wieder ausreichend große Umweltveränderungen geben wird, die bestimmte Merkmale einer Spezies – oder auch eine ganze Spezies – begünstigen. Und das ist eine überprüfbare Annahme, denn man kann die Geschichte des Lebens zurückverfolgen und sehen, ob es wirklich so war. Um aber genau zu sein, muß ich auch sagen, daß die meisten Biologen zwar zutiefst an die natürliche Auslese als Wirkmechanismus der Evolution glauben, damit aber durchaus nicht jeder Fall zu erklären ist und auch Voraussagen auf dieser Basis nicht möglich sind. Ich zeichne im Moment nur das Bild nach, das Darwin sah; auf die heutige Kritik am Begriff der natürlichen Auslese möchte ich gleich noch kommen.

Anpassung

Zuvor möchte ich jedoch noch eine weitere Idee vorstellen, die mit dem Begriff der natürlichen Auslese eng verbunden ist. Ich meine den Gedanken, daß die Selektion immer zu einer optimalen oder guten *Anpassung* an die Umwelt führt. Das Maß der Anpassung eines Organismus ist seine Fähigkeit, Nachkommen zu hinterlassen. Wenn wir im allgemeinen Sinne von Anpassung sprechen, meinen wir beispielsweise, daß Fische schwimmen und Pferde laufen können. In der Evolutionstheorie ist etwas anderes gemeint. Hier ist eine Planze oder ein Tier dann gut angepaßt, wenn sie entweder sehr viele Nachkommen haben oder diese Nachkommen sehr gut fürs Überleben ausgerüstet sind. Von einer Spezies, bei der das nicht der Fall ist, wird bald nichts mehr zu sehen sein. Entweder hat also das Tier viele Nachkommen, und in der schieren Zahl der Nachkommen liegt die Chance für das Überleben der Art, oder seine Nachkommen sind so gut geschützt, daß das Überleben zumindest einiger Exemplare wahrscheinlich ist. Am Menschen erkennen wir die zweite Strategie, bei den Insekten die erste. Beide Wege sichern den Fortbestand der Art, und das ist das Maß der Anpassungsfähigkeit.

Bisher habe ich das geschildert, was bis in die zwanziger Jahre unseres Jahrhunderts gültig war. Zu dieser Zeit stieß man auf weitere Fragen: Welcher Mechanismus steht eigentlich hinter den erblichen Merkmalsänderungen? Wie wird etwas von einer Generation an die nächste weitergegeben? Man fing also an, dem Mechanismus der Vererbung nachzuspüren. Schließlich gelang die Entdeckung, daß bei der Zeugung neuen Lebens, bei der Befruchtung der Eizelle durch ein Spermium, bestimmte Elemente im Zellkern eine Rolle spielen – die Chromosomen. Es gibt eine feststehende Anzahl von Chromosomen in jeder Zelle, und sie erzeugen unmittelbar vor der Bildung der nächsten neuen Zelle Kopien ihrer selbst. So geben Vater und Mutter etwas an ihre Nachkommen weiter, worin die genetischen Merkmalsänderungen festgeschrieben sind.

DALAI LAMA: In welcher Beziehung steht die DNS, die ja als Hauptträger des genetischen Codes gilt, zu den Chromosomen?

VARELA: Das Chromosom erkennen Sie unter dem Mikroskop als ziemlich großen eingeringelten Wurm. Wenn Sie die nächste Vergrößerungsstufe wählen und die Sache noch näher betrachten, stellen Sie fest, daß ein Chromosom wie ein Geflecht aus zwei Komponenten ist: einige Proteine und die Nukleinsäuren, darunter die DNS (Desoxyribonukleinsäure). Die DNS ist ein sehr dicht geknäuelter Faden im Chromosom. Wenn ich die DNS aus irgendeiner tierischen Zelle holen und auf ihre ganze Länge strecken würde, wäre sie viele Kilometer lang. Dieser Faden ist so eng »gewickelt«, daß er in einem winzigen Chromosom Platz hat.

Die neue Synthese

Die DNS als das eigentliche genetische Material wurde erst in den fünfziger Jahren entdeckt, aber schon in den zwanziger Jahren wußte man, daß die Chromosomen bei der genetischen Übermittlung eine entscheidende Rolle spielen. Später sind wir dann bis zur Ebene der DNS vorgedrungen und noch später bis zu ihren kleinen molekularen Einheiten. Wir haben jetzt also einerseits Darwins Theorie der natürlichen Auslese und andererseits die Forschungen auf dem Gebiet der Vererbungsmechanismen. In den dreißiger und vierziger Jahren meinten die Biologen, diese beiden Ansätze seien ausreichend für eine schlüssige Evolutionstheorie. Man nannte das die »neue Synthese« (von Genetik und Evolutionstheorie), und manchmal war auch die Rede von »Neodarwinismus«. Die neue Synthese wurde voller Stolz ausgerufen. Ich beispielsweise bin aufgewachsen in dieser Zeit der Hochstimmung in der Biologie. Alle waren emsig bei der Arbeit, und es war in der Tat eine Zeit vieler interessanter Forschungsergebnisse.

Mit der neuen Synthese wuchs bei den Forschern die Zuversicht, daß man die Gesamtheit des Lebendigen mit einem einzigen »Baum des Lebens« erfassen könnte. Wir wissen beispielsweise, daß ein Fisch und ein Pferd enger miteinander verwandt sind als mit manchen anderen Arten. Sie sind einander im gemeinsamen Stammbaum näher als etwa der Amöbe, und ganz sicher steht die Amöbe den Pflanzen näher als den Fischen. Man kann einen Baum zeichnen, der wie von einem Berggipfel ausgehende Wasserläufe aussieht und die Entstehung all der unzähligen beobachtbaren Varianten erkennbar macht; Schritt tur Schritt läßt sich der Weg zum Berggipfel rekonstruieren, und der Gipfel selbst ist natürlich der Ursprung allen Lebens.

DALAI LAMA: Das ist vielleicht keine sehr tiefgründige Frage, aber da die Biologen offenbar den Ursprung des Lebens aufzufinden versuchen und es nach Aussagen der Wissenschaft irgendwo einen Anfang gibt, wo alles leer ist wie der Raum – wie erklären sie das Hervorgehen des Lebens aus dieser Leere? Wenn dieser Planet erst einmal existiert und es eine Umwelt gibt, ist das Entstehen des Lebens erklärbar. Aber wenn überhaupt keine Umwelt da ist... Bevor dieser Planet oder diese Galaxis sich bildete, mußte das Leben schon existieren.

VARELA: Die Argumentation der Wissenschaftler läuft exakt in die Gegenrichtung. Wir haben eine Abstammungslinie, das Leben, und eine Umwelt. Da setzen wir an und gehen weiter und immer weiter zurück, und irgendwo endet die Fossilienchronik: Wir erreichen einen Punkt, wo nur noch »Umwelt« ist, nur Planet. Dieser Punkt, wo keinerlei Leben aufzufinden ist, liegt um die fünf Milliarden Jahre zurück. Und die Wissenschaftler folgern: Das muß der Punkt sein, an dem das Leben begann.

B. ALAN WALLACE: (Dolmetscher): Seine Heiligkeit meinte die Zeit, bevor dieser Planet existierte.

VARELA: Für den Wissenschaftler kann es da kein Leben gegeben haben. Leben kann nur entstehen, wenn irgendwelche Bedingungen gegeben sind, also muß es bei der Entstehung des Lebens irgendwelche Bedingungen gegeben haben. Die wiederum müssen durch etwas Vorausgehendes bedingt sein, etwa das Vorhandensein einer Galaxis oder einer Sonne oder einer Supernova oder was auch immer die Astronomen sagen. Ich bin sehr froh, daß Sie diese Frage stellen, denn sie ergibt sich hier als logische Notwendigkeit, und genau deshalb haben wir unseren Freund Dr. Luisi, einen Spezialisten für Moleküle, gebeten, uns eben darüber zu berichten. Vor dem Leben gibt es nur »Umwelt«, das heißt irgendeinen molekularen Zustand. Ein bißchen später ist plötzlich Leben da. Wie sieht der Wissenschaftler diesen Ursprung des Lebens? Besonders wichtig, glaube ich, ist ein eingehendes Verständnis der Moleküle. Daher jetzt meine Bitte an Luigi, uns darüber kurz das Wichtigste mitzuteilen.

LUIGI LUISI: Die Frage, der ich nachgehen möchte, lautet: Was sind Moleküle, und in welcher Verbindung stehen sie mit dem Leben und den anderen Dingen, über die wir hier gesprochen haben? Lassen Sie mich zuerst etwas wiederholen, was Sie alle wissen: Es gibt Atome, und es gibt Moleküle. Atome sind die Grundbestandteile aller Materie. Es gibt über hundert verschiedene Atome, zum Beispiel Sauerstoff, Wasserstoff, Stickstoff, Kohlenstoff, Zink, Natrium und so weiter. Alle diese Atome verbinden sich nach präzisen Regeln zu stabilen Aggregaten, die Moleküle genannt werden. Ein Molekül ist das konstituierende Element einer chemischen Substanz; eine reine Substanz ist durch einen einzigen Molekültyp gekennzeichnet. Das Wasermolekül beispielsweise wird von zwei Wasserstoffatomen und einem Sauerstoffatom gebildet. Ein Wasserstoffmolekül wird von zwei Wasserstoffatomen gebildet und so weiter.

Hier können wir eine erste interessante Tatsache vermerken: Wasser besteht zwar aus Wasserstoff und Sauerstoff, aber seine Eigenschaften sind nicht durch die Eigenschaften von isoliertem Wasserstoff und Sauerstoff zu erklären. Wenn verschiedene Atome zusammenkommen und ein Molekül bilden, entstehen neue Eigenschaften, die Eigenschaften des Moleküls, aber nicht der beteiligten Atome sind. Wir kommen auf diese emergierenden neuen Eigenschaften noch zurück, wenn es um die »Moleküle des Lebens« geht.

Der Molekülbegriff und die Gleichsetzung eines bestimmten Moleküls mit einer bestimmten Substanz sind von zentraler Bedeutung für weite Bereiche der modernen Naturwissenschaft. Chemie, Biochemie, Molekularbiologie, aber auch etwa die klinische Medizin und die Agrarwissenschaft fußen ganz und gar auf diesem Molekülbegriff, der besagt, daß die Eigenschaften einer Substanz durch seine chemische Struktur vorgegeben sind, und das heißt durch seine Molekularstruktur. Auch in unserem Alltagsleben sind wir von Chemikalien umgeben, die mehr oder weniger direkt nach diesem Prinzip synthetisiert werden: Kosmetika, Parfums, Textilien, Kunststoffe, Farben und so weiter. Der moderne Fortschritt auf allen diesen Gebieten hängt sehr eng mit dem Molekülbegriff zusammen.

Ich komme jetzt zu ein paar Punkten, die für unsere Gespräche von Bedeutung sind. Zunächst soll es um die dynamischen Eigenschaften von Molekülen gehen, Eigenschaften, die mit Bewegung oder Veränderung zu tun haben. Um es ganz anschaulich zu machen, möchte ich als Beispiel ein Glas Wasser betrachten. Viele Menschen wissen nicht, daß der tatsächlich von Wassermolekülen eingenommene Raumanteil in diesem Glas Wasser sehr klein ist und nur etwa ein Prozent oder weniger des Gesamtvolumens dieses Wassers ausmacht. Den Rest kann man als leeren Raum betrachten. Das gilt auch für alle anderen Flüssigkeiten und noch mehr für Gase, aber auch, wenn auch nicht im gleichen Maße, für feste Stoffe.

DALAI LAMA: Die Wassermoleküle berühren einander nicht?

LUISI: Sie interagieren miteinander, aber aus der Ferne: Zwischen ihnen ist viel freier Raum.

DALAI LAMA: Aber in diesem leeren Raum, sind da Luftteilchen? Ist das einfach reiner leerer Raum?

LUISI: In reinem Wasser ist es leerer Raum. Sie können aber auch sagen, daß da ein Kraftfeld ist.

WALLACE: Das ist eine interessante Sache, denn darüber wird in der buddhistischen Philosophie viel diskutiert: ob zwischen den Teilchen leerer Raum ist, und wie sie interagieren.

LUISI: Weil da soviel leerer Raum ist, besitzen die Wassermoleküle viel Bewegungsfreiheit. Dadurch sind die erwähnten dynamischen Eigenschaften bedingt. Die Moleküle ändern ständig ihren Ort und ihre Ausrichtung. So gesehen hat ein Glas Wasser einen Doppelcharakter: Einerseits, so sehen wir es mit unserem Alltagsblick, ist das Wasser etwas Statisches, immer gleich; aber wenn Sie an die Bewegung der Moleküle denken, ist dieses Wasser von Augenblick zu Augenblick immer etwas anderes. Man könnte versuchen, eine Parallele zu ziehen oder, wenn Sie so wollen, einen metaphorischen Ausdruck zu suchen: Die ganze Sache hat etwas von dem bloßen Ich, über das wir gesprochen haben, von etwas, das zwar Kontinuität besitzt, aber doch ohne in ihm selbst liegende Substantialität ist. Ähnliches haben wir ja auch schon vom Menschen gesagt: Unser Körper scheint von Tag zu Tag einigermaßen gleich zu bleiben, aber tatsächlich sterben unsere Zellen unentwegt ab und werden durch neue ersetzt, so daß jeder von uns eigentlich jeden Morgen ein neues Wesen ist.

In Chemie und Physik begegnen uns häufig Situationen, bei denen wir die physikalischen Realitäten auf zwei einander scheinbar widersprechende Weisen darstellen können, nämlich unter dynamischen und statistischen Gesichtspunkten. Sie können die Eigenschaften Ihres Betrachtungsgegenstandes studieren, etwa Dichte und Gewicht von Wasser; oder Sie geben Zucker ins Wasser und messen die durch Auflösung entstehende Wärme. Das sind Gleichgewichtseigenschaften; sie beschreiben eine Balance, die man als relativ statisch ansehen kann. Aber Sie können sich auch die Details der Molekularstruktur ansehen, die Geschwindigkeit der durcheinanderwirbelnden Moleküle messen und ihren Interaktionen nachspüren – dann betrachten Sie Wasser unter dynamischen Gesichtspunkten. Der statische und der dynamische Ansatz sind komplementär. Man kann nicht sagen, der eine sei richtig und der andere falsch. Der Standpunkt des Betrachters bestimmt, was er zu sehen bekommt.

Moleküle sind nicht lebendig. Der Ausdruck »Moleküle des Lebens« bezeichnet einfach die Moleküle, aus denen lebendige Organismen gebaut sind. Welche sind nun die Moleküle des Lebens? Viele Lehrbücher unterteilen die Moleküle in zwei große Familien, die anorganischen und die organischen Moleküle. Anorganisch sind zum Beispiel Moleküle, die Salze bilden, etwa Karbonate, Silikate oder Natriumchlorid – die Mineralsalze. Organische Moleküle sind solche, in denen Kohlenstoffatome die wesentliche Rolle spielen; es können synthetische oder natürliche Stoffe sein. Die Moleküle, die das Baumaterial des Lebens darstellen, sind organische Moleküle. Sie enthalten außer dem Kohlenstoff drei andere Hauptelemente – Stickstoff, Wasserstoff und Sauerstoff; andere wie Phosphor und gewisse Metalle kommen nur in verschwindend kleinen Prozentanteilen vor. Die für das Leben essentiellen Elemente wie Kohlenstoff und Stickstoff sind, wenn wir das Universum in seiner Gesamtheit betrachten, alles andere als bedeutend. Wenn man die atomare Zusammensetzung unseres Universums analysiert, findet man praktisch nichts als Wasserstoff. Alles andere, wenn man es sich gleichmäßig verteilt denkt, kommt nur in so winzigen Mengen vor, daß man es nicht einmal feststellen könnte.

Aber hier auf der Erde spielen organische Moleküle die entscheidende Rolle. Die wichtigsten sind die Proteine und Nukleinsäuren. Beide Arten sind Makromoleküle, das heißt sehr lange Moleküle, die aus Tausenden von aneinandergeketteten Atomen bestehen. Die Nukleinsäure namens DNS hat mit der Vererbung zu tun. Proteine haben sehr zahlreiche Funktionen. Seide und Wolle beispielsweise bestehen aus Proteinen oder Eiweißen; unsere Haut, die Muskeln und das Haar bestehen im wesentlichen aus Proteinen. Hämoglobin ist ein Sauerstoff transportierendes Protein im Blut; Insulin, ein Hormon, ist ebenfalls ein Protein. Antikörper sind Proteine, Enzyme sind Proteine, nämlich die Moleküle, die für alle chemischen Umsetzungen in unserem Körper und in allem Lebendigen verantwortlich sind: für die Vitaminsynthese, die Nahrungsverwertung, die Zuckerverbrennung und so weiter.

Wie kann eine einzige Gruppe von Verbindungen, die Proteine, so viele verschiedene Eigenschaften und Fähigkeiten haben? Die Antwort auf diese Frage ist von entscheidender Bedeutung für die Evolution.

Proteine bestehen aus Aminosäuren, den Bausteinen, die sich in mehr oder weniger langer Folge zu den Makromolekülen der Proteine verketten. Es gibt in der Natur zwanzig verschiedene Aminosäuren, zwanzig Aminosäuren von unterschiedlichem Aufbau. Das ist wie ein Alphabet mit zwanzig

Buchstaben: Man kann eine unendliche Anzahl von Wörtern daraus bilden.

Nehmen wir, um ein Rechenbeispiel zu geben, einmal an, wir wollten wissen, wie viele »Wörter«, das heißt Proteine, man unter Verwendung von sechzig »Buchstaben«, das heißt Aminosäuren, bilden kann – das wäre übrigens noch ein sehr kleines Proteinmolekül. Wir denken uns also sechzig Aminosäuren zu einer Kette aneinandergereiht. Die Berechnung ergibt, daß wir auf diesem Wege 10^{70} verschiedene Proteinmoleküle herstellen können – das sind mehr als die Gesamtzahl aller Atome im Universum!

Ein wichtiger allgemeiner Zug der Proteine besteht darin, daß die Moleküle sich zu charakteristischen Mustern einfalten. Jedes Protein nimmt eine wohldefinierte, stabile räumliche Gestalt an, die wir als native Konformation oder native Einfaltung bezeichnen. Ein Protein kann nur in der richtigen Einfaltungsform aktiv sein; seine dreidimensionale Form ist ausschlaggebend für seine biologische Aktivität. Proteine erhalten ihre biologische Funktion dadurch, daß sie Partnermoleküle erkennen können, und die dreidimensionale Form ist die wichtigste strukturelle Voraussetzung dafür.

Häufig hat zum Beispiel ein Teil eines Proteinmoleküls eine Einbuchtung, und das Partnermolekül – im Falle eines Enzyms wäre das die Substanz, an der dieses Enzym wirksam wird – paßt genau in diese Einbuchtung. Dieses Zueinander-Passen der Formen ist übrigens das Geheimnis aller molekularen Mechanismen des Lebens, ja des Lebens überhaupt. Das ist wie Flaschenhals und Korken, Hand und Handschuh, Schlüssel und Schlüsselloch, männliche und weibliche Genitalien. In der Molekularbiologie forscht man gerade auf diesem Gebiet der Formenergänzung sehr intensiv. Ein Protein kann nur wirksam werden, wenn dieses Zusammenpassen mit einem Partnermolekül gegeben ist. Das ist der Auslöser für viele biologische Prozesse.

In welcher Beziehung steht nun die Struktur der Proteine zum Aufbau der Nukleinsäuren, also der zweiten wichtigen

Klasse von Molekülen des Lebens? Die Verbindung besteht in den Genen. Ein Gen spezifiziert den Aufbau eines Proteins. Für jedes Protein gibt es ein Gen, das heißt eine lineare DNS-Struktur. Wenn Ihr Körper etwa Hämoglobin braucht, wird das entsprechende Gen aktiviert und dann kopiert; die Kopie besteht nicht aus DNS, sondern wird aus einer anderen Nukleinsäure, der RNS (Ribonukleinsäure), hergestellt, und diese linerare RNS-Sequenz induziert die Synthese der benötigten linearen Aminosäurensequenz, die dann in ihrer eingefalteten Form als Protein, in unserem Fall Hämoglobin, wirksam wird.

Dieser Ablauf stellt das zentrale Dogma der Molekularbiologie dar, demzufolge ein linearer Informationsfluß von der DNS zum Protein gegeben ist. Die Struktur des DNS-Abschnitts, des Gens, bestimmt den Aufbau des Proteinmoleküls und indirekt auch seine Einfaltung. Es besteht also ein linearer Kausalnexus von einem Gen zur dreidimensionalen Proteineinfaltung und damit zur biologischen Aktivität des Proteins.

DALAI LAMA: Das gilt für alle Tiere und auch für Bakterien?

LUISI: Das ist eine sogenannte Universalie der biochemischen Welt. Wir meinen damit, daß unsere Zellen, aber auch die Zellen von Pflanzen und Mikroorganismen alle nach denselben biologischen Mechanismen funktionieren. Und nicht nur das, sondern sie haben auch alle den gleichen Molekularaufbau: DNS, RNS und Proteine. Die Interaktionen dieser Moleküle des Lebens laufen in allem Lebendigen nach denselben Mechanismen ab. Das spricht sehr für die allgemeine Theorie der molekularen Evolution, nach der alles Lebendige seinen Ursprung in einer gemeinsamen Ur-Zelle hat.

Ich möchte noch darauf hinweisen, daß der beschriebene Kausalnexus des Lebendigen dann nicht mehr linear ist, wenn man berücksichtigt, daß Aminosäuren zwar die Bausteine der Proteine sind, selbst aber von Proteinen erzeugt werden. DNS ist notwendig für die Produktion von Proteinen, aber man braucht Proteine (in der Form von Enzymen), um DNS zu erzeugen. Die Kausalkette ist also nicht linear, sondern zirkulär und eigentlich mehr als zirkulär: ein komplexes dreidimensionales Geflecht von Ereignissen, die alle wechselseitig voneinander abhängen. Es läßt sich jedoch kein Anfang, kein Ausgangspunkt für dieses Kausalgeflecht angeben. Wie hat alles angefangen? Mit dieser Frage wird sich Francisco jetzt befassen, und so überlasse ich ihm wieder das Terrain.

Der Ursprung des Lebens

VARELA: Dieser Einschub über die Moleküle war deshalb notwendig, weil die Biologen immer dann, wenn die Frage nach dem Ursprung des Lebens aufkommt, vor einer interessanten Grenze stehen. Wir müssen zurückgehen zu den Molekülen und uns klarmachen, wie aus diesen Molekülen des Lebens – DNS, Proteine und so weiter – Zellen werden. Deshalb ist die Frage nach dem Ursprung des Lebens heute eine Angelegenheit sowohl der Biologie als auch der Chemie.

Wir wissen, daß es vor, sagen wir, fünf Milliarden Jahren noch kein Leben gab. Wir wissen, daß es seit 3,6 Milliarden Jahren Leben gibt. Was war das für eine Welt, als das Leben erschien? Einiges wissen wir, zum Beispiel daß es damals das Meer schon gab. Elektrische Entladungen waren häufig, weil die Atmosphäre eine andere Zusammensetzung hatte. Aus dem gleichen Grund war die Sonneneinstrahlung auch stärker als heute. Man hat diese Situation im Labor simuliert, und als die Wissenschaftler dieser simulierten Umwelt nach einiger Zeit Wasser entnahmen, stellten sie begeistert fest, daß es Aminosäuren – die Hauptbestandteile der Proteine – und Ansätze zu Nukleinsäuren enthielt. Das ist eine sehr lange Geschichte, und ich will hier nur sagen, daß solche Simulationsexperimente starke Argumente für das spontane Erscheinen von Proteinen und Nukleinsäuren unter den damals auf der Erde herrschenden Umweltbedingungen erbracht haben.

Wie können immer komplexere Moleküle und schließlich Molekülverbände entstehen? Die Beantwortung dieser Frage

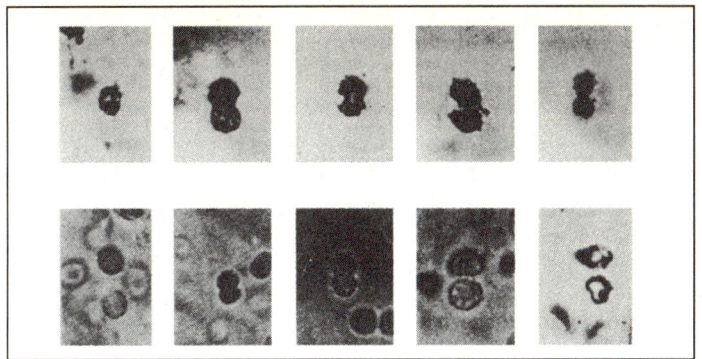

Abbildung 17   Oben: Fotos von Fossilien, die man für Bakterien hält, gefunden in über drei Milliarden Jahre alten Ablagerungen. Unten: Fotos von lebenden Bakterien, deren Formen mit denen der Fossilien verglichen werden.

ist heute eine höchst technische Angelegenheit, und klare Aussagen sind noch nicht möglich. Man geht aber davon aus, daß wir hier nicht vor einem großen, unergründlichen Mysterium stehen. Hat man erst einmal Proteine und Nukleinsäuren, dann können sie sich auch zu diesem einzigartigen Muster namens Zelle verknüpfen. Der bisherige westliche Ansatz war der, im Strom der Zeit aufwärts zu gehen, und wenn man dann zur Zelle kommt, dann ist *das* der Beginn des Lebens. Aber der Beginn des Lebens ist selbst wiederum anhand von emergierenden molekularen Eigenschaften zu erklären, und es spricht einiges an experimentellen Ergebnissen für diese Betrachtungsweise.

Dieses Gebiet des Forschens nach dem Ursprung des Lebens ist voller Debatten und Kontroversen. Aber ich glaube, kein Biologe oder Chemiker wird bestreiten, daß man Erklärungen für das finden kann, was auf diesem erstaunlichen Bild [Abb. 17] zu sehen ist. In der oberen Reihe sehen Sie die ältesten Fossilien, die je gefunden wurden. Sie stammen aus Afrika, und das Trägergestein läßt sich auf ein Alter von

293

3,6 Milliarden Jahren datieren. Es sind zellenartige Umrisse zu erkennen, die sich mit den Bildern von lebenden Bakterien darunter vergleichen lassen. Da sehen Sie selbst, weshalb die Wissenschaftler diese Gebilde für Zellen halten – und es müssen einige der ersten sein, die auf der noch sehr unwirtlichen Erde entstanden. In diesem Fall blieb die Abstammungslinie völlig ungebrochen und reicht im Baum des Lebens von der Wurzel bis in den Wipfel – alles übrige Leben ist Abzweigung.

So also sieht die Wissenschaft den Ursprung des Lebens. Zellen gab es zuerst nicht, und dann entstanden sie aufgrund der beschriebenen chemischen und atmosphärischen Prozesse. Das ist ein stark interdisziplinäres Gebiet. Man braucht Chemiker, um die chemischen Details aufzudecken, man braucht Biologen für den Zell-Aspekt der ganzen Sache, und man braucht Spezialisten für die Geschichte des Planeten, die Geophysiker, die so weit wie möglich aufzuklären haben, was das für eine Umwelt war zu der Zeit, als die ersten Zellen entstanden zu sein scheinen. Und es zeichnet sich schon ab, daß es nicht nur einen Anfangspunkt des Lebens gab, sondern viele. Es gibt viele Arten von Bakterien. Manche sehen wie kleine Würmer aus, andere wie Stäbchen mit beweglichen Schwänzen. Anscheinend sind viele Arten von Bakterien unabhängig voneinander entstanden und sahen damals schon so aus wie heute. Die Entstehung des Lebens fand nicht an einem einzigen Ort statt, sondern verteilt und an vielen verschiedenen Stellen; und es entstanden viele Formen, deren Spuren wir heute noch sehen.

Interessanterweise finden wir schon in diesem sehr frühen Stadium Hinweise für die Beantwortung der Frage, ob das Leben wirklich nur das ist, was die Evolutionisten darin sehen – Konkurrenzkampf. Mit »Zelle« meint ein Biologe im Normalfall eine komplexe Struktur, die einen Kern mit Chromosomen und etliche andere sogenannte Organellen enthält. Sie haben alle Namen, zum Beispiel Mitochondrien und Chloroplasten, aber ich will hier nicht in die Einzelheiten des inneren Zellaufbaus gehen; jedenfalls ist die Zelle innen eine Art kleine Stadt, in der allerlei passiert. Eine Bakterie ist auch eine Zelle, aber

eine einfachere Zelle, die nicht diese innere Gliederung auf-
weist. Die echten Zellen der ersten Art werden Eukaryoten
genannt, die primitiven Zellen Prokaryoten.* Worauf ich hinaus will, ist dies: Gegenwärtig gilt als gesichert, daß in der Tat
einfache Zellen die komplexeren Zellen etwa unseres Organismus bilden, indem sie sich zusammenfinden und kooperieren.
Manche Zellen nehmen ein Leben im Innern von anderen Zellen auf, und so sind die Zellen unseres Körpers eigentlich so
etwas wie symbiotische Verbindungen. Jede der Organellen
einer heutigen vollständigen Zelle war ursprünglich einmal
einer der Ahnen dieser Zelle, nämlich eines dieser einfachen
Bakterien, die gelernt haben, wie sie durch Zusammenleben
und gegenseitige Hilfe ihren Fortbestand sichern können.

Für den größten Teil seiner Geschichte hat das Leben auf der
Erde ausschließlich aus bakteriellem, aus einzelligem Leben
bestanden. Erst im letzten Viertel der Zeit, in der es Leben
gibt, haben sich diese komplexeren Zellen gebildet. Erst da
entwickelten viele der Zellen die Fähigkeit, sich zu verbünden,
um Pflanzen und Tiere zu bilden. Heute, das ist wichtig, meint
man mit Evolution nicht mehr nur, daß Pflanzen und Tiere der
natürlichen Auslese unterliegen, sondern man meint auch das
bis zu seinen Wurzeln in der Mikrowelt zurückverfolgte Leben.
Die Makrowelt der Pflanzen und Tiere ist uns vertraut, aber im
Hinblick auf die Zeit und die schiere Masse ist die Mikrowelt
weitaus überlegen.

Altruismus

In den fünfziger und sechziger Jahren also war man sich in der
Evolutionsbiologie sicher, daß man mit der Verknüpfung von

---

* Einer prokaryotischen Zelle fehlen der membranumschlossene
Kern und die membranumschlossenen Organellen der echten oder eu-
karyotischen Zellen. Organellen sind Körper mit speziellen Funktionen, die im Zytoplasma eukaryotischer Zellen schweben.

Selektion und Genetik ein ganz klares Bild gewonnen hatte. Die neue Synthese schien die Antworten auf alle Fragen zu bieten, und am Horizont dräuten keine Wolken, höchstens die Wölkchen noch offener Detailfragen. Dann kamen aber doch wieder dicke Wolken, und man kann wohl ohne Übertreibung sagen, daß es in der Evolutionstheorie während der achtziger Jahre drunter und drüber ging. Es gibt wieder viele offene Fragen, die sehr leidenschaftlich diskutiert werden. Und kaum noch jemand glaubt heute, daß die Evolutionsbiologie eine einheitliche Wissenschaft sei, wie man noch vor zwanzig Jahren meinte. Ich möchte Ihnen jetzt einige der gegen den Neodarwinismus erhobenen Einwände darlegen, die ich für sehr grundlegend halte.

Ich beginne mit einem naheliegenden Einwand, den Sie interessant finden werden, weil er mit der Frage des Mitfühlens zusammenhängt. Das ist eine ganz simple Sache. Den Ansatzpunkt der natürlichen Auslese bilden die erblichen Merkmalsänderungen, das heißt, Selektion gibt es nur auf der individuellen Ebene: Nur am Einzelwesen kann sich die Chance, mehr Nachkommen zu hinterlassen, vergrößern. Schaut man sich in der Natur um, stellt man fest, daß die Tiere sich nicht nur um ihre eigenen Jungen kümmern, sondern sich darüber hinaus auch gegenseitig schützen. Die Biologen nennen das Altruismus, ein Verhalten, das dem Wohl der Gruppe dient. Am Südpol beispielsweise findet man fast nichts als Eis, aber außerdem auch Pinguine. Pinguine müssen, um ihre Ernährung zu sichern, den ganzen Tag Fische fangen, und das wird natürlich zum Problem, wenn sie Junge haben. Wie sollen Mutter und Vater sich um die Eier kümmern, wenn sie den ganzen Tag auf Fischfang sein müssen? Die Pinguine haben das Problem mit Kindergärten gelöst. Ein paar Pinguine bleiben zurück und kümmern sich um sämtliche Eier und Jungvögel, solange die Eltern jagen. Und wenn dann alle wieder vom Fischfang zurück sind, kümmert man sich gemeinsam um das Jungvolk.

Es gibt viel andere Beobachtungen dieser Art. Das führte um 1960 zu einer heftigen Kontroverse in der Biologie. Einige fragten, wie man dieses altruistische Verhalten erklären wolle, denn ganz offensichtlich widerspricht es ja der Theorie der natürlichen Auslese. Wenn beispielsweise ein Wolfsrudel angegriffen wird und flüchten muß, bleiben ein oder zwei Tiere zurück und lassen sich töten, damit die anderen entkommen können. Unter dem Gesichtspunkt der Selektion ist das nicht sehr sinnvoll, und zwar aus einem sehr einfachen Grund: Wenn ich dazu neige, zu anderen gut zu sein, mich dann aber töten lasse, wie soll dieses Merkmal dann an die nächste Generation weitergegeben werden? Das ergibt einfach keinen Sinn. So führten also ausgerechnet Liebe und Freundlichkeit (sofern sie nicht ausschließlich den unmittelbaren Nachkomme gelten) zu einem bösen Streit in der Evolutionsbiologie, weil unter dem Gesichtspunkt der natürlichen Auslese überhaupt nicht einzusehen ist, weshalb es sie überhaupt gibt. Sichtbar wurde hier, daß die Evolution keinesfalls allein durch das Selektionsprinzip zu erklären ist.

Man hat diese Schwierigkeit natürlich mit der Überlegung zu lösen versucht, daß Selektion nicht nur auf der individuellen, sondern auch auf der Ebene der Gruppe wirksam wird. Die klassische Vorstellung vom »Überleben des Stärkeren« oder des besser Angepaßten bezieht sich auf das Einzelwesen. Jetzt also haben wir dazu noch die überindividuelle Stärke: Wenn ich gut zu meinem Nächsten bin, dann wird das auf Dauer auch für mich gut sein. Wenn wir uns das logisch zurechtzulegen versuchen, kommen wir zu der Vermutung, daß meine Gene möglicherweise nicht von mir, sondern von anderen Mitgliedern meiner Gruppe weitergegeben werden. Es gibt eine Art Muster, nach dem das Erbgut zwar individuell übernommen, die Verantwortung dafür jedoch auf die ganze Population verteilt wird, so daß es dann so etwas wie Gruppen-Selektion geben kann. Ist das nachzuvollziehen?

DALAI LAMA: Zunächst einmal möchte ich fragen, wie es in dem Fall ist, daß ein Hund sich für seinen Herrn opfert. Hier haben Sie zwei verschiedene Spezies und keinerlei Aussicht auf genetische Selektionsvorteile, sofern man sein Denken nicht wirklich sehr weit spannt. Ist dieser speziesübergreifende Altruismus, der bis zum Selbstopfer geht, als Tatsache akzeptiert?

VARELA: Eure Heiligkeit, wie schon des öfteren scheinen Sie zu ahnen, wohin die Fragen der Wissenschaftler gehen. Genau solche Fälle haben manche gesammelt und in die Debatte eingebracht. Und es gibt viele solcher Fälle von speziesübergreifendem Altruismus. Es gibt zum Beispiel Fälle, daß Menschenkinder von Wölfen großgezogen wurden. Es gibt dokumentierte Fälle von Besatzungsmitgliedern untergegangener Schiffe, die von Delphinen gerettet wurden. Sie tragen diese Leute an Land. Und die Absicht ist zu erkennen, sonst würden sie wohl zubeißen, wie Fische es sonst tun. Die Frage wartet noch auf ihre Antwort, und ich finde sie absolut faszinierend, denn sie läßt erkennen, daß viel mehr an absichtsloser Hilfsbereitschaft und Offenheit der Fall sein könnte, als man immer meint. Das scheint sogar bei Tieren weit über das hinauszugehen, was die Biologen auf klassische Weise erklären können.

Das also ist ein Aspekt der Kritik am Neodarwinismus. Zusammenfassend können wir sagen, daß natürliche Auslese zwar nur auf der individuellen Ebene stattfindet, inzwischen aber klar ist, daß Evolution sich auf vielen Ebenen ereignet. Auf der Ebene der Gruppe und der Spezies ebenso wie auf der individuellen Ebene und schließlich auf der Ebene der Zellen, ja sogar auf der genetischen Ebene.

DALAI LAMA: Ich überlege eben, was für Übereinstimmungen mit der buddhistischen Theorie hier gegeben sein könnten. Das Lebewesen Mensch ist mit Kognition begabt. Menschen unterliegen auch den geistigen Verdunkelungen des Anhaftens und des Zorns, und sie haben die Anlage zu Mitgefühl und Altruismus. Jetzt frage ich mich, was ein Buddhist zu der Möglichkeit zu sagen hat, daß Altruismus vielleicht bei jeder Spezies anzutreffen ist.

ROBERT B. LIVINGSTON: Altruismus findet man ja sogar bei manchen Pflanzen. An Insekten und Pflanzen sind viele interdependente Verhaltensweisen zu erkennen – die Pflanzen begünstigen das Überleben der Insekten, die Insekten das der Pflanzen. Das sehen wir in jedem Phylum, in jedem Teil des großen Baums der Evolution. Nicht der Konflikt steht im Vordergrund, sondern die Kooperation. Die Interdependenz zeigt sich als Zusammenwirken, als gemeinsame Suche nach neuen Lösungen, als Lernen oder Anpassung, das heißt als komplizierte biologische Prozesse, die dem Überleben aller dienen und nicht einfach dem Überleben des einzelnen.

VARELA: Das Leben als solches scheint nicht möglich zu sein ohne ein gewisses Maß an gegenseitiger Aufgeschlossenheit. Interessant ist hier der Gedanke, daß speziesspezifisches Kooperationsverhalten schon ausreichend generalisiert sein könnte, um auch speziesübergreifenden Altruismus zu erklären. Das Sorgen der Pinguine für die Jungen anderer Pinguine beispielsweise kann die Grenze der eigenen Art überschreiten. Bei Delphinen scheint artübergreifender Altruismus die Regel zu sein, und das gilt auch für Schimpansen und sogar Wölfe. Von diesem Altruismus der Tiere aus scheint es einen fließenden Übergang zu geben zu einem Altruismus ohne vorgegebene und festgelegte Objekte. Es gibt vielleicht ein Kontinuum, das sich vom meist objektgebundenen Altruismus der Tiere bis zu jener ungerichteten Barmherzigkeit erstreckt, die dem Menschen möglich ist.

Kein evolutionärer Lerneffekt

Ein weiterer sehr triftiger Einwand gegen den Neodarwinismus sieht so aus: Da die natürliche Auslese stets und ständig am Werk ist, sollte man erwarten, daß die überlebenden Arten zu einer immer besseren Anpassung an ihre Umwelt kommen. Sie sollten das Leben auf diesem Planeten immer besser in den Griff bekommen. Man kann durch Beobachtung herausfinden, wie es damit steht. Unter anderem sollte man erwarten, daß jüngere Arten, die ja das Ergebnis von mehr Anpassung sind, besser in der Lage sind, neue Arten hervorzubringen, da sie ja durch mehr Anpassung besser gerüstet sein sollten, überlebens-fähige Nachkommen zu erzeugen. Ist das der Fall? Man kann sich zum Beispiel jüngere Arten bestimmter Meeresbewohner ansehen, deren Vorfahren genügend Fossilien hinterlassen ha-ben, um die Geschichte dieser Tierart bis zu ihrem Ursprung zu verfolgen. Wenn man die Geschichte dieser Lebewesen von ihrem Ursprung bis heute betrachtet, hat es dann immer etwa gleich viele Verzweigungen in neue Arten gegeben, oder ist zur Jetztzeit hin eine Zunahme der Verzweigungen zu beobachten? Die Antwort lautet ganz klar, daß die Anzahl neuer Arten im Laufe der Zeit gleich bleibt. In dieser Hinsicht gibt es offenbar kein ständiges Besserwerden. Die Evolution geht einfach im gleichen alten Schrittempo weiter. In solchen Beobachtungen finden wir keine Bestätigung für den Gedanken der progressi-ven Anpassung.

Das ist zu einem großen Problem geworden, weil man nicht recht weiß, was im Zusammenhang mit der Evolution eigent-lich »Tauglichkeit« [engl. *fitness*] meint. In den fünfziger und sechziger Jahren wußte man das noch sehr gut: Das Maß der Tauglichkeit war einfach die Zahl der Nachkommen. Heute ist das nicht mehr so einfach, weil alle im Laufe der Zeit durchpro-bierten Maßstäbe der Tauglichkeit einfach nicht funktionieren. Es zeigt sich immer wieder, daß sie nicht zu den Beobach-tungen passen. Und die Idee der Tauglichkeit selbst ist inzwi-schen fraglich geworden. Aber wenn man kein zuverlässiges Maß dafür angeben kann, fällt natürlich das ganze Gedanken-gebäude, das die natürliche Auslese zum Prinzip der Tauglich-keit macht, in sich zusammen. Das also ist ein zweiter Haupt-punkt der Auseinandersetzung und Kritik.

Selektionsdruck ist nicht der Hauptfaktor bei der Anpassung

Ein dritter Brennpunkt der Kritik am Neodarwinismus – und in meiner Darstellung der letzte – sieht etwa so aus: Unter dem

Gesichtspunkt der natürlichen Auslese sind Merkmalsänderungen Reaktionen auf Umweltbedingungen. Das hat etwas vom behavioristischen Modell, nach dem es zu Reaktionen kommt, wenn Reize gegeben sind. Hier sind Umweltveränderungen der Reiz, und Veränderungen in der Spezies durch natürliche Auslese sind die Reaktion. Das ist eine sehr behavioristische Betrachtungsweise, so als wäre innerhalb der Tierpopulation ein schwarzer Kasten ähnlich dem Geist, der in der behavioristischen Psychologie der schwarze Kasten zwischen Reiz und Reaktion war.* Aber die Wirklichkeit sieht ganz anders aus. Etwas, das für das Gehirn einen Reiz darstellt, hat keineswegs eine einzige prädeterminierte Wirkung, denn der Reiz wird im Gehirn von ungeheuer vielen Instanzen bearbeitet, transformiert und interpretiert. Genau das gleiche hat sich auch in der Evolutionsbiologie gezeigt. Als eine der Voraussetzungen für Veränderung wird Selektion aufgrund von Genveränderungen angenommen. Aber Gene sind nicht Sammlungen von kleinen Kugeln in einem Kasten, wo man weiß, ob gerade ein bestimmtes Gen an einen neuen Organismus weitergegeben wird. Gene sind wie Punkte in einem Netz oder einer Matrix, weil sie alle in wechselseitiger Abhängigkeit voneinander existieren. Wenn man also ein Gen innerhalb einer Population stärker machen will, muß man sich auch mit den anderen Genen befassen, die mit ihm zusammenhängen. Auch ein einzelnes Gen in ein und demselben Organismus zu ändern ist gar nicht so einfach. Die Entwicklung eines Organismus ist ein sehr, sehr komplexer Prozeß, und man kann nicht ein einzelnes Gen ändern, ohne dadurch noch sehr viel anderes an dem entstehenden Organismus zu ändern. Man kann sich keine einzelnen Züge oder Merkmale herauspicken.

Gehen wir von dem Fall aus, daß die Umwelt kälter wird. Es wäre dann sicher ein Selektionsvorteil, wenn mehr Körperhaar wachsen würde. Aber es wäre nicht damit getan, einfach ein

---

* Vgl. das Kapitel »Kognitionspsychologie«.

Haar-Gen aufzupfropfen. Für eine dichte Körperbehaarung müßte man nämlich den ganzen Körper umbauen, weil dazu eine andere Haut nötig wäre. Aber um die Haut zu ändern, müßte man die ganze Biochemie des Körpers umstellen, und um die Biochemie umzustellen, bräuchte man eine andere Physiologie. Also, ein bißchen Haar wachsen lassen heißt, daß man den ganzen Organismus umbauen muß. Es hat keinen Sinn, so vorzugehen, als wären nicht schon definitive Voraussetzungen gegeben. Der Organismus hat gewissermaßen seine eigene Anschauung davon, was jeweils möglich ist; jedenfalls ist nicht jederzeit alles möglich. Nur ein paar kleine Änderungen sind jeweils möglich, und sie unterliegen starken Restriktionen. Das ist wie bei der Wahrnehmung: Man hat Erwartungen und nimmt das, was außerhalb dieser Erwartungen liegt, nicht wahr.

Die Anschauung, daß die Umwelt »Druck« ausübt, der die natürliche Auslese forciert, beruht auf dem Gedanken, daß alle Reaktionen auf Umwelteinflüsse zurückzuführen sind und die Spezies sich diesen nur anpassen. Neuere Beobachtungen widersprechen diesem Ansatz. Man muß auch an die inneren Faktoren auf der genetischen und embryologischen Ebene denken, also an das, was vom Organismus selbst kommt. Man spricht hier von den inneren Faktoren der Evolution. Die Theorie muß also nicht nur die äußeren Faktoren Umwelt und Selektion berücksichtigen, sondern auch die durch genetische und embryologische Interdependenz gegebenen inneren Faktoren. Letztere sind von großer Bedeutung. Bedeutende Evolutionsbiologen sagen heute sogar, daß viele Schlüsselfaktoren der Evolution – das heißt solche, die besonders nützlich sind, wenn man die Vielgestaltigkeit des Lebendigen erklären möchte – eher im Bereich der inneren Einflußgrößen als im äußeren Selektionsdruck zu suchen sind. Gewiß, wenn es auf der Erde sehr kalt wird, müssen die Tiere sich ändern, aber wie sie dabei vorgehen, hängt viel mehr von den inneren Faktoren ab als von den äußeren. Äußere Faktoren sind wohl eher so etwas wie allgemeine Vorgaben, die aber nicht schon bestimmen, was im einzelnen geschehen wird. Ich finde das sehr interessant, denn es entspricht genau dem, was wir schon in unseren Gesprächen über Wahrnehmung festgestellt haben. Ja, zum Sehen brauchen wir Licht und Netzhautreize. Das sind die allgemeinen Vorgaben. Aber was wir dann sehen, hängt mehr von inneren Faktoren ab, und erst innere und äußere Faktoren zusammen lassen eine Wahrnehmung entstehen. Hier scheint es ganz ähnlich zu sein: Die Umwelt macht Vorgaben und steckt einen Rahmen ab; dann kommen die inneren Faktoren ins Spiel, und zusammen lassen diese beiden Kräfte Arten entstehen und treiben die Evolution voran. Und das innere Element wird noch dadurch aufgewertet, daß die sogenannte Umwelt ja zu einem nicht unerheblichen Teil vom Leben selbst geformt wird. Das Leben erzeugt Umwelt, Umwelt wird Rahmen, ein Beschränkungsfaktor, der wiederum Hand in Hand mit dem Leben neue Ergebnisse hervorbringt. Leben und Umwelt definieren einander eigentlich gegenseitig. Es ist also nicht so, daß einfach Umwelt da war und das Leben dann sozusagen in dieser Umwelt ausgesetzt wurde; das wäre die Folgerung aus der Anpassungslehre des Neodarwinismus: Da war einfach Umwelt und übte Selektionsdruck aus, und die Lebewesen tauchen einfach irgendwie in dieser Umwelt auf und werden der natürlichen Auslese unterzogen. Das war eine Art behavioristisches Evolutionsdenken.

Zusammenfassend läßt sich sagen, daß wir heute keine schlüssige Evolutionstheorie haben. Einiges von Darwins Sicht der Dinge hat seine Gültigkeit behalten, aber die Idee der natürlichen Auslese durch Umweltdruck wurde weitgehend aufgeweicht. Der Umwelt billigt man heute nur noch den Stellenwert allgemeiner Vorgaben zu. Viele andere Mechanismen sind hier am Werk, die wir einstweilen nur sehr bruchstückhaft verstehen.

Evolution, Karma und Nächstenliebe
Ein Gespräch

Der Kampf ums Überleben – eine kritische Betrachtung

FRANSISCO J. VARELA: Lange Zeit hat der Darwin zugeschriebene Gedanke, alles Leben sei Konkurrenzkampf, allzu
sehr das Bild beherrscht. Leben ist Überlebenskampf, weil Lebensraum und Nahrungsangebot begrenzt sind. Deshalb müssen Individuen und ganze Arten miteinander kämpfen, und der
Stärkere überlebt. Darwin hat sich tatsächlich in diesem Sinne
geäußert, und inspiriert war er dabei vom »Bevölkerungsge-
setz« des englischen Nationalökonomen Malthus, der von den
Grenzen des Bevölkerungswachstums aufgrund von wachsender Nahrungsmittelknappheit sprach. Aber die Begrenztheit
der Ressourcen und der von Umweltveränderungen ausgehende Selektionsdruck waren nur eine seiner Inspirationen,
beileibe nicht die einzige.

JEREMY W. HAYWARD: Aber in Schulen und Hoch-
schulen wird Evolutionsbiologie auf eine Weise gelehrt, die gerade den Konkurrenzkampf und die Begrenztheit der Ressourcen in den Vordergrund rückt!

VARELA: Deswegen sage ich ja und wiederhole noch einmal: Was Darwin gesagt hat und was heutige Biologen unter
natürlicher Auslese verstehen, deckt sich nicht mit dem, was
Journalisten, populärwissenschaftliche Darstellungen und
Lehrer daraus gemacht haben.

ROBERT B. LIVINGSTON: Ja. Darwins Lehren, aber
auch die von Freud und Marx, sind im Westen ziemlich ent-
stellt worden, und zwar jedesmal in Richtung Konflikt und
Konkurrenzkampf. Darwin, Freud und Marx selbst haben die-

sen Aspekt längst nicht so wichtig genommen, wie es heutige Philosophen und Lehrer tun. Was beispielsweise Darwin angeht, liefert das Konkurrenzkampfdenken der Business-Philosophie den Vorwand zu sagen: Du oder ich; der Tüchtigere überlebt, und jedes Mittel ist recht. Aber eigentlich ging es Darwin, Freud und Marx ebensosehr um Kooperation, und ich finde es wichtig, Seine Heiligkeit darauf hinzuweisen, daß wir es hier mit Vergröberungen zu tun haben, die von echten Biologen, Psychologen und Ökonomen nicht gutgeheißen werden.

VARELA: Ja, ich finde das auch sehr wichtig. Aber es geht hier nicht nur darum, daß neben der alten Auffassung, natürliche Auslese müsse vor allem als Kampf gesehen werden, jetzt ein neues Thema, nämlich Kooperation, in Mode kommt. Wir müssen uns vor allem klarmachen, *was* man im Westen unter Konkurrenzkampf oder Überlebenskampf versteht, nämlich daß ich dich töte, weil nur für einen von uns beiden genug zu essen da ist. Ich ringe nicht einfach um mein Leben, sondern ich töte andere, damit ich überleben kann. So sieht dieser Gedanke in seiner populären Form aus.

DALAI LAMA: Wenn wir an einen größeren und einen kleineren Baum denken, sieht es doch fast so aus, als würde der größere den kleineren töten, um zu überleben. Das hat auch mit Umweltveränderungen zu tun.

VARELA: Lassen Sie mich ein Gegenbeispiel geben, das als klassischer Fall von natürlicher Auslese angesehen wurde (was sich als Irrtum erwies, aber darauf wollen wir hier nicht weiter eingehen). Es gibt in England kleine weiße Motten, die von ganz ähnlich hellem Farbton sind wie der Baum, auf dem sie bevorzugt leben. Durch diese Tarnung waren sie kaum zu sehen und daher recht gut vor Vögeln geschützt. Das war die natürliche Ausgangslage. Dann kam die industrielle Revolution über das viktorianische England und produzierte soviel Qualm, daß die Bäume vom schmutzigen Niederschlag dunkler wurden. Dagegen waren die weißen Motten jetzt wie kleine Leuchtpunkte und wurden massenhaft von den Vögeln gefressen. Aber dann fiel den Biologen auf, daß die Motten allmählich immer ein wenig dunkler und wieder den schmutzigen Bäumen ähnlich wurden. Da sagten sie: »Wunderbar, hier sieht man die natürliche Auslese am Werk!« Da ging es nicht darum, daß eine Motte die andere töten mußte, um zu überleben. Sie alle haben sich den veränderten Umweltbedingungen gemäß geändert. Würden Sie nicht sagen, daß das etwas anderes ist?

DALAI LAMA: Ja, das ist etwas anderes. Kein Kampf auf Kosten anderer.

VARELA: Sehr richtig. Andererseits hat Eure Heiligkeit auch recht, denn es gibt zwischen diesen beiden Möglichkeiten eine Grauzone, wo Anpassung teils das eine und teils das andere ist. Es ist meist nicht so eindeutig entweder das Töten anderer oder einfach Anpassung an veränderte Umweltbedingungen. Es ist eine Mischung aus beidem.

LIVINGSTON: Wenn man großer Kälte ausgesetzt ist, beispielsweise während einer Eiszeit, dann wird die physiologische Anpassung bei manchen Lebewesen besser sein als bei anderen, und die natürliche Auslese wird bessere Temperaturregelung, wärmendes Zittern und dergleichen begünstigen, aber auch kooperatives Verhalten wie den Bau von Schutzbehausungen, die Beherrschung des Feuers und das Anfertigen von Kleidung. Zur Darwinschen Evolution in dem von Francisco angesprochenen Sinne gehören solche physiologischen Anpassungsreaktionen und für den Menschen die intellektuelle Anpassung.

VARELA: Ich bin froh, daß wir diese Entstellungen der Gedanken Darwins zurechtgerückt haben, denn es mag unter den Wissenschaftlern selbst wohl Unterschiede der Betonung geben, aber die echten Biologen, glaube ich, nehmen den Kampf ums Überleben gar nicht so wörtlich. Das Bild ist komplexer. Wissenschaft im eigentlichen Sinne jedenfalls wurde die Idee der natürlichen Auslese und nicht die blutrünstige Vorstellung von »Zähnen und Klauen«.

HAYWARD: Sie sagten, daß es heute keine bündige Evolutionstheorie gibt, sondern offenbar viele Mechanismen am

Werk sind, die wir einstweilen nur sehr unvollkommen verstehen. Ist das die Ansicht, die von der Mehrheit der Mainstream-Biologen geteilt wird?

VARELA: Anerkannte Biologen wie Steve Gould und Richard Lewontin, aber auch andere haben sich in diesem Sinne geäußert. Es gibt natürlich unübersehbare Gradunterschiede der Kritik an der klassischen Auffassung. In meiner Jugend und Studentenzeit habe ich auch nicht einmal Kritik am neodarwinistischen Weltbild zu hören bekommen! Das war gesicherte Lehre, und sie schien einfach alles erklären zu können.

HAYWARD: Ich habe neulich ein biologisches Lehrbuch für den Hochschulgebrauch durchgelesen, einen Einführungskurs, und da war von solchen Dingen überhaupt nicht die Rede. Es war eine Ausgabe von 1983 oder 84.

VARELA: Ja, Eure Heiligkeit, da haben Sie ein Stück Soziologie der Wissenschaft: Lehrbücher sind immer hinter dem Mond. Wenn ein Lehrbuch etwas ausführt, müssen Sie sich dazudenken »vor zwanzig Jahren«.

Karma und Evolution

VARELA: In der buddhistischen Tradition steht der Begriff »Karma« für Kausalbeziehungen und die Folgen des menschlichen Handelns. Der Buddhismus scheint aber auch den Gedanken der Kausalität in der übrigen Natur zu kennen, also etwa in der Welt der Samen, der Pflanzen, des Wassers. Das westliche Evolutionsdenken sieht ja nun Verbindungen zwischen dem menschlichen oder allgemeiner dem tierischen Leben, also zwischen dem empfindungsfähigen Leben und dieser Kausalität in der Natur. Sehen Sie Überschneidungen der westlichen Vorstellung von evolutionärem Wandel mit der Karma-Lehre? Wo sehen Sie Ähnlichkeiten und Unterschiede?

DALAI LAMA: Das scheint mir eine sehr komplexe Fra-

307

gestellung zu sein, denn in den buddhistischen Texten hat die Karma-Lehre mit einem Handeln zu tun, das in sehr direkter Beziehung zu den Lebewesen steht, mit einem Handeln, das Gefühle von Schmerz und Lust nach sich zieht. In diesem Zusammenhang wird die äußere Umwelt auch unter diesem Gesichtspunkt gesehen. Aber wenn Sie in die tatsächlichen Details der Natur selbst gehen und die materiellen Substanzen und die Umwelt für sich betrachten, dann, scheint mir, ist die Sache offen [nicht an karmische Muster gebunden]. Und wenn wir im buddhistischen Sinne sagen, daß Bewußtsein und Kognition von der Natur der Klarheit sind, dann ist das ein Hinweis darauf, daß das Erkennen außerhalb jeder Karma-Theorie steht. Es ist einfach Natur. So ist es auch mit allen äußeren Gegenständen, wenn wir sie für sich nehmen und außerhalb jedes Zusammenhangs mit dem Tun der Lebewesen betrachten: Für sich selbst genommen sind sie keine karmischen Phänomene, und so kommen sie in der Karma-Lehre nicht vor.

Wenn Sie etwa ein Blatt Papier nehmen, dann ist es dem Kontinuum der ihm vorausgehenden Substanzen entsprungen, und dieses Vorausgehende ist seine substantielle Ursache. Wenn wir jetzt einfach nur das Papier und sein Hervorgehen aus substantiellen Ursachen betrachten, glaube ich wirklich nicht, daß da irgendeine Beziehung zur Karma-Lehre besteht. Andererseits liegt jetzt hier Papier vor mir, ein Schreibblock, den ich benutzen kann, und durch die Beziehung zu mir bekommt dieses Papier doch etwas Karmisches. Es ist jetzt zu etwas da. Wessen Karma ist das? Mein Karma – das Karma der Person, der das Papier gehört und die es benutzt. Nehmen wir weiter an, das Papier werde irgendwann von einem Insekt gefressen: Dann steht es in Beziehung zum Karma dieses Insekts.

Gehen wir jetzt zur Umwelt mit ihren Bäumen und Pflanzen und so weiter über. Die Umwelt steht auf natürliche Weise mit den Lebewesen in Verbindung; was für Pflanzen vorhanden sind, was für Früchte sie tragen, bittere oder süße – die Beziehungen all dieser Dinge zu den Lebewesen sind eine Sache des Karma dieser Lebewesen. Wenn Sie andererseits sagen: »Betrachten wir mal nur die Berge und lassen das organische Leben unberücksichtigt«, dann habe ich meine Zweifel, ob irgendwelche unter diesem Gesichtspunkt festgestellten Kausalzusammenhänge überhaupt irgend etwas mit Karma zu tun haben, da wir sie ja außerhalb ihres Zusammenhangs mit den Lebewesen betrachten.

Wenn wir nun die Gesamtevolution des Kosmos betrachten und uns auf das Kalachakra-System und die Raumteilchen* beziehen, können wir sagen: Ja, alles in allem hängt die Evolution des Universums mit dem Karma des Lebewesens zusammen. Aber sobald Sie Einzelaspekte herausgreifen, etwa ein Raumteilchen, können Sie seine Evolution und alle Interaktionen mit seiner Umwelt über Abermilliarden Jahre verfolgen, und es wird trotzdem solange nichts mit Karma zu tun haben, wie Sie es außerhalb seines Zusammenhangs mit den Lebewesen betrachten.

Also, das ist ein sehr schwieriges Thema, aber nehmen wir etwas Konkreteres, zum Beispiel Klimaänderungen. Eine Region wird beispielsweise von einer Dürre heimgesucht, eine andere von Überflutungen. Das wird wissenschaftlich als ein Zusammenkommen von Ursachen und Dingen »da draußen« interpretiert. Solche Dinge wirken sich jedoch auf die Lebewesen aus, und insofern ist deren Karma hier eine mitwirkende Ursache. Wir haben also substantielle und mitwirkende Ursachen, und deren Konstellation erzeugt solche Ereignisse.

Sehen wir uns jetzt einmal ein bestimmtes Gemeinwesen an. Denken Sie sich eine Lebensgemeinschaft, in der starker Haß und Zorn herrschen. Für mein Empfinden können solche negativen Gefühle sich durchaus auf die Umwelt auswirken und zum Beispiel zu großer Hitze oder Dürre beitragen. Anderswo mögen starke Anhänglichkeit an Dinge und Gier herrschen, und da könnte ich mir vorstellen, daß es eher naß wird, bis hin

---

* Siehe S. 111–117.

zu Flutkatastrophen. Ich sage nicht, daß es definitiv so sein wird; ich versuche nur, mir eine Vorstellung von den Möglichkeiten zu machen. Es ist aber ohne Zweifel für den einzelnen wie für Gemeinschaften so, daß unser Tun, unser Verhalten, unsere Geistesverfassung sich Tag für Tag, Monat für Monat, Jahr für Jahr auf die Umwelt auswirken.

VARELA: Aber wie sieht es mit der Zukunft aus? Ihre Antwort ist sehr interessant, und es wird gut sein, auf sie zurückzukommen, aber mir scheint, sie geht nicht auf die Kausalzusammenhänge ein, mit denen Evolutionsbiologen sich beschäftigen. Die Frage des Klimas und der größeren Umweltzusammenhänge, da stimme ich zu, ist sehr verwickelt, und ganz sicher sind die Wissenschaftler heute nicht in der Lage, sie zu beantworten. Aber mich interessiert auch das Gebiet, auf dem es anscheinend Überschneidungen gibt, ich meine das Gebiet der direkten Auswirkung des Verhaltens von Lebewesen auf andere Lebewesen. Wenn ich etwa, buddhistisch gedacht, als Mensch wiedergeboren werde, dann ist der Umstand, daß ich diesen Körper hier habe, eine Form von Karma; ich lebe in diesem Körper, weil es da eine Geschichte gibt, und darum geht es ja auch in der Evolutionstheorie. Das Verhalten der Lebewesen und dessen Auswirkungen auf sie selbst und andere Arten ist ganz sicher ein Gegenstand der Evolutionstheorie, und wir haben gesehen, wie sich die Wissenschaftler damit auseinandersetzen. Aber das hat auch ganz direkt mit dem Karma zu tun, und daher meine Frage: Wie kann man die buddhistische Sicht und die wissenschaftliche Auffassung hier zueinander in Beziehung setzen?

DALAI LAMA: Wenn die Evolution etwa des Menschen ganz und gar eine Sache der Umwelt und der Veränderungen an Genen, Chromosomen und so weiter ist, findet Karma nirgendwo mehr einen Ansatzpunkt. Da wäre kein Platz mehr für Karma, weil alle Effekte, so die Annahme, ganz und gar auf materielle Dinge zurückgeführt werden könnten. Aber Zellen evolvieren und werden immer komplexer und evolvieren schließlich zu Menschen. Und beim Menschen gibt es, wie

Dr. Livingston ausgeführt hat,* über siebzig Billionen genetische Kombinationsmöglichkeiten für das Werden eines neuen Menschen. Nur eine einzige dieser Möglichkeiten wird jeweils verwirklicht, und wenn man fragt, weshalb gerade diese Möglichkeit und keine andere verwirklicht wurde, dann entsteht hier ein direkter Bezug zum Karma.

VARELA: Ah! Ja, genau deshalb entsteht ja hier die Karma-Frage: Die Evolutionstheorie versucht diese Frage zu beantworten. Sehen Sie, Eure Heiligkeit, die Frage ist ganz simpel gemeint. Wenn ein Tier oder eben der Mensch sich nach einem zweiten Tier umsieht, um sich zu paaren, und da sind Verlangen und Hingezogensein und später Sorge für die Nachkommen und das gute Karma von Liebe und Freundlichkeit und vielleicht altruistisches Handeln für die Gemeinschaft – dann sind das für die Evolutionstheorie alles Faktoren, welche die Zukunft mitbestimmen, weil sie die Wahrscheinlichkeiten für das Leben der Nachkommen verschieben. Das sind auch karmische Dinge im Sinne des Buddhismus, denn es geht hier um das Handeln, um verdienstvolles und nichtverdienstvolles Handeln. Die Art, wie ich mich um meine Kinder kümmere, läßt sich offenbar vom evolutionistischen wie vom karmischen Standpunkt aus betrachten. Die Frage lautet dann: Halten Sie es für möglich, daß diese beiden miteinander zu tun haben, etwa wie Gehirn und Bewußtsein, wo das eine die mitwirkende Ursache des anderen ist?

DALAI LAMA: Also, fangen wir mal bei dem Haar auf meinem Kopf an. Ist es aufgrund von Karma da? Ja, eindeutig. In früheren Leben habe ich das Karma für meine Wiedergeburt als Mensch angesammelt, und das hat meinen gegenwärtigen Menschenkörper hervorgebracht. Dieses Haar ist Teil des Körpers, also eindeutig Folge meines Karma. Aber nehmen wir an, wir schneiden das Haar ab. Sie halten ein Büschel Haare in der Hand und werfen es in die Luft. Es geht ein leichter Wind, und

---

* Siehe S. 226.

ein Teil der Haare wird nach Osten geweht, ein Teil nach Westen. Ist das ein karmisch bedingter Verlauf? Höchst fraglich.

Menschen haben Haar und Bäume haben Laub, aber ich glaube nicht, daß man darin eine direkte Auswirkung des Karma sehen kann. Alles in allem ist mein Körper das Ergebnis meines Karma, und das muß wohl auch für mein Haar gelten. Aber ich weiß nicht recht, ob man den Umstand, daß Menschen Haare haben und andere Arten nicht, auf karmische Gründe zurückführen kann.

Es ist sehr schwierig, die Auswirkungen der Umwelt, das heißt der Natur-Gegebenheiten, gegen das Wirken des Karma abzugrenzen. Das ist eine sehr dünne Linie.

HAYWARD: Vielleicht können wir ein Beispiel nehmen, das der buddhistischen Lehre näher liegt – das Beispiel der Aggression. Die Haare, die jemand auf dem Kopf hat, stellen kein besonderes Problem dar, wohl aber der Umstand, daß er sehr zornig ist. Der Biologe würde diesen Zorn vielleicht als Merkmal bezeichnen, das der Betreffende über die Gene von Mutter und Vater empfangen hat, und die wiederum haben es von ihren Eltern und so weiter. Die buddhistische Erklärung spricht von Karma. Überschneiden sich diese beiden Erklärungen oder nicht?

DALAI LAMA: Für mich sind diese beiden Darstellungen nicht vereinbar. Keine Frage, daß eine heißblütige Natur auch mit Vererbung, mit den Eltern und so weiter zu tun hat, und bei der Intelligenz ist es ebenso. Das ist für die Tibeter keineswegs neu. Aber das schließt karmische Ursachen nicht aus, denn die Frage ist ja, weshalb dieser Mensch in den Schoß eben dieser Mutter einging. Das ist der Punkt, wo die Karma-Frage ins Spiel kommt.

HAYWARD: Dann gibt es zwei Kausalstränge, den des Körpers und den des Bewußtseins?

VARELA: Mir scheint, Sie sagen damit, daß die evolutionäre Sicht in den Bereich der mitwirkenden Ursache gehört.

DALAI LAMA: So ist es. Ich stimme Ihnen beiden zu. Worin besteht die substantielle Ursache für die Intelligenz eines Menschen? Es ist die Intelligenz eines ganzen Bewußt-seins-Kontinuums, das in die früheren Leben dieses Menschen zurückreicht. Worin bestehen die mitwirkenden Bedingungen für gerade diese Intelligenz in diesem Leben? Im Gehirn, den Genen, dem ganzen biologischen System. Die spezifischen Aspekte des karmischen Wirkens und seiner Resultate, glaube ich, übersteigen den gewöhnlichen Verstand. Das sind höchst verborgene Phänomene, die dritte Kategorie, das sehr, sehr Subtile.

Hat die Evolution eine Richtung?

DALAI LAMA: Heute vormittag sagten Sie, daß es vor 3,6 Milliarden Jahren Bakterien gegeben hat, in denen ein Potential zu symbiotischen Beziehungen [und daher zur Bil-dung komplexerer Zellen] angelegt war, das aber in den ersten drei Vierteln dieses Zeitraums nicht umgesetzt wurde. Als es dann schließlich doch zu dieser wunderbaren Sache kam, lag das da einfach an veränderten Umweltbedingungen?

VARELA: Im Grunde wissen wir das nicht. Es ist wohl na-heliegend, die Umweltbedingungen für den Anlaß zu halten, aber wir wissen es nicht.

DALAI LAMA: Könnte es auch sein, daß in diesen Bakte-rien die Befähigung zu symbiotischen Beziehungen wuchs? Ir-gend etwas geschah nach drei Vierteln dieses Zeitraums. Und was dazu führte, waren das Umweltveränderungen, oder hat sich der innere Mechanismus dieser Bakterien so geändert, daß ihre Befähigung zu symbiotischen Beziehungen jetzt erst aus-reichte? Waren also die Hauptursachen innerer oder äußerer Art durch die Umwelt gegeben?

VARELA: Eure Heiligkeit, Sie haben völlig recht, auf die-ser Frage zu beharren. Es ist eine Frage, die von allen Biologen gestellt wird, und die Antwort lautet, daß wir es nicht wissen. Im klassischen Sinne ist es vermutlich eine Kombination aus beiden Möglichkeiten – irgendein neues Potential zusammen mit irgendeiner Umweltveränderung. Beachten wir daneben aber auch, daß das neue Potential die früheren Möglichkeiten nicht ersetzte oder verdrängte: Die früheren Lebensformen blieben auch weiterhin bestehen.

DALAI LAMA: Wir hatten also vielleicht irgendwann eine stark veränderte Umwelt, vielleicht durch elektrische Entladungen, Sonneneinstrahlung und dergleichen. Wie lange existierte das Universum schon, als das anfing?

VARELA: Der Planet ist schon recht alt. Wenn wir fünf Milliarden Jahre zurückgehen und uns da umsehen könnten, würden wir einer von den heutigen Verhältnissen nicht völlig verschiedenen Welt begegnen, aber wir würden einige markante Unterschiede erkennen. Es gab keine Bäume, keine Pflanzen, keine Tiere. Ozeane beherrschten das Bild, das die Erde damals bot, und die Vulkantätigkeit war sehr stark. Die Atmosphäre war vollkommen anders. Es gab beispielsweise keinen Sauerstoff; Sauerstoff ist ein Produkt des Lebens.

THUBTEN JINPA: (Dolmetscher): Das Leben erzeugt eine neue Umwelt?

VARELA: Sehr richtig. Und das ist ein besonders schönes wissenschaftliches Rätsel, daß das Leben die Umwelt ebenso beeinflußt wie die Umwelt das Leben. Ich glaube, es ist heute keine Frage mehr, daß unsere Umwelt in ganz grundlegendem Sinne die Geschichte des Lebens widerspiegelt. Der Sauerstoff ist das sinnfälligste Beispiel dafür. In der frühesten Phase des Lebens war Sauerstoff ein Gift. Kam irgendein Wesen mit Sauerstoff in Berührung, mußte es sterben. Nach und nach entwickelten die Organismen dann Strategien gegen die Vergiftung durch Sauerstoff, und jetzt ist er das, was wir atmen. Dieser Tanz also entwickelte sich zwischen Umwelt und Leben. Manche Organismen lernten, sich zu schützen, für andere blieb das Giftige giftig. Bis heute gibt es Bakterien, die keinen Sauerstoff vertragen und ihn meiden müssen. Wir nennen Sie Anaerobier, und das heißt einfach, daß sie eine sauerstofffreie Umgebung brauchen. Wir erkennen viele solche Dinge in der Fossilienchronik der frühen Lebensformen, aber wir fangen eben erst an, wirklich auch die Details zu verstehen. Die Geschichte des Lebens besteht, wie man da sehen kann, aus vielen, vielen kleinen Schritten. Und das nicht nur im größeren Maßstab, etwa bei der Entstehung der Arten, sondern auch im kleinen, also beispielsweise bei der Umwandlung von primitiven Zellen zu komplexeren Zellen.

JINPA: Wäre es von der Evolutionstheorie her denkbar, daß menschliche Gene auch wieder einen neuen Zyklus durchlaufen, daß wir irgendwann ganz andere Menschen oder wieder nichtmenschliche Wesen werden?

VARELA: Vom Standpunkt der Evolutionstheorie aus kann daran überhaupt nicht gezweifelt werden! Jeder Evolutionist wird sagen: Wir haben uns bei der Evolution vom Primaten zum Menschen so sehr gewandelt, daß wir es zweifellos auch weiter tun werden und die Veränderungen wieder zu etwas ganz anderem führen werden.

NEWCOMB GREENLEAF: Oder Homo sapiens stirbt aus.

VARELA: Aber sicher, auch das ist möglich. Wir brauchen nur einen Atomkrieg anzunehmen. Ein Atomkrieg würde alle Pflanzen und Tiere auslöschen. Aber den ganz kleinen Kreaturen wird er nichts anhaben können. Wir haben ja viele Hinweise darauf, daß es mehrfach in der Geschichte des Lebens zum fast völligen Aussterben des pflanzlichen und tierischen Lebens gekommen ist. Bakterien haben davon nichts gemerkt, weil sie viel mehr Widerstandskraft haben. Der menschliche Zweig im Baum des Lebens könnte in der Tat, wie Newcomb sagt, verschwinden, und das Leben würde dann entlang anderer Linien weitergehen. Wir wissen es nicht. Aber ohne Zweifel wird der Mensch sich weiter wandeln; wir haben sogar Beobachtungen zur Frage der Änderungsrate bei Menschen und Tieren.

GREENLEAF: Dann gibt es im Hinblick auf die Evolution noch das verbreitete Gefühl, daß es bei der ganzen Sache eigentlich um die Spezies Mensch geht, daß die Evolution schon immer uns im Sinn hatte und wir ihr edelstes Produkt sind.

VARELA: Das gehört wieder zum neodarwinistischen Paradigma. Der Gedanke ist der, daß die Evolution im Laufe der Zeit immer besser wird und wir als die letzten auch die besten sein müssen. Aber wenn es darum geht, wie gut eine Spezies angepaßt ist, braucht man nur zu schauen, wie lange sie überlebt hat. Und was das angeht, sind wohl die Bakterien die Fittesten. Sie haben die gesamte Evolution überdauert. Denkbar ist zum Beispiel, daß in der Zeit der Saurier ein ziemlich großer Himmelskörper die Erde traf und die dabei entwickelte Hitze dem gleichzeitigen Explodieren von je einer Atombombe in allen größeren Ländern der Erde entsprach. Die Hitze war so groß, daß alle Meere vedunsteten. Das war für das Leben ein gewaltiger Schlag, unter dem es fast völlig vernichtet wurde. Wer blieb übrig? Unsere kleinen Freunde, die Bakterien. Die Sache ließ sie ganz kalt. Wir können uns mit Atombomben von diesem Planeten blasen, aber für das Leben auf der Erde wäre das wahrscheinlich nicht das Ende. Wenn wir es aus dieser Perspektive betrachten, wäre es gar nicht falsch, den Baum des Lebens umzudrehen und die Bakterien ganz an die Spitze zu setzen. Sie sind die Besten. Kurzum, dieses ganze Gerede, wer nun die Krone der Schöpfung ist, erweist sich hier als ziemlich albern. Es kommt immer auf die Kriterien an. Anpassung beispielsweise kann man auch an der Verbreitung einer Art messen, und nach diesem Maßstab sind Kakerlaken und Spatzen uns noch ein gutes Stück voraus.

LIVINGSTON: Und wenn es nach Gehirngröße ginge, dann wären die Delphine uns voraus, denn erstens ist ihr Gehirn größer und zweitens hat es sich vor sechzehn bis zwanzig Millionen Jahren entwickelt, und unseres ist gerade fünf Millionen Jahre alt.

DALAI LAMA: Gibt es für die Biologen so etwas wie einen Ziel- oder Gipfelpunkt der Evolution?

VARELA: Nein, diese Frage gilt als gegenstandslos. Sie stellt sich gar nicht, denn wir wissen, daß die Evolution weitergehen wird. Ob sie irgendwo ankommen wird, ob sie einen Omega-Punkt erreicht, das ist eine rein theologische Frage.

Ist Mitmenschlichkeit lernbar?

DALAI LAMA: Jetzt habe ich eine Frage, die vielleicht ein bißchen albern klingt, mir aber sehr wichtig ist. Die Äußerungen etwa von Politikern sind sehr häufig schwarzweiß – dies ist gut, das ist schlecht. Es fehlen die Zwischentöne, der Sinn für das Relative. Die Dinge selbst haben ja sehr viele Zwischentöne. Diese absolutistische Geisteshaltung – dies ist gut, das ist schlecht – ist bei Politikern sehr stark, während Wissenschaftler es mit Gegenständen zu tun haben, die den Geist differenzierter machen, weniger schwarzweiß. Ich würde gern einmal wissen, ob sich feststellen läßt, daß Wissenschaftler etwas weniger zu geistiger Schieflage neigen. Nicht unbedingt alle Wissenschaftler, aber vielleicht die, die mit solchen Gegenständen zu tun haben, wie wir sie hier verhandeln. Gibt es dazu Untersuchungen?

VARELA: Systematische Forschungen sicher nicht. Keiner von uns, glaube ich, hat dazu mehr als kleine Beobachtungen am Rande. Schwer zu sagen. Ich habe darüber schon oft nachgedacht und kann Ihnen nur meine persönlichen Erfahrungen mitteilen. Wir müssen dazu auch andere hören, aber meine Erfahrung ist jedenfalls die, daß Fixierungen und Verhaftungen unter Wissenschaftlern so verbreitet und so stark sind wie in jeder anderen Gruppierung.

HAYWARD: Wir haben darüber sogar vor ein paar Tagen beim Mittagessen gesprochen. Und wir waren der Meinung, daß sogar viele Nobelpreisträger und andere große Wissenschaftler, die wir kennen, ausgesprochen überheblich sind. Sie haben ein Weltbild, und daran glauben sie ganz einfach. Und auch kreative Wissenschaftler, die durchaus hohe geistige Beweglichkeit zeigen, wenn sie über die Außenwelt nachdenken, haben in ihrem eigenen Leben häufig gar nichts von dieser spielerischen Beweglichkeit.

VARELA: Mir jedenfalls scheint – und wie gesagt, Zahlen habe ich dazu nicht –, daß der Prozentsatz kreativer, auch zum Querdenken fähiger Geister unter den Wissenschaftlern ungefähr so groß ist wie bei Geschäftsleuten, bei Eltern, bei Leuten, die einen Haushalt führen. Ich weiß es nicht, aber es würde mich gar nicht überraschen.

DALAI LAMA: Ich habe noch eine Frage, was die Möglichkeiten des Lernens angeht. Es gibt zwei Arten von Kognition, irrtümliche und zutreffende. Mit irrtümlicher Kognition meine ich eine falsche Auffassung im üblichen Sinne, also ohne irgendwelche religiösen Gesichtspunkte. Gibt es etwas, womit man erreichen kann, daß der Anteil richtiger Einschätzungen signifikant größer wird und der Anteil der falschen abnimmt?

VARELA: Ich denke schon, daß man die Verhältnisse ein wenig bessern kann. Es gibt Möglichkeiten, Fehler und Irrtümer durch Aufklärung zu verringern, aber die Möglichkeiten sind begrenzt. Menschen kommen unweigerlich immer wieder an den Punkt, wo sie Fehler machen oder vergessen oder etwas falsch verstehen und so weiter.

DALAI LAMA: Es geht nicht darum, ob Menschen ganz frei sein können von Fehleinschätzungen und falschen Wahrnehmungen. Wir gehen von irrtümlichen und zutreffenden Kognitionen aus, und ich frage nach der Möglichkeit der Gewichtsverschiebung. Die eine ist durch folgerichtiges Denken zu bestätigen, die andere nicht; die eine ist durch Tatsachen gestützt, die andere nicht. Kann man den Anteil der zutreffenden Kognitionen erhöhen?

VARELA: Ich glaube, die Antwort bleibt die gleiche. Menschen können ein bißchen besser werden, und das ist es wohl, was man Erziehung oder Bildung nennt: sie ein bißchen verantwortlicher und fähiger machen. Ohne diese Bildung, ohne diese Möglichkeit zu lernen werden Menschen sich häufiger irren. Aber Erziehung und Bildung haben ihre Grenzen.

DALAI LAMA: Soweit ich gehört habe, spielen beim Großziehen von Kindern zwei Faktoren eine besondere Rolle. Einmal muß das Kind ausreichend ernährt sein, und das ist eine rein materielle Sache. Der andere Faktor ist die liebevolle Fürsorge und die Zuneigung der Eltern. Wenn ein Kind beides bekommt, sagten Sie, kann es das in ihm Angelegte voll entwickeln. Und Sie sagten auch: Wenn das Kind bestens ernährt ist, die Eltern sich aber ansonsten eher gleichgültig zeigen und das Kind seiner Einsamkeit und Unsicherheit überlassen, wird es sich nicht voll entwickeln können. Wie sieht das materiell betrachtet aus, wie funktioniert es?

LIVINGSTON: Liebevolle Zuwendung hat viele Seiten, und eine davon ist das Berührtwerden. Wie sich gezeigt hat, sind Berührungen ganz wesentlich für die Entwicklung des Säuglings. Das Kind ist auch sehr empfänglich für Bewegungen und für den Klang der menschlichen Stimme. Man weiß, daß ein Neugeborenes die Stimme der Mutter kennt und von anderen unterscheiden kann. Wenn nun das Kind nicht genügend Berührung erfährt, liebevolle, zärtliche Berührung überall am Körper, dann wird es unleidlich und schreit viel und schläft nicht gut und mag nicht recht essen. Infolgedessen gedeiht es nicht gut und bleibt im Wachstum zurück.

DALAI LAMA: Und Sie meinen, das hat nur mit dem Berührtwerden zu tun? Ich möchte gern wissen, ob einfach dieses rein physische Berührtwerden der entscheidende Faktor ist oder die Berührung als äußerer Ausdruck dessen, was Eltern für ihr Kind empfinden; in dem Fall wären die Liebe und Zärtlichkeit und nicht die Berührung selbst der ausschlaggebende Faktor.

ELEANOR ROSCH: Es gibt in der Psychologie ein klassisches Experiment mit neugeborenen Affen. Einige der Äffchen kamen in einen Käfig mit einer aus Draht angefertigten Nachbildung einer Affenmutter, die zwar Milch gab, aber hart war. In einem anderen Käfig hatten die Affenkinder einen ebenfalls milchgebenden Mutterersatz aus weichem Tuch. Die Berührungsempfindung war also der einzige Unterschied. Die Äffchen mit der weichen Attrappe wuchsen viel gesünder heran als die anderen mit der Drahtmutter.

Es zeigte sich, daß die Affenkinder mit der Stoffmutter sich an diese weiche Attrappe klammerten, wie es kleine Affen sonst bei ihrer richtigen Mutter tun; es gibt sogar Fotos davon. Diese Äffchen entwickelten sich fast normal, aber doch nicht ganz normal. In mancher Hinsicht blieben sie auch im späteren Leben ein bißchen seltsam – kurz, eine richtige Mutter ist einfach besser. Die kleinen Affen mit der Drahtmutter dagegen lagen nur apathisch herum, wuchsen nicht, entwickelten sich schlecht. Und wenn sie durchkamen, blieben sie auch als ausgewachsene Tiere so. Sie konnten mit anderen Affen nichts anfangen. Sie paarten sich nicht. Sie waren sehr elend.

LIVINGSTON: Und wenn sie sich doch paarten, gaben sie miserable Eltern ab. Ich glaube, das macht noch einmal deutlich, daß bei den höheren Affen und ganz sicher beim Menschen der Signalaustausch zwischen den Generationen sehr wichtig ist. Die Mutter gibt dem Kind Signale, das Kind der Mutter, und die Signale müssen auf beiden Seiten richtig integriert werden. Manche kleinen Kinder bekommen von der Mutter anscheinend nicht die Signale, die sie brauchen, und wenn solche Kleinkinder dann ins Krankenhaus kommen, spüren die Schwestern offenbar, was ihnen fehlt, und schenken ihnen viel Zuwendung – worauf sie prompt reagieren und Interesse zu zeigen beginnen; plötzlich entwickelt sich der Appetit, und sie zeigen sich kommunikationsbereit. Zwischen Mutter und Kind muß also eine Wechselbeziehung bestehen. Je mehr das Kind mütterliches Verhalten auszulösen vermag, desto förderlicher wird die Beziehung für Gesundheit und Entwicklung. Eine schöne Sache.

Im Westen haben wir das Sprichwort »Übung macht den Meister«. Aber neurophysiologisch gesehen trifft das die Sache nicht ganz. Erst wenn dem Übenden die Früchte seines Übens erkennbar werden und wirklich zugute kommen, kann Übung den Meister machen. Auf diese Rückmeldung kommt es an, wenn die Wahrnehmung oder eine Fertigkeit besser werden soll. Ich glaube, das gilt in sozialer Hinsicht ebenso wie für die körperliche Entwicklung.

VARELA: Andererseits wissen wir, daß das Offensichtliche den Menschen nicht immer so ohne weiteres eingeht. Da muß erst noch nachgeholfen werden. Zum Beispiel ist ja für jeden offensichtlich, daß Menschen in Frieden miteinander leben *können*, aber häufig tun wir es nicht. Da ist dieser seltsame Widerspruch, daß wir aus dem Offensichtlichen nicht lernen.

LIVINGSTON: In gewissem Sinne muß man das üben, wie man üben muß, wenn man Musiker werden will. Dazu gehört systematisches Training.

ROSCH: Psychologisch betrachtet, sogar vom behavioristischen Standpunkt aus (der uns ansonsten nicht gerade übermäßig vernünftig erscheint), sieht es so aus: Da Liebe und Mitmenschlichkeit uns eher befriedigen – oder, behavioristisch gedacht, eher verstärkend wirken – als Haß und Zorn, muß man den Menschen dazu bringen, das wirklich zu erfahren oder selbst ein bißchen mehr Mitgefühl walten zu lassen – dann wird die verstärkende Rückmeldung kommen, was wiederum die Bereitschaft zu mitmenschlichem Verhalten vergrößert, und so weiter. Wichtig ist dieser erste Schritt, den Anfang machen.

VARELA: Wenn es doch wirklich so funktionieren würde!

Kann Wissenschaft den Geist heilen?

DALAI LAMA: Das wissenschaftliche Forschen hat für mich etwas von der Suche nach dem Wesen des Gegenstands, mit dem man sich beschäftigt. Im Buddhismus dreht sich sehr viel um die Frage nach den verschiedenen Ebenen der Ichlosigkeit, also darum, daß die Dinge letztlich nicht aus sich selbst existieren, und auch das hat etwas vom Forschen nach dem Wesen der Dinge. In der buddhistischen Praxis geht es nun darum, die hier gewonnenen Einsichten so anzuwenden, daß sie den Kleshas, den geistigen Verdunkelungen wie Zorn, Gier und so weiter entgegenwirken. Wenn uns bei heftigen Gefühlswallungen – bei starkem Verlangen oder starkem Haß und Widerwillen – der Gegenstand unserer Leidenschaft als sehr real und substantiell erscheint, so als existierte er aus sich selbst und aufgrund der ihm innewohnenden Natur, dann kann man dieses Verfahren der genauen Erforschung des Gegenstands anwenden und sich vergewissern, daß er der Analyse nicht standhält, daß er also kein in ihm selbst liegendes Sein hat. Diese Einsicht vermag dann unsere Leidenschaft zu dämpfen und unsere Verblendung zu lindern.

In der Wissenschaft sieht der erste Teil, das Forschen nach der Natur des Gegenstands, recht ähnlich aus. Deshalb meine Frage, ob es Ansätze gibt, dieses Verfahren im Sinne einer Linderung der Kleshas, einer Heilung des Geistes anzuwenden. Wir haben hier eine Ähnlichkeit der Vorgehensweise im Buddhismus und in der Wissenschaft, wenngleich natürlich die Motive und der Kontext verschieden sind. Die buddhistische Motivation, die ich eben dargestellt habe, ist ganz klar; die wissenschaftliche Motivation ist ebenfalls ganz klar – einfach die Wahrheit sehen. Also frage ich: Wenn man einfach das wissenschaftliche Verfahren von den Wissenschaftlern übernimmt und es auf Geistestrübungen etwa aufgrund von Leidenschaften anwendet, wird es sich dann als wirksam erweisen? Wäre das ein Experiment, das man machen könnte?

VARELA: Ein Experiment, um einfach einmal zu sehen, was passieren würde – ja, durchaus! Ich stelle mir vor, daß solch ein Experiment ungefähr so aussehen könnte: Angenommen, Sie legen jemandem den Gedanken nahe, daß unsere Emotionen vielleicht doch nicht so fest gefügt sind und unser Geist sich wohl noch ein wenig tiefer analysieren ließe. Ein durchschnittlicher Westler würde dann sagen: »Unmöglich! Die Welt ist etwas Festes, ich bin etwas Festes«, und sich an die bekannten abendländischen Dogmen halten. Das würden wir als typisch für den westlichen Geist erkennen, daß es bei der Analyse des Ich zu dieser Gespaltenheit kommt, daß man an einer objektiven Welt festzuhalten versucht. Wenn wir also diese wissenschaftliche Analyse durchführen, die Sie eben beschrieben haben, könnte es sein, daß wir Freiraum für eine eher buddhistische Analyse schaffen, deren Motiv Selbsterforschung ist. Vielleicht können die beiden Dinge dann harmonisch zusammenfinden.

Das typische Bild, das Meditierende im Westen bislang boten, zeigt eine säuberliche Trennung: Hier ein Abteil »wissenschaftliches Bewußtsein«, dort ein Abteil »spirituelle Praxis«. Sie haben die größten Schwierigkeiten, die beiden Seiten zusammenzubringen. Wir haben versucht, sie mit dieser Art der Analyse vertraut zu machen, und das hilft ihnen offenbar ganz gut weiter. Das ist bisher nur ein ganz zaghafter Anfang, aber ich glaube, Eure Heiligkeit, daß Sie nur allzu recht haben, auf diesen Zusammenhang hinzuweisen. Daß dies ein Berührungspunkt sein wird, ist meine große Hoffnung – und der Grund meines Hierseins.

HAYWARD: Wir haben einmal für Leute, die schon einige Jahre praktiziert und studiert hatten, einen Kurs über buddhistische Lehre abgehalten. Es wurde das *Bodhicharyâvatâra* gelesen, und wir diskutierten über eine Übung, die »Austauschen des Anderen und des Selbst« genannt wird.* In dieser Diskussion sah ich zum erstenmal ganz deutlich, wie sehr die wissenschaftlichen Überzeugungen – etwa über Wahrnehmung und das Ich – auf uns lasten, die wir praktisch »mit der Muttermilch« in uns aufnehmen, und wie häufig buddhistische Lehre und Praxis nur eine dünne Schicht sind, die auf diesem wissenschaftlichen Glauben schwimmt. Dagegen könnte ein vertieftes wissenschaftliches Verständnis in dem hier von uns erörterten Sinne helfen.

DALAI LAMA: Unter dem Gesichtspunkt dessen, was ich gern »universale Religion« nenne und wo es überhaupt nicht darauf ankommt, ob man an ein nächstes Leben glaubt oder nicht, bin ich völlig überzeugt, daß wir uns Glück und Frieden am besten durch Nächstenliebe sichern, während Zorn und Haß Schwierigkeiten und innere Unruhe mit sich bringen. Das

---

* Das *Bodhicharyâvatâra* (Sankrit, »Eintritt in das Leben zur Erleuchtung«) ist ein klassischer Text des Mahâyâna-Buddhismus, verfaßt von dem großen indischen Lehrer und Vertreter der Mâdhyamika-Schule Shântideva (7./8. Jahrh. n. Chr.). Das Austauschen des Anderen und des Selbst ist eine meditative Übung, bei der man innerlich das Leiden anderer auf sich nimmt, während man alles Gute, das man besitzen mag, innerlich ihnen zueignet.

wiederhole ich immer wieder. Jetzt möchte ich Sie als Neurowissenschaftler fragen, wie Sie das Verhältnis von geistigen Fehlhaltungen wie Gier und Haß (die nichts anderes als falsches Bewußtsein sind) zu einer konstruktiven Geistesverfassung sehen, die Mitmenschlichkeit und Liebe und zutreffende Kognitionen ermöglicht. Sehen Sie, neurowissenschaftlich gedacht, die Möglichkeit, die Zorn-und-Haß-Seite ein wenig abzubauen und die positive Seite im gleichen Maß aufzubauen?

VARELA: Ein Biologe wird hier wohl im allgemeinen antworten: Wenn man nicht sein Territorium und seine Lebensgrundlage hätte und ein gewisses Maß an Aggressivität zu deren Verteidigung, dann könnte man nicht überleben. Andererseits, wenn ich keine Beziehungen zu anderen unterhalte und meine Kinder nicht liebevoll behandle, ist Leben auch nicht möglich. Es sind also immer beide Seiten da, Verteidigung in irgendeiner Form und Liebe in irgendeiner Form. Die Frage, ob man die Mitmenschlichkeit im buddhistischen Sinne mehren kann, hat sich in der Biologie noch nie gestellt, soweit ich sehe. Man spielt hier nicht einmal mit dem Gedanken.

DALAI LAMA: Noch einmal: Die Frage der Wiedergeburt oder des Nirvâna lassen wir hier ganz weg. Wir reden also nicht vom Pfad des Bodhisattva, sondern meinen ganz normale Menschen, nicht besonders hoch entwickelte Wesen.

VARELA: Ich glaube, man kann hier mit ja antworten. Wir wissen, daß die Lernfähigkeit des Menschen sehr groß ist, also sollte auch das zu lernen sein. Ich sehe keinen Hinderungsgrund, der in der Natur des Menschen liegt. Ja, es sollte möglich sein.

LIVINGSTON: Ganz meine Meinung.

DALAI LAMA: Ein großes Hindernis liegt sicher einfach in bloßer Unwissenheit. Ich meine nicht Unwissenheit im buddhistischen Sinne – Unwissenheit, die an sich selbst festhält –, sondern gewöhnliche Unwissenheit, Nichtwissen; Unkenntnis der Folgen, die sich aus unserem Handeln ergeben werden. Und da glaube ich, daß Erziehung sehr wichtig ist, die Art, wie wir die nächste Generation heranbilden. Ich habe nämlich immer den Eindruck – und das ist nicht unbedingt religiös, sondern ganz pragmatisch gedacht –, daß ein gemeinsames Streben nach echter Einheit etwas sehr Kostbares ist. Wie gesagt, das ist keine moralische oder religiöse Frage, sondern einfach eine Frage des Überlebens, der weiteren positiven Entwicklung.

An Ihrer Darstellung, Dr. Livingston, hat mich besonders beeindruckt, daß es offenbar ungeheuer wichtig ist, wie wir unsere Kinder in den allerersten Lebensjahren behandeln. Und das ist Fürsorge im grundlegenden, nicht unbedingt im religiösen Sinne: einfach auf ganz praktische Weise den Bedürfnissen der Kinder nach Liebe und Güte, nach Geborgenheit und Kontakt zu entsprechen. Das hat mich sehr beeindruckt. Es ist entscheidend, glaube ich, da es ein ganzes Leben prägt. Wir brauchen Liebe, wir brauchen menschliches Fühlen, dann werden wir andere nicht als Feinde und Bedrohung empfinden, sondern als Helfer. Ob das Ergebnis positiv wird oder nicht, hängt von unserem Willen, unserem Bemühen ab. Wir wissen das aus eigener Erfahrung. Wir kennen ja sogar Fälle, wo jemand erst sehr viel Böses tut und sich dann grundlegend zu einem ganz anderen, sehr sozialen Menschen wandelt.

Ich denke, es gibt viele positive Faktoren. Viele Forschungsgebiete erschließen uns neue Erkenntnisse. Daß zum Beispiel Güte gegenüber anderen wirksam und notwendig ist, kann jetzt auch im wissenschaftlichen Sinne als Tatsache gelten. Solche Dinge sind sehr, sehr positive Faktoren. Früher gab es so etwas nicht. Zur Frage der Bedeutung von Liebe und Freundlichkeit für das Überleben mag manch einer denken: »Ach was! Ich komme ganz gut ohne universales Verantwortungsgefühl aus.« Aber heute ist nicht mehr zu leugnen, daß dem nicht so ist. Soviel ist doch klar, oder?

LIVINGSTON: Ich glaube, dem neuen wissenschaftlichen Denken, das sich jetzt abzeichnet – es mag noch eine Weile dauern, bis es in die Lehrbücher gelangt, aber dann wird es sich sehr positiv auswirken –, ist klar, daß das genetische Potential dieser Welt, wo auch immer, jedem kostbar sein sollte. Wir hängen so sehr voneinander ab. Überall auf der Welt liegt in jedem Kind das unschätzbare Potential, der ganzen Menschheit einen Dienst zu erweisen. Wenn wir dieses Kind, eines von einer Milliarde Kindern, vernachlässigen, machen wir uns selbst schuldig, und es ist für jedermann eine Tragödie. Der Grund unseres Versagens dürfte in Unwissenheit und falschen Vorstellungen liegen. In vielen Ländern und Völkern herrscht großer Mangel. Aber die Welt insgesamt bietet so viel, daß nicht einer hungern müßte. Und nicht einer müßte heimatlos und obdachlos sein.

DALAI LAMA: Das stimmt, das stimmt! Dieses ganze »wir hier und die da« oder »bei denen herrscht Not und bei uns nicht« – das haben wir ja alles selbst gemacht, und wir halten es so. In der Wirtschaft redet keiner so. Tut sich irgendwo ein Markt auf, dann nichts wie hin! Sage niemand, es sei nicht möglich, auf diesem Wege auch den Hunger in der Welt zu stillen.

Schlußworte

FRANCISCO J. VARELA: Eure Heiligkeit, mein Eindruck
von dieser Woche ist der, daß wir unglaublich interessante Gespräche geführt haben. Wir haben uns hier sehr, sehr wohl ge-
fühlt. Ich denke, ich spreche für jeden hier, wenn ich sage, daß
die größte Genugtuung für uns alles in allem darin besteht,
Ihnen ein wenig dienlich zu sein, damit Sie weiterhin den Geist
der Liebe und Freundlichkeit in die Welt tragen können, den
Sie für jedermann verkörpern. Wenn wir auch nur ein wenig
dazu beitragen können, Ihrer Botschaft, die uns allen sehr am
Herzen liegt, mehr Gehör zu verschaffen, wird uns das eine
große Freude sein.

DALAI LAMA: Vielen Dank. Ich bin wirklich sehr dank-
bar. Das ist eine Aufgabe, die uns allen zufällt.

Ich habe mich zu all diesen Dingen immer recht unverhohlen
äußern können, weil ich nichts zu verlieren habe! Da wir unser
Land und so vieles andere schon verloren haben, gibt es nicht
mehr gar so viel, worüber wir ängstlich und vorsichtig wachen
müßten. Es läßt sich leichter über solche Dinge sprechen, wenn
Sie kein Land haben – gar nichts. [Gelächter]

In unseren Augen sind wir eigentlich wie Touristen, die diesen Planeten besuchen. Es ist, als kämen wir von einem anderen Planeten. Und für einen Touristen, nicht wahr, kommt es
beim Besuch eines fremden Landes darauf an, daß er sich benimmt und keinen Ärger macht. Wenn ein Tourist sich an
einem fremden Ort daneben benimmt, kann man nur sagen:
Wie dumm von ihm! [Gelächter] Einfach hingehen und die Sache genießen und sich bestens erholen, das ist weitaus klüger.
Und so sollte unser ganzes Leben ein sinnvolles Leben mit

einer positiven Ausrichtung sein. Ich spreche nicht von Nirvâna oder vom nächsten Leben, sondern von diesem Leben hier. Wenn Sie ein glücklicher Mensch sind, entsteht um Sie her eine Atmosphäre von Glück.

Was uns in den vergangenen Tagen mit so ganz besonderer Genugtuung erfüllt hat, war die Natürlichkeit und Freimütigkeit unseres Austauschs. Es herrschte hier ein echtes menschliches Empfinden, und das ist sehr wertvoll. Wäre die Atmosphäre anders gewesen, zu formell und daher nicht ungezwungen, wir könnten diese Genugtuung wohl jetzt nicht empfinden. Also, da ist wirklich ein Grund, sich zu freuen. Ich danke Ihnen sehr!

Wir haben in dieser Woche eine ganze Reihe komplexer Themen erörtert, und angesichts der begrenzten Zeit war die Zusammenkunft sehr gut, sehr ergiebig. Das sind keine Themen, die wir ganz ausdiskutieren könnten, um zu einer abschließenden Einschätzung zu kommen. Das sind Fragen, die von Generation zu Generation immer wieder neu ausgelotet werden müssen. Ich bin sicher, daß wir hier einen kleinen Anstoß geben konnten, neue Wege zu suchen, um neue Dimensionen der Wirklichkeit zu entdecken.

Über die Teilnehmer

Newcomb Greenleaf promovierte an der Princeton University im Fach Mathematik zum Doktor der Philosophie. Nach vielen Jahren als Forschungsmathematiker hat er sich für die Entwicklung neuer Lehrmethoden eingesetzt, die Mathematik und Computerwissenschaft miteinander verbinden. Er ist Professor am Computer Science Department der Columbia University.

Jeremy W. Hayward promovierte an der Cambridge University im Fach Physik zum Doktor der Philosophie und verbrachte am Massachusetts Institute of Technology etliche Jahre mit molekularbiologischen Forschungen. 1974 half er beim Aufbau des Naropa-Institute, einer auf die buddhistische Philosophie gegründeten akkreditierten Hochschule, der er jetzt als Kurator angehört. Er hat zwei Bücher veröffentlicht, nämlich *Perceiving Ordinary Magic*, das sich dem Dialog zwischen Wissenschaft und Spiritualität widmet, und *Die Erforschung der Innenwelt*, das die Begegnung von Wissenschaft und Buddhismus zum Thema hat.

Thubten Jinpa (Dolmetscher) wurde 1959 in Tibet geboren. Seine Mönchsausbildung erhielt er im Kloster Zongkar Choede und an der Gaden Monastic University in Indien, wo er 1989 den Titel eines Lharam Geshe erhielt (der in etwa dem westlichen Doktor der Theologie entspricht). Seit 1986 ist er als Hauptübersetzer Seiner Heiligkeit für Philosophie und Religion tätig. 1989 schrieb Jinpa sich am Kings College für das Studium der abendländischen Philosophie ein, das er 1992 mit Auszeichnung abschloß.

Robert B. Livingston, Doktor der Medizin, befaßt sich seit über drei Jahrzehnten mit Forschungen im Bereich der Neurowissenschaft. Er hat auf vielen Gebieten gelehrt und zu den verschiedensten Themen Arbeiten veröffentlicht, insbesondere über Sinnesphysiologie und Entwicklungs-Neuroanatomie beim Menschen. Neben zahlreichen wissenschaftlichen Artikeln vefaßte er das Buch *Sensory Processing, Perception and Bahavior*. 1990 vom Department of Neuroscience der University of California in San Diego emeritiert, ist er gegenwärtig Präsident der Association of Physicians against Nuclear War (Vereinigung der Ärzte gegen Atomkrieg).

Luigi Luisi promovierte an der Universität von Rom zum Doktor der Philosophie. Er ist international bekannt für seine Forschungen auf dem Gebiet der makromolekularen Chemie und der Biopolymere, und er veröffentlicht häufig Beiträge in Fachzeitschriften. Außerdem ist er ein Autor preisgekrönter Kindergeschichten. Gegenwärtig ist er als Professor an der Eidgenössischen Technischen Hochschule in Zürich tätig.

Eleanor Rosch, Doktor der Philosophie, ist in der Welt der Kognitionswissenschaft für ihre bahnbrechenden Arbeiten über Farbkategorien-Wahrnehmung bestens bekannt und hat zahlreiche Artikel in Fachzeitschriften veröffentlicht. Den Schwerpunkt ihrer derzeitigen Arbeit bildet das Bemühen um einen Dialog zwischen Psychologie und Buddhismus. Dr. Rosch ist Professor am Department of Psychology der University of California in Berkeley.

Francisco J. Varela promovierte an der Harvard University im Fach Biologie zum Doktor der Philosophie. Er hat nicht nur zahlreiche Artikel über Sinnesphysiologie, biologische Modelle und Immunologie veröffentlicht, sondern auch mehrere Bücher verfaßt. Sein neuestes Buch (zusammen mit E. Thompson und E. Rosch) trägt den Titel *Der Mittlere Weg der Erkenntnis*. Gegenwärtig ist er Professor für Kognitions-

330

wissenschaft und Erkenntnistheorie an der École Polytechnique in Paris.

B. Alan Wallace (Dolmetscher) erwarb sich den B. A.-Titel am Amherst College in den Fächern Physik und Philosophie und steht jetzt vor dem Abschluß seines Doktorandenstudiums im Department of Religious Studies der Stanford University. Er hat sich seit über zwanzig Jahren intensiv mit der Tradition des tibetischen Buddhismus auseinandergesetzt. Er ist Autor mehrerer Artikel über Erkenntnistheorie der Wissenschaft und Religion und eines Buchs mit dem Titel *Choosing Reality: A Contemplative View of Physics and the Mind.*

Die Quellen der Abbildungen

Abbildung 2. Nach R. Buchsbaum: *Animals without Back-bones*, Chicago (University of Chicago Press) 1948.

Abbildung 3. Nach R. Buchsbaum.

Abbildung 4. Nach T. H. Bullock: *Introduction to Nervous Systems*, San Francisco (W. H. Freeman) 1977.

Abbildung 5. Nach E. V. Evarts: *The Neuroscience: A Second Study Program*, Cambridge, Mass. (MIT Press) 1975.

Abbildung 14. Nach D. Purves und J. Lichtman: *Principles of Neural Development*, Sunderland, Mass. (Sinauer Associates) 1985.

Abbildung 15. Nach Purves und Lichtman.

Hans Küng

Projekt Weltethos
192 Seiten. SP 1659

Kein Überleben ohne Weltethos. Kein Weltfriede ohne Religionsfriede. Kein Religionsfriede ohne Religionsdialog. Diese drei Sätze kennzeichnen den programmatischen Ansatz des Tübinger Theologen, der mit dem »Projekt Weltethos« das globale Gespräch über den Grundkonsens der Werte, Haltungen und Maßstäbe anregte.

Unfehlbar?
Eine unerledigte Anfrage. Mit einem Vorwort zur Taschenbuchausgabe von Herbert Haag. 267 Seiten. SP 1016

24 Thesen zur Gottesfrage
134 Seiten. SP 171

20 Thesen zum Christsein
75 Seiten. SP 100

Hans Küng/Heinz Bechert
Christentum und Weltreligionen – Buddhismus
Hinführung zum Dialog mit Islam, Hinduismus und Buddhismus. 234 Seiten. SP 2130

Hans Küng/Josef van Ess
Christentum und Weltreligionen – Islam
204 Seiten. SP 1908

Hans Küng/Heinrich von Stietencron
Christentum und Weltreligionen – Hinduismus
234 Seiten. SP 2055

Walter Jens/Hans Küng
Dichtung und Religion
Pascal, Gryphius, Lessing, Hölderlin, Novalis, Kierkegaard, Dostojewski, Kafka. 338 Seiten. SP 901

Walter Jens/Hans Küng
Menschenwürdig sterben
Ein Plädoyer für Selbstverantwortung. Mit Beiträgen von Dietrich Niethammer und Albin Eser. 220 Seiten. SP 2329

Der Mensch ist das einzige Lebewesen, das sich bewußt ist, daß es sterben muß. Doch die meisten Menschen verdrängen dieses Wissen, jedenfalls die meiste Zeit ihres Lebens. Dem setzt Hans Küng seine These entgegen: das Sterben und der Tod gehören zum Leben, sind seine letzte Phase. Zu einem menschenwürdigen Leben gehört auch ein menschenwürdiger Tod. Gerade für einen Theologen stellt sich hier aber die Frage nach dem »eigenen Tod«: Darf der Mensch bestimmen, wie und wann er stirbt?

Walter Jens/Hans Küng
Anwälte der Humanität
Thomas Mann, Hermann Hesse, Heinrich Böll. 317 Seiten. SP 1267

Hans Küng

CREDO
Das Apostolische Glaubens-
bekenntnis – Zeitgenossen erklärt.
256 Seiten. SP 2024

Christ sein
676 Seiten. SP 1736

Denkwege
Ein Lesebuch. Herausgegeben
von Karl J. Kuschel. 313 Seiten.
SP 1670

Ewiges Leben?
327 Seiten. SP 364

»Küng stellt dar, wie auch ein
›Kind unserer Zeit‹ sich durchaus vernünftig für den Glauben an das ewige Leben entscheiden kann; er führt zur
Einsicht, daß es dabei um
etwas geht, was einen, hat man
erst die Schalen seiner Vorur-
teile durchbrochen, in jedem
Fall nicht mehr gleichgültig
läßt.«

Frankfurter Allgemeine Zeitung

Existiert Gott?
Antwort auf die Gottesfrage der
Neuzeit. 878 Seiten. SP 2144

Freud und die Zukunft der Religion
160 Seiten. SP 709

Große christliche Denker
287 Seiten. SP 2283

In diesem Buch verbinden sich
Zeitgeschichte, Biographie,
Werkgeschichte, Darstellung
der Theologie und ihre Kritik
auf eine Weise, wie das nur
Hans Küng vermag. Die
Brennpunkte von 1900 Jahren
Theologiegeschichte machen
deutlich, worum es den Menschen bei der Rede von Gott
gegangen ist – und auch, worum es heute geht.

Die Hoffnung bewahren
Schriften zur Reform der Kirchen.
232 Seiten. SP 1467

Die Kirche
605 Seiten. SP 161

Menschwerdung Gottes
Eine Einführung in Hegels
theologisches Denken als
Prolegomena zu einer künftigen
Christologie. Mit einem Vorwort
zur Taschenbuchausgabe.
704 Seiten. SP 1049

Rechtfertigung
Die Lehre Karl Barths und eine
katholische Besinnung. Geleitbrief
von Karl Barth. 393 Seiten. SP 674

Strukturen der Kirche
Mit einem Vorwort zur
Taschenbuchausgabe und einem
Epilog. 369 Seiten. SP 762

Theologie im Aufbruch
Eine ökumenische Grundlegung.
320 Seiten. SP 1312

SERIE
PIPER